El largo camino [illegible]dad

Víctor M. Fernández Martínez

Prehistoria

El largo camino de la humanidad

Alianza Editorial

Calle Juan Ignacio Luca de Tena, 15; 28027 Madrid; teléf. 91 393 88 88
www.alianzaeditorial.es
ISBN: 978-84-206-7864-1
Depósito legal: M. 29.692-2007
Fotocomposición e impresión: EFCA, S.A.
Parque Industrial «Las Monjas»
28850 Torrejón de Ardoz (Madrid)
Printed in Spain

Índice

Listado de ilustraciones

do de A. J. Arkell, «The Old Stone Age in the Anglo-Egyptian Sudan». *Sudan Antiquities Service Occasional Paper, I,* Jartum, 1949, láms. 2-3.

11. Disminución del tamaño de los útiles líticos desde el principio al final del Paleolítico.
12. Útiles líticos más característicos del Paleolítico Medio, Superior y Epipaleolítico. Según P. M. Vermeersch y otros, «Le Paléolithique de la vallée du Nil égyptien», *L'Anthropologie,* 94 (3), 1990 (1-2); F. Bordes, *Le Paléolithique dans le monde,* 1968 (3-12), y J. Tixier, *Typologie de l'Épipaléolithique du Maghreb,* 1963 (13-18).
13. Cadena operativa de talla laminar. Tomado de J.-P. L'Homme y S. Maury, *Tailler le sílex,* 1990.
14. Ejemplo experimental de reavivado de una lasca según se va desgastando, obteniendo «tipos» distintos a lo largo de su período de utilización. Tomado de H. L. Dibble, «The interpretation of Middle Palaeolithic scraper morphology», *American Antiquity, 52,* 1987.
15. Variedades de la técnica Levallois. Tomado de E. Böeda, *Le concept Levallois: variabilité des méthodes,* París, 1994.
16. Formas de enmangado de microlitos geométricos y laminillas de dorso abatido para formar diversos tipos de arpones, lanzas, flechas y cuchillos. Tomado de D. Nuzhnyi, «L'utilization des microlithes géométriques et non géométriques comme armatures de projectiles», *Bulletin de la Société Préhistorique Française,* 86-3, 1989.
17. Útiles de hueso del Paleolítico Superior y Mesolítico europeos. Tomado de G. Camps, *Manuel de recherche préhistorique,* Doin, París, 1979.
18. Dos interpretaciones diferentes de los mismos datos arqueológicos: la distribución de tres hogares, huesos y restos líticos en el yacimiento magdaleniense al aire libre de Pincevent 1 (Francia). Según Binford 1988, figs. 93 y 95.
19. Dos familias de !Kung san dejan el campamento: las mujeres para recolectar (delante, con los niños y palos cavadores para sacar tubérculos) y los hombres para cazar (detrás, con arcos, flechas y largas varas para cazar liebres en sus madrigueras). Tomado de J. E. Yellen, «Settlement patterns of the !Kung. An archaeological perspective», en R. B. Lee y I. DeVore (eds.), *Kalahari Hunter-Gatherers. Studies of the !Kung San and Their Neighbors,* Harvard University Press, Cambridge-Massachusetts, 1976, p. 51.
20. Ejemplos de los animales más frecuentes en el arte parietal paleolítico europeo, 1. Según Lorblanchet 1995.
21. Signos «femeninos» y «masculinos» más representados en el arte paleolítico parietal europeo. Según A. Leroi-Gouhan, *Símbolos, artes y creencias de la prehistoria,* Istmo, Madrid, 1984, pp. 375-376.
22. Teriantropos (combinación de humano y animal, en estos casos un bóvido) del arte parietal paleolítico de Europa (A) y del arte parietal de los san de Suráfrica (B-C), y figura de chamán siberiano del siglo XVIII (D). A, adaptado de A. Leroi-Gourhan, *Arte y grafismo en la Europa prehistórica,* Istmo, Madrid, 1984, 189; B y C, de Lewis-Williams, 1981, fig. 28; D, de N. C. Witsen, *Noord en Oost Tartaryen,* Ámsterdam, 1705.
23. Vistas de perfil de varias figuras femeninas paleolíticas de época gravetiense. Tomado de Leroy McDermott, «Self-representation in Upper Palaeolithic female figurines», *Current Anthropology,* 37 (2), 1996, fig. 3.

24. Las cerámicas más antiguas encontradas hasta ahora, todavía en contextos mesolíticos, muestran una profusa decoración en su superficie: (1-3), fragmentos de la cueva Fukui (Japón); (4-6), fragmentos de la región oriental del Nilo Azul (Sudán). 1-3 tomados de I. C. Glover, «Agricultural origins in East Asia», en A. Sherrat (ed.), *The Cambridge Encyclopedia of Archaeology*, Cambridge University Press, 1980; 4-5 tomados de V. M. Fernández (ed.), *The Blue Nile Project. Holocene Archaeology in Central Sudan,* Complutum, 14, Madrid, 2003.
25. Histogramas que muestran el grado de dependencia de las sociedades tradicionales recientes en cuatro formas de subsistencia: recolección vegetal, caza, pesca y agricultura. Datos del Atlas etnográfico de G. P. Murdock, *Ethnology,* 6-2, 1967; figura tomada de E. Hunn y N. Williams (eds.), *Resource Managers: North American and Australian Hunter-gatherers,* Westview Press, Boulder-Colorado, 1982, p. 6.
26. Arriba, planta del nivel VIB del poblado neolítico de Çatal Hüyük (Anatolia, Turquía), fechado hacia 6000 a.C. Abajo, reconstrucción imaginada de los rituales que pudieron tener lugar en esos santuarios. Tomado de J. Mellaart, *Earliest Civilisations of the Near East,* Thames & Hudson, Londres, 1965, figs. 68 y 86.
27. Arriba, los principales cereales cultivados desde el Neolítico: 1) trigo, 2) arroz, 3) maíz, 4) sorgo, 5) mijo africano. Abajo, cambios morfológicos producidos en el paso de los cereales silvestres (A y C) a los cultivados (B y D).
28. De la importancia simbólica de los cereales y la primera agricultura tenemos un testimonio claro en este grabado sobre roca de Jebel Qeili, cerca de Jartum (Sudán Central). Según F. Hintze, «Preliminary Report on the Butana Expedition 1958», *Kush,* 7, p. 190.
29. Los bóvidos domésticos son los animales más representados en el arte rupestre prehistórico del período neolítico. En ocasiones la figura del animal, ordeñándolo (C), tirando de un arado (D) o con un lazo en el cuello (A), indica su condición doméstica, pero el arte no representa simplemente un animal útil: el hombre con las manos levantadas delante (B) o las figuras que rellenan su cuerpo sugieren que los bóvidos jugaron también un papel simbólico-religioso. A) según Coulson y Campbell 2001, fig. 229; B y D) según D. W. Phillipson en Shaw y otros 1993; C) según G. Calegari, *L'arte rupestre dell'Eritrea,* Milán, 1999.
30. Que el nivel de violencia entre los humanos aumentó durante el Neolítico se puede apreciar en esta selección de figuras heridas por flechas, tal como se representaron en los abrigos pintados del arte levantino en las provincias mediterráneas españolas. Según L. Dams, tomado de Guilaine y Zammit 2002, fig. 31.
31. A. Reconstrucción de una vivienda del Neolítico Acerámico B del Próximo Oriente, indicando los tipos de enterramientos humanos en el asentamiento. B. Cráneos y estatuas del Neolítico Acerámico B. Adaptado de Kuijt y Goring-Morris 2002, figs. 8 y 10.
32. Yacimientos europeos citados en éste y el siguiente apartados: 1) Alberite (Cádiz), 2) Anta Grande do Zambujeiro (Portugal), 3) Arene Candide (Italia), 4) Barnenez (Francia), 5) Beg an Dorchenn (Francia), 6) Bernburg (Alemania), 7) Cabeço da Arruda (Portugal), 8) Can Tintorer (Gavá, Barcelona), 9)

Carnac (Francia), 10) Çatal Hüyük (Turquía), 11) Çayönü (Turquía), 12) Chaussée-Tirancourt, La (Francia), 13) Ciudad Rodrigo (Salamanca), 14) Cnossos (Creta, Grecia), 15) Cocina, Cueva de la (Valencia), 16) El Collado (Valencia), 17) Draga, La (Gerona), 18) Dyrholm (Dinamarca), 19) Ertebölle (Dinamarca), 20) Gasulla, La (Castellón), 21) Gazel (Francia), 22) Göbekli Tepe (Turquía), 23) Hacilar (Turquía), 24) Hal Saflieni (Malta), 25) Hoëdic (Francia), 26) Husos, Los (Álava), 27) L'Isle-sur-Sorge (Francia), 28) Jean-Cross, Abri (Francia), 29) Karanovo (Bulgaria), 30) Kerzerho (Francia), 31) Knowth (Irlanda), 32) Lauris (Francia), 33) Lepenski Vir (Serbia), 34) Lough Gour (Irlanda), 35) Mané-Rutual (Francia), 36) Mas d'Is (Alicante), 37) Matarrubilla (Sevilla), 38) Menga, Cueva de (Málaga), 39) Menec (Francia), 40) Merzbach (Alemania), 41) Millares, Los (Almería), 42) Minateda (Albacete), 43) Miradero, El (Valladolid), 44) Moita da Sebastião (Portugal), 45) Monte do Outeiro (Portugal), 46) Nea Nikomedia (Grecia), 47) Nevali Çori (Turquía), 48) Newgrange (Irlanda), 49) Oleneostrovski Mogilnik (Rusia), 50) Or, Cova del (Valencia), 51) Palazuelo de las Cuevas (Zamora), 52) Passy-sur-Yonne (Francia), 53) Pedra Cuberta (A Coruña), 54) Petit-Mont, Le (Francia), 55) Pierres Plates, Les (Francia), 56) Poço da Gateira (Portugal), 57) Poulnabrone (Irlanda), 58) Quedlinburg (Alemania), 59) Romeral, El (Málaga), 60) St. Theodorit (Francia), 61) St. Sernin (Francia), 62) Santimamiñe (Vizcaya), 63) Sarsa, Cova de la (Valencia), 64) Schletz (Austria), 65) Simancas (Valladolid), 66) Skateholm (Suecia), 67) Star Carr (Inglaterra), 68) Stonehenge (Inglaterra), 69) Talheim (Alemania), 70) Téviec (Francia), 71) Uzzo, Grotta (Sicilia, Italia), 72) Vega del Guadancil (Cáceres), 73) Valencina de la Concepción (Sevilla), 74) Vasilievka III (Ucrania), 75) Vedbaek (Dinamarca), 76) Velilla de Osorno (Palencia).

33. Expansión de la economía neolítica en Europa. Adaptado de Scarre, 2005, fig. 11.7.
34. Estatuillas femeninas del Neolítico e inicios del Calcolítico del Próximo Oriente y Europa (antes llamadas «diosas madre»). Adaptado de varios autores en Müller-Karpe, 1968, figs. 23, 117, 125, 144, 145, 156, 250 y 298.
35. Cerámica de las dos grandes corrientes neolíticas europeas, la centroeuropea y la mediterránea. Adaptado de Butschko y Ponsell en Müller-Karpe, 1968, figs. 226, 273-274.
36. Ejemplos de figuras de Arte Esquemático rupestre de la península Ibérica. Adaptado de P. Acosta, *La pintura rupestre esquemática en España,* Universidad de Salamanca, 1968, *passim,* sin escala.
37. Dos escenas de Arte Levantino rupestre. Según E. Ripoll y H. Breuil, en Müller-Karpe, 1968, fig. 270.
38. Acumulación de huesos humanos en el interior de la galería cubierta de La Chaussée-Tirancourt, en el noreste de Francia. Tomada de J. Leclerc, en Guilaine, 1999, fig. 3.
39. Dispersión del megalitismo en Europa. Según Chapa y Delibes, 1983, fig. 118.
40. Dolmen de Poulnabrone, cerca de Galway en el oeste de Irlanda. Foto del autor.
41. El gran sepulcro de corredor de Newgrange (Irlanda). Según Ó Riordáin en Müller-Karpe 1974, fig. 638, y foto del autor.

de Miranda (Ávila) (54), Micenas (Grecia) (7), Millares, Los (Almería) (55), Mont Bego (Francia) (56), Mont Lassois (Francia) (57), Numancia (Soria) (58), Olimpia (Grecia) (59), Osuna (Sevilla) (20), Ötzal (Austria) (60), El Pajarillo (Huelma, Jaén) (61), Palmela (Portugal) (62), Pech Maho (Francia) (1), Peñalosa (Jaén) (61), La Pijotilla (Badajoz) (63), Pilos (Grecia) (64), Porcuna (Jaén) (61), Pozas, Las (Zamora) (66), Pozo Moro (Albacete) (12), Puente Tablas (Jaén) (35), Remedello (Italia) (67), Rinaldone (Italia) (68), Rudna Glava (Serbia) (69), Sagunto (Valencia) (70), Salamó (Tarragona) (71), San Román de la Hornija (Valladolid) (66), Santa Elena (Jaén) (24), Santa Tecla (Pontevedra) (72), El Sec (Calviá, Mallorca) (73), Setefilla (Sevilla) (74), Sidón (Líbano) (75), Simris (Suecia) (76), Soto de Medinilla (Valladolid) (77), Tarxien (Malta) (78), Tebas (Grecia) (37), La Tène (Suiza) (79), Tiro (Líbano) (75), Tirinto (Grecia) (7), Tolmos de Caracena (Soria) (80), Tripolje (Ucrania) (81), Troya (Turquía) (82), Ulaca (Ávila) (34), Ullastret (Gerona) (1), Únetice (Polonia) (83), Valcamonica (Italia) (84), Valencina de la Concepción (Sevilla) (74), Varna (Bulgaria) (85), Venat (Francia) (86), Vila Nova de Sao Pedro (Portugal) (87), Los Villares (Andújar, Jaén) (24), Villaricos (Almería) (88), Vinča (Serbia) (89), Zagora (Grecia) (90), Zambujal (Portugal) (91).

50. Evolución de las formas de hacha desde las pulimentadas en piedra del Neolítico a las de cobre y bronce con formas cada vez más complejas. Según Renfrew y Bahn, *Arqueología. Teorías, Métodos y Práctica,* Madrid, 1993.
51. Armas del Neolítico y Edades del Bronce y del Hierro. Según Lomborg, Burgess, Müller-Karpe y otros en Champion y otros, 1996 y Chapa y Delibes, 1983.
52. Distribución de los grupos con cerámica cordada y campaniforme en Europa durante el III milenio a.C. Según C. Scarre, «Holocene Europe», en Scarre, 2006, fig. 11.37.
53. Evolución de los vasos cordados (arriba) a los campaniformes (abajo) en Holanda. Adaptado de J. N. Lanting y J. D. van der Waals en *Glockenbecher Symposium,* Haarlem, 1976.
54. Ajuar de la tumba campaniforme de Fuente Olmedo (Valladolid). Según R. Martín y G. Delibes, *La cultura del Vaso Campaniforme en las campiñas meridionales del Duero,* Valladolid, 1975.
55. Planta del palacio cretense de Malia durante la Edad del Bronce Medio. Según C. Renfrew, *The Emergence of Civilisation. The Cyclades and the Aegean in the third millennium B.C.,* Methuen, Londres, 1972.
56. Reconstrucción del área del Círculo A de tumbas de pozo, muralla y puerta de los leones de Micenas. Según F. H. Stubbings, *Prehistoric Greece,* Hart Davis MacGibbon, Londres, 1972.
57. El comercio entre el Mediterráneo y Europa durante la Edad del Bronce fue, hasta el método del carbono 14, la única forma de saber la cronología de muchas culturas europeas. Tomado de H. J. Eggers, *Einführung in die Vorgeschichte,* Piper, Múnich, 1959.
58. Reconstrucción del poblado argárico de Peñalosa (Jaén). Según F. Contreras, ed., *Hace 4.000 años. Vida y muerte en dos poblados de la Alta Andalucía.* Catálogo de la exposición. Consejería de Cultura. Junta de Andalucía, 2000.
59. Tumba argárica en el interior de una gran vasija *(pithos)* (sepultura n° 9 de El Argar). Según H. y L. Siret, *Las Primeras Edades del Metal en el Sudeste de España,* Barcelona, 1890.

75. Zonas del África subsahariana donde existieron Estados antes de la llegada de los colonizadores europeos a partir del siglo XVI. Tomado de G. Connah, *African Civilizations. An archaeological perspective,* Cambridge University Press, 2001.
76. Evolucionismo racista. Tomado de J. C. Nott y G. R. Gliddon, *Indigenous Races of the Earth,* Filadelfia, 1868.

Introducción

Resumir en unas escasas páginas más de dos millones de años de presencia del género humano sobre este planeta no es tarea fácil, y menos aún escoger entre toda la enorme cantidad de datos que arqueólogos y prehistoriadores han ido acopiando desde el comienzo de la disciplina en el siglo XIX. Como se trata del largo período durante el cual no existía la escritura, y por lo tanto carecemos de información textual directa, esos datos son siempre de tipo material: artefactos, residuos orgánicos, estructuras, etc., que pertenecieron a los humanos prehistóricos. El estudio y clasificación de todos esos restos, cuyo número aumenta sin parar con las continuas excavaciones arqueológicas, ocupa la mayor parte del tiempo de los especialistas y hace que muchos manuales de prehistoria se concentren de forma inevitable en la descripción de la cultura material de aquellas épocas. Aunque el objetivo de esos libros, es decir, que los lectores aprendan a reconocer los tipos de objetos que se usaron en cada período prehistórico, es completamente loable, no es sin embargo el adoptado en el presente volumen. Por ser cada vez más difícil una descripción mínimamente adecuada de todos esos materiales en un único tratado, por no existir todavía en el mercado español ninguno que adopte una perspectiva diferente, y por simple preferencia personal del autor, en este libro se ha dedicado el espacio mínimo imprescindible a la descripción de la cultura material para concentrarse sobre todo en aquellos aspectos sociales y simbólicos de los grupos prehistóricos de los que nos ha quedado algún indicio.

Asumir una perspectiva sociológica tiene sus inevitables riesgos. De entre ellos no es el menor que las relaciones entre cultura material y comportamiento no sean siempre claras ni directas, por lo que las deducciones que nos atrevemos a hacer a partir de los artefactos antiguos no tienen nunca garantizado un grado de veracidad indiscutible. No obstante, la gran regularidad observada por antropólogos y etnoarqueólogos en muchas instituciones tradicionales, registradas en momentos y regiones muy diferentes, nos hace ser relativamente optimistas sobre que las mismas o parecidas debieron de existir durante la prehistoria. Así, el que chamanes cazadores de Suráfrica y Norteamérica hayan dibujado hasta hace poco animales sobre las rocas durante sus estados de trance es una buena base para suponer que el arte rupestre paleolítico realizado en Europa hace 30.000-10.000 años también tuvo alguna relación con ceremonias similares de poder espiritual; y que tanto en África como en Oceanía la creencia en la influencia de los antepasados se expresase a través del culto a sus cráneos sustenta de algún modo que los arqueólogos piensen en un ritual parecido para los cráneos enterrados bajo las casas del Neolítico Precerámico en el Próximo Oriente. Un aspecto crucial del registro arqueológico, las tumbas humanas, ha sido tenido muy en cuenta a lo largo de todo este volumen a la hora de hacer inferencias sobre el tipo de sociedad que tuvieron en cada momento nuestros ancestros prehistóricos. Si bien es cierto que, como han señalado los arqueólogos posprocesuales, lo funerario no es siempre una imagen exacta del mundo de los vivos, y éstos pueden utilizar los rituales de enterramiento como forma de modificar la realidad presente además de preparar la de ultratumba, nadie puede negar que como regla general una tumba rica correspondió a un personaje importante, y una tumba colectiva con todos los cadáveres distribuidos por igual nos está señalando una sociedad más igualitaria. Menospreciar la labor de la etnoarqueología cuando investiga los significados de lo material en el presente, muchos de ellos seguramente existentes durante la prehistoria, supone una pérdida culpable de posibilidades de interpretación, una renuncia innecesaria a encarnar de nuevo los secos huesos de aquellos tiempos remotos.

También preocupa a muchos que, al contrario que en la simple descripción de los artefactos, donde no se aprecia a primera vista ningún compromiso teórico por parte del autor, las aproximaciones sociológicas a la prehistoria exijan a menudo una toma de postura a favor de alguno de los paradigmas que actualmente compiten en el panorama arqueológico. Pero ese posicionamiento reflexivo no sólo representa aceptar un aspecto insoslayable de la investigación en ciencias humanas y sociales, es decir, que sin un modelo general de la sociedad es imposible comprender nada de lo que nos pasa, entonces y siempre, sino que también implica enjuiciar el proceso científico de forma mucho más consciente y provechosa. Un paradigma de enorme éxito hoy en prehistoria es el evolucionista-ecológico (arqueología procesual), que entiende los cambios y procesos sociales como resultado de la pérdida de equilibrio con el medio ambiente, generalmente a causa de cambios climáticos desfavorables o catástrofes impredecibles. Aunque en este libro se han recogido un buen número de hipótesis procesuales, la posición de su autor se decanta más bien por las líneas posprocesuales, que colocan en el mundo simbólico y los desarreglos sociales la clave de la mayoría de los fenómenos humanos, no sólo durante la prehistoria sino con posterioridad y hasta nuestros días. Como para los primeros, que no siempre encuentran los datos paleoambientales que corroboren sus teorías, también para nosotros supone un problema demostrar cualquier hipótesis previa con los escasos datos disponibles de tiempos tan lejanos, aunque en nuestro caso esto sea menos grave por rechazar la fe que tiene el positivismo en las inducciones generales procedentes de la parcial evidencia empírica.

Un ejemplo puede ayudar a entender mejor el dilema. Como veremos en el apartado del Neolítico europeo, una excavación reciente de un yacimiento alemán del Neolítico de la Cerámica de Bandas (Merzbach), utilizando todos los adelantos técnicos disponibles, ha mostrado una imagen bastante detallada de la vida en aquel poblado, durante unos cuatro siglos alrededor del 5000 a.C. Los datos muestran que las casas eran al principio todas iguales pero al final tenían tamaños diferentes, y también en ese momento se hicieron unos recintos especiales, rodeados por fosos, que pudieron tener una finalidad ritual. Se piensa que los distintos tamaños de las casas indican diferencias sociales, no sólo por una cuestión de capacidad, sino porque en las mayores se encontró más cantidad de cerámica decorada, un elemento relacionado con el prestigio. También se acepta que una mayor actividad ritual pudo ser originada por un incremento de las tensiones sociales, como ocurrió en muchas otras situaciones mejor conocidas. Pues bien, si pensamos que se abandonó Merzbach, al igual que ocurrió en muchos otros yacimientos neolíticos, para separar el grupo y resolver así los antagonismos producidos por la desigualdad social, una consecuencia deducible de la hipótesis sería el aumento de esas mismas diferencias antes del final del asentamiento. El problema es que, aunque se aprecian algunas pruebas en los datos arqueológicos, ello de ninguna manera demuestra de forma concluyente la certeza de la hipótesis, lo que hace es simplemente no refutarla (como sí ocurriría en el caso de no existir indicios de desigualdad). Una demostración definitiva implicaría eliminar la posibilidad de que el abandono no fuera provocado por ninguna otra causa, como un cambio climático, agotamiento de los recursos o conflicto con otras comunidades vecinas. Lo grave, y lo que hace que en última instancia, en éste como en otros casos arqueológicos, uno tenga que optar por el paradigma antes que por las pruebas empíricas, es que para todas esas posibilidades existen indicios: pozos excavados en algunos yacimientos, tal vez por un descenso de la capa freática por menor pluviosidad; el largo período de ocupación fija de esas zonas que habría causado el agotamiento de los suelos; y una interpretación alternativa de los recintos con fosos, apoyada por restos de una masacre en el yacimiento austriaco de Schletz, según la cual serían defensivos antes que rituales.

Otra de las razones para escoger interpretaciones sociológicas procedentes de la etnoarqueología y la teoría social es que este libro no ha sido escrito pensando en los especialistas sino en un público amplio, compuesto por estudiantes de cursos de prehistoria general y por lectores provistos de lógica curiosidad por un fenómeno tan apasionante como lo ocurrido al género humano durante esa «larga noche» de los tiempos anteriores a la historia. Tanto los primeros (y al respecto yo no he olvidado mis propias dificultadas para entender los manuales de prehistoria cuando empecé la carrera) como los segundos, tienen derecho a que se les comuniquen los últimos resultados generales de las investigaciones arqueológicas, aunque no tengan todavía ni posiblemente en mucho tiempo el carácter de concluyentes, ahorrándoseles en lo posible las discusiones especializadas, como por ejemplo si durante el Mesolítico los útiles hechos en piedra eran de pequeño tamaño (microlíticos) como se había pensado hasta ahora, o si bien por el contrario en muchas ocasiones existieron conjuntos de mayor tamaño, que antes se creían más antiguos, y por ello deberían ser mejor denominados macrolíticos... Tampoco se ha juzgado conveniente entrar en discusiones, muy prolijas entre especialistas, sobre los problemas e incertidumbres de la cronología. Para todo el Holoceno, desde hace unos 10.000 años hasta el final de la prehistoria, las fechas se han presentado en valores medios anteriores a la era cristiana (a.C.) y ya calibrados, es decir con las correcciones de los errores habituales del método del carbono 14 ya tenidas en cuenta. Para las dataciones del Pleistoceno se ha usado el sistema habitual de años «antes del presente» sin corregir, entre otras cosas porque para la inmensa mayoría del período aún no se sabe cómo hacerlo. Por último, y también para las culturas de los últimos milenios, se ha escogido dar mayor peso en los datos presentados al continente europeo y dentro de él a la península Ibérica y España. La razón para no haber seguido una aproximación más «posteurocéntrica», como suelen hacer los últimos manuales anglosajones, que por ejemplo dedican más espacio a Australia o la isla de Pascua que a Gran Bretaña, es similar a las antes expuestas: que no existan libros generales de orientación sociológica en nuestro idioma nos obliga a pensar de nuevo en las preferencias más comunes del lector general al que éste va dedicado.

En las memorias del escritor norteamericano Paul Bowles (*Without Stopping*, 1972) se cuenta una anécdota que le ocurrió cuando visitaba un templo budista en la India acompañado por un amigo musulmán. Al oír que el templo había sido visitado por millones de personas en el pasado, éste preguntó de qué religión eran y quedó aliviado al saber que no habían sido musulmanes, puesto que «en el paraíso no habría espacio para tanta gente». La historia me recordó una experiencia personal cuando hace años tuve que dar una conferencia sobre arqueología en una escuela pública de Nubia. Ante un número grande de entregados oyentes, dije que según la investigación actual (de entonces) se creía que los primeros humanos habían llegado al Nilo hacía poco más de cien mil años. El amable profesor de inglés que traducía la charla al árabe tuvo a bien informarme de la causa del intenso murmullo de protesta que siguió a mis palabras: era imposible que los humanos fueran tan antiguos, porque eso contradecía las enseñanzas del Corán. Ambas anécdotas se refieren a lo mismo, a la sorpresa que causa en todos nosotros saber que tanta gente ha vivido aquí mismo donde estamos ahora, tanta gente y durante tantísimo tiempo. Lo que este libro trata de comunicar es la posibilidad, a pesar de la lejanía que nos separa de ellos, de comprender lo que aquellos humanos vivieron y sintieron, y que en el fondo no fue muy diferente de lo que mueve todavía en lo más profundo a la especie humana: un hondo deseo de integración en el mundo físico y social que nos rodea.

No sería justo acabar sin expresar mi agradecimiento a Juan Pro y Cristina Castrillo por haberme dado la oportunidad de publicar en esta prestigiosa editorial, y a especialistas de la valía de Carmen Ortiz, Ignacio de la Torre y Alfredo González Ruibal por haber leído y comentado fructíferamente partes sustanciales de este libro.

Madrid, enero de 2007

1. Datos y teorías

1. El sentido de la prehistoria

La palabra «prehistoria» se refiere al período cronológico en que los humanos vivieron en la Tierra antes de la aparición de la escritura, momento en que empezó la época abarcada por la «historia». También denomina a la ciencia —que otros llaman «arqueología prehistórica»— que estudia hoy ese período y cuyos principales logros se intentan resumir en este libro. Mucha gente piensa que la prehistoria incluye todo el tiempo anterior, en especial «cuando los dinosaurios dominaban la Tierra», según el título de una famosa película, e incluso que la humanidad fue contemporánea de aquellos terribles animales. Pero esas largas eras, de una duración temporal casi imposible de entender comparada con la escala en que vivimos, son objeto de otras ciencias como la geología o la paleontología. También geólogos y paleontólogos, igual que hacemos los arqueólogos, observan minuciosamente objetos presentes de apariencia insignificante (arenas, rocas, cenizas, huesos fósiles) y deducen de cuándo son y por qué procesos físicos duraron hasta hoy mismo, qué aspecto tenían aquellos animales y plantas, y cuál era el clima predominante por entonces.

La escala humana se inscribe en un calendario de «solo» dos o tres millones de años de antigüedad, mientras que los dinosaurios vivieron hace más de sesenta millones, y la Tierra se formó hace unos 4.500 millones. Podría parecer que el interés por saber lo que ocurrió durante ese tiempo es algo natural en una especie inteligente como la nuestra, pero de hecho sólo unas pocas civilizaciones humanas se han preocupado por el tema. Para la mayoría de las sociedades tradicionales, la perspectiva temporal se acaba en unas cuantas generaciones antes del presente, es decir que sólo les interesan aquellos años de los que todavía queda recuerdo, sea directo o por narraciones conservadas de algún testigo de los hechos. Ellos piensan que lo anterior ya no afecta a sus vidas, y que en todo caso no pudo ser muy diferente de lo actual, adoptando la misma postura del conocido aforismo bíblico: «nada hay nuevo bajo el sol; y no vale que alguien diga: mira, esto es de ahora, pues ya ha ocurrido en los tiempos que han pasado antes de nosotros» (Eclesiastés, 1, 10). Algunos arqueólogos que excavan restos prehistóricos en zonas donde todavía existen grupos tradicionales, algo más corriente en los países en desarrollo que en Europa, han tenido problemas por esa razón: mientras ellos en su mayoría buscan evidencias remotas, la gente del lugar e incluso muchos investigadores locales se interesan sólo por lo que pasó durante los últimos siglos. Este interés por los últimos antepasados directos también se contradice con los propios temas que atañen a la investigación prehistórica: muchas comunidades tradicionales, o personas con escasa formación académica en nuestra propia sociedad, quieren saber lo ocurrido en el lugar donde viven, y los grandes temas generales como el de los «orígenes» (de la humanidad, la agricultura, la metalurgia, etc.) apenas les conmueven.

Pero el caso es que nosotros estamos picados por una curiosidad insaciable de saberlo todo, y va a ser ya muy difícil que nos conformemos con menos. Para la prehistoria esa tarea es inmensa, porque consiste en rellenar el vacío de un pasado que parece casi infinito, idealmente saber lo que pasó en todo lugar y en todo momento. Este deseo tiene mucho que ver con el nuevo concepto del tiempo en la modernidad, una medida lineal que va sin pausa hacia atrás y está dividido en unidades iguales (años, siglos, milenios) pero de contenidos distintos, y proviene de haber abandonado viejas nociones como la de un tiempo cíclico en que las cosas vuelven una y otra vez a empezar, que muchas sociedades, como las de Asia central y oriental, todavía conservan en su acervo popular. ¿Y a qué nos referimos cuando decimos que queremos saberlo todo? Es evidente que nunca llegaremos a conocer los detalles de la vida diaria de los antepasados, y esto vale incluso para nuestros propios padres o abuelos. A lo que aspiramos es a descubrir algunos de los objetos que utilizaron y a desvelar los «procesos», las circunstancias generales de tipo medioambiental, económico y social en las que aquellos humanos vivieron. Pocas veces nos paramos los prehistoriadores a pensar en lo poco que es eso realmente.

Claro que es esa pobre información, tanto menor cuanto más antigua sea la época que estudiamos, la responsable principal de que nuestra aproximación al pasado sea tan «naturalista», tan «biológica» y tan poco «histórica». Es decir, tan alejada de las condiciones reales y cambiantes de aquella existencia. Realmente, si excluimos la mayor atención pública que despiertan los hallazgos de huesos humanos, apenas existen diferencias entre el enfoque que sigue su análisis y el de los restos de cualquier otro animal. Pero que físicamente seamos un mamífero como otro cualquiera tiene sus ventajas para los prehistoriadores, pues podemos aplicar todos los conocimientos y técnicas que zoólogos y paleontólogos llevan ya siglos aplicando a los restos del pasado biológico. También está el consuelo de contar con una teoría «robusta» como es el evolucionismo darwinista, que explica la aparición de unos y otros caracteres y especies animales por la adaptación de los organismos individuales a los cambios climáticos, por el simple mecanismo de buscar cada uno de ellos la propagación máxima de sus genes en la descendencia.

Aunque muchos animales dejan huellas externas a sus propios cuerpos (huesos mordidos, madrigueras, excrementos), el ser humano se distingue precisamente por depositar muchos más testimonios de su paso terrenal, en un proceso creciente que hoy se ha acelerado de forma peligrosa, desde nuestros inmensos basureros hasta la arena del fondo de los mares, que tiene cada vez más partículas de plástico como mudas e inquietantes compañeras. Al principio dejábamos sólo unas cuantas piedras que, por haber sido golpeadas de forma intencional y metódica, pasando así de ser un objeto *natural* a un «artefacto» *cultural*, son hoy reconocibles como producto humano. Seguramente nuestros primeros ancestros utilizaron y modificaron también otros productos orgánicos de los que, por descomponerse con el paso del tiempo, sólo podemos imaginar la presencia por la lógica de su uso continuado hasta nuestros días, como por ejemplo la madera. Mucho más tarde, a esos primeros artefactos se añadieron otros que también se conservaron y hoy son desenterrados por los arqueólogos: cerámicas, metales, viviendas, tumbas. Aunque nuestro objetivo son las personas y sociedades concretas que fabricaron esos restos, el «indio que está detrás de la flecha» como decía el arqueólogo norteamericano Kent Flannery, los prehistoriadores vivimos tan enfrascados en el complicado análisis de esos objetos —de ahí el apelativo cariñoso de «cacharrólogos»— que solemos olvidar que un día fueron hechos por alguien no muy diferente de nosotros.

Muchos de esos objetos fueron abandonados en cualquier lugar del campo, o fueron arrastrados y dispersados por lluvias y ríos, y la extrañeza que causaban en quienes los hallaban por azar ya fue recogida en textos de época romana y medieval. Algunos eran de naturaleza conocida, como por ejemplo las cerámicas aunque su estilo fuera distinto del de entonces, pero otros hallazgos, como puntas de piedra talladas o hachas pulimentadas, no se parecían a nada conocido y tal vez por ello se les atribuyó un origen mágico (caídas del cielo con los rayos, usadas por los duendes de los bosques). Hasta que los europeos llegaron a América a comienzos de la Edad Moderna y vieron que allí los indios usaban útiles de piedra similares como armas o herramientas, no se comprendió su verdadera función. Fue entonces cuando surgió el primer modelo «teórico» de la prehistoria: *el pasado euro-*

peo y el presente extraeuropeo eran la misma cosa. Los indios americanos tenían una cultura material muy parecida a la de la gente que vivió en Europa «antes de los celtas», como se decía entonces, y seguramente otros aspectos de su vida (la cultura «espiritual» o simbólica) debieron de ser también semejantes. De esa idea salieron dos modelos de análisis todavía hoy vigentes: el evolucionismo cultural (todos los grupos humanos pasan, antes o después, por etapas de desarrollo similares) y la etnoarqueología (la única forma de interpretar el pasado es con ideas y comparaciones del presente etnográfico). Los historiadores de la arqueología han señalado la importancia puntual que en todo esto tuvo la obra que el jesuita francés Joseph-François Lafitau publicó en 1724, después de haber vivido con los indios canadienses, *Costumbres de los salvajes americanos comparadas con las costumbres de los primeros tiempos.*

La mayoría de los artefactos, con todo, suelen aparecer de forma distinta a los hallazgos aislados que hemos referido: lo normal es que se encuentren juntos, en cantidades cada vez mayores según son cronológicamente más cercanos a nosotros, formando lo que llamamos yacimientos arqueológicos. Esta regularidad espacial de los artefactos, muchas veces acompañados por residuos orgánicos potencialmente preservables como los huesos o conchas de los animales que allí se comieron, o por restos de las estructuras que cobijaron y protegieron a la gente de entonces, indica una peculiaridad de los humanos que no se encuentra en otras especies. Esos artefactos fueron fabricados, utilizados y desechados en común, por un grupo de gente y raramente por un solo individuo, es decir, se realizaron «en sociedad», por y para varios ejemplares del animal social que somos por encima de todo. Como veremos a lo largo de este libro, fue precisamente ese comportamiento el responsable de los cambios más importantes de la evolución humana, los que nos han hecho ser como somos actualmente.

Unos yacimientos son más visibles que otros, y la primera tarea de la arqueología es hallarlos mediante exploraciones y prospecciones de superficie. Al principio se procedía de forma casual, preguntando a personas con conocimiento de la zona y descubriendo por ello sólo los sitios más importantes, pero hoy en muchas zonas se siguen procedimientos sistemáticos como la prospección intensiva, que consiste en recorrer y examinar todo el terreno con equipos de arqueólogos para estar seguro de que sólo se escapen algunos hallazgos sueltos. Las administraciones públicas han emprendido en los últimos años la labor de descubrir e inventariar todos los yacimientos de las regiones bajo su control, para así poder preservarlos de la destrucción, explotarlos para el turismo cultural en los casos más importantes y proporcionar a los arqueólogos los datos que necesitan para sus reconstrucciones históricas. El problema principal para este último objetivo es la conservación diferencial de los sitios, pues se cree que la mayoría han desaparecido con el paso del tiempo, o han sufrido procesos que los hacen invisibles a la observación actual. El ejemplo de los yacimientos de Atapuerca en nuestro país es muy significativo al respecto. Si no se hubiera perforado una trinchera concreta del ferrocarril minero de Burgos a comienzos del siglo XX —incluso si no se hubiera desviado de forma un tanto extraña su trazado más corto y barato para cortar una pequeña montaña caliza— nunca se hubieran descubierto los importantes restos del probable primer habitante humano de Europa. Las antiguas cuevas donde vivió el *Homo antecessor* habían sido completamente tapadas por nuevas formaciones rocosas y eran invisibles desde la superficie. Aunque no ocurrió lo mismo con la también fundamental cueva de la «Sima de los huesos», que no estaba totalmente cegada como las anteriores y era accesible gracias a una nueva entrada que pudo ser explorada por los espeleólogos, Atapuerca nos hace pensar en la enorme cantidad de información sobre nuestros antepasados que permanece aún escondida, «atrapada» en lugares especiales que por otra parte la libraron de la muchas veces irremediable desaparición de esas lejanas huellas.

Pasando a una perspectiva historiográfica, vemos que las transformaciones que el concepto de «prehistoria» ha experimentado durante los dos últimos siglos son esenciales para entender la situación presente. Se partió de una concepción religiosa que no aceptaba otra explicación que la bíblica, es decir que todo había sido creado por Dios en un tiempo muy corto, y que eso había sucedido en una época relativamente reciente. Cuando los naturalistas de la época encontraban huesos fósiles de animales hoy desaparecidos, se pensaba que uno o varios diluvios de origen divino (como el que se describe en la Biblia) habían destruido una parte de los seres creados y por ello hoy no estaban todos ellos representados. Los humanos habían sido engendrados tras el último diluvio y por eso cuando en el siglo XVIII se registraron artefactos de piedra tallada junto a huesos de grandes animales hoy extinguidos, se produjo una gran controversia en Europa sobre la posible existencia de un «hombre antediluviano». Aunque ahora a muchos el tema nos parezca casi trivial, los conflictos morales que la disyuntiva entre ciencia y religión provocó en muchas de las mejores mentes del siglo XIX fueron terribles, y no dejaron de afectar a quien más contribuyó a desmontar la explicación religiosa, el fundador del evolucionismo, Charles Darwin. Éste no sólo dudó durante años sobre la conveniencia de publicar sus descubrimientos, esos «hechos» que contradecían el dogma y sugerían un continuo, lento y aleatorio cambio de los animales a lo largo del tiempo hasta llegar al ser humano, sino que sufrió todo tipo de reproches y fue ridiculizado de mil maneras tras la aparición de *El origen de las especies* en 1859. El asunto no era para menos, porque lo que Darwin venía a decir era que el mismo Dios se había equivocado al comunicarse con nosotros. Por otro lado, que ello podía afectar a los mismos fundamentos del orden social, amenazando incluso la división clasista de la Inglaterra del capitalismo inicial, debió de ser evidente para muchos, entre otros la misma esposa de Darwin cuando dijo que aunque fuera verdad que todos descendemos del mono era mucho mejor que la gente no se enterase.

Lo que en aquel momento casi nadie entendió fue que el darwinismo no sólo cuestionaba la imagen deísta y estable del mundo, sino que también desestabilizaba la decisiva idea de *progreso*, propia de la modernidad europea desde el Renacimiento y la Ilustración, al proponer un mecanismo totalmente aleatorio y ciego (la «selección natural»), carente de programa y basado en el doble azar de herencia y medio ambiente, para explicar la hermosa variación de la naturaleza, en la que entonces nadie negaba al menos un impulso de perfeccionamiento constante. Desde la perspectiva actual resulta sorprendente, con todo, que tras unos pocos decenios de agrias polémicas y fulminantes anatemas, los representantes intelectuales de las clases dominantes europeas adoptaran el darwinismo como ideología sustentante de la desigualdad social (inevitable reflejo de la natural «ley del más fuerte», vigente en plantas y animales) y, por su lado, la ciencia prehistórica empezase a funcionar conducida por una parte de esos intelectuales bajo el paraguas del nuevo paradigma, ampliándose las excavaciones de los yacimientos paleolíticos en Francia, Inglaterra y poco después en España, donde los primeros trabajos en las terrazas del río Manzanares en Madrid ya se habían iniciado por Casiano del Prado en la década de 1850. Si bien los primeros darwinistas españoles del siglo XIX, como los europeos, fueron librepensadores de tipo laico e incluso republicano, quienes construyeron la prehistoria de nuestro país desde los comienzos del siglo siguiente tenían una orientación mayoritaria de corte conservador, abundando entre ellos aristócratas, religiosos y carlistas.

Durante el siglo XX la prehistoria, como su hermana la arqueología histórica, continuó la exploración del pasado humano de nuestro planeta, combinando la evidencia empírica en constante aumento con una preocupación teórica y explicativa también cada vez mayor. Poco después de empezar el siglo se estableció la secuencia cronológica del Paleolítico europeo que con algunos cambios todavía se emplea hoy, y antes de la Segunda Guerra Mundial ya se habían excavado los yacimientos más importantes, que cubrían desde el Neolítico al final de la Edad de Hierro en nuestro continente. En América Latina la mayoría de los trabajos fueron emprendidos por equipos norteamericanos, mientras en los países que entonces eran colonias en África y Asia la arqueología, siempre dirigida por investigadores europeos, buscaba sobre todo restos más bien antiguos, aquellos cuya escasa relevancia para el presente no comprometiera la posición dominante de la metrópoli al otorgar un pasado a los pueblos «sin historia» colonizados. Por otro lado, en los años veinte se descubrieron en Suráfrica los primeros restos del homínido hasta hace poco considerado más antiguo, el *Australopithecus*, comenzando una línea de trabajo que todavía hoy atrae una gran atención mediática por afectar a los orígenes del género humano. Pero también ocurre que en las últimas décadas ha disminuido algo el interés empírico en la búsqueda incesante de datos, preocupándose ahora los prehistoriadores algo más por cuáles son las formas más correctas de interpretarlos.

Al final de este capítulo veremos cuáles son los presupuestos teóricos, a veces llamados paradigmas, que orientan nuestra disciplina y que en los últimos años se han diversificado considerablemente haciendo mucho más compleja, pero también más apasionante, la tarea explicativa de los restos del pasado y su influencia en el mundo de hoy. Porque entre los arqueólogos, al igual que en el resto de las ciencias sociales y humanas, no ocurre como en las ciencias físico-naturales, donde existe un único paradigma aceptado (mecánica cuántica, neodarwinismo, etc.), haciendo que las diferencias entre investigadores sean muchas veces sólo de procedimiento o de especialización en diferentes temas. Las discusiones hoy más ardientes en arqueología, que antes siempre habían sido por temas como la fecha de un tipo cerámico o el significado de unas acumulaciones de huesos, comienzan a tratar también de las virtudes de los diferentes paradigmas, que como veremos después se reducen en esencia a dos. El problema es que, como dejó bastante claro Thomas Kuhn, los verdaderos paradigmas son inconmensurables entre sí, debiendo medirse únicamente por su coherencia interna en relación a los propios datos, y tal vez por eso muchas de las discusiones teóricas actuales en ciencias humanas recuerdan tanto a un diálogo de sordos.

2. La evidencia material: datos antiguos y técnicas actuales

Algunos creen que los arqueólogos simplemente van al campo y cogen las cosas antiguas que se encuentran por el suelo o bien, cuando sospechan que allí hay algo, hacen un agujero y desentierran todo lo que pueden. De hecho, los primeros que se dedicaron a esto lo hacían así, y todavía hoy esa descripción cuadra bien con la actividad de los llamados «furtivos», que saquean los yacimientos buscando objetos de valor para sus colecciones o el mercado de antigüedades. Pero si hay una idea que debería quedar clara sobre la arqueología actual es la intensa relación que sus profesionales mantienen con otros científicos que les ayudan a desentrañar el pasado, y el grado de sofisticación técnica que ha alcanzado la profesión, lo cual por desgracia también quiere decir lo cara que hoy resulta. La causa está bien clara: los restos que quedan del pasado suelen ser tan exiguos que es necesario utilizar todos los métodos posibles para extraer la información que contienen.

Para descubrir los yacimientos, aparte del método pedestre que antes comentamos, pueden emplearse sistemas de prospección aérea, con vuelos especiales a poca altura o examinando las fotografías de la zona disponibles en los servicios catastrales, o incluso la prospección remota (teledetección) a través de las imágenes de multifrecuencia realizadas por los satélites artificiales (Landsat, Spot, etc.). Antes de comenzar la excavación a veces se realiza algún tipo de prospección geofísica de la superficie, midiendo determinadas variables (conductividad eléctrica, magnetismo, contenido químico, etc.) a lo largo del yacimiento para determinar la presencia subterránea de determinados restos que aconsejen empezar a excavar en una u otra zona del mismo. Las técnicas de excavación son también cada vez más complejas y dependen de la época y dimensiones del yacimiento. En general se trata de obtener una imagen de lo que hicieron allí los humanos responsables de su formación, lo más completa posible en función de los medios económicos disponibles para ello. A veces puede bastar una pequeña excavación (cata) de uno o dos metros cuadrados, por ejemplo bajo un estrecho abrigo rocoso que fue ocupado durante poco tiempo y por eso apenas quedaron restos, y en los casos más espectaculares puede tratarse de una ciudad cuya investigación requerirá decenios con levantamiento de hectáreas completas del terreno.

Salvo en casos especiales, como por ejemplo en la arqueología subacuática, los restos culturales aparecen envueltos en una matriz de tierra que los ha protegido hasta hoy. Ese mismo sedimento, mediante muestras tomadas en los diferentes niveles o contextos, puede ser analizado por químicos para determinar qué parte de su composición es de origen orgánico, y por geólogos que de su granulometría y micromorfología deducirán los procesos sedimentarios que los formaron, y más en concreto a qué condiciones climáticas correspondieron. Muestras mayores de esa misma tierra, después de que toda ella sea cribada por una fina malla metálica para recuperar los restos de pequeño tamaño, serán mezcladas con agua para que floten en ella los restos aún menores que con suerte podrían incluir semillas y otros productos vegetales que si proceden de la época original del yacimiento (muchas veces son más modernos y han entrado allí por diversas causas) ofrecerán una valiosa información sobre las actividades recolectoras o agrícolas de nuestros antepasados. Botánicos especializados en plantas actuales y pasadas deberán examinar esos residuos vegetales para tratar de determinar su especie o género y su condición (silvestre o cultivada). También es posible observarlos de forma indirecta cuando dejaron impresiones en cerámicas antes de que éstas fueran cocidas; introduciendo material plástico en los pequeños agujeros se puede recuperar la forma de la semilla o tallo original, que desapareció durante la cocción de la vasija. Otros datos vegetales se pueden obtener por el análisis de pólenes y fitolitos. Ambos son partes microscópicas de las plantas que se conservan bajo ciertas condiciones en la tierra. Tras extraer la muestra y tratarla químicamente, un análisis al microscopio permite identificar con mayor o menor seguridad las plantas que estuvieron en contacto con el suelo, bien porque el viento llevó allí sus pólenes o bien porque fueron consumidas por sus habitantes. También el análisis químico del sedimento proporciona datos sobre la actividad humana, en función de los porcentajes de materia orgánica, fosfatos, etcétera.

Los restos óseos de fauna o de los propios humanos se suelen conservar también en ciertas condiciones —en los suelos básicos mejor que en los ácidos— ofreciendo una información muy valiosa sobre los animales consumidos en aquel lugar y sobre el mismo grupo que allí habitó. En los yacimientos más antiguos, como los del *Homo habilis* en África oriental, existen dudas sobre si los huesos corresponden a animales cazados por los primeros humanos o si por el contrario habían muerto ya por otras causas y entonces se trataba de aprovechamiento de la carroña. Para resolver esta cuestión, aún no dilucidada del todo y que se plantea también en épocas más recientes de la prehistoria, se han desarrollado potentes modelos de comparación e identificación de los procesos que sufrieron esos huesos desde la muerte del animal hasta hoy, englobados en una subdisciplina emergente llamada tafonomía. Para la mayoría de los restos más modernos ya no existen tantas dudas y el problema sólo consiste entonces, como ya lo era también antes, en averiguar a qué partes del cuerpo del animal, a qué especies y a cuántos animales en concreto corresponden los huesos excavados. Para los animales cazados se puede inferir el ecosistema y por tanto el clima en que vivieron, y tanto si fueron cazados como domesticados se hacen cálculos sobre las proteínas y grasa potencialmente extraídas de aquellos vertebrados, y cuánta gente pudo vivir gracias a su consumo. Para el decisivo momento del comienzo de la domesticación en el Neolítico, a partir de hace unos 10.000 años, se trata de poder distinguir los huesos de un animal salvaje de su correspondiente variante doméstica, en general de menor tamaño y con pequeñas diferencias osteológicas (por ejemplo, una vaca de un uro, un cerdo de un jabalí). La paleontología y la arqueozoología tienen en común con la arqueología el partir de una evidencia muy fragmentada para averiguar la realidad completa del pasado, mediante pasos inferenciales difíciles y que exigen sofisticados métodos observacionales y estadísticos.

A esos restos de fauna se les aplican a veces analíticas físico-químicas, buscando ciertos elementos presentes en muy pequeñas cantidades (oligoelementos, elementos-traza) pero muy útiles para deducir su alimentación y la época del año en que murieron. También a los restos humanos se les hace lo mismo, entonces con un interés mayor en determinar su tipo de alimentación (vegetariana, carnívora, piscívora, etc.) y, junto con observaciones físicas de los mismos huesos y dientes, averiguar las enfermedades importantes que sufrieron e incluso la propia causa de la muerte. Análisis químicos parecidos también se aplican a artefactos materiales, por ejemplo cerámicas o metales, para determinar de dónde provienen o fueron fabricados, una información esencial en el estudio de los primeros sistemas de intercambio o comercio. En los últimos años han empezado a hacerse análisis genéticos de restos óseos humanos, cuando por diversas circunstancias ese delicado material se ha conservado. Gracias a las actuales técnicas de amplificación genética, se ha podido averiguar, por ejemplo, que el ADN de los neandertales era distinto del nuestro, lo que refuerza la hipótesis de una evolución separada de ambas especies. Otras técnicas más simples, basadas en la forma y dimensiones de los huesos, permiten conocer el sexo, la edad aproximada de muerte, la estatura que los individuos tuvieron en vida, etcétera.

Como decíamos antes, uno de los primeros intereses de un arqueólogo de la prehistoria es conocer la fecha de los restos que tiene entre manos. Después de tantos años de investigación, para muchas zonas de la Tierra se tiene ya una idea del período al que pertenecen la mayoría de los artefactos antiguos que aparecen en ellas. A pesar de ello, a menudo surgen restos enigmáticos que plantean problemas de cronología. Los arqueólogos suelen trabajar, casi de forma intuitiva y antes de cualquier análisis más complicado, con simples esquemas de cronología *relativa*: una cosa es anterior o posterior a otra, aunque no se sepa con exactitud en cuanto tiempo y a qué fecha exacta corresponda cada una. Cuando se investiga una región nueva, cosa que acontece cada vez con menor frecuencia, se echa mano de esa intuición junto con conocimientos previos de zonas parecidas o próximas, además de aplicar un sistema conocido como «seriación».

Personalmente, tuve hace poco la oportunidad de iniciar la investigación arqueológica de una región al oeste de Etiopía (Benishangul), cuyo pasado nunca se había investigado aparte de algunas fuentes escritas exteriores, la propia historia oral y noticias de viajeros modernos que en conjunto apenas cubrían unos pocos siglos antes del presente. Las pequeñas excavaciones (catas de sondeo) realizadas por nuestro equipo bajo algunos abrigos rocosos permitieron enseguida construir un esquema de evolución de la tecnología de los útiles líticos de cuarzo y de las cerámicas, que antes incluso de contar con las primeras fechas de carbono 14 nos dio ya una idea aproximada de cómo habían variado esos elementos de cultura material desde finales del Pleistoceno, hace unos 12.000 años, hasta nuestros días. En el abrigo más antiguo se registraron dos técnicas líticas, que aquí podemos llamar A y B, una más antigua porque estaba debajo, en los niveles inferiores (A, basada en piedras más grandes y anchas, lascas), y la otra más reciente en los superiores (B, basada en piedras más finas y pequeñas, láminas). Ninguna de ellas apareció acompañada de cerámica. En otro abrigo próximo encontramos sólo la técnica B, pero ahora asociada, desde la mitad de la secuencia (es decir, desde los niveles medios de la excavación), con cerámicas de tipo sudanés y decoración de impresión pivotante, que llamaremos C, y que se fechan en el cercano Sudán central en la primera mitad del Holoceno (*circa* 8000-5000 antes del presente). En otros dos abrigos no muy alejados encontramos la misma cerámica C, pero ahora junto a otro tipo de vasijas con decoración a base de impresión simple de ungulaciones e incisión tosca de acanaladuras (tipo D). En un abrigo situado unos 50 km al sur y en otro que estaba unos 30 km al este, encontramos ya sólo la cerámica tipo D, cada vez con menos y más tosca decoración de los tipos antedichos. La industria lítica se va haciendo cada vez más ruda a lo largo de la secuencia de los últimos abrigos. Por último, en la superficie de varios de estos abrigos registramos fragmentos de otro tipo cerámico (E), igual al que usan ahora los miembros de la etnia Berta, nilosaharianos que ocupan toda la parte central de Benishangul. El modelo de la seriación nos permite entonces enlazar unos yacimientos con otros, ordenados de más a menos antiguo y siguiendo el orden de los tipos: A-B-C-D-E. Por último, fechas obtenidas por los métodos radiactivos de la luminiscencia óptica y el carbono 14, además de los paralelos de las cerámicas con otras regiones próximas de Sudán y Etiopía, nos permitieron colocar algunos hitos o puntos fijos de cronología absoluta en la secuencia: la técnica A es anterior a 10.000 bp (*before present*, antes del presente), las cerámicas C aparecen hacia 5000 bp, y las del tipo D se hicieron durante el I milenio y primera mitad del II milenio d.C.

Acabamos de citar dos técnicas de cronología *absoluta*, una de ellas la más utilizada con diferencia, el radiocarbono o carbono 14. Este sistema funciona con materiales orgánicos (madera, carbón vegetal, huesos, etc.) cuya fecha de muerte se puede calcular con relativa seguridad. Lo importante es que, cuando se trata realmente de una muestra asociada originalmente al contexto arqueológico que estudiamos (y no resultado de contaminación en época más moderna o más antigua), suponemos que su fecha coincide o se halla muy próxima a la del yacimiento o nivel arqueológico donde apareció y que es lo que queremos datar. La muestra se manda a un laboratorio que mide la radiactividad de un componente químico concreto, muy abundante en todos los organismos, el carbono, aunque en concreto sea una pequeñísima parte o isótopo del mismo cuyos átomos no son estables y por ello emiten radiación al desintegrarse, el carbono de masa atómica 14. Como esa desintegración se produce a velocidad constante desde la muerte del ser vivo, disminuyendo gradualmente la cantidad de isótopo hasta que prácticamente desaparece a los 40.000 años, es posible calcular el tiempo transcurrido comparando la radiactividad de la muestra con la que debió tener cuando el organismo estaba vivo. El rango temporal del método nos permite medir muestras desde la época actual hasta los inicios del Paleolítico Superior.

Un problema importante del radiocarbono es que en principio no conocemos la cantidad de isótopo que existía en cada momento de la antigüedad, y por ello al inicio se supuso que era idéntica a la actual, hasta que errores apreciables descubiertos al fechar muestras egipcias que estaban bien datadas por las listas de los faraones, llevaron a descubrir que había variado sustancialmente a lo largo del tiempo, dando errores cercanos al millar de años en algunos momentos del Holoceno inicial. Actualmente se pueden corregir las fechas de radiocarbono gracias a las muchas muestras de madera antigua de árboles analizadas con el método y cuya datación exacta se conoce por la posición de su anillo correspondiente en una larga serie conocida de ellos (dendrocronología). Ello equivale a saber cuál era la cantidad de carbono 14 que había casi en cada año concreto, y permite la corrección, llamada calibración, de todas las fechas hasta los inicios del

Pleistoceno, aunque la irregular variación del isótopo de unos años a otros, unida al error estadístico que llevan todas las fechas por la misma forma en que deben ser medidas, provoca márgenes de error aún más amplios y menor exactitud a la hora de conocer el momento en que ocurrieron las cosas en el pasado. Como se indicó en el prólogo de este libro, todas las fechas que se dan en el mismo a partir del Holoceno (capítulo 4), indicadas en años antes de la era cristiana (a.C.), vienen ya calibradas para evitar confusiones al usar diferentes sistemas de cronología.

La mayoría de los otros sistemas de datación absoluta utilizan una lógica parecida: medir un fenómeno natural que se produce a velocidad constante y que empezó a contar en la misma época cuya fecha nos interesa conocer. El método de luminiscencia mide la acumulación gradual de electrones en un sistema cristalino (p. ej. el cuarzo de la cerámica o de la arena de los sedimentos) desde que se calentó por última vez —mecanismo que libera todos los electrones anteriores y, por así decir, pone el reloj «a cero»—, bien por calor térmico, como cuando la cerámica se coció en el horno (termoluminiscencia), o bien por calor de la luz solar, cuando la arena de un nivel la recibió por última vez antes de ser tapada por los niveles superiores (luminiscencia óptica). Otros métodos radioactivos miden la transformación de un elemento radiactivo en otro por radiación, por ejemplo el potasio en argón, un isótopo en otro distinto del mismo argón, el uranio en torio, etc. En otras ocasiones se compara algún aspecto de la muestra con variables cuya variación cronológica se conoce por mediciones hechas anteriormente, por ejemplo la intensidad y dirección del campo magnético terrestre que actuó sobre las moléculas metálicas de los suelos (paleomagnetismo) o la anchura de los anillos de crecimiento anual de los árboles, que varían cada año en función de la humedad, en las muestras de madera (la dendrocronología antes citada). Cada vez más sofisticados, aunque todavía muy lejos de solucionar todos sus problemas —que más que de los propios métodos proceden de la inadecuación de las muestras—, los sistemas científicos de datación absoluta suponen una ayuda inestimable, algo así como el bastón de un ciego, cuando los arqueólogos nos movemos por «la larga noche de los tiempos».

3. Las teorías arqueológicas

En los momentos iniciales de la disciplina durante el siglo XIX, prehistoriadores y antropólogos adaptaron el evolucionismo biológico para explicar los cambios culturales, creando una versión simplificada del adaptacionismo darwinista conocida como evolucionismo cultural. Su esquema proponía una serie de etapas por las que debían pasar obligatoriamente todas las sociedades a lo largo del tiempo (evolucionismo unilineal), y cuyos nombres (salvajismo-barbarie-civilización) indicaban claramente que el principio rector de la historia cultural era el de un «progreso» que no sólo explicaba el cambio sino que también justificaba a posteriori la superioridad europea sobre el resto del planeta. Como señaló Bruce Trigger, ésta fue la época de la «síntesis imperial» que coincidió con el clímax final de la expansión europea y la implantación de la mayoría de las colonias en África y Asia. El evolucionismo proporcionaba una convincente coartada «científica» de por qué unos pueblos podían dominar a otros, y aunque la anexión tenía fundamentos y causas económicas muy claras, la gran mayoría de la población europea estuvo siempre convencida de que las naciones avanzadas no hacían más que cumplir con su sagrado deber de ayudar a otros pueblos de la Tierra a progresar hacia la elevada posición que ellas ya tenían, y la «responsabilidad del hombre blanco» no era otra que civilizar a los demás habitantes del planeta.

Posteriormente, en la primera mitad del siglo XX se produjo un «enfriamiento» teórico en la arqueología, paralelo e influido por los cambios habidos en antropología, es decir por la corriente del historicismo cultural en Norteamérica auspiciada por el influyente Franz Boas, y en Europa por el difusionismo de la escuela alemana. La sencillez de ambas teorías explica que todavía hoy sean seguidas, a veces casi inconscientemente, por muchos arqueólogos. Tal como se entendió en prehistoria, el historicismo veía la evolución humana dividida en una serie de *culturas*, cada una de ellas desarrollada durante una época concreta y correspondiente a un pueblo o etnia específica. La tarea de los arqueólogos consistía por tanto en describir cada una de ellas (por ejemplo, su cerámica y útiles líticos, sus viviendas y tumbas, etc.) y averiguar en qué siglos o milenios tuvo lugar. Como complemento del anterior, el difusionismo explica los cambios culturales bien por movimientos de pueblos (migraciones, invasiones) que eliminan o se mezclan absorbiendo unos a otros (difusionismo démico) o bien por influencias provocadas mediante el contacto o la simple imitación (difusionismo de influjo). Para descubrir esas relaciones, los prehistoriadores se deben dedicar a investigar los «paralelos» de sus hallazgos (objetos iguales o parecidos) en otros lugares o épocas próximas, y cuando unos son más antiguos que otros (algo que siempre ocurre), la preeminencia cronológica de los primeros explica la misma existencia de los demás (que vienen o imitan a los anteriores) sin más complicaciones. Por ejemplo, en la Edad del Bronce de algunas zonas de la península Ibérica se produjo un cambio hacia mediados del II milenio a.C., cuando se pasó de las cerámicas intensamente decoradas de las culturas campaniformes durante el Bronce Antiguo a las completamente lisas del Bronce Medio y Final. La explicación difusionista era muy sencilla: la rica y expansiva Cultura de El Argar, desarrollada desde el Bronce Antiguo en el sureste peninsular y caracterizada por las cerámicas lisas, acabó influyendo en todo el territorio peninsular causando el cambio en las modas cerámicas.

El paradigma anterior sirvió para llevar a cabo la gran labor de aquellos momentos de expansión empírica, que era recuperar el máximo de datos mediante grandes excavaciones arqueológicas y el estudio del mayor número posible de pueblos premodernos por parte de los antropólogos. Aunque la antropología británica había comenzado aisladamente su renovación teórica en los años veinte y treinta con las propuestas funcionalistas de Malinowski y Radcliffe-Brown, no fue hasta después de la Segunda Guerra Mundial cuando la cada vez más influyente ciencia norteamericana renovó sus esquemas mediante una vuelta al evolucionismo, ya no unilineal como antes, sino aspirando a ser multilineal y complejo aunque sin conseguirlo del todo. Antropólogos como Leslie White, Julian Steward, Elman Service o Morton Fried enseñaron a los arqueólogos de entonces, todavía pegados a sus datos salidos de la tierra, que tanto la cultura material como la simbólica eran sistemas de adaptación para la supervivencia y progreso de los grupos humanos; el problema era descubrir los mecanismos concretos seguidos para conseguir ese fin, en sí mismo demasiado general. Las formas de adaptarse habían variado de una forma lógica a lo largo del tiempo, quedando hoy todavía restos de adaptaciones antiguas, y para los neoevolucionistas todas las sociedades del presente, y seguramente también las del pasado, se pueden clasificar de acuerdo con su nivel de «complejidad social» según un esquema de estadios no necesariamente pero casi siempre consecutivos cronológicamente, llamados banda, tribu, jefatura y estado. Esta aproximación de arqueología y antropología, que combinaba evolucionismo y funcionalismo, produjo el gran avance teórico que se conoció en los años sesenta y setenta del siglo pasado como «Nueva Arqueología», y hoy todavía como «arqueología procesual».

Además de evolucionista, la arqueología procesual es funcionalista porque entiende a las sociedades humanas como organismos en equilibrio, tanto interno entre las diferentes secciones o clases como externo frente al medio ambiente, y para conseguirlo cada una de sus partes (individuos, instituciones) cumple un papel, en principio todos ellos igualmente importantes, del mismo modo que ocurre en cualquier organismo vivo. El origen de esos papeles se explica por el componente evolucionista, puesto que tales funciones existen sólo en cuanto que son adaptativas, es decir que trabajan adecuadamente para conseguir un máximo de recursos (alimentación, reproducción, información, poder, etc.) para el grupo que se trate. Asimismo, el evolucionismo explica algo que para el funcionalismo solo era muy difícil —por su idea de equilibrio permanente—, que es precisamente el cambio, el cual ocurrirá cuando las funciones e instituciones dejen de ser adaptativas por algún cambio de las condiciones exteriores o interiores, y hayan de ser sustituidas por otras, lo cual permite una aproximación cronológica, ligada al transcurrir del tiempo, que es esencial en arqueología.

El paradigma procesual va más allá de la casi pura descripción que fomentaban historicismo y difusionismo, aspirando también a «explicar» los fenómenos sociales de la prehistoria. Al igual que cualquier otro paradigma, el procesualismo se ocupa de buscar sus propios datos y se fija sobre todo en los aspectos tecnológicos de la cultura material, intentando correlacionarlos con los cambios medioambientales regidos por el clima. Por ejemplo, a finales del Paleolítico en el sur de Europa se utilizaron unos determinados tipos de puntas de flecha de piedra y de azagayas de hueso que eran muy aptas para cazar animales de tamaño mediano y grande. Mientras esos animales fueron las principales presas no había razón para ningún cambio técnico, y efectivamente así ocurrió. Cuando acabó la última glaciación el clima se calentó y muchos animales grandes se extinguieron o emigraron hacia el norte para mantener su adaptación fría. Los que se quedaron eran más pequeños, más difíciles de alcanzar con las flechas anteriores por ser blancos más reducidos y tener mayor movilidad. Pues bien, entonces aparecieron útiles líticos bastante más pequeños, los llamados microlitos y geométricos (véase figura 12), que permiten hacer flechas más ligeras y con mayor poder de penetración en el cuerpo de las presas, y que por lo tanto estaban mejor adaptadas a la nueva situación. No cabe duda de que esta explicación, comprobada en varios contextos diferentes por causas parecidas (por ejemplo, más tarde se cambiarán las flechas longitudinales apuntadas hechas con puntas de dorso abatido por puntas de filo transversal hechas con segmentos, que son aún más eficaces para alcanzar animales más pequeños y rápidos), es de mayor nivel que la historicista-difusionista que colocaba los microlitos en ese período (Holoceno), porque derivaban de una primera invención de los mismos en algún lugar culturalmente avanzado. Y lo es porque existe en ella una mayor relación de causa a efecto, mayor «relevancia» causal, al depender de algo tan importante como la propia subsistencia de los grupos, y no de la simple imitación de unos tipos por la admiración que produce todo lo nuevo.

Otra virtud de la arqueología procesual fue la implantación que promovió de los métodos cuantitativos. Hasta entonces era habitual que los arqueólogos, incluso en las grandes excavaciones, concentraran su atención en los hallazgos más importantes, bien porque eran artísticamente valiosos o porque constituían «fósiles directores», objetos singulares que existieron sólo en una zona o durante un cierto período concreto, y que por ello mismo ayudaban a fechar y asignar culturalmente los yacimientos. Como un resultado del «enfoque conjuntivo» propuesto por el arqueólogo norteamericano Walter Taylor a finales de los años cuarenta, se pasó a considerar importantes todos los restos hallados, incluidos los artefactos más fragmentados y pequeños, buscando una imagen de conjunto más completa de la cultura prehistórica. Para manejar cantidades tan ingentes de datos se utilizaron las técnicas estadísticas (arqueoestadística), que habían comenzado poco antes pero que con la Nueva Arqueología —y en unión de los métodos científicos que vimos en el apartado anterior— adquirieron ese auge que hace que hoy no sólo las revistas de temas arqueométricos (como *Journal of Archaeological Science* o *Archaeometry*) sino también algunas de las puramente arqueológicas (como *American Anti-*

quity) parezcan dedicarse más a temas de «ciencias» que a la historia antigua de la humanidad.

Más decisivo fue, con todo, el entronque que la Nueva Arqueología realizó con la antropología. Por haber surgido en un país, los Estados Unidos, donde ambas especialidades se estudian juntas y en los mismos departamentos universitarios, fue allí donde más se desarrolló la etnoarqueología, subdisciplina que se encarga de conectar la información procedente de ambos ámbitos —mucho más en beneficio de los arqueólogos que al contrario—, bien teóricamente analizando la información antropológica publicada, bien en la práctica estudiando sobre el terreno a grupos premodernos actuales con un interés orientado a la cultura material. Ya vimos antes la base teórica de esa conexión: los grupos tradicionales de hoy son una imagen del pasado, y sus recursos culturales atavismos de épocas pretéritas. El problema de este supuesto es que depende demasiado estrechamente de las teorías evolucionista (los «primitivos» actuales parecen estar en una fase anterior de desarrollo) y funcionalista (la variación cultural se suele limitar a los apartados de tecnología y subsistencia). La etnoarqueología aparece hoy problematizada desde la perspectiva posprocesual, a veces de forma incontestable, como cuando se denuncia la infravalorante visión ahistórica que se da de esos primitivos, tal que si estuvieran «congelados» en el tiempo. Algunos estudios recientes han mostrado que las sociedades tradicionales estuvieron sometidas a vaivenes históricos tan complicados como los nuestros, incluidos los contactos culturales con grupos de tecnología más compleja que influyeron seriamente en sus modos de vida, y que por eso el creer que representan una fase anterior, estática y sin historia, no sólo es ofensivo para ellas sino también falso. Aunque estas críticas han tenido en los últimos años un efecto negativo sobre la etnoarqueología, cuyo primer entusiasmo parece haberse resentido, ello no debería limitar los flujos entre arqueólogos y etnólogos, ni mucho menos reducir nuestra observación de la variación cultural humana todavía hoy existente, aunque sólo fuera como ejercicio contra el etnocentrismo que todos llevamos dentro, como una introducción realista a esa «experiencia del otro» cuya expresión más difícil tal vez sea el estudio de la prehistoria.

Mientras la arqueología anglosajona iba adoptando el paradigma procesual que acabamos de resumir, la rama «madre» de la antropología en los mismos países comenzaba a divergir en varias direcciones diferentes. Eclipsado el funcionalismo hacia mediados del siglo XX, en gran parte por su estigmática identificación con el recién terminado período colonial, los antropólogos podían escoger entre el renovado evolucionismo que vimos antes, preferido al principio por muchos de ellos, y otras dos aproximaciones, una más antigua pero que sólo entonces llegaba a las ciencias sociales, el marxismo, y otra más novedosa y de apariencia más prometedora, el estructuralismo. Mientras el marxismo clásico se ha mantenido desde entonces con su pequeño y activo cupo más o menos constante de la profesión, ha sido el estructuralismo el que ha dado más que hablar y escribir durante los últimos años. Por un lado tenemos el estructuralismo clásico, que parte de la base de que el origen de las acciones humanas está en la mente, cuyos pensamientos son conformados por las mismas estructuras que se aprecian en los lenguajes hablados (oposiciones binarias, metáforas, metonimias, etc.), siendo por eso su objetivo analizar cómo ellas influyen en el comportamiento social. Por otro tenemos la derivación posterior que surge de la constatación de la arbitrariedad de cualquier sistema lingüístico, lo que provocó toda una eclosión del pensamiento francés durante los años sesenta, comenzando por la filosofía, historia y psicología para luego afectar a todas las ciencias sociales y humanas, y que fue denominado genéricamente «postestructuralismo». A pesar de la gran reacción habida últimamente en su contra, no siempre desde posturas abiertamente conservadoras, y que repetidamente la ha dado por fenecida y «superada», la fértil y variada posición crítica representada por las obras de Michel Foucault, Jacques Derrida, Jacques Lacan, Roland Barthes, Gilles Deleuze o Pierre Bourdieu (por nombrar únicamente a los que, cuando escribo estas líneas, están muertos físicamente) sigue ejerciendo una gran influencia intelectual, no sólo circunscrita al ámbito occidental sino extendida también a los países del Tercer Mundo en la llamada corriente de «teoría poscolonial».

Resulta difícil resumir en pocas palabras los aspectos esenciales de esta posición teórica, que a veces aparece incluida en el término más amplio de «posmodernismo». Ello se debe tal vez a que aquellos primeros pensadores eran sobre todo «antiesencialistas» y lo que buscaban en primer lugar era desconstruir las hasta entonces firmes creencias occidentales («metanarrativas») en que se basa nuestra seguridad ontológica —de ahí la usual acusación que reciben de relativistas. El «terrible descubrimiento» de los posmodernos fue que todas nuestras producciones intelectuales, no sólo las fantasías diarias o nocturnas sino las mejores construcciones científicas, son hijas de su tiempo, provienen de una circunstancia personal o social, histórica al cabo, y por ello es fútil toda pretensión de permanencia, de durable exactitud para las mismas. Se puede alegar que tal idea no es nueva y que siempre se ha sabido que las cosas son «del color del cristal con que se mira», pero lo inédito ahora consiste en desvelar por qué el resultado de ello no es un caos, como sería de esperar, sino un cierto orden que, curiosamente, casi siempre beneficia a algún «poder». Ese poder puede tener una base intelectual en la constitución del saber occidental durante la Edad Moderna (Foucault), estar presente en la misma forma de pensar mediante sistemas de oposiciones binarias de conceptos opuestos, de los que siempre uno aparece dominando al otro (Derrida) o tener una fuente psicológica desarrollada en la infancia, como una autoridad («el nombre del padre») que nos juzga desde su posición discursiva imaginaria y exterior al sujeto (Lacan).

Tal vez por trabajar casi exclusivamente con materiales intelectuales, además de por su oposición a todas las esencias como vimos, muchos posmodernos han prestado escasa atención a las peticiones de principio o metanarrativa del marxismo, que afirman que todos esos poderes existen pero no son sino manifestaciones últimas de un poder original común, la estructura económica de las relaciones de producción, cuya arbitrariedad necesita ser enmascarada ideológicamente de todas las maneras posibles. Durante los últimos años, con todo, varios autores han intentado compaginar la desconstrucción postestructuralista entendida en sentido general, es decir la crítica intelectual de los productos ideológicos occidentales, con una posición política progresista situada a la izquierda del espectro político, actuando los más conocidos de ellos en el ámbito angloamericano (Perry Anderson, Fredric Jameson, Terry Eagleton, Ernesto Laclau, Chantal Mouffe, Slavoj Žižek, etc.). La variedad y riqueza de ideas que presentan es grande y hace difícil integrarlos en algún tipo de movimiento, pero existe algo que podemos considerar común a algunos de ellos: buscar siempre las condiciones históricas del fenómeno que se quiere explicar, sus orígenes anteriores en el tiempo, la gente o grupos de interés que estaban y siguen detrás beneficiándose del estado de las cosas (de aquí el mandato de Jameson: *historicize!*). En consecuencia, se buscan también las circunstancias actuales políticas de todo pensamiento, que es visto como una actividad del presente que influye en cuanto acontece ahora mismo, aunque su objetivo pueda estar en el remoto pasado como ocurre con la prehistoria. En pocos contextos se expresó mejor este otro precepto (¡politiza!) que en la perspicaz máxima de los primeros movimientos feministas: «lo personal es siempre político».

La arqueología que sigue las tendencias anteriores suele llamarse genéricamente «posprocesual», significando aquí el prefijo lo mismo que en «posmodernismo», es decir un movimiento opuesto al anterior (no ocurre lo mismo en postestructuralismo o posmarxismo, donde indica más bien continuación o superación). Sus seguidores, todavía sólo numerosos en las universidades anglonorteamericanas, mantienen también varias tendencias. Todas ellas rechazan el evolucionismo por ser una teoría sólo apropiada para estudiar procesos biológicos de larga duración y que simplifica la realidad social, además de estar sospechosamente relacionado con el capitalismo y sus metáforas clave de la competencia interminable y el «sálvese quién pueda». Tampoco les gusta la imagen armoniosa del funcionalismo —aunque no puedan desdeñar del todo algunos de sus útiles modelos—, por la influencia más fuerte del estructuralismo y marxismo, que muestran la mente y la sociedad humanas como entidades fundamentalmente divididas. Algunos de sus primeros y más famosos impulsores, como el británico Ian Hodder, aspiran hoy a una arqueología «multivocal» que interprete el pasado con intervención de todos los grupos interesados, desde los científicos oficiales como él mismo hasta los grupos de feministas New Age que buscan a la Diosa Madre de la prehistoria o los rastreadores de ovnis en las pirámides egipcias, pasando por grandes empresas bancarias que financian sus excavaciones en Çatal Hüyük, tras habérseles convencido de que el intercambio de la obsidiana en Anatolia durante el Neolítico podría haber sido la «primera tarjeta de crédito» de la historia.

Los posprocesuales más críticos piensan que conocer el pasado tiene que servir para comprender y mejorar el presente, y en ello siguen la vieja máxima marxista de equiparar teoría y praxis, ciencia y acción. Aquí tenemos a la parte más actual de la arqueología posmarxista —en cuya vertiente clásica y positivista ya existía sin embargo una cierta desconfianza hacia la «ciencia burguesa»—, que abandona por fin los esquemas decimonónicos de evolución unilineal y las grandes narrativas de progreso inevitable hacia el objetivo final del comunismo, para fijarse por ejemplo en las pequeñas resistencias a la dominación, cada una de ellas histórica y por ello distinta e irrepetible, que jalonan la prehistoria y en especial sus fases finales cuando aparecen la propiedad, el poder político y los primeros Estados. Por su lado, la arqueología feminista se ocupa de recuperar a esa «mitad» de la población hasta hoy oculta a causa de las interpretaciones exclusivamente masculinas (androcéntricas), contribuyendo no sólo a una imagen mucho más realista del pasado, sino también a desvelar los variados papeles sexuales y de género que se dieron entonces, y advirtiendo cómo la instauración de sociedades divididas y desiguales estuvo estrechamente relacionada con el comienzo de la ideología patriarcal que todavía hoy perdura. Por último, algunas arqueologías posprocesuales han iniciado un proceso algo más complicado que en su vertiente poscolonial y multiculturalista se ha acercado a uno de los elementos más opuestos a los principios universalistas de la modernidad, como son las ideologías nacionalistas. Porque, si bien en Europa existe una lógica desconfianza hacia los particularismos nacionales después de nuestra reciente experiencia bélica, los nacionalismos jugaron un papel positivo contra el colonialismo europeo en muchas partes del globo, y hoy todavía representan intereses minoritarios y legítimos, opuestos a la uniformización que trae consigo la globalización. Es por eso por lo que los sentimientos identitarios, que muchos desprecian todavía desde una perspectiva racionalista «moderna», en muchos contextos pueden mover voluntades en sentido emancipador, a la vez que «contienen», representan de forma delegada posiciones políticas de otro tipo, en especial las de clase, usualmente reprimidas con mucha mayor energía.

Tanto procesuales como posprocesuales han de basar sus construcciones teóricas en datos empíricos, del tipo que vimos en el apartado anterior. Según una perspectiva positivista muy extendida, los datos son independientes de las teorías y por ello cualquier investigador podría utilizar la información procedente de unos u otros equipos para alcanzar conclusiones con independencia de su punto de vista. Esto podría ser válido para cierto tipo de datos como los arqueométricos, por ejemplo las fechas de carbono 14 o las especies animales representadas en una colección de huesos excavados. Pero incluso aquí hay problemas, porque las muestras para análisis no se suelen coger de todos los contextos por igual, sino de aquellos que interesan al excavador. Si éste sigue una corriente histórico-cultural o evolucionista buscará una sucesión de fechas en una cata de sondeo vertical para ver la duración total del sitio y cómo varía la cultura a través del tiempo, mientras que si es posprocesual tal vez le atraiga más comprobar la contemporaneidad de las estructuras de un mismo nivel, o de esas estructuras y la necrópolis del yacimiento, con el fin de observar las relaciones sociales sincrónicas. Incluso para el estudio de la fauna pueden existir diferentes aproximaciones, y a un arqueólogo marxista, por ejemplo, le interesará más ver dónde se comían los animales y por quién, y si existían diferencias sociales en el acceso a la carne (un alimento muchas veces reservado para las élites), mientras que un funcionalista calculará más bien cuánta gente pudo vivir con aquel alimento, a qué tipo de clima corresponden esos animales, y si es posible rastreará en ellos algún tipo de cambio medioambiental que se pueda reflejar en la evolución de la cultura. En ambos ejemplos observamos que los enfoques posprocesuales tienden más a ser sincrónicos (interés por una sociedad concreta), y por eso harán excavaciones en área abriendo mayores extensiones del yacimiento, mientras que historicistas y procesuales seguirán usualmente un modelo diacrónico, excavando con mayor frecuencia sondeos o catas profundas que a ser posible corten varias fases del yacimiento para así estudiar la variación cronológica entre ellas (interés por los procesos evolutivos generales).

Todo lo anterior nos recuerda el espinoso asunto de la inconmensurabilidad de los paradigmas que ya antes recordamos. Aunque muchas veces no haya más remedio que utilizar los datos existentes por ser los únicos disponibles, y es lógico que en su gran mayoría hayan sido obtenidos aplicando un paradigma anterior y distinto al actual, cada posición teórica busca obtener la información concreta que necesita para contrastar sus hipótesis o construir sus narrativas. El panorama que se obtiene hoy de la arqueología puede parecer desconcertante, y así fue expresado cómicamente por Matthew Johnson cuando al final de su libro sobre teoría arqueológica aparecen dos grupos de arqueólogos separados: uno entusiasmado por el tema de «Foucault y el feminismo» y otro por «Darwin y sexo a cambio de comida», mientras el público en general se aleja desinteresándose por estas discusiones teóricas. Pero las polémicas intelectuales, aunque a veces alcancen cotas de gran acritud, son la sal y pimienta de cualquier profesión, y sobre todo revelan que nuestro trabajo es algo vivo y en constante cambio. No sólo es bueno que haya muchas visiones diferentes del pasado, sino que también es «verdadero»: al igual que ocurre en el presente, nunca ha existido un solo punto de vista para explicar la realidad social. Para los posmodernos, la verdad es por definición partidista y unilateral.

Bibliografía

Bahn, P.; Renfrew, C. (1993): *Arqueología. Teorías, métodos y práctica*. Akal, Madrid.

Balme, J., Paterson, A. (eds.) (2005): *Archaeology in Practice. A Student Guide to Archaeological Analysis*. Blackwell, Oxford.

Binford, L.R. (1988): *En busca del pasado. Descifrando el registro arqueológico*. Crítica, Barcelona.

Brothwell, D.; Higgs, E. (eds.) (1980): *Ciencia en arqueología*. Fondo de Cultura Económica, México.

Buxó, R. (1997): *Arqueología de las plantas. La explotación económica de las semillas y los frutos en el marco mediterráneo de la Península Ibérica*. Crítica, Barcelona.

Clarke, D. L. (1984): *Arqueología analítica*. Bellaterra, Barcelona.

Davis, S. J. M. (1989): *La arqueología de los animales*. Bellaterra, Barcelona.

Eiroa, J. J. (2000): *Nociones de Prehistoria General*. Ariel, Barcelona.

—; Bachiller, J.A.; Castro, L.; Lomba, J. (1999): *Nociones de tecnología y tipología en Prehistoria*. Ariel, Barcelona.

Fagan, B. M. (ed.) (1996): *The Oxford Companion to Archaeology*. Oxford University Press, Oxford.

Fernández Martínez, V. M. (2000): *Teoría y método de la arqueología* (2ª edición). Síntesis, Madrid.

— (2006): *Una arqueología crítica. Ciencia, ética y política en la construcción del pasado*. Crítica, Barcelona.

Gallay, A. (1986): *L'Archéologie demain*. Pierre Belfond, París.

Gamble, C. (2002): *Arqueología básica*. Ariel, Barcelona.

González Ruibal, A. (2003): *La experiencia del otro. Una introducción a la etnoarqueología*. Akal, Madrid.

Harris, E. C. (1991): *Principios de estratigrafía arqueológica*. Crítica, Barcelona.

Hodder, I. (1988): *Interpretación en arqueología. Corrientes actuales*. Crítica, Barcelona.

Johnson, M. (2000): *Teoría arqueológica. Una introducción*. Ariel, Barcelona.

Kipfer, B. A. (2006): *The Archaeologist's Fieldwork Companion*. Blackwell, Oxford.

Lumbreras, L. G. (1984): *La arqueología como ciencia social*. Casa de las Américas, La Habana.

Menéndez, M.; Jimeno, A.; Fernández, V. M. (1997): *Diccionario de Prehistoria*. Alianza Editorial, Madrid.

Moro Abadía, O. (2007): *Arqueología e historia de la ciencia*. Bellaterra, Barcelona.

Orton, C. (1988): *Matemáticas para arqueólogos*. Alianza Editorial, Madrid.

Semenov, S. A. (1981): *Tecnología prehistórica. Estudio de las herramientas y objetos antiguos a través de las huellas de uso*. Akal, Madrid.

Shennan, S. (1992): *Arqueología cuantitativa*. Crítica, Barcelona.

Tilley, C. (ed.) (1990): *Reading Material Culture. Structuralism, Hermeneutics and Post-Structuralism*. Basil Blackwell, Oxford.

Trigger, B. G. (1992): *Historia del pensamiento arqueológico*. Crítica, Barcelona.

2. El amanecer africano

1. Cambios climáticos al este de la Gran Falla

Bastante antes de empezar la investigación paleoantropológica en África, Charles Darwin propuso a este continente como el lugar más probable del origen humano, porque allí se encontraban sus parientes más próximos, chimpancé y gorila, y por sus condiciones climáticas óptimas, con calor y comida abundante que harían posible la vida humana desprovista de protección cultural, idea esta última que ya habían expresado algunos pensadores de la Grecia clásica. Sin embargo, los primeros descubrimientos de «eslabones perdidos» surafricanos, en la década de 1920, no fueron aceptados por la comunidad científica hasta unos treinta años después, y ello fue en parte por venir de un continente con tan poca relevancia histórica moderna. También por el tremendo aspecto primitivo que presentaban: los cráneos hallados del «mono del sur» (*Australopithecus*) eran mucho más parecidos a un primate que a los humanos actuales. Pero tenían dos diferencias fundamentales, sus dientes se parecían más a los nuestros y eran bípedos. Esto ya apuntó entonces claramente a los dos ámbitos fundamentales del cambio: la comida y el medio ambiente.

Tal como preveía la teoría evolucionista y ha mostrado el estudio de los datos paleontológicos, la variación climática ha sido siempre un factor fundamental en la diversidad y aparición de nuevas especies. Por afectar el clima de manera diferente a las distintas áreas geográficas, en función de su posición, altitud, distancia al mar, etc., los miembros de una misma especie pueden llegar a vivir en ambientes distintos y tener que adaptarse de forma particular a cada uno de ellos. Cuando se produce un alejamiento geográfico entre esos grupos durante un tiempo lo suficientemente largo, los cambios pueden llevar a una separación genética lo bastante grande como para que se trate ya de nuevas especies (especiación geográfica o alopátrica). Otros fenómenos de naturaleza más brusca han influido también poderosamente en la evolución, y por ejemplo mucho antes de nuestra especie se produjo la extinción súbita de los dinosaurios, que según la teoría más aceptada se debió al impacto de un gran meteorito sobre la Tierra a finales del período Secundario o Mesozoico hace unos 66 millones de años (m.a.). Durante todo el siguiente período, Terciario, se produjo una gran expansión de los animales mamíferos, entre los que estaban los monos (primates), hasta aparecer los primeros humanos (género *Homo*) hace unos 2,5 m.a. Al período geológico de entonces lo llamamos Plioceno, última división del Terciario, y poco después comenzó el Cuaternario, que según los fenómenos que se elijan como referencia, tuvo su inicio entre 2,4 y 1,8 m.a. antes del presente y llega hasta la actualidad. El Cuaternario se ha caracterizado hasta ahora por la alternancia de períodos muy fríos (glaciaciones) y templados (interglaciaciones, en una de las cuales vivimos hoy) y es costumbre dividirlo en dos fases: el Pleistoceno, que abarca desde su comienzo hasta hace unos 11.000 años, y el Holoceno que va desde entonces hasta la actualidad. La razón de esta desigual clasificación radica en que el Holoceno no es simplemente el último período interglaciar por el momento, sino la época de la gran expansión humana en el planeta y por ello se merece una consideración especial. Por su parte, el largo Pleistoceno se suele dividir en Inferior, desde el comienzo hasta hace 780.000 años, Medio, entre esa fecha y 130.000 años, y Superior, desde entonces hasta comienzos del Holoceno.

Desde que se descubrieron las huellas de las grandes glaciaciones cuaternarias en el siglo XIX, por las grandes masas de tierras (morrenas) arrastradas por las lenguas de hielo de los glaciares y situadas muy lejos de la posición actual de éstos en los Alpes, se han detectado cuatro grandes períodos glaciares llamados, de más antiguo a más reciente, Gunz, Mindel, Riss y Würm. Aunque todavía se sigue utilizando esta nomenclatura, en los últimos treinta años se ha podido afinar mucho más el conocimiento del clima en el pasado, sobre todo gracias al análisis isotópico de microorganismos marinos antiguos extraídos de perforaciones efectuadas en el hielo polar y el fondo de los océanos. Esos testimonios enterrados muestran la proporción que existía en cada momento de diferentes isótopos de oxígeno, a su vez relacionados con la temperatura del agua marina, y del dióxido de carbono que había en la atmósfera, permitiendo conocer con cierto detalle los cambios climáticos ocurridos durante los últimos dos millones de años. De esta manera, las antiguas cuatro glaciaciones se han ampliado ahora hasta unos treinta estadios isotópicos, numerados hacia atrás empezando por el Holoceno actual que es el estadio 1. La glaciación Würm se divide ahora en los estadios isotópicos 2, 3 y 4, y el interglaciar Riss-Würm es el estadio 5; en términos generales, los últimos períodos de mayor frío corresponden a los estadios 2, 6, 12 y 16, mientras que los interglaciares ocurrieron en los estadios 1, 5, 9 y 11. Durante los períodos fríos no sólo aumentó la extensión de los glaciares en cordilleras elevadas como los Alpes, sino que todo el norte de los continentes quedó cubierto por un gran casquete de hielo (que en Europa llegó hasta el sur de Alemania e Inglaterra) y el consiguiente descenso del nivel marino (por la concentración de su agua helada sobre los continentes) permitió la comunicación entre muchas regiones hoy separadas por el mar, como América y Asia por el estrecho de Bering, Gran Bretaña y la Europa continental, muchas islas del sureste asiático, etc. Aunque con dificultades, es posible comparar las fechas de los estadios isotópicos con las obtenidas para los restos arqueológicos y así contrastar la correlación entre cambios climáticos y culturales.

Como corresponde a un fenómeno de tal complejidad, las causas de la discontinuidad climática y el gran enfriamiento pleistocénico son difíciles de determinar. En la década de 1920, el astrónomo yugoslavo M. Milankovic propuso como principal origen los cambios de la insolación que recibe el planeta a causa de las variaciones en su órbita alrededor del sol. Éstos afectan a la posición de la Tierra a comienzos del invierno (si está más lejos del sol los inviernos serán más fríos; este fenómeno sigue ciclos de 11.000 años), a la inclinación del eje del planeta con respecto a la órbita (hay mayor diferencia entre estaciones cuando está más inclinado; ciclos de 41.000 años) y a la misma forma de esa órbita (cuando se hace más alargada también se amplía la diferencia estacional por alejarse y acercarse más al sol; ciclos entre 100.000 y 400.000 años). Un mecanismo típico de empeoramiento climático ocurre cuando veranos más cálidos producen una mayor evaporación en los mares y por lo tanto más lluvia durante los otoños e inviernos; si estos últimos son más fríos se helará una gran parte de la nieve formándose capas glaciares (fenómeno conocido como «cañón de nieve»). Hoy se ha comprobado que los ciclos de Milankovic son correctos en general, pero la formación de los climas específicos en cada región se rige por mecanismos más complicados que incluyen factores geográficos, vientos, circulación marina, etc. Un modelo propuesto por T. H. van Andel para explicar la gran acumulación de hielo tiene en cuenta la separación de Australia de la Antártida (hace 25 millones de años) que abrió la circulación fría alrededor y llevó a la congelación de este continente (15 millones); el cierre del istmo de Panamá que interrumpió la circulación caliente ecuatorial llevando agua cálida hacia el norte por el Atlántico, lo que a su vez provocó mayores lluvias en Europa y Norteamérica con más nieve y hielo en invierno (5-3 millones); el cierre de la salida del Mediterráneo al Atlántico que llevó a su evaporación, disminuyendo la salinidad global y facilitando así la formación de hielo invernal (6 millones); el final del largo proceso de levantamiento de las Montañas Rocosas y el Himalaya, que cambió la circulación de los vientos en el hemisferio norte, etcétera.

Aunque antes se creía que las condiciones glaciales en el hemisferio norte coincidían con épocas más húmedas, llamadas pluviales, en África tropical y ecuatorial, hoy creemos que ocurrió justo lo contrario y correspondieron con períodos de mayor aridez. La explicación parte de que durante las glaciaciones la corriente de viento polar aumentó en fuerza y penetración llegando mucho más al sur y empujando a su vez a los alisios secos que cruzan el Sáhara, los cuales frenaron la entrada de aire húmedo desde el Atlántico e Índico tropicales hacia el interior del continente. En África central y occidental las grandes selvas ecuatoriales retrocedieron entonces hasta quedar reducidas a unos pocos núcleos desde donde volverían luego a expandirse al mejorar el clima. Este mismo efecto fue incluso más agudo en la parte oriental del continente, al estar más alejada del mar y existir tierras altas que obstaculizaron aún más la entrada de los aires oceánicos. Los registros marinos analizados por P. de Menocal muestran un salto a condiciones más áridas en África oriental hace unos 2,8 millones de años (coincidiendo aproximadamente con un gran enfriamiento en el norte del planeta), empeoramiento que se repitió más tarde hacia 1,7 y 1 millón de años, lo cual sugiere cierta relación entre estos cambios y las apariciones de nuevas especies humanas que veremos luego.

Observando en un mapa de África la distribución de hallazgos de homínidos (figura 1), se observa que en su inmensa mayoría (salvo los recientes descubrimientos franceses en Chad) se encuentran en la parte oriental del continente. Podría ser que, como ocurre con otros fenómenos, esa diferencia sea debida a la conservación diferencial de los restos óseos, mucho mejor en las más secas y abiertas sabanas del este que en las húmedas y cerradas selvas del centro y oeste, pero tantos años de investigación sin un solo descubrimiento en estas últimas parecen concluyentes. Por otro lado, tenemos que los grandes primates más próximos a nosotros, gorila y chimpancé, habitan precisamente en esas zonas boscosas y están ausentes de las regiones orientales. Todo esto llevó al investigador francés Yves Coppens a proponer su conocida teoría de la *East Side Story*. A finales del Terciario se hundió el valle de la gran falla (*Great Rift valley*) que separa África oriental del resto del continente siguiendo la línea de los grandes lagos hasta enlazar con la gran fosa del mar Rojo. Esta enorme grieta no sólo fue acompañada de una intensa actividad volcánica (cuyas lavas y cenizas cubrieron muchos yacimientos, permitiendo hoy saber su fecha mediante el análisis isotópico), sino también de levantamientos del terreno, a veces de hasta dos o tres kilómetros de altura, que al detener el aire marino indujeron el cambio climático antes citado. Toda la zona del *Rift*, que es donde hoy aparecen la mayoría de los restos de homínidos, perdió las condiciones de selva y adquirió un paisaje de sabana, más o menos abierta o densa en función de la altitud, que dura todavía hasta el momento presente. Esas difíciles condi-

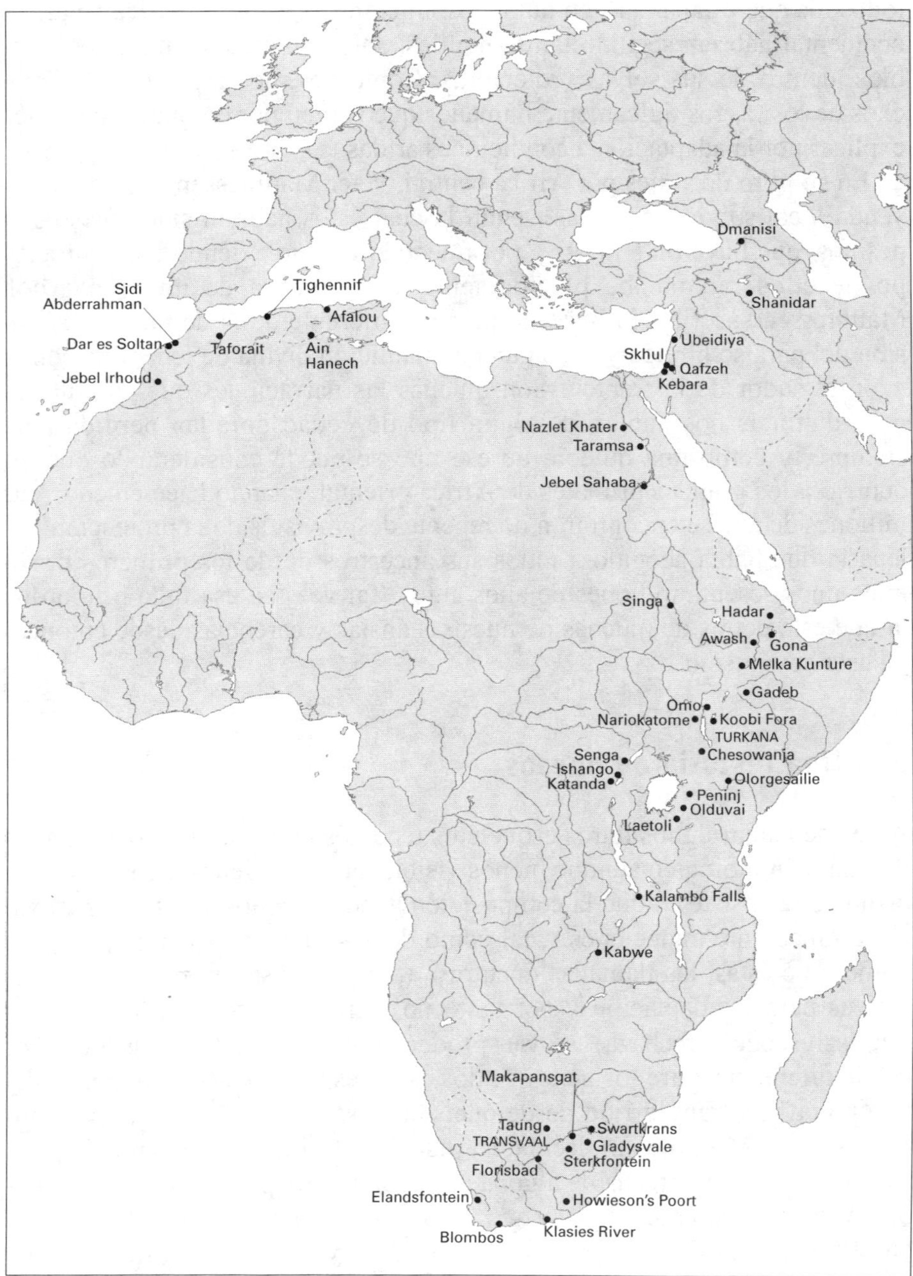

Figura 1
Mapa de África y del Próximo Oriente con los yacimientos citados en los capítulos 2 y 3.

ciones, para animales adaptados a la selva desde su origen como son los monos, serían las que en última instancia habrían acabado convirtiendo a todos los que estaban allí en humanos, mientras que los de África central y occidental habrían seguido tan tranquilos, sólo con algunos mínimos cambios, dentro de sus selvas protectoras. Como veremos más adelante, muchos de los rasgos típicamente humanos que surgen por entonces se pueden explicar por la adaptación a condiciones áridas.

En su libro de viajes por África central, Peter Matthiessen cuenta una leyenda local sobre los gorilas, según la cual éstos habrían sido antes campesinos, que huyeron a la selva por miedo al trabajo. Viendo cómo un grupo de ellos ramoneaba plácidamente a la sombra de un gran árbol, Matthiessen suscribía la historia, no muy diferente de la de nuestra expulsión del paraíso bíblico y consiguiente maldición divina de tener que comer «con el sudor de la frente». Son muchas las narraciones que en culturas muy distintas nos hablan de algún tipo de «edad dorada» perdida para siempre, y como una quiebra de ese tipo se puede considerar lo que les ocurrió a los grandes primates de África oriental, cuando hace cinco o seis millones de año se encontraron de repente desprovistos de la protección milenaria que había acogido a todos sus ancestros desde los primeros prosimios unos sesenta millones de años antes. Tal vez sea esa falta primordial la que está detrás de muchas de nuestras ansias y carencias desde entonces y hasta hoy mismo.

2. Una historia de huesos

Antes de hablar de los duros esqueletos tenemos que examinar otro apartado, también biológico aunque menos visible, el de los genes. Se sabe que la evolución consiste en que la composición genética de los seres vivos va variando mediante mutaciones y, tal como demostró Motoo Kimura, un gran número de éstas, las llamadas «neutras» (porque no son ni positivas ni negativas para la adaptación y por tanto no sufren el efecto de la selección que las escoge o rechaza), se van produciendo a velocidad constante. Por eso la diferencia entre los genes de dos especies nos puede dar una idea del tiempo que ha transcurrido desde que se han separado. Con todo, para poder usar estos «relojes moleculares» hacen falta marcadores cronológicos externos —como la fecha de alguna separación de especies que sea conocida por datos paleontológicos— que fijen un determinado punto del proceso en el tiempo, es decir que «calibren» el reloj, y así podamos luego distribuir el espacio intermedio proporcionalmente. El primero de los estudios de este tipo con primates fue realizado por Vincent Sarich y Allan Wilson en 1967, y consistió en una aproximación doblemente indirecta: comparar las proteínas sanguíneas (todavía no se podía acceder directamente a las moléculas de ADN) de humanos y póngidos (chimpancé, gorila y orangután) a través de la aparición de anticuerpos de rechazo que provoca la inyección de proteínas de una de las especies en el cuerpo de otra (procesos inmunológicos). La mayor reacción, que consiste en una precipitación de albúmina, dentro de los primates se da lógicamente entre los humanos y los monos más distantes, los prosimios (lémur, tarsio, etc.), siendo de un 35%. Como la aparición de éstos ocurrió hace algo más de 60 m.a., resulta un cambio aproximado de 0,6% por cada rama cada millón de años. Puesto que la diferencia entre humanos y chimpancés es de un 2,5%, y la misma aparece entre estos últimos y el gorila, se dedujo que la separación entre los dos primeros ocurrió hace un poco más de 4 m.a. y entre nosotros y los gorilas la bifurcación ocurrió hace algo más de 8 m.a. Estudios posteriores usando indicadores genéticos más directos y fiables (hibridación de ADN) han colocado la época en la que vivió el antecesor común a chimpancés y humanos hace unos 6 millones de años.

Cuando se publicaron los primeros trabajos inmunológicos citados se pensaba que el *Ramapithecus*, un primate fósil fechado hace unos 12 m.a., era ya antepasado directo nuestro —es decir, ya se había separado de la línea de los grandes simios— y por ello los paleoantropólogos acogieron con mucho escepticismo las fechas tan recientes que daba la inmunología para esa separación. Otra razón para ese rechazo, de tipo más inconsciente sin duda, era el malestar que a muchos producía saber que monos y humanos estuviéramos tan cerca. Pero a comienzos de los años ochenta la aplicación de técnicas cladísticas de análisis demostró que el *Ramapithecus* era antepasado únicamente del póngido asiático, el orangután, lo que le apartaba definitivamente de nuestra línea, haciendo más plausibles las fechas de los relojes moleculares. Constatar nuestra gran proximidad genética con los chimpancés, de los que en apariencia somos tan distintos, ha originado una cierta desconfianza hacia los datos genéticos, pero también ha impulsado la investigación para entender mejor la relación que existe entre genes, anatomía y comportamiento. Asimismo ha llevado a muchos a proponer un cambio de denominación, incorporando a chimpancés y gorilas dentro de la familia de los *homínidos* (pues están más cerca de nosotros que del otro póngido, el orangután), dejando para los propios humanos y sus antepasados directos el calificativo de *homininos*; al conjunto de humanos y todos los póngidos se les sigue llamando *hominoideos*. Por otro lado, los nuevos datos, al descartar a los fósiles euroasiáticos como ancestros nuestros, dejaban el escenario de la evolución humana antigua circunscrito de momento al continente africano.

Cuando yo terminaba de estudiar prehistoria en la universidad, hace ya casi 30 años, el panorama de géneros y especies fósiles en la línea humana parecía haberse concretado por fin en un esquema lógico y relativamente simple. Había dos géneros con tres especies cada uno, los primeros solapados entre sí durante un millón de años, pero las segundas consecutivas una después de otra en el tiempo (cronoespecies). Los géneros eran *Australo-*

pithecus y *Homo*, y las especies eran *afarensis*, *africanus* y *robustus* en el primero, y *habilis*, *erectus* y *sapiens* en el segundo. La convivencia se había producido entre el último australopiteco (*A. robustus*) y los primeros humanos (*H. habilis* y *H. erectus*), entre 2 y 1 millones de años de antigüedad en términos aproximados. Entonces muchos pensaban también que los neandertales, individuos que vivieron en Europa y Próximo Oriente hace unos 100.000 años, eran una subespecie de *H. sapiens*, e incluso que podrían haber sido antepasados directos nuestros, por lo que el modelo seguía siendo uniforme por su extremo más moderno. La situación, como sabe cualquiera que lea las páginas de ciencia en los periódicos, ha cambiado radicalmente en los últimos años, y ahora el modelo es lo suficientemente complejo como para tener que presentarlo aquí en forma de tabla con todos los géneros y especies aceptadas por al menos una parte de la comunidad científica a fecha de hoy (tabla 1). Cuando empecé a escribir este libro estaba seguro de tener que actualizar varias veces la tabla y escribir al final la última fecha en que fue revisada, como cuando expresamos el día de consulta de una página *web* de Internet que puede cambiar constantemente. En concreto, las últimas noticias que pude recoger son las dudas sobre el carácter auténtico del «hobbit» de la isla de Flores, el *Homo floresiensis*, del que sigue sin descartarse que sea un ejemplar de *sapiens* normal aquejado de la enfermedad de microcefalia.

En los animales vivos es fácil diferenciar una especie de otra. No se trata sólo de que su aspecto exterior sea diferente, sino sobre todo que los individuos de una especie pueden reproducirse sexualmente entre sí, y lo contrario ocurre cuando son de diferentes especies. En algún caso de especies muy próximas, como el asno y el caballo, es posible que tengan descendencia cruzada (el mulo) aunque estos animales son estériles. Pero todas esas características no son observables en los huesos, y cuando lo que tenemos son sólo unos pocos fragmentos de hace cientos de miles de años la distinción de especies es aún más difícil. Una de las claves para entender la proliferación actual de géneros y especies es la aplicación progresiva a los huesos de la cladística, un método taxonómico propuesto en la década de 1950 por el zoólogo alemán, especialista en larvas de insectos, Willi Hennig. Para clasificar a los animales en función de su camino evolutivo (filogenética), se diferencian aquellos caracteres que son nuevos, porque acaban de aparecer en la evolución (caracteres *derivados*), de los que son antiguos y provienen de algún antepasado común más lejano (caracteres *primitivos*). Sólo los primeros han de ser tenidos en cuenta cuando aparecen en varias especies para entonces relacionarlas entre sí, aunque teniendo mucho cuidado de no confundirlos con caracteres resultado de evolución paralela o convergente (*homoplasia*), cuya igualdad no proviene de un antepasado común reciente sino de la adaptación al mismo ambiente o de la simple casualidad estadística (por ejemplo, las alas de los pájaros y las de los murciélagos).

Tabla 1 Diferentes géneros y especies definidos hasta hoy en la línea evolutiva humana (homininos) durante finales del Mioceno, Plioceno y Pleistoceno (última actualización: junio de 2006)

Nombre científico	Fechas aproximadas	Localización	Comentarios
Sahelanthropus tchadensis	7-6 millones de años	Chad	¿Antepasado de humanos? Hallado al oeste del Rift
Orrorin tugenensis	6 m.a.	Kenia	Estatus dudoso por restos fragmentarios
Ardipithecus kadabba	5.8-5.2 m.a.	Etiopía	¿Diferente de *ramidus*?
Ardipithecus ramidus	5.8-4.4 m.a.	Etiopía	¿Adaptado todavía a la selva?
Australopithecus anamensis	4.2-3.9 m.a.	Kenia, Etiopía	¿Primer antepasado seguro?
Australopithecus afarensis	3.9-3 m.a.	Etiopía y Tanzania	
Kenyanthropus platyops	3.5-3.2 m.a.	Kenia	¿Variante de *afarensis*?
Australopithecus bahrelghazali	3.5-3 m.a.	Chad	Ídem
Australopithecus africanus	3-2 m.a.	Suráfrica	
Australopithecus garhi	2.5 m.a.	Etiopía	¿Variante oriental de *africanus*?
Australopithecus aethiopicus	2.6-2.3 m.a.	Etiopía y Kenia	¿Un género distinto, *Paranthropus*?
Australopithecus robustus	2-1.5 m.a.	Suráfrica	Ídem
Australopithecus boisei	2.1-1.1 m.a.	Tanzania, Kenia, Etiopía	Ídem
Homo habilis	1.9-1.6 m.a.	Tanzania, Kenia, ¿Suráfrica?	¿Primer hacedor de herramientas?
Homo rudolfensis	2.3-1.8 m.a.	Kenia y Malaui	Ídem
Homo ergaster	1.8-0,6 m.a.	Kenia	¿= *Homo erectus* arcaico?
Homo erectus	1.6-0.3 m.a.	África, Asia, ¿Europa?	Primer ocupante de todo el Viejo Mundo
Homo georgicus	1.7 m.a.	Georgia	¿Intermedio entre *habilis* y *erectus* o *ergaster* pequeño?
Homo antecessor	0.8 m.a.	España	¿Antepasado de *sapiens* y *neanderthalensis* o primera rama europea extinguida?
Homo sapiens (arcaico)	0.5-0.2 m.a.	África, ¿Europa?	¿Incluye *H. heidelbergensis* y *H. rodhesiensis*?
Homo heidelbergensis	0.7-0.3 m.a.	Europa, ¿África?	¿antepasado de *sapiens* y *neanderthalensis*?
Homo rhodesiensis	0.6-0.4 m.a.	Suráfrica	¿= *H. sapiens* arcaico, = *H. heidelbergensis*?
Homo helmei	0.3-0.2 m.a.	África	¿Intermedio entre *rhodesiensis* y *sapiens*?
Homo neanderthalensis	0.3-0,03 m.a.	Europa	Surgido y extinguido en Europa occidental
Homo floresiensis	38-18.000 años	Indonesia	¿Derivación enana de *erectus* o *sapiens* microcéfalo?
Homo sapiens sapiens	200.000-0 años	Todo el planeta	= Humanos actuales

En el caso antes citado del *Ramapithecus*, lo que hizo cambiar tan radicalmente su posición filogenética (junto con sus parientes *Sivapithecus* y *Kenyapithecus*) fue que los investigadores dejaron de valorar los caracteres que tenía en común con *Australopithecus*, concretamente en los dientes y mandíbula, por considerarlos ahora primitivos o paralelos, para fijarse en cambio en otros aspectos más raros y nuevos (derivados) que lo relacionaban con los modernos orangutanes, en especial un hueso que está debajo de la nariz («clivus naseoalvelar») y que ambos tienen especialmente prominente. De aquí que hoy los artículos y las discusiones paleontológicas hagan constantes referencias a caracteres derivados, primitivos o paralelos en unos huesos y otros, aunque a veces no existe consenso sobre si determinado carácter pertenece a una u otra de esas clases. Por poner un ejemplo cercano para los arqueólogos españoles, el *Homo antecessor*, el primer tipo fósil humano definido con restos hallados en nuestro país, basa su existencia separada de otros fósiles del Pleistoceno medio europeo y africano en unos pocos caracteres derivados que comparte con los posteriores *sapiens* y *neanderthalensis*, y de los que carecen los fósiles más antiguos y, en otros aspectos, más parecidos a él, *erectus* y *ergaster*. Entre esos caracteres está, por ejemplo, el «borde superior convexo de la placa del hueso temporal» del cráneo. Al tener rasgos diferentes de los segundos, ya sería una especie diferente, y por tener otros iguales que los primeros sería el antepasado común de ambos.

Otro cambio espectacular de posición genealógica fue el producido cuando se apartó al neandertal de la línea de los humanos actuales, en la que sin embargo siguieron incluidos todos los fósiles africanos de la misma época (mediados y finales del Pleistoceno Medio). Resulta que los neandertales de Europa y Próximo Oriente tienen varios caracteres en el cráneo, en concreto dos protuberancias en la base, la mastoidea y la occipito-mastoidea, y un hueco sobre el occipucio (depresión suprainiaca), que no se conocían en los fósiles más antiguos (y por lo tanto son derivados) y que no aparecen en los fósiles africanos (los «rodesioides» del sur como el cráneo de Kabwe, los magrebíes como Jebel Irhoud, etc.), ni tampoco en los humanos actuales. El hecho anterior provocó que los restos del segundo tipo dejaran de llamarse «neandertaloides» o «neandertales africanos» para pasar a ser restos de *Homo sapiens* arcaico o de «humanos anatómicamente modernos», según su antigüedad relativa, y considerarse los primeros representantes de la especie humana actual.

Lo anterior nos introduce en la difícil cuestión de los árboles genealógicos, es decir, qué especies son antecesoras o sucesoras de cuáles otras en las distintas ramas evolutivas. La rama que más nos interesa es lógicamente la más alta del árbol, es decir, la que lleva al único género y especie homininos hoy presente en la Tierra, *Homo sapiens*. La figura 2 muestra la situación cronológica de las más importantes especies de homínidos (también se representa el chimpancé) que existieron durante los últimos 7 millones de años. Con diferentes tonos de gris se representa el valor de cada tipo fósil en los atributos fundamentales de cráneo, dientes y locomoción. Se piensa que el antepasado común a humanos y chimpancés, cuyos restos todavía no parecen haber sido hallados, debería estar próximo a estos últimos (que se supone que han evolucionado mucho menos), es decir tener cráneo y dientes pequeños además de ser casi cuadrúpedo. Luego vendría el grupo de los primeros homininos, con los géneros *Saheloanthropus*, *Orrorin* y *Ardipithecus*. El primero es el más antiguo (7-6 m.a.) y también el último hallado en Chad, en la región del Sahel (de ahí su nombre) al sur del Sáhara, muy lejos de África oriental, y su posición genealógica plantea problemas: al decir de los expertos, visto por atrás parece un chimpancé, pero visto desde delante se parece mucho a los posteriores australopitecos, que ya estaban claramente en nuestra línea. También se discute si era bípedo, porque la posición del agujero de la columna vertebral (foramen mágnum) en la base del cráneo no está todavía tan centrada como ocurre cuando se cumple esa condición. Esta mezcla de caracteres («mosaico») lleva a pensar en la posible existencia de numerosas y variadas especies durante la época en que se separó nuestra rama del último primate. Estudios genéticos recientes apuntan incluso a que

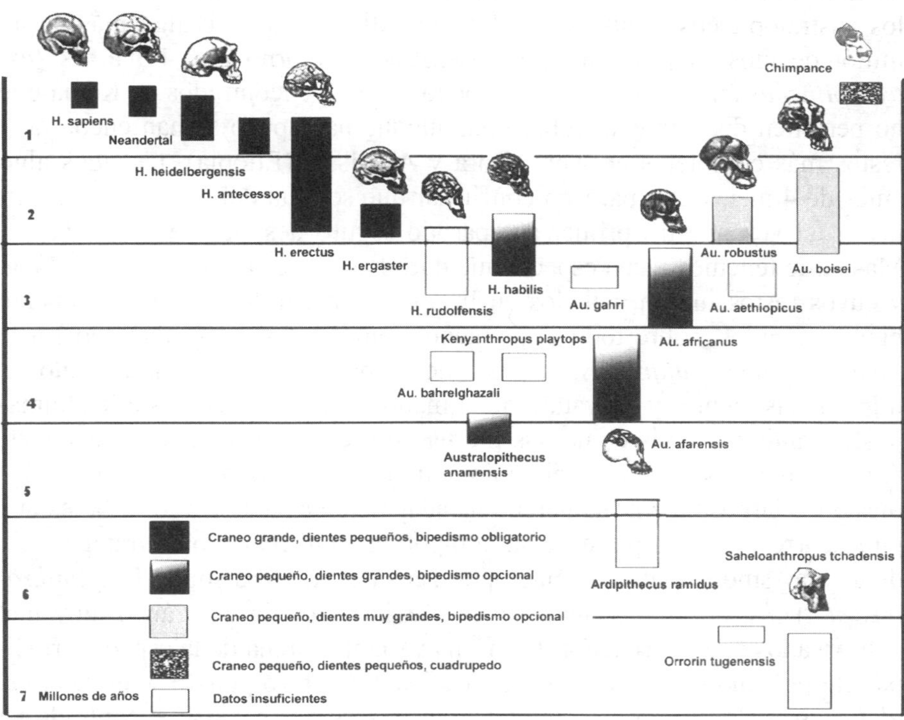

Figura 2
Cronografía del registro fósil homínido, incluyendo al chimpancé (arriba a la derecha). Adaptado de B. Wood, «Hominid revelations from Chad», *Nature,* 418, 2002, fig. 2

pudo haber frecuentes cruces entre la rama que llevó a los humanos y la de los chimpancés. El siguiente tipo en aparecer, *Orrorin*, es conocido sólo por unos pocos huesos de hace unos 6 m.a. hallados en Kenia. Aunque sus descubridores reclaman para él la condición de antepasado nuestro, otros científicos han puesto en duda su estatus a la espera de descubrir más restos de la misma época. Parece haber mayor acuerdo sobre la posición genética de *Ardipithecus* (con una especie más reciente y mejor conocida, *ramidus* y otra más antigua, *kadabba*) como género intermedio entre ese desconocido antepasado común y el australopiteco más antiguo, *anamensis*. Se trataba de individuos de muy pequeña talla, apenas 120 cm, con dientes de aspecto primitivo pero que ya eran sin duda potencialmente bípedos. Algunos fósiles del género fueron hallados junto a huesos de animales de medios húmedos y ello hizo dudar que el bipedismo fuera resultado de la adaptación a la sabana abierta, pero el último hallazgo de Gona (Etiopía), fechado hace 4,5-4,3 m.a., apunta a que vivió en un nicho ecológico muy variable.

Luego comienza la línea formada por el género inmediatamente anterior a los humanos, los australopitecos. Sus especies presentan unos dientes más grandes, cráneo todavía pequeño y bipedalismo opcional (aún eran braquiadores y podían moverse en los árboles), y acabaron evolucionando en parte hacia una curiosa y exagerada especialización con dientes aún más grandes, los australopitecos robustos, finalmente extinguidos hace algo más de un millón de años. La primera especie registrada, en torno a los 4 m.a., es *Australopithecus anamensis*, con unos pocos huesos encontrados en Kenia que no permiten decir mucho sobre ella, aunque hace poco se han encontrado restos más completos en Korsi-Dora y Asa Issie (Etiopía), fechados algo antes de 4 m.a. y que parecen confirmar que se trata del primero de esa línea y tal vez nuestro primer antepasado seguro después de *Ardipithecus*. Más tarde tenemos a una especie que duró hasta hace algo menos de 3 m.a. y cuyos restos fueron hallados en Etiopía y Tanzania y son relativamente bien conocidos, sobre todo el pequeño ejemplar femenino llamado Lucy, *Australopithecus afarensis*. A pesar de su pequeño cráneo de aspecto simiesco, sus dientes y curvatura de la mandíbula son parecidos a los humanos, y tanto su pelvis como sus piernas son casi iguales que las actuales. Algunos detalles, como por ejemplo la ligera curvatura de los huesos de los pies o los largos brazos, sugieren una adaptación a subirse a los árboles que pudo corresponder a parte de su comportamiento real o bien tratarse sólo de un atavismo primitivo. Contemporáneos de *afarensis* son el *Kenyanthropus platyops*, del que se hallaron en Kenia restos de un cráneo muy mal conservados que podrían constituir una variante sureña de la especie principal etíope aunque hayan sido clasificados como otro género, y el *A. bahrelghazali*. Este último presenta un gran interés por haberse encontrado en Chad, hacia la parte central-norte del continente, 2.500 km al oeste del valle del Rift, donde hasta entonces habían aparecido todos los demás restos. Aunque algunos rasgos dentarios son más avanzados que en *afarensis*, otras variables son tan similares que muchos investigadores le consideran una variedad más del australopiteco etíope. Otro aspecto destacado de este homínido, al igual que *Saheloanthropus* y *Orrorin*, es que fue descubierto y definido por un equipo francés, perteneciente a una comunidad científica diferente de la anglosajona hegemónica en este campo.

La siguiente especie de la lista es *A. africanus*, la primera que se descubrió (en 1924) y una de las mejor conocidas gracias a una muestra abundante y representativa de huesos, todos ellos descubiertos en Suráfrica (Sterkfontein, Makapansgat, Gladysvale, Taung). Las fechas aproximadas están entre 3 y 2 m.a., aunque los restos del miembro 2 de Sterkfontein podrían tener 3,5-3,3 m.a. de antigüedad. Algunos autores son partidarios de unir esta especie con *afarensis*, pero tanto la diferencia cronológica como la geográfica y sobre todo ciertos caracteres más humanos de *africanus* (dientes y arcada mandibular menos arcaicos que en el anterior, mayor estatura y capacidad craneal) confirman la opinión de la mayoría que la ve como una especie claramente distinta. Un problema diferente es la posición filogenética de *africanus*, es decir, su relación con especies anteriores como *afarensis* (aunque pocos dudan de que descienda de éste) y posteriores (los australopitecos robustos y los primeros humanos). Contemporánea en parte de *africanus* es otra nueva especie definida en Etiopía, *A. garhi*, fechada hacia 2.5 m.a., que podría ser la variante africana oriental de la anterior y cuyos caracteres la colocan en un término medio entre los australopitecos gráciles (*afarensis*, *africanus*), y los géneros robustos que veremos a continuación, aunque otros prefieren situarla en la línea humana como directo antepasado por encima del otrora favorecido *africanus*.

Los australopitecos robustos, que algunos prefieren clasificar como un género diferente, *Paranthropus*, se distinguen de los gráciles por un aparato masticatorio aún más grande (Louis Leakey apodó «cascanueces» al primer cráneo descubierto de *boisei*) y la presencia de una cresta sagital o protuberancia ósea alargada sobre el cráneo. Aunque también es materia muy discutida, parece probable que las tres especies conocidas estén relacionadas entre sí, derivando las dos más recientes (*robustus* en Suráfrica y *boisei* en África oriental, entre 2 y 1 m.a.) de la más antigua (*aethiopicus* en Etiopía, 2,6-2,3 m.a.), y esta última del anterior *afarensis*, con el que guarda algunos paralelos en la dentición y cráneo trasero. La razón de la especialización masticatoria («molarización») pudo haber sido una adaptación a comer alimentos duros y toscos, tal vez raíces en un ambiente más árido. Para muchos lo más llamativo de los robustos es que fueron contemporáneos de las primeras especies humanas, planteando un intrigante escenario de varias especies relativamente parecidas viviendo cerca unas de otras durante cientos de miles de años, que no ha pasado desapercibido para algunos autores de novelas y películas de tipo fantástico.

A la izquierda de la figura 2 están ya las especies de la línea humana, todas ellas con dientes pequeños, cráneos grandes y bipedalismo obligatorio.

No por tratarse de nuestro género la situación es más clara que con los anteriores, ya que hasta ahora se han definido al menos unas 13 especies humanas con cierta aceptación: *habilis*, *rudolfensis*, *ergaster*, *erectus*, *georgicus*, *antecessor*, *heidelbergensis*, *rhodesiensis*, *sapiens arcaico*, *helmei*, *neanderthalensis*, *floresiensis* y *sapiens*. Las dos primeras son las más antiguas (2,4-1,5 m.a.) y aunque algunos las consideran todavía australopitecinas, ciertos cambios importantes (mayor cerebro, cara menos prominente, dientes más pequeños, bipedalismo perfecto) aconsejan incluirlas ya en nuestro género, con independencia de que sus individuos fueran o no los únicos autores (los australopitecos son también candidatos) de los artefactos de las primeras industrias líticas, que hacen acto de presencia en el registro arqueológico justo un poco antes, hacia 2,5 m.a. La mayoría de los primeros humanos, hallados en Olduvai (Tanzania), los lagos Malaui (Malaui) y Turkana (Kenia) y con más dudas también en Suráfrica, se clasifican en la especie *habilis* (así llamada por habérsele atribuido la capacidad de realizar útiles), pero uno de los cráneos más conocidos de Turkana, el famoso KNM-ER 1470, que tiene una curiosa mezcla de caracteres primitivos (dientes mayores) y avanzados (mayor capacidad craneal), ha sido clasificado por algunos investigadores como una especie distinta, *rudolfensis* (por el nombre colonial alemán del lago Turkana, Rodolfo).

Antes de la desaparición de las dos especies anteriores, un nuevo tipo humano, *Homo erectus*, se registra en África oriental, en las dos orillas del lago Turkana de Kenia y en Suráfrica. Su aparición ocurrió hace 1,8 m.a., su presencia en el continente duró luego más de un millón de años (p. ej. Olduvai en Tanzania, Melka Kunturé en Etiopía), y sus restos se conocen en África septentrional hacia mediados del Pleistoceno Medio (Tighennif en Argelia, Sidi Abderrahman y Thomas cerca de Casablanca en Marruecos). Desde su aparición, los rasgos morfológicos de *erectus* eran más avanzados que en *habilis*: mayor capacidad craneal, estatura más grande (el esqueleto casi completo KNM-WT 15000 de Nariokatome en el lago Turkana —*Turkana boy*— medía unos 168 cm, a pesar de tener sólo unos doce años de edad), menor prognatismo con cara no tan sobresaliente y nariz más pronunciada; no obstante, su cabeza todavía era baja y alargada, y las cejas (arco superciliar) eran muy prominentes. Como veremos en el siguiente capítulo, muy pronto después de su aparición en África, *erectus* se desplazó hacia Asia, continente donde fueron descubiertos por primera vez sus restos en la isla de Java en 1891, por el holandés Eugène Dubois que los llamó *Pitecanthropus erectus*; más tarde aparecieron otros en China. Aunque la mayoría de los investigadores clasifican a los fósiles africanos y a los asiáticos dentro de la misma especie, la ausencia en los primeros de ciertos caracteres derivados únicos de los ejemplares de Java y China, así como su retención de rasgos arcaicos en la forma mandibular y de las coronas y raíces dentarias, han llevado a algunos a proponer una distinción específica para los fósiles de Turkana y sus sucesores africanos, usando la denominación de *Homo ergaster* y dejando la de *erectus* sólo para los restos asiáticos. La denominación ha tenido fortuna entre los investigadores europeos, que piensan que fue esta variante la que llegó a nuestro continente y que era distinta de la propiamente *erectus* que se habría desarrollado más tarde y de forma independiente en Asia.

Como se aprecia, en la figura 2 no hay líneas que unan unos fósiles con otros en relaciones de descendencia. Está claro que la dirección de la derecha fue camino de la extinción, y la de la izquierda fue hacia todo lo contrario, el enorme éxito adaptativo de los humanos actuales, pero con tal profusión de especies resulta muy difícil decir cuáles dieron origen a cuáles y qué tipos fueron sólo ramas laterales, extinguidas sin sucesión. Todavía más a la derecha debería haber otra línea, la de los antepasados de gorilas y chimpancés actuales, pero la falta absoluta de información (por la destrucción de sus restos óseos en los ambientes húmedos de selva) nos obliga a dejarla completamente vacía. Para determinar las relaciones genéticas, la muestra con que contamos, apenas unos miles de huesos fragmentados para un espacio geográfico de miles de kilómetros y temporal de varios millones de años, es claramente insuficiente. Como ya vimos, las argumentaciones en este campo se hacen sobre todo sobre la base cladística de que son los caracteres derivados nuevos los que definen a una especie y sus descendientes, pero no todo el mundo está de acuerdo con esto. Algunos caracteres novedosos, como los grandes molares, el mayor cerebro o el propio bipedismo pudieron ser en realidad desarrollos convergentes, producidos a la vez en varias especies independientes que habitaron en un medio ambiente similar. En ese caso, que *Saheloanthropus* fuera o no bípedo, por ejemplo, sería indiferente para su posición como antepasado nuestro en el árbol, porque el bipedismo pudo surgir en varias líneas paralelas y no sólo en la que finalmente desembocó en los humanos.

Los partidarios de una evolución «ordenada» piensan que los caracteres humanos aparecieron sólo una vez y luego ya fue todo como ir subiendo una escalera por la que fuimos progresando hasta hoy. Sin embargo, la realidad parece dar más la razón a los partidarios de una evolución desordenada o enredada (*bushy*), en la que se produjeron una serie de radiaciones adaptativas para hacer frente a los cambios climáticos, apareciendo y desapareciendo los distintos caracteres una y otra vez a lo largo del tiempo. Los restos que nos han llegado hasta hoy, por lo tanto, serían una mínima muestra entresacada de algo más parecido a un lienzo de arte abstracto que a un templo griego, y de aquí que las discusiones paleoantropológicas no sólo parezcan inacabables, sino que lo deban ser intrínsecamente. Por la mayor abundancia de sus hallazgos, con todo, hay tipos que probablemente constituyeron poblaciones más amplias extendidas a lo largo de regiones mayores, y así es probable que los primeros animales separados de la línea póngida pertenecieran al género *Ardipithecus*, o fueran parecidos a él, y que el último estadio antes de que apareciera la cultura y se pueda hablar ya de humanidad, estuviera ocupado por individuos similares a *afarensis* o *africanus*. Algo que resultaba hace poco imposible de aceptar y hoy se va imponiendo cada vez más, es la probabilidad real de que coexistieran durante cientos de miles de años varias especies humanas, ocupando nichos no muy lejanos unos de otros. El reciente hallazgo del «hombre enano de Flores» en esa isla indonesia, que vivió allí aislado hasta hace sólo 18.000 años y que, si creemos en las leyendas locales, pudo haber sido conocido por los modernos habitantes de la región, ha sido toda una llamada de atención en ese sentido.

3. Los primeros humanos: claves culturales y sociales

Sobre la cultura material de los australopitecos existen muy pocos datos, una vez olvidada la falsa industria de huesos, dientes y cuernos («osteodontoquerática») de las cuevas del Transvaal (Suráfrica), propuesta por Raymond Dart en la década de 1950 y realmente compuesta por restos fósiles naturales, es decir sin modificar ni usar por aquéllos. Con todo, varias líneas de evidencia sugieren que estos antepasados no estuvieron del todo desprovistos de «artefactos», como las piedras golpeadas de Makapansgat que pudieron servir a los *africanus* (cuyas manos eran más hábiles que las de los grandes simios actuales) para romper frutos y raíces duras, o el significativo dato de que algunos póngidos actuales, en especial el chimpancé, se sirven de palos y piedras para una gran variedad de funciones, por lo que es probable que este nuevo comportamiento (si es realmente derivado y no paralelo) estuviera ya presente en el nivel básico prehominino.

El cambio fundamental que se produjo a finales del Plioceno, hace unos 2,6 m.a., fue la aparición de un tipo nuevo de útil: la piedra lascada con uno o varios filos cortantes. Estos «cuchillos» fueron fabricados mediante golpes (talla) de una piedra (percutor) contra otra (núcleo), ésta cogida con la mano o apoyada en una tercera (yunque) y sirven para una actividad que no ha sido observada hasta ahora en ningún póngido, la de cortar (carne, madera, piel, plantas, hueso, etc.). Se puede cortar bien con el filo de los núcleos tallados o bien con el de las esquirlas (lascas) procedentes de esa misma talla, pues las piedras cristalinas suelen romperse con formas afiladas. Aunque los grandes primates están fisiológicamente preparados para fabricar estas herramientas (un orangután en cautividad fue enseñado a golpear con un percutor otra piedra de sílex, hasta producir el filo que le permitía cortar la cuerda de una caja con comida), los estudios sobre lascas producidas por chimpancés en libertad muestran que son consecuencia secundaria de abrir nueces rompiéndolas con piedras y que no fueron buscadas intencionada y metódicamente tal como ocurría ya en los primeros yacimientos de finales del Plioceno, por ejemplo Omo o Gona en Etiopía (trabajos de los españoles Julio Mercader e Ignacio de la Torre). La aparición en el registro africano de esos útiles cortantes debió de responder a una nueva necesidad hasta entonces inexistente. Veremos primero cómo era esta primera cultura material, antes de examinar el nuevo comportamiento que la originó.

Por simple que hoy nos pueda parecer, la «caja de herramientas» lítica de los homininos presentaba una variedad desconocida en el resto del mundo animal: núcleos (sobre todo cantos rodados) tallados por una cara (unifaciales: *chopper*) o por las dos (bifaciales: *chopping tools*) y terminados en punta o filo recto, núcleos tallados en forma de poliedros, discoides o esferoides, lascas de varios tipos y formas, y piedras simplemente golpeadas (otros tipos de útil más complejos, como buriles y raederas, propuestos por los primeros investigadores, han sido hoy rechazados por considerarse accidentales). Durante mucho tiempo se creyó que los útiles buscados por los homininos eran los nucleares, pero hoy se piensa más bien que los núcleos eran sólo subproductos de la talla, y que se golpeaban con la intención principal de obtener lascas cortantes (figura 3). Esta «industria», cuyos componentes básicos continuaron usándose hasta el final de la Prehistoria, y que exclusivamente con ellos duró hasta el Pleistoceno Medio en Europa y el P. Final en Asia oriental (industria de «cantos trabajados», también conocida como «Modo 1» lítico), es llamada en África Olduvayense (por el yacimiento tanzano de Olduvai, el primero excavado por Mary y Louis Leakey). El pequeño número de yacimientos con industria olduvayense de cronología antigua (anteriores a 1,5 m.a.) descubiertos hasta ahora sugiere que al principio esta nueva adaptación fue practicada por muy poca «gente»: además del más antiguo por ahora, Gona en Etiopía (2,6-2,5 m.a.), están Hadar y Omo también en Etiopía, que junto con Nachukui y Kanjera en el Turkana occidental (Kenia) son anteriores a dos millones de años, siendo los restantes posteriores a esa fecha: Fejej y Melka Kunturé en Etiopía, Koobi Fora y Chesowanja en Kenia y Olduvai en Tanzania. La datación de los yacimientos del sur (Sterkfontein y Swartkrans en Suráfrica) y norte del continente (Ain Hanech en Argelia) es más dudosa y tal vez no sean tan antiguos como los sitios del valle del Rift en el oriente africano.

La gran renovación metodológica que han provocado los estudios del origen humano en África, por el enorme interés del tema y la naturaleza especialmente difícil de los datos, también ha afectado a los estudios de las industrias líticas, con aproximaciones novedosas que luego se han ido extendiendo a otros períodos del Paleolítico. Con este último nombre se denomina a la época de la «piedra antigua» (tallada) o de la caza-recolección, desde el origen de la humanidad hasta la llegada de la «piedra nueva» (pulimentada), el Neolítico, cuando aparecieron la agricultura y la domesticación. Siguiendo los trabajos pioneros del investigador soviético Serguéi Semenov, las investigaciones de Lawrence Keeley, Peter Jones y sobre todo de Nicholas Toth han ido más allá de la simple clasificación y recuento de los

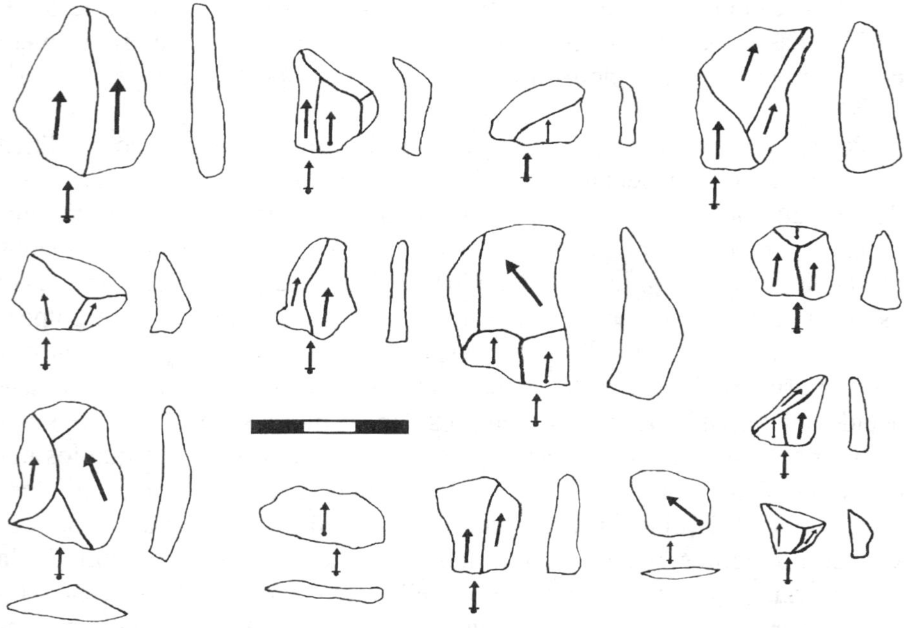

Figura 3

Algunos de los útiles líticos más antiguos: lascas obtenidas de pequeños núcleos de cuarzo en el río Omo (Etiopía) (2,3 millones de años). Las flechas sobre las lascas indican la dirección del golpe en los lascados previos a la extracción de la lasca dibujada; la flecha inferior marca la dirección del golpe por el que se obtuvo finalmente cada lasca; escala en cm (dibujo de Ignacio de la Torre).

útiles líticos para comparar luego unos yacimientos con otros, como es costumbre para analizar los sitios paleolíticos. En África oriental se han aplicado dos nuevas líneas de investigación en este sentido: la reproducción actual y prueba experimental de los útiles, y el análisis microscópico de las huellas de uso y microdesgaste de los útiles antiguos (luego veremos una tercera línea, el estudio de las marcas de cortes en huesos animales). Los experimentos de Toth comparando la utilidad relativa de cada tipo de artefacto (la duración y facilidad de las tareas, el tiempo de vida antes de la rotura, etc.) han mostrado que las lascas sin retocar (figura 3) eran el útil mejor para cortar carne y pieles, y desmembrar pequeños animales; las raederas (lascas con retoque para reforzar el filo lateral, que aparecieron más tarde) lo mejor para afilar madera y raspar pieles; los bifaces, que veremos en el siguiente capítulo, los más eficaces para desmembrar grandes animales, siendo mucho más duraderos que las lascas; los hendedores (grandes lascas con un filo transversal) para cortar ramas y también desmembrar grandes animales, etc. Lo más curioso resultó ser que los cantos trabajados (*choppper*), antes considerados los verdaderos útiles del Olduvayense, no alcanzaban el primer puesto de eficacia en ninguna de las tareas, y sobre todo su calidad variaba mucho en función de la forma o el tamaño. Si a esto añadimos que las huellas de uso, correspondientes a corte de carne, madera y plantas verdes y que se han podido observar en algunas piedras silíceas de grano fino, por desgracia muy escasas en África oriental, aparecen en general sobre lascas sin retocar (al igual que ocurre en otros contextos más recientes, como Clacton-on-Sea, yacimiento inglés del Pleistoceno Medio), se puede concluir, como dijimos antes, que los «útiles» nucleiformes fueron más importantes como fuentes de lascas que como instrumentos en sí mismos.

En Koobi Fora (Turkana, Kenia) se ha observado que el tamaño medio y la variedad tipológica de los núcleos tallados disminuye a medida que nos alejamos de los afloramientos volcánicos donde se encuentra la materia prima y donde las piedras de lava son mayores y más abundantes, lo que sugiere que lógicamente cuanto más escasa era la piedra más veces se golpeaba para aprovecharla al máximo. La influencia de la materia prima puede explicar también muchas variaciones entre unas regiones y otras, como la presencia exclusiva de pequeños cantos de cuarzo tallados en la industria del río Omo, porque allí eran la única materia prima disponible, la ausencia de esferoides en Koobi Fora y su abundancia en Olduvai a partir del final del lecho I (1,66 m.a.), por la presencia en este yacimiento de grandes núcleos de cuarzo, inexistentes en Turkana, o incluso extrañas variaciones cronológicas como la que se registra en Olduvai, con una especie de retroceso técnico entre el lecho III (1,33-0,8 m.a.) con bifaces de gran calidad y el IV (0,8-0,7 m.a.) donde vuelven a ser tan toscos como en el anterior lecho II: los trabajos de P. Jones han demostrado que los filos laterales de un bifaz de sílex fino, material utilizado en el lecho III, han de hacerse rectos —mediante muchos retoques— para que duren (bifaces más perfectos, véase figura 10 B, en capítulo 3), mientras que los de basalto, utilizado en los lechos II y IV, se pueden usar sin romperse aunque tengan bordes sinuosos con pocos retoques (más toscos, figura 10 A). Con todo, algunas diferencias todavía no se han podido explicar por simples condicionamientos técnicos o funcionales, como por ejemplo el tamaño más grande de los núcleos y la mayor frecuencia de lascas retocadas que hay en Olduvai, y que tal vez correspondan a diferencias reales de comportamiento de aquellos grupos tan alejados entre sí no sólo geográfica sino quizás también biológicamente como antes vimos.

Por otro lado, los datos de la industria lítica indican pautas de uso diferentes de las que siguen los póngidos: al contrario que los chimpancés, que como mucho transportan los útiles unos cientos de metros y luego los tiran (uso «oportunista»), los primeros humanos los llevaban encima a lo largo de bastantes kilómetros (uso «conservador»). Este comportamiento previsor se ha observado indirectamente por el análisis de la materia prima y la localización de los afloramientos rocosos de donde se sacaba: la distancia media para la mayoría de los útiles, observada ya desde épocas bastante antiguas (Olduvai, 1,9 m.a.), estaba entre dos y cuatro kilómetros, pero además en todos los yacimientos grandes existe, también casi desde el comienzo, una pequeña proporción de útiles cuya piedra proviene de zonas situadas a más de 10 kilómetros; el porcentaje de estos últimos aumenta sólo ligeramente a lo largo de los niveles de Olduvai, que llegan hasta el Pleistoceno Superior hace menos de 100.000 años, indicando que el comportamiento «espacial» humano (la forma de moverse por el paisaje) varió poco hasta el surgimiento del *Homo sapiens*. En el mismo sentido, los estudios de simulación por ordenador del número de lascas que se podrían obtener para un número determinado de núcleos en siete yacimientos de Koobi Fora, junto con un experimento de reproducción lo más exacta posible del total de núcleos y sus lascas correspondientes en uno de ellos (FxJj 50) (trabajos de Nicholas Toth), nos muestran este interesante modelo: en las lascas de descortezado (las primeras que se extraen del núcleo, quitando su parte exterior más patinada, el córtex), el número de las simuladas supera a las realmente existentes en los sitios, mientras que lo contrario ocurre con las lascas desprovistas de córtex en los talones (las últimas que se tallan), siendo mayor el número de lascas observadas que el de esperadas. La interpretación del hecho anterior es clara: algunos núcleos llegaban ya tallados en parte al sitio y se quedaban allí, y por eso faltan sus lascas iniciales, y otros se terminaban de tallar y se depositaban en otro lugar, por lo que sobran lascas finales (o lo que es lo mismo, faltan sus núcleos). Todo ello muestra una imagen de los yacimientos como sitios de paso, donde se depositan los útiles como si «se cayeran» del ciclo de recorrido vital de los homininos, lo cual es sin duda de gran importancia para la interpretación de su comportamiento global.

Además de la aparición de la cultura, durante esos millones de años en África ocurrieron en la línea humana cosas tan importantes como la marcha bípeda y la consiguiente liberación de las manos, el aumento de la inteligencia y tal vez la primera capacidad de un tosco lenguaje, el consumo mayor de carne y la intensificación de la cooperación social, todas ellas transformaciones decisivas para lo que iba a venir después. El problema para explicar esos cambios de comportamiento reside en la pobreza de los datos, que ha favorecido un sinnúmero de especulaciones, algunas de las cuales nos informan más de cómo somos nosotros actualmente que sobre la realidad buscada de nuestros orígenes. Lo que se expone a continuación es un corto resumen del gran esfuerzo investigador de los últimos años, que combinando varios ámbitos científicos referidos a los humanos (psicología, fisiología, antropología, arqueología) y a otros animales (paleontología, tafonomía, etología) empieza a dar una imagen coherente de esta fundamental cuestión.

Entre las muchas causas aducidas para el paso a la marcha bípeda y el abandono del cuadrupedismo y del hábitat arbóreo típico de los primates, sobresale siempre un factor común referido a la aparición de los espacios abiertos de sabana como consecuencia de los cambios climáticos antes citados. Mientras los antepasados de nuestros «primos» gorila y chimpancé mantuvieron su especialidad selvática en las reducidas manchas verdes de la época, nosotros venimos de aquellos grupos que se vieron forzados a una posición más «generalista» en las zonas abiertas de sabana, compitiendo con otros carnívoros y herbívoros y desarrollando adaptaciones biológicas nuevas. El nexo entre el nuevo espacio y la marcha erguida se justifica bien por la necesidad de dominar el amplio horizonte con la vista o para tener las manos libres e incluso en relación con una supuesta monogamia de los primeros homininos: las hembras podrían haber mantenido una mayor prole al mismo tiempo si dispusieron siempre de sus manos libres para transportar las crías, compensando la consiguiente pérdida de movilidad (los cuadrúpedos son más rápidos) con la ayuda de un compañero sexual fijo y cercano (hipótesis de Owen Lovejoy). Por su parte, la teoría de Peter Wheeler liga el bipedismo con la desaparición del pelaje corporal de los monos, pues ambos fenómenos tendrían por objeto resistir mejor las altas temperaturas: al contrario que los cuadrúpedos que exponen una gran parte del cuerpo al sol, y por ello muchos predadores evitan cazar en las horas centrales del día, la postura erguida permitiría, al reducir el área expuesta a la radiación y aumentar la refrigerada por el viento, explotar el nuevo nicho del forrajeo y la caza al mediodía, justo cuando los animales competidores más peligrosos dormían la siesta.

Más complicada es la explicación del aumento del cerebro, que comienza a crecer con el *habilis* (algo más de 600 cm^3 frente a los 400-500 cm^3 de los australopitecos) y es hoy en los humanos (1.350 cm^3 de media) unas tres veces mayor que el correspondiente para igual tamaño del cuerpo en el resto de los primates. Una de las primeras teorías propuestas postulaba un mecanismo de realimentación positiva entre bipedismo, manos libres, fabricación de útiles, caza y aumento de la inteligencia, implicando que el cerebro grande sería el resultado final del proceso. Pero el descubrimiento de homínidos que ya podían caminar erguidos y tenían un cráneo tan pequeño como los póngidos (*Ardipithecus*, *Australopithecus*) hace 6-3 m.a., es decir, unos tres millones de años antes del primer aumento craneal y los primeros útiles (*habilis*) hacia 2,5 m.a., ha debilitado tal explicación. Es posible que, por el contrario, fuera el cambio de la postura habitual la condición previa del crecimiento craneal, al posibilitar una reorientación vertical en el sistema de riego sanguíneo que refrigeraba mucho mejor esa parte del cuerpo, especialmente sensible a la hipertermia; la hipótesis implica que la línea humana (australopitecos gráciles - *Homo*) habría ocupado un nicho ecológico más abierto y por tanto más cálido que la línea que no necesitó aumentar su cerebro (australopitecos robustos), y que utilizó un sistema de circulación venosa diferente (teoría del «radiador» de Dean Falk).

El cerebro humano presenta dos graves problemas fisiológicos: necesita una cantidad desproporcionada de energía (20% de la comida para sólo el

2% de la masa corporal) y es demasiado grande para pasar por la pelvis femenina durante el parto. La solución del primer problema podría estar relacionada con el consumo del alimento energético por excelencia, la carne, por parte de los homininos una vez aparecida la línea humana. No hay que olvidar que desde entonces el cerebro se ha multiplicado casi por tres hasta la actualidad. Para el segundo la naturaleza ha recurrido a que las crías humanas nazcan antes de tiempo: si hiciéramos como los otros primates, para el tamaño humano nuestros fetos deberían estar en el útero unos 21 meses en vez de los nueve que habitualmente dura la gestación. (Incluso con ese adelanto, los partos humanos son más complicados y largos que los de los simios, que apenas duran unos minutos.) Este hecho tiene una consecuencia muy importante: al ser nuestras crías siempre prematuras, el cuidado materno dura mucho más tiempo que en otros animales y constituye una crucial presión selectiva hacia un comportamiento social más acusado, en el sentido de una mayor cooperación intragrupal. Es probable que también fuera un desencadenante de la monogamia, pues un solo macho sería incapaz de cuidar de muchas hembras, cuando éstas cada vez necesitaban más tiempo para la crianza. También apunta en esa dirección la disminución de la diferencia de tamaño de los machos sobre las hembras, que pasa de un 50% mayor en los australopitecos a sólo un 10% por encima en los *sapiens*, explicable porque estos últimos ya no tendrían que competir con otros para conseguir un número elevado de compañeras sexuales. Asimismo se ha señalado que el cambio de la forma del estro (período de celo) en las mujeres, que no es fácilmente apreciable como ocurre en las hembras de antropoide, impulsaría a los machos a un cortejo más continuado al desconocer en qué momento exacto se produce la fertilidad de sus compañeras.

Entre los biólogos y etólogos darwinistas tiene hoy gran éxito una teoría que explica el aumento del cerebro, llamada de la «inteligencia maquiavélica» (trabajos de R. W. Byrne, A. Whiten y R. Dunbar). El volumen cerebral habría aumentado porque la cada vez más intensa vida social de los homininos y luego de los humanos, con grupos de individuos progresivamente numerosos, seleccionaría a aquellos con más inteligencia para hacer frente a los retos de esta nueva situación. De hecho, hay una serie de datos empíricos y experimentos que apoyan tal hipótesis. Por ejemplo, la corteza cerebral, esa parte «gris» relacionada con la conciencia y el pensamiento, no sólo es mayor en los humanos que en otros mamíferos, sino que también se ha observado una interesante correlación entre su volumen y el tamaño medio del grupo social para varias especies de primates: cuanto mayor es el grupo mayor es la corteza, es decir, más inteligencia tienen sus individuos. Con respecto a la costumbre que tienen los primates de acicalarse unos a otros, limpiando y despiojando la piel, el tiempo que le dedican los póngidos es mayor que en los monos pequeños, y parece estar en relación con el establecimiento de alianzas y la resolución de conflictos; asimismo se ha observado que ese tiempo es más largo cuanto más grande es el grupo. Todas las variables anteriores (córtex cerebral, tamaño del grupo, acicalamiento), se correlacionan a su vez positivamente con una curiosa costumbre que sólo practicamos los primates superiores: engañarnos unos a otros. Esta práctica se ha observado, entre otros, en chimpancés que a veces emiten falsos chillidos de peligro para distraer la atención y sacar provecho de ello, por ejemplo comiendo un alimento que no les correspondería por su rango dentro del grupo. Pues bien, los estudios de R. Byrne muestran que a mayor tamaño de la corteza cerebral de la especie, mayor número de veces se ha observado esa práctica del engaño, que para el primate no sólo supone ponerse en el lugar del otro, sino ser capaz de anticipar lo que éste piensa de él, algo totalmente novedoso en la evolución biológica y que los humanos practicamos, tal vez, demasiado bien.

Dejando un terreno tan especulativo como el anterior, volvamos a los datos que nos proporciona la arqueología, en forma de acumulaciones de piedras talladas y huesos del África oriental, en especial aquellas que han sido analizadas y publicadas exhaustivamente, las que constituyen los yacimientos de las zonas de Olduvai (Tanzania) y Koobi Fora (Kenia), fechados en términos generales entre 1,9 y 1,5 millones de años. Veremos primero qué son estos «yacimientos» y luego cómo se han interpretado desde el punto de vista del comportamiento de los primeros humanos. Las acumulaciones suelen tener una dimensión pequeña, entre 5 y 20 metros, con forma rectangular u ovalada, y dentro de ellas existen áreas con mayor densidad de restos, entre 2 y 7 metros, donde tienden a aparecer concentrados los restos de talla lítica y de rotura de los huesos; en vertical éstos aparecen en ocasiones concentrados («horizontes» de 10-20 cm de espesor) o repartidos (niveles «difusos» de 60-150 cm). Ya el mismo hecho de una coincidencia espacial de tal naturaleza nos sorprende, porque si bien las piedras talladas (la industria olduvayense que ya vimos) tienden tras el uso humano a depositarse de forma concentrada, los huesos (con predominio de bóvidos pero representación muy variada: suidos, équidos, jiráfidos, paquidermos, incluso tortugas o cocodrilos) por el contrario tenderían de forma natural a dispersarse en un depósito sedimentario. Desechada en general la posibilidad del arrastre fluvial como causa de tal coincidencia («revoltijo hidráulico», fácilmente identificable en algunos sitios por el tipo de sedimento, orientación y desgaste de los restos, etc.), y reconociendo que el ser humano (*Homo habilis*) fue el fabricante y portador más probable de los útiles (sin descartar al contemporáneo *Australopithecus boisei*, cuyas manos estaban capacitadas para ello y cuyos restos aparecen en varios yacimientos con útiles, algunos relativamente tardíos como Chesowanja en Kenia, hacia 1,4 m.a., y Swartkrans en Suráfrica, entre 1,5 y 1 m.a.), queda por establecer quién fue el responsable de la presencia de los huesos.

Desde la publicación de los trabajos de Henry Bunn, Richard Potts y Pat Shipman a comienzos de los ochenta, se sabe que bastantes huesos de los yacimientos de Olduvai y Koobi Fora fueron aprovechados por los homininos, puesto que hay en ellos marcas de cortes por útiles líticos, además de señales de rotura intencionada por percusión de piedras en algunos huesos largos. Esos restos pertenecen a una gran variedad de animales como ya vimos, en general de tamaños medios, y las marcas se hicieron en muchas partes de su anatomía (cráneo, mandíbulas, húmero, fémur, vértebras, etc.), distinguiéndose tres tipos de acción: cortes en los extremos de los huesos largos (acción de desmembrar para llevarse las patas a otro sitio), raspado de las cañas con abundante tejido (filetear para arrancar trozos de carne) y raspado en huesos desprovistos de carne (tal vez para despellejar y luego acceder al tuétano rompiendo el hueso). Estos datos demuestran que los homininos consumían carne, seguramente en cantidades sustanciales. El porcentaje de huesos con marcas es pequeño, 4-5 % como máximo en el sitio FLK Zinj de Olduvai, pero la misma cantidad de cortes es la que suele aparecer en los yacimientos del final del Paleolítico en África hace unos 10.000-20.000 años, cuando ya existía el *Homo sapiens* y se usaban con seguridad técnicas avanzadas de caza como las actuales.

El problema es que, además de los homininos, también los animales intervinieron sobre los huesos, como demuestran las huellas de mordiscos presentes en muchos de ellos. Un análisis de estas marcas y el estudio de la conducta de los varios animales que pudieron ser sus responsables, permiten quedarse con los leopardos, leones y las hienas como principales candidatos. La cuestión entonces es determinar quién fue el actor principal de los yacimientos, es decir, establecer la prioridad de acceso a la carne entre animales y homininos. Si hubieran sido los primeros, como ha defendido Lewis R. Binford, la cantidad de carne disponible para los segundos hubiera sido muy pequeña, sobre todo en el caso de las hienas, carroñeros que explotan al máximo los huesos dejando apenas el tuétano de los más gruesos. Por eso Binford ha defendido el carácter de «carroñero marginal» para los homininos, que se habrían limitado a explotar, ayudados de percutores de piedra, los últimos restos proteínicos. Pero en ese caso no existe explicación para la enorme cantidad de útiles líticos de algunos yacimientos (en ocasiones varios millares, la mayoría del tipo lasca como vimos, es decir orientados al corte y no a la rotura), ni para las marcas de corte de desmembrado y fileteado. Por otro lado, si estos sitios fueron en realidad guaridas de hienas reaprovechadas por el hominino, sus características serían muy diferentes (mucho mayor porcentaje de mordiscos, en zonas abiertas en lugar de las arboladas de ribera donde suelen estar, etc.) y si se tratase de zonas de matanza por carnívoros, los restos aparecerían mucho más esparcidos en superficie.

Por lo tanto, al menos las acumulaciones de los sitios más importantes fueron llevadas a cabo por los homininos, transportando cantidades sustanciales de carne para ser procesada con los útiles líticos. ¿Cómo se puede interpretar este fenómeno en términos de comportamiento? (figura 4). A fines de los años setenta, Glyn Isaac publicó un trabajo que sintetizaba la opinión corriente sobre el tema, según el cual los yacimientos eran un reflejo directo del primer comportamiento humano, sin deformaciones posteriores ni intervención de otros agentes que lo hubieran alterado, y que correspondían a campamentos fijos de cazadores adonde una parte del grupo (los machos) volvía periódicamente con carne para repartir entre otros miembros (hembras, crías) que se ocupaban de la recolección vegetal (figura 4: A-B). El problema principal de este modelo es ser prácticamente idéntico al comportamiento habitual de los pueblos cazadores-recolectores actuales (no habría habido casi cambios desde entonces), y muy diferente del practicado por los otros primates (que no tienen puntos fijos de reunión ni comparten en general el alimento) para una época tan remota y aún cercana a la última ramificación evolutiva. Unas prácticas intermedias entre primates y humanos contemporáneos se considerarían en principio más acordes con la idea general que existe sobre la evolución como un proceso lento y gradual: carne obtenida por carroñeo en pequeñas cantidades y traslado a un lugar seguro, pero cambiante según las circunstancias (figura 4: C-D).

Figura 4

Los dos principales modelos en disputa sobre el comportamiento de los primeros humanos. A y B: los humanos serían capaces de cazar animales relativamente grandes para luego llevar la carne a campamentos estables donde la repartirían con todo el grupo. C y D: los humanos apenas podrían carroñear algunos trozos de carne desechada por otros carnívoros, que luego llevarían a algún lugar apropiado para consumirla sin peligro, por ejemplo a la sombra o encima de los árboles (según V. M. Fernández, G. Ruiz Zapatero, y J. Pereira, «El origen del hombre: últimos descubrimientos y teorías. II. La evolución cultural», *Revista de Arqueología,* 112, 1990).

La cuestión fundamental radica en el grado de «humanidad» (en el sentido actual) que se atribuya a esos lugares donde se consumía la carne. Las cantidades aportadas son cruciales: si eran abundantes habría mucho que repartir y la vida social podría haber sido más intensa alrededor del banquete. Por el contrario, si eran escasas y ocasionales, el reparto sería menor y las reuniones apenas unas cortas y ocasionales meriendas. De aquí la gran polémica habida desde hace dos décadas en la arqueología de los orígenes humanos, entre partidarios de la caza y partidarios del carroñeo: la primera muestra a unos primeros humanos mucho más sociales que el segundo. Con matices, la mayoría de los investigadores actuales (Potts, Blumenschine, Capaldo, etc.) parecen inclinarse por la segunda opción, pensando que la caza a gran escala, tanto en número como en tamaño (no la de pequeños animales, que también practican ocasionalmente los chimpancés) no debía de ser frecuente en ese estadio inicial de la humanidad (por la ausencia de los útiles apropiados, el pequeño tamaño y poca fuerza de los individuos, etc.), y que una gran parte de las proteínas animales pudieron venir del carroñeo de animales ya muertos por otras causas, aprovechando muchas veces la parte desechada por otros carnívoros. Por su lado, los defensores de la tesis opuesta se oponen a ese modelo de «carroñero pasivo» proponiendo que en los yacimientos estudiados se consumieron cantidades ingentes de carne, conclusión a la que llegan comparando la frecuencia y localización de los cortes en los huesos excavados con experimentos tafonómicos llevados a cabo con útiles líticos sobre huesos actuales de animales enteros y de animales ya consumidos en parte por carnívoros africanos. Según los trabajos del español Manuel Domínguez-Rodrigo, el patrón de cortes en Olduvai se parece mucho más al patrón experimental de animales enteros que al de animales ya descarnados en parte previamente. Luego si había carne había reparto y vida social, con independencia de cómo se obtuviera ese alimento, bien por algún tipo de caza, según la hipótesis clásica, o bien arrebatándosela a otros carnívoros o aprovechando muertes naturales individuales o en masa, por ejemplo por ahogamiento al cruzar ríos o pantanos las grandes manadas de mamíferos migratorios.

Por otro lado, la cantidad de restos en algunos yacimientos sugiere con fuerza un patrón de visitas repetidas al mismo sitio, y aunque se haya cambiado el término actualista de «campamento-base» por los menos comprometidos de «lugar central» o «refugio», ambos conceptos implican la coincidencia espacial en un mismo punto de la actividad social del grupo y del aporte y consumo de recursos alimenticios. Los defensores del carroñeo hacen hincapié en el papel de los carnívoros en la formación de los sitios, que casi siempre está presente en forma de marcas y desgaste de los huesos. Parece que esta incidencia animal disminuye con el paso del tiempo y que campamentos como los de los cazadores actuales podrían haber surgido ya durante el Pleistoceno Medio, tal vez ligados al control del fuego, que sólo se da por seguro desde entonces. Con todo, debió de existir una razón poderosa para aquellas reuniones de los humanos de fines del Plioceno, por encima del simple hecho de comer carne, repetidas una y otra vez durante varios años, como también sugiere el distinto grado de erosión en los huesos. La amenaza de los carnívoros debió de influir para que esas estancias fueran cortas, quizás subidos a los árboles de las selvas-galería fluviales para así evitar el peligro, lo cual haría imposible una actividad social prolongada (figura 4 D). Para Richard Potts el origen de las reuniones sería la disponibilidad de materia prima lítica para fabricar los útiles imprescindibles en el corte del alimento; es más, en su opinión los homininos habrían previsto esta necesidad y concentrado previamente el recurso en puntos estratégicos del paisaje («escondrijos de piedras»), justificando su teoría por la presencia de nódulos en Olduvai (aunque no en Koobi Fora), muchos todavía sin tallar, procedentes de lugares a algunos kilómetros de distancia, y también por una práctica parecida registrada en algunos chimpancés, como en la selva Tai de Costa del Marfil, donde esconden machacadores de madera o de piedra cerca de los árboles de frutos blandos o duros.

Bibliografía

Arsuaga, J. L. y Martínez, I. (1998): *La especie elegida. La larga marcha de la evolución humana.* Temas de Hoy, Madrid.

Bermúdez de Castro, J. M.; Arsuaga, J. L.; Carbonell, E.; Rosas, A.; Martínez, I. y Mosquera, M. (1997): «A Hominid from the Lower Pleistocene of Atapuerca, Spain: Possible Ancestor to Neandertals and Modern Humans». *Science,* 276: 1392-1395.

Bermúdez de Castro, J. M.; Márquez, B.; Mateos, A.; Martinón-Torres, M.; Sarmiento, S. y Álvarez, D. (2004): *Hijos de un tiempo perdido: la búsqueda de nuestros orígenes.* Crítica, Barcelona.

Binford, L. R. (1981): *Bones: Ancient Men and Modern Myths.* Academic Press, Nueva York.

Bunn, H. *et al.* (1980): «FxJj50: an Early Pleistocene site in northern Kenya». *World Archaeology*, 12: 109-136.

Byrne, R. W. (1995): *The Thinking Ape.* Oxford University Press, Oxford.

— y Whiten, A. (1988): *Machiavellian Intelligence: Social Expertise and the Evolution of Intellect in Monkeys, Apes and Humans.* Clarendon Press, Oxford.

Carbonell, E. y Bellmunt, C. S. (2003): *Los sueños de la evolución.* RBA-National Geographic, Barcelona.

Cartwright, J. (2000): *Evolution and Human Behaviour.* Palgrave, Hampshire.

Coppens, Y. (1994): «East Side Story: The Origin of Humankind». *Scientific American*, 270: 62-69.

Coppens, Y. y Picq, P. (eds.) (2004): *Los orígenes de la humanidad. Vol. I. De la aparición de la vida al hombre moderno.* Espasa-Calpe, Madrid.

De Menocal, P. B. (1995): «Plio-Pleistocene African Climate». *Science*, 270: 53-59.

Domínguez-Rodrigo, M. (2002): «Hunting and Scavenging by Early Humans: The State of the Debate». *Journal of World Prehistory*, 16(1): 1-54.

Dunbar, R. (1996): *Grooming, Gossip and the Evolution of Language*. Faber and Faber, Londres.

Falk, D. (1990): «Brain evolution in *Homo:* The "radiator" theory». *Behavioral and Brain Sciences*, 13: 333-381.

Isaac, G. Ll. (1978): «The food-sharing behavior of protohuman hominids». *Scientific American*, 238: 90-108 (trad. castellana en *Investigación y Ciencia*, 6, 1978: 52-66).

Jones, S.; Martin, R. y Pilbean, D. (eds.) (1992): *The Cambridge Encyclopedia of Human Evolution*. Cambridge University Press, Cambridge.

Leakey, M. D. (1971): *Olduvai Gorge III. Excavations in beds I and II, 1960-1963*. Cambridge University Press, Cambridge.

Leakey, M. G. y R. E. (eds.) (1978): *Koobi Fora Research Project*. Clarendon Press, Oxford.

Lewin, R. y Foley, R. (2004): *Principles of Human Evolution*. Blackwell, Oxford.

Lovejoy, C. O. (1974): «The Gait of Australopithecines». *Yearbook of Physical Anthropology,* 17: 147-161.

Matthiessen, P. (1999): *Los silencios de África*. Península, Barcelona.

Mercader, J., Panger, M. y Boesch, C. (2002): «Excavation of a chimpanzee stone tool site in the African rainforest». *Science* 296: 1452-1455.

Potts, R. (1988): *Early Hominid Activities at Olduvai.* Aldine de Gruyter, Nueva York.

Semenov, S. A. (1981): *Tecnología prehistórica. Estudio de las herramientas y objetos antiguos a través de las huellas de uso*. Akal, Madrid.

Sileshi, S.; Simpson, S. W.; Quade, J., Renne, P. R.; Butler, R. F.; Mcintosh, W. C.; Levin, N.; Domínguez-Rodrigo, M. y Rogers, M. J. (2005): «Early Pliocene hominids from Gona, Ethiopia», *Nature*, 433: 301-305.

Schick, K. y Toth, N. (1993): *Making silent stones to speak: Human evolution and the dawn of technology.* Phoenix, Londres

Torre, I. de la (2004): «Omo Revisited: Evaluating the Technological Skills of Pliocene Hominids». *Current Anthropology*, 45: 439-465.

Toth, N. y Schick, K. D. (1986): «The First Million Years: the Archaeology of Protohuman Culture». *Advances in Archaeological Method and Theory* (M. B. Schiffer, ed.), vol. 9: 1-96.

Van Andel, T. H. (1994): *New Views on an Old Planet. A History of Global Change*. Cambridge University Press, Cambridge.

Wheeler, P. E. (1985): «The loss of functional body hair in man: the influence of thermal environment, body form and bipedality». *Journal of Human Evolution*, 14: 23-28.

3. Las sociedades cazadoras-recolectoras

1. Fuera de África I: nuevas especies, nuevos territorios

En el capítulo anterior nos referimos al nuevo tipo humano, *Homo erectus*, que emergió cuando todavía no había desaparecido el anterior, *Homo habilis*, hace algo menos de dos millones de años. Ya vimos que algunos investigadores piensan que para entonces es mejor hablar de dos especies, *Homo ergaster* y *Homo erectus*, la primera surgida en África oriental y que se quedará allí hasta empezar el cambio hacia el *sapiens* un millón de años más tarde, y la segunda evolucionada localmente en Asia oriental a partir de los primeros humanos salidos de África, de tipo *ergaster* o tal vez todavía *habilis*. Las dudas que existen sobre las fechas de la primera salida complican sobremanera el esquema de esa época crucial de la historia humana. En cualquier caso, está claro que ambos se habían separado de la base australopitecina de la que venían y eran ya humanos en mucha mayor medida que *habilis* y *rudolfensis*. La misma estatura que hubiera alcanzado de haber llegado a adulto el «Chico de Turkana», el esqueleto KNM-WT 15000 hallado en Nariokatome al norte de Kenia y fechado hace 1,56 millones de años (m.a.), más de 1,80 metros, nos recuerda mucho más a los altos pastores nilóticos que hoy pueblan esa región que a su antepasada Lucy, una mujer menuda que apenas sobrepasaba el metro de estatura. El acortamiento de los brazos revela también el abandono definitivo de los árboles como refugio o fuente de alimento, con un bipedismo ya perfecto que explica el ensanchamiento de pecho y hombros y el consiguiente estrechamiento de la pelvis. Esto último supuso un paso más en la tendencia que vimos hacia una dificultad cada vez mayor del parto para esos cráneos humanos tan grandes, obligando a hacer más duradera la etapa de cuidado infantil y presionando selectivamente hacia una mayor cooperación dentro del grupo, es decir, hacia un comportamiento social más intenso. Otro dato en la misma dirección es la acusada disminución que se advierte en el dimorfismo sexual de la especie, similar ya entonces al actual y menor que en australopitecos y *habilis* (cuyos machos son de tamaño bastante mayor que las hembras), lo que estaría indicando menor competencia entre machos y parejas más estables con relaciones más duraderas y cooperativas entre éstos y las hembras. Otro aspecto fisiológico de *erectus* y *ergaster*, tan importante como es el tamaño del cerebro, no muestra sin embargo un avance similar puesto que los cráneos conocidos de *ergaster* no sobrepasan los 900 cm^3 mientras que los *erectus* antiguos apenas alcanzaban los 1.000 cm^3. Fuera del ámbito biológico, más tarde veremos que coincidiendo con la aparición de estas nuevas formas humanas también lo hizo una nueva y más perfeccionada manera de trabajar la piedra y elaborar herramientas líticas, la industria achelense.

El mejor bipedismo, la mayor estatura y el más intenso comportamiento social seguramente debieron de permitir a los humanos ocupar por primera vez ambientes aún más abiertos y estacionalmente más áridos y calientes de África oriental, a través de los cuales se produjo la paulatina y lenta expansión que finalmente les llevó fuera del continente. Esa facilidad para entrar en nuevos territorios para los que previamente no se estaba adaptado, algo nuevo en la evolución biológica, hizo posible que cuando los recursos de una zona escasearan o aumentara demasiado el tamaño del grupo, una parte del mismo ocupara de forma totalmente natural el espacio adyacente, y de esa tranquila y casi imperceptible manera *Homo ergaster*, a lo largo de cientos de miles de años, llegó a ocupar extensas áreas del Viejo Mundo. Hitos de esa expansión son los yacimientos de 'Ubeidiya (Israel), con una industria achelense fechada entre 1,4 y 1,1 m.a., y el importante sitio de Dmanisi (Georgia), con industria de tipo olduvayense y hasta cinco cráneos fósiles de momento, unos parecidos a *habilis* y otros a *ergaster* (que los excavadores prefieren llamar *Homo georgicus*), fechados entre 1,8 y 0,8 m.a. La existencia de fechas tardías para algunos restos africanos de *habilis* (1,6 m.a. en Olduvai, Tanzania) y *ergaster* (1,2-0,8 m.a. en Olduvai y Bouri en la cuenca del Awash de Etiopía), hacen que las dataciones de Dmanisi nos parezcan lógicas desde la perspectiva de un origen africano de esos grupos humanos. Sin embargo, sobre las fechas de los *erectus* de Java (Sangiran), los primeros descubiertos, existen serias dudas originadas por la complicada estratigrafía de la región y mientras algunos aceptan que los más antiguos pudieran tener más de 1,65 m.a., los más escépticos piensan que ninguno es anterior a un millón de años. En el primer caso, estos fósiles serían casi tan antiguos como los *ergaster* africanos y no podrían por tanto proceder de éstos, obligando a buscar un antepasado común para *erectus* y *ergaster* (¿fue el primitivo *habilis* quien primero salió de África?). En China se han registrado también abundantes fósiles de *Homo erectus* (Zhoukoudian cerca de Pekín, Lantian, Hexian, etc.) que se fechan de forma bastante clara entre 0,8 y 0,4 m.a., pero en la cuenca del Nihewan al oeste de Pekín se han encontrado industrias de lascas toscas que por paleomagnetismo se datan en torno a 1,6 m.a., lo que coincide con las fechas más antiguas propuestas para los fósiles de Java. En esta última isla, en Ngandong y Sambungmacan, se han registrado restos de *erectus* evolucionado (con la misma forma arcaica que los antiguos pero de mayor volumen craneal) cuya fecha es más reciente que 0,3 m.a. y podría llegar incluso a estar entre 50.000 y 30.000 años, en cuyo caso demostraría que los *erectus* se mantuvieron con pocos cambios en Asia oriental quizás hasta la llegada de los primeros *sapiens*.

Más tarde, algunos fósiles descubiertos en Europa y África, fechados hace poco más de medio millón de años, revelan que por entonces empezaron a producirse cambios fisiológicos hacia nuevas especies, las cuales han recibido distintos nombres. Al contrario que en Asia, donde acabamos de ver que hubo una cierta continuidad, fue entonces de nuevo en África, tal vez por sus duras condiciones climáticas, donde se dieron las presiones selectivas necesarias para esos cambios evolutivos: restos hallados en Suráfrica (Elandsfontein), Zambia (Kabwe), Tanzania (lago Ndutu) y Etiopía (Bodo en el Awash) muestran un cráneo algo diferente de los anteriores *ergaster*, con mayor volumen (1.200-1.300 cm^3), mayor anchura del cráneo frontal y mejillas, y parte trasera occipital y cejas más arqueadas. Antes algunos llamaban a estos restos *Homo rhodesiensis*, primera denominación africana del hallazgo de Kabwe (entonces en la colonia inglesa de Rhodesia del Norte, hoy Zambia), y hasta final de los años ochenta era habitual también clasificarlos como el neandertal o «neandertaloide» africano. Entonces se creía que los neandertales habían ocupado Europa, África y el Próximo Oriente, y que habían sido los antepasados directos de los *sapiens* en toda esa gran región. Dos avances producidos después, la cladística y la paleoantropología genética, vinieron a cambiar el panorama. Las técnicas cladísticas, que explicamos en el capítulo anterior, mostraron que los neandertales europeos y próximo-orientales tenían varios caracteres nuevos («derivados») en el cráneo (dos protuberancias en la base y un hueco sobre el occipucio) que no aparecían en los fósiles africanos, lo que provocó la separación de ambos grupos en dos especies diferentes (figura 8). Por otro lado, el análisis de los genes de una parte de las células (mitocondria) de amplias muestras de humanos actuales reveló una variedad general mucho menor que la esperada si la separación de las distintas razas se hubiera producido cuando los *ergaster* salieron de África, y una variedad genética relativa mayor en este último que en otros continentes (véase más adelante y figura 7). De ello se dedujo que todos los *sapiens* actuales procedemos de una población reciente que vivió hace unos 200.000 años en el continente afri-

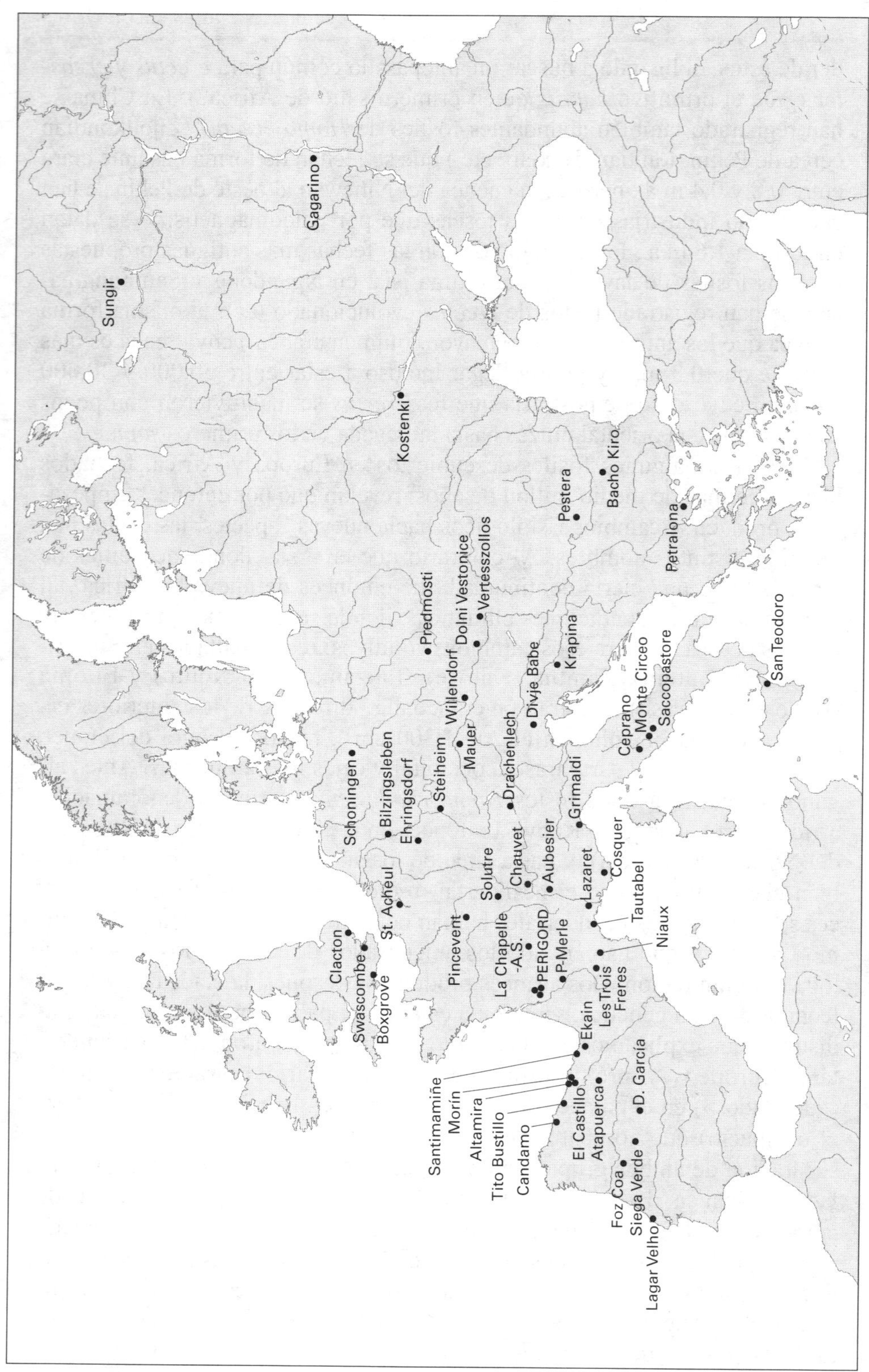

Figuras 5A y 5B

Mapas de Europa y Asia con los yacimientos más importantes citados en este capítulo (para los

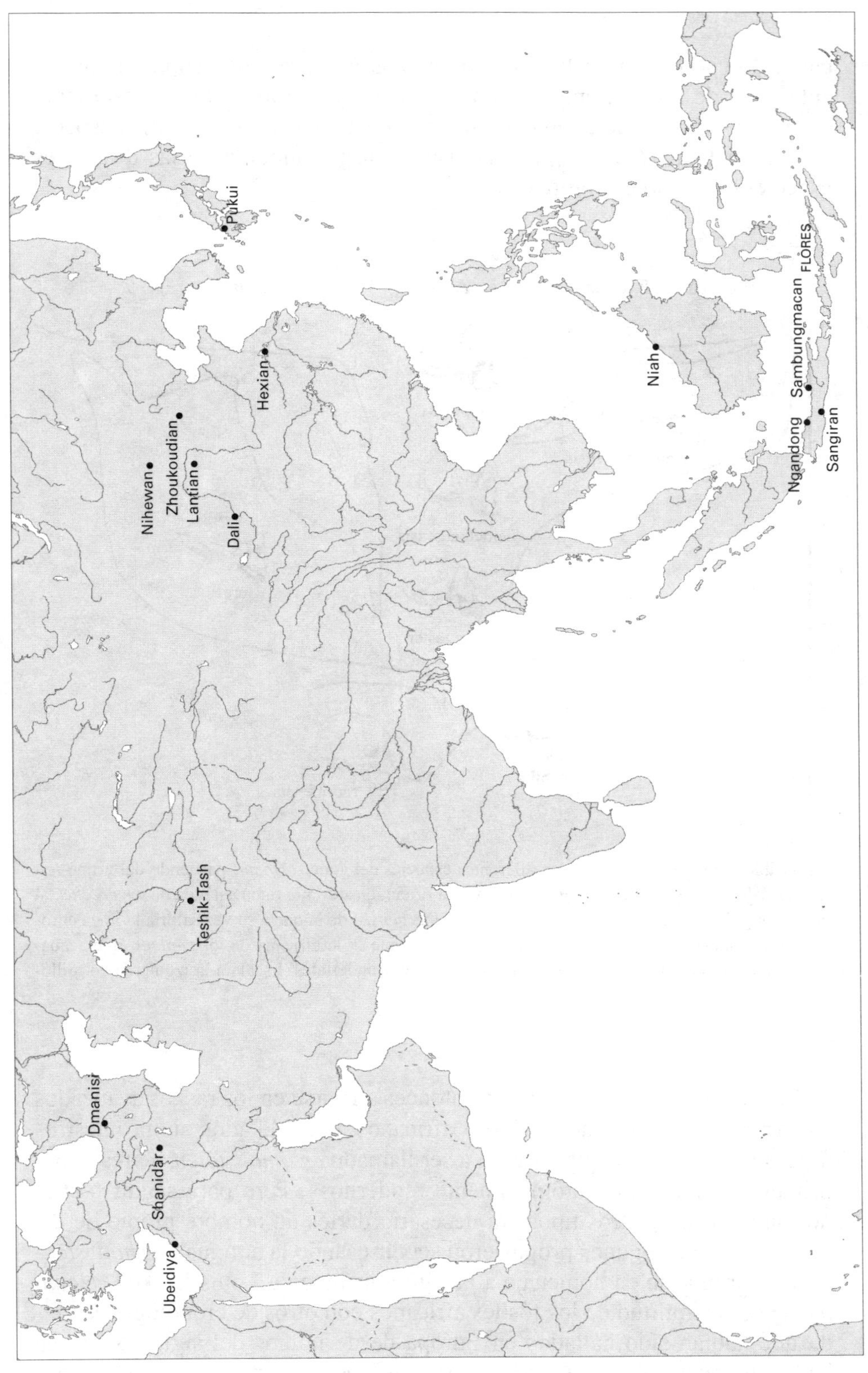

yacimientos de África, véase figura 1 en el capítulo anterior).

cano, que se expandió luego a los demás mientras los grupos humanos anteriores de Asia oriental (últimos *erectus*) y Europa y Próximo Oriente (*neanderthalensis*) se extinguieron sin contribuir apenas a la única especie humana actual, *Homo sapiens* (véase árbol genealógico de las diferentes especies de *Homo* en figura 6).

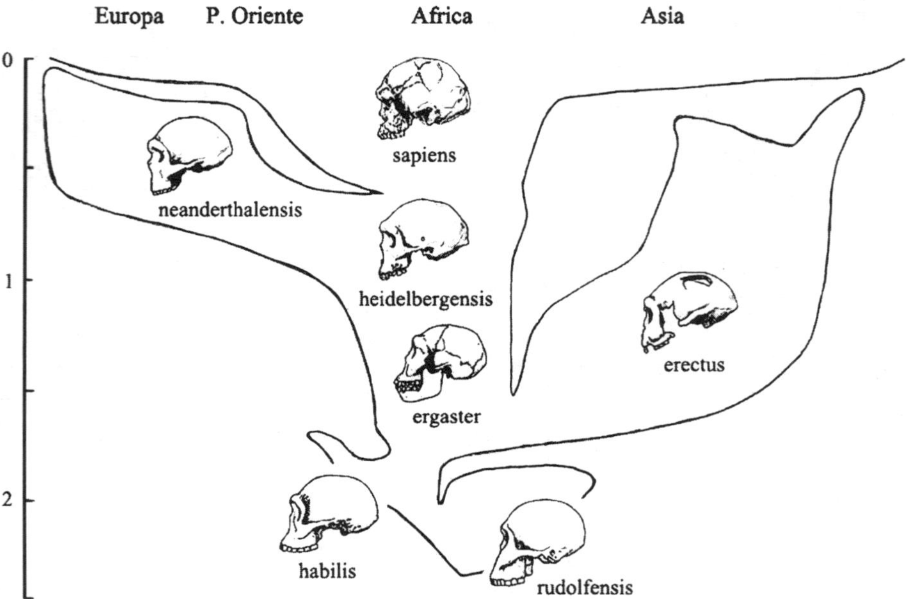

Figura 6

Un posible árbol genealógico de las diferentes especies del género *Homo:* partiendo del grupo *habilis-rudolfensis* y el posterior *ergaster* de África oriental, saldría la rama asiática de los *erectus,* al final extinguidos, y la africana-europea del *heidelbergensis,* de la que a su vez saldría la línea europea del *neanderthalensis,* también extinguida finalmente, y la africana de los *sapiens,* que acabarían ocupando toda la Tierra desplazando a *erectus* y neandertales. Escala a la izquierda en millones de años.

Los investigadores empezaron entonces a fijarse en los rasgos avanzados de los antiguos «neandertaloides» africanos, considerados ahora nuestros únicos antepasados y que pasaron a ser llamados *Homo sapiens* «arcaico» o primeros humanos «anatómicamente modernos». Pero para seguir con la norma aplicada a otros tipos era necesario darles un nombre propio de especie, y aunque algunos propusieron seguir usando la antigua de *rhodesiensis* o la propuesta en homenaje a la figura insigne de Louis Leakey (*Homo leakeyi*), la similitud de los fósiles africanos con otros de cronología parecida que habían sido hallados en Europa desde inicios del siglo XX, y que hasta entonces habían recibido otros nombres (presapiens, anteneandertales, *erectus* europeos, etc.), ha hecho que en la actualidad muchos investigadores los clasifiquen a todos ellos, africanos y europeos, en la especie *Homo heidelbergensis*, denominación prioritaria por haber sido la más antigua aplicada a un fósil del grupo, la mandíbula de Mauer, hallada cerca de Heidelberg (Alemania) en 1907. Aceptar que el mismo taxón existió en los dos continentes implica un más que probable origen africano del mismo, seguido de una expansión bastante rápida hacia el norte. El problema para confirmar este modelo radica, aparte de las diferencias entre los huesos que pudieran deberse a la variación existente dentro de cada especie para un momento cualquiera, en las incertidumbres que afectan a la cronología. Los restos africanos más antiguos se fechan en torno a 670.000-600.000 años (Bodo, por el método del argón), 700.000-400.000 años (Kabwe, por los tipos de fauna asociados al fósil), o en torno a los 400.000 años (Ndutu, por correlación geológica con niveles fechados de Olduvai). No sólo los métodos son distintos, sino también los márgenes de error varían ampliamente. Veamos ahora lo que se piensa sobre los restos europeos de la misma época (Pleistoceno Medio) y la importante cuestión del primer poblamiento humano del continente.

Aunque se han propuesto muchos hallazgos arqueológicos (piedras talladas) y algunos paleontológicos (huesos) como prueba de una presencia humana en Europa anterior a un millón de años, la verdad es que no existe ninguna evidencia segura más antigua de 800.000 años y sólo unas pocas anteriores a medio millón. Un hallazgo de enorme importancia son los huesos humanos del nivel TD6 (estrato «Aurora») de la Gran Dolina de Atapuerca en Burgos, todos ellos encontrados por debajo —y por lo tanto anteriores— de una capa donde se registra el último cambio de polaridad magnética terrestre, que ocurrió hace 790.000 años. A esta fecha superior se unen las obtenidas por resonancia de spin electrónico (una variante de los métodos de luminiscencia) sobre los mismos huesos del nivel, situadas entre 860.000-780.000 años, ofreciendo por tanto una cronología muy segura para todos ellos de algo más de 0,8 m.a. Entre esos restos destacan los de un cráneo parcial que presenta una parte alta y dientes muy arcaicos, como los del *ergaster* o *erectus*, pero una cara muy avanzada, muy poco saliente y casi plana. Como vimos en el capítulo anterior, este último y otros pequeños rasgos derivados del fósil convencieron a los investigadores de Atapuerca de que el individuo pudo haber formado parte de la primera oleada de humanos llegados a Europa desde África, provisto ya con los caracteres que luego darían origen allí al *sapiens* y sin haber tenido tiempo todavía de perderlos para desarrollar los rasgos que llevarían aquí después al «callejón sin salida» de los neandertales. Esa condición de primer «explorador» de nuestro continente hizo que fuera bautizado en 1997 como *Homo antecessor*, el que antecede, que va delante de los demás. En el contexto investigador internacional, el hallazgo fue valorado en su justa medida aunque algunos atribuyeron sus rasgos progresivos al carácter infantil de los restos (el «Niño de la dolina» había muerto hacia los 12 años, antes de desarrollar en su cuerpo todas las formas propias de su especie), considerando tal vez prematura la atribución a una nueva especie y su supuesto carácter de bifurcación entre las dos principales ramas del occidente del Viejo Mundo, la africana y la europea.

El hallazgo en 2003 de una media mandíbula con la misma fecha y contexto que el fósil anterior, pero procedente de una mujer de unos 15 o 16 años, vino a complicar la cuestión al presentar una menor relación con el taxón neandertal y mayor parecido con los *erectus* de China (es decir, mayor separación de las ramas euroafricanas, de las que se suponía ancestro). Por otro lado, en 1994 se había encontrado un cráneo en Ceprano, cerca de Roma, muy parecido también a los *erectus*, en este caso los de Java, cuya fecha, aunque menos segura que en el caso de Atapuerca, podría estar entre 900.000-800.000 años, es decir muy próxima a los restos españoles. También tenemos que en Atapuerca TD6, igual que en Ceprano, los útiles líticos asociados a los homininos son del tipo de lasca y núcleo, igual que los que aparecen junto al *erectus* en Asia oriental, sin presencia de los bifaces característicos desde mucho antes en la industria entonces dominante en África, el Achelense, lo que de nuevo apunta a un origen asiático y no africano para estos dos primeros intentos de ocupación europea. En ese caso sería poco probable que fueran los ancestros de la población posterior del continente, de claras relaciones africanas, y como debió de ocurrir en numerosas ocasiones, pudieron haberse extinguido sin descendencia. Tal vez nuestro continente, con un relieve complicado y un clima inhóspito durante los máximos glaciares de entonces (800.000-600.000 bp), fue un lugar difícil que hizo fracasar algunos o muchos de los primeros acercamientos de grupos humanos. Un dato importante también parece favorecer esta idea de tentativa fallida: los huesos de Gran Dolina muestran, en un porcentaje significativo (25%), cortes y raspaduras hechas por útiles líticos, al igual que otros huesos de animales hallados en el mismo nivel. Los investigadores de Atapuerca han interpretado esto como prueba de canibalismo, la primera segura en toda la evolución humana. Rechazando en principio cualquier interpretación ritual de la antropofagia para una especie tan primitiva, se deduce como más probable que la carne humana fue consumida por las mismas razones que la de otros animales: por hambre, y pudo haber sido esa terrible carencia la que llevó finalmente a la desaparición sin sucesores de los primeros grupos humanos que podríamos llamar «europeos».

Es posible, pues, que las primeras poblaciones que se asentaron definitivamente en Europa fueran *heidelbergensis* llegados desde África más tarde, sobre medio millón de años atrás. Esos momentos iniciales se conocen bastante mal, con todo, y cuentan con pocos fósiles medianamente seguros: la mandíbula de Mauer con la misma fecha aproximada anterior, el cráneo griego de Petralona, de 400.000-300.000 años, el de Tautavel (cueva de l'Aragó en el sur de Francia), fechado hacia 450.000 años, los restos de Bilzingsleben en Alemania (400.000), Vértesszöllös en Hungría (400.000), Boxgrove en Inglaterra (500.000), etc. La variación morfológica existente entre ellos y el que las fechas sean a veces muy inciertas hace que algunos de estos restos sean ya clasificados como «protoneandertales» y por ello se separen del taxón inicial *heidelbergensis*. Ya claramente en el grupo «preneandertal» están los fósiles de Steinheim y Ehringsdorf (Alemania), La Chaise (Francia), Swanscombe (Inglaterra), Saccopastore (Italia), Krapina (Croacia), etc., hasta llegar a la época clásica de los neandertales en Europa y el Próximo Oriente, hace unos 100.000 años, que veremos luego.

El hallazgo más impresionante de esta época es el conjunto óseo humano recuperado en la Sima de los Huesos de Atapuerca. En una cueva cerrada de sólo 17 metros cuadrados, a la que se accede por un pozo vertical de 13 metros y cuya dura excavación une a la necesaria lentitud del registro exacto de todos los restos la dificultad de trabajar en un espacio tan reducido y asfixiante, se ha encontrado la mayor colección conocida anterior al *sapiens*, más de 2.000 restos que suponen el 85% de los huesos humanos conocidos del Pleistoceno Medio en todo el mundo, entre ellos varios cráneos casi enteros. Todos ellos provienen de un grupo de al menos 32 individuos, cuyos cuerpos completos fueron arrojados pozo abajo hace unos 400.000 años. Esta fecha se sabe por el análisis de la formación de isótopos de uranio en una capa de estalagmita que cubre una parte de los restos, atribuidos unas veces a *heidelbergensis* y otras a proto o preneandertales por presentar una mezcla de los rasgos de ambos: los dos tipos forman estadios sucesivos de una misma línea evolutiva (cronoespecies). Aún más interesante que su posición genealógica, con todo, es en este yacimiento el mismo hecho de que aparezcan tantos restos juntos, puesto que la única explicación plausible es que hayan sido arrojados por otros humanos, seguramente miembros de su mismo grupo. Cuesta creer que individuos tan antiguos practicaran ya algún ceremonial de enterramiento (las primeras tumbas claras no se producen hasta hace unos 100.000 años) y por ello se piensa más bien en razones higiénicas: sería una forma de desembarazarse de los cadáveres como otra cualquiera, por ejemplo arrojándolos a un río o al mar, aunque llevarlos hasta la sima a través de la cueva les supuso un esfuerzo bastante mayor que eso. El hecho de que las edades de los muertos no correspondan a la distribución normal en un cementerio (niños y ancianos, las edades más débiles, como formas más abundantes) sino a un perfil «catastrófico» con mayor presencia de jóvenes y adultos, sugiere que la muerte pudo deberse a algún tipo de desgracia colectiva como por ejemplo una epidemia (en los huesos no hay restos de violencia ni de canibalismo), lo que también implicaría que fueron arrojados al pozo en un espacio de tiempo no muy largo. Que los miembros de un grupo se tomasen la molestia de cargar con todos esos cadáveres hasta allí contrasta con el canibalismo observado en los huesos más antiguos de Gran Dolina en el mismo yacimiento, y es posible interpretarlo como una muestra más de la creciente importancia de los lazos sociales a lo largo de la evolución. Por último, que el único artefacto hallado en la sima sea un bifaz de cuarcita de una excepcional calidad, aparte de mostrar que esos humanos ya conocían la industria achelense, tal vez también apunte hacia unas pautas de conducta todavía más complejas y alejadas de lo exclusivamente funcional o utilitario.

2. Fuera de África II: el origen del *Homo sapiens*

La siguiente historia vuelve a empezar otra vez en África, pues allí se produjeron los cambios genéticos que dieron origen a nuestra especie actual. A lo largo del Pleistoceno Medio (730.000-130.000 bp) hubo unos seis períodos muy fríos y el mismo número de estadios cálidos, tal como muestran los diagramas de fluctuación de los distintos isótopos de oxígeno (cuya cantidad relativa varía según la temperatura del agua) de las muestras depositadas durante ese tiempo en el fondo de los océanos o en el hielo de Groenlandia. Durante las épocas frías, de gran duración (30.000-50.000 años), la masa de hielo, que alcanzaba en algunas zonas los 4.000 metros de espesor, avanzaba en el norte de Europa y Asia (América aún no había sido poblada) y con ella también bajaban hacia el sur la franja de tundra y más abajo la de las praderas herbáceas. En estas dos últimas ecozonas abundaban los grandes herbívoros, como el mamut, que eran cazados sin demasiado problema por los humanos que vimos que ocupaban tales regiones. En Asia la gran extensión del continente representó para esos grupos una inmensa zona de refugio relativamente cálido que sin duda amortiguó el impacto de los cambios ambientales y ésta es la causa más probable de que los *erectus* apenas evolucionaran en tan largo espacio de tiempo. Por el contrario, en Europa la barrera del Mediterráneo impedía buscar resguardo más al sur, y seguramente por ello se produjo aquí el cambio genético hacia una forma humana adaptada precisamente al frío, los neandertales, con sus cuerpos compactos, baja estatura y fuerte musculatura.

La situación geográfica del continente africano, que por estar en torno al ecuador constituye la gran región más cálida del planeta, impidió que el frío afectara gravemente a ninguno de sus habitantes por aquella época, pero no ocurrió lo mismo con el problema de la aridez. Las lluvias africanas se originan por la entrada en el continente de grandes masas nubosas cargadas de agua (monzones) desde el Atlántico en el golfo de Guinea y del océano Índico en la costa oriental, un fenómeno que coincide con los veranos, que por ello suelen ser allí algo más frescos que los inviernos. En la mitad septentrional, la extensión de esa entrada de aire húmedo depende de otro meteoro situado más al norte, los secos vientos alisios que recorren el Sáhara hacia el sur desde el Mediterráneo, y que a su vez son empujados por los aires polares situados en el norte de Europa: cuanto más fuertes son los alisios, menos penetran los monzones. Como ya vimos que había ocurrido a fines del Plioceno, durante los períodos glaciales la masa de viento polar debió de llegar hasta el Mediterráneo, empujando los alisios hacia el sur y haciendo que el contacto de éstos con los monzones (la llamada zona de convergencia intertropical que marca el límite norte de las lluvias) se desplazara asimismo y disminuyera así la penetración de la humedad. Las épocas glaciales coincidieron, por lo tanto, con los períodos más áridos en gran parte de África, y la extensión y dureza de esa aridez tuvo que ser considerable en un continente con una acusada y continua tendencia hacia tal extremo climático (como por ejemplo ocurre hoy, en una época interglaciar que teóricamente se corresponde con mayor humedad en el continente). Es probable que las grandes extensiones de selva ecuatorial del África central se hayan contraído sensiblemente durante las épocas áridas, quedando únicamente unos pocos refugios desde donde luego durante los interglaciares se habrían expandido de nuevo las diferentes especies, vegetales y animales, del rico ecosistema selvático. Aunque ya adaptados a los climas áridos y cambiantes, como vimos, los descendientes africanos del *ergaster* hubieron de vérselas entonces con demasiadas épocas de escasez alimenticia, sin posibilidad además de escape por existir grandes desiertos a ambos lados de la región central, y en ello radica probablemente la causa de que haya aparecido allí la especie que ha demostrado ser la más adaptable de todo el reino biológico, *Homo sapiens*.

Sobre el origen de nuestra especie existían desde hace tiempo dos teorías contrapuestas, la de una evolución multirregional que sostiene que los humanos actuales fueron formándose paulatinamente en los diferentes continentes a partir de sus formas locales respectivas (*erectus* en Asia, el neandertal europeo, etc.), desde el momento de la primera expansión africana hace más de un millón y medio de años, manteniendo algunos flujos genéticos entre unas zonas y otras que impidieron el aislamiento definitivo y la separación en varias especies, y la teoría de un origen único más reciente en una zona concreta (unirregional), desde la cual los humanos «modernos» se habrían expandido al resto del planeta, absorbiendo o anulando a sus «primos» de otras especies. La segunda hipótesis, que fue llamada del «Arca de Noé» o del «Jardín del Edén» y últimamente «Fuera de África» (*Out of Africa*), contaba desde hace decenios con un dato clave a su favor: los neandertales europeos eran muy recientes en el tiempo (menos de 100.000 años) y demasiado distintos de nosotros como para que les hubiera dado tiempo a convertirse en *sapiens* tan rápidamente. Cuando en los años ochenta se pudieron fechar con cierta exactitud los fósiles de Palestina en el Próximo Oriente, y se vio que los de aspecto más neandertal (Kebara, Tabun) habían vivido unos 40.000 años más tarde que los de tipo más moderno (Skhul, Qafzeh), justo lo contrario de lo que debería ocurrir si fueran nuestros ancestros, entonces quedó definitivamente claro que los neandertales habían representado un callejón sin salida evolutivo. Con todo, la presencia de fósiles en Asia oriental con algunos rasgos intermedios entre *erectus* y *sapiens* (Dali en China, Ngandong en Java y algunos ejemplares más dudosos de Australia), les permitió a algunos seguir defendiendo la primera teoría, al menos para esa gran región, como todavía hacen hoy a pesar de los muchos datos que últimamente se han aportado en favor de la segunda. Los defensores de ésta se mueven entre la posición que defiende una contribución única africana sin mezcla con los últimos neandertales y *erectus* (teoría del reemplazo poblacional) y aquellos que aceptan que pudo haber una cierta mezcla genética entre los *sapiens* que iban llegando desde África y los últimos europeos y asiáticos del Pleistoceno Medio (reemplazo e hibridación).

La hipótesis unirregional africana recibió un gran impulso de los resultados de la investigación genética con el ADN de las células humanas. Además del fundamental ADN del núcleo, encargado de regular el desarrollo de cada ser vivo de acuerdo con la herencia y sometido a las presiones selectivas de la evolución, las células tienen una pequeña porción de ADN en sus paredes, el ADN mitocondrial que se ocupa de la actividad energética celular y no cambia influido por la selección natural sino de forma aleatoria, siendo transmitido sólo por vía materna. Que sus mutaciones se produzcan a una velocidad constante y mucho más rápida que en el ADN nuclear lo convierte en un elemento ideal para averiguar el tiempo necesario para llegar a determinada composición, en este caso la combinación propia de los seres humanos actuales. Para estimar la velocidad de variación se observaron grupos actuales cuya época de separación histórica se conoce con cierta aproximación por datos arqueológicos, por ejemplo, los aborígenes australianos y los de Nueva Guinea, que llegaron en conjunto a la región hacia 40.000 bp y se separaron al subir el mar por el fin de la glaciación hace unos 10.000 años. Cuando los norteamericanos Allan Wilson, Rebeca Cann y Mark Stoneking realizaron los primeros análisis en muestras de humanos vivos durante los años ochenta, comprobaron asombrados que la variabilidad era mucho menor de la esperada por la teoría multirregional entonces dominante, lo cual sólo era explicable si nuestra combinación genética actual se formó hace relativamente poco tiempo, del orden de 200.000 años como fecha media. Análisis posteriores con otras muestras, o estudiando otros datos (ADN nuclear, cromosoma masculino Y) han proporcionado dataciones muy parecidas. Que las muestras de África sean las más variadas implica que es allí donde los genes llevan más tiempo cambiando y por ello que la combinación actual se originó por primera vez en ese continente (figura 7). Los estudios genéticos, con todo, no han conseguido resolver la duda sobre la hibridación entre *sapiens* y otras especies que antes citamos: en teoría, la uniformidad registrada en unos genes no implica lo mismo para otros, en los que pudiera haber quedado una huella de contribuciones exteriores a nuestro genoma, pero los genes mitocondriales son tan homogéneos que algunos geneticistas han llegado incluso a proponer un «cuello de botella» en la evolución humana reciente, un momento en el que la población de *sapiens* pudo llegar a ser excepcionalmente baja, apenas unos pocos miles de individuos, reduciéndose mucho la variación genética. El comienzo del último gran período frío hace unos 70.000 años,

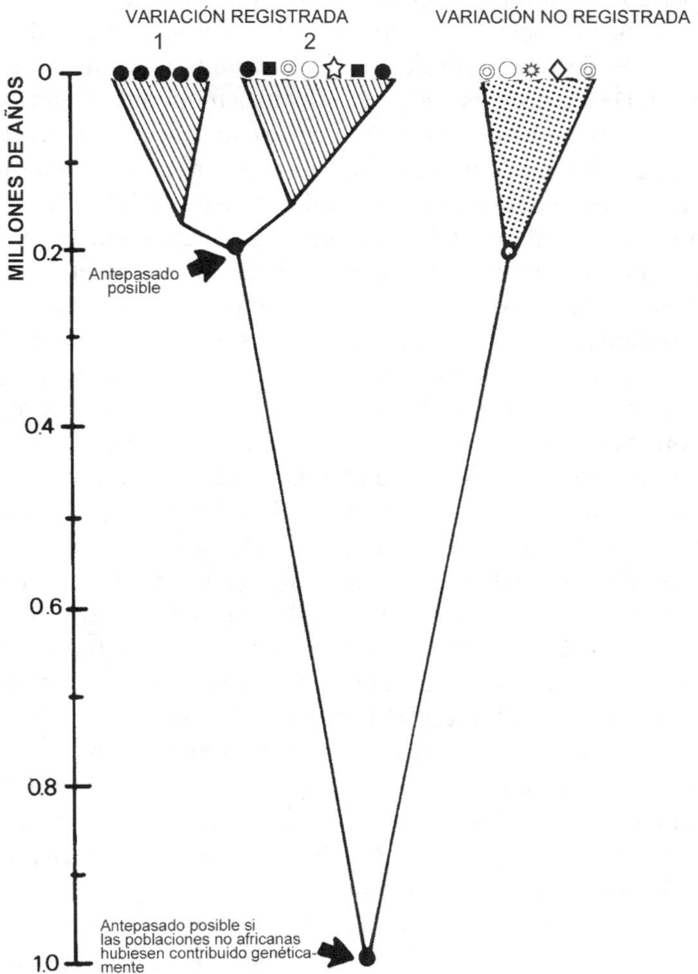

Figura 7

Árbol simplificado de la comparación del ADN mitocondrial en poblaciones actuales. El resultado del análisis estadístico proporciona dos ramas, 1 y 2, la primera con muestras exclusivamente africanas (círculos negros) y la segunda con muestras africanas y de otros continentes (otros signos); la similitud genética sugiere que la separación se produjo hace poco tiempo, y la presencia de africanos en los dos grupos indica que ocurrió en este continente. Si la separación se hubiera producido mucho antes, o si las poblaciones salidas entonces o un poco después de África *(Homo erectus,* neandertal) hubiesen contribuido genéticamente a la variación actual, se debería observar en los datos una diversidad del ADN como la expresada en la rama de la derecha, según M. Stoneking y R. L. Cann, «African origins of human mitochondrial DNA», en Mellars y Stringer 1989, fig. 5.

o la gran erupción del volcán Toba en Indonesia por esa misma época, que también pudo provocar un gran enfriamiento al ocultar sus cenizas el sol durante largo tiempo, han sido propuestas como posibles explicaciones para ese estrangulamiento evolutivo, el cual, de haber sido cierto, hubiera hecho casi imposible cualquier hibridación durante la consiguiente reocupación del planeta por tan pequeño número de humanos modernos.

Aparte de la información que sobre el pasado nos dan los genes actuales, en África es posible seguir las huellas del nacimiento de nuestra especie a través de una serie de fósiles humanos (figura 8; véase plano en figura 1). Desde los más antiguos a los más modernos, se aprecian los cambios hacia la condición actual: mayor capacidad craneal (casi siempre por encima de 1.300 cm^3), bóveda craneal (neurocráneo) más elevada con frente más recta y occipucio más redondeado, saliente de las cejas menos pronunciado y ya no continuo sobre los ojos, cara menos saliente y aparición del mentón prominente en su parte inferior. La transición empezó con los restos de *Heidelbergensis* antes citados (Kabwe, Elandsfontein y Ndutu), que algunos llaman *sapiens* iniciales o arcaicos (o con su antigua denominación de *H. rhodesiensis*), fechados entre 400.000 y 250.000 bp, a los que se pueden añadir otros restos de Melka Kunturé (Etiopía), varios restos de Olduvai y otros de Marruecos, etc. A ellos siguieron otro grupo de África oriental y meridional, fechados entre 250.000 y 125.000 bp, y compuesto por los cráneos de Florisbad en Suráfrica, *ca.* 300.000-100.000 bp (que fue llamado *Homo helmei*, denominación que algunos africanistas han vuelto a utilizar para este grupo), Omo I y II de la formación Kibish de la cuenca del río Omo al sur de Etiopía (200.000-100.000 bp), Herto en el valle del río Awash de la misma nación (llamado *Homo sapiens idaltu*, 160.000 bp), los niveles Ngaloba de Laetoli en Tanzania (150.000-90.000 bp), etc. Del norte de África son los restos de Jebel Irhoud (Marruecos), fechados hacia 190.000-90.000 bp y que recuerdan a los *sapiens* del Próximo Oriente (Qafzeh), y el de Singa (Sudán), que fue comparado al principio con los actuales bosquimanos y se data hoy entre 145.000-95.000 bp. Con fechas posteriores al comienzo del penúltimo período cálido, 125.000 bp, se conocen en África restos ya muy parecidos a los modernos habitantes del continente, como en Border Cave y Klasies River (Suráfrica, entre 110.000-50.000 bp) y otros de aspecto más arcaico en el Magreb como Dar-es-Soltan, que parece intermedio entre Irhoud y los restos ya del final de la glaciación conocidos en Taforalt y Afalou. Los restos egipcios de Nazlet Khater y Taramsa (ca. 80.000-50.000 bp) enlazan con los restos próximo-orientales de las cuevas israelíes de Mugharet-es-Skhul y Jebel Qafzeh, fechados en 110.000-90.000 bp, unos veinte individuos de aspecto casi de *sapiens* modernos, algunos enterrados en tumbas excavadas en el suelo de las cuevas siguiendo un tipo de conducta ya característico de nuestra especie. En Europa y Asia los restos de humanos modernos aparecen en fechas más recientes, tras la extinción de los últimos humanos arcaicos que veremos a continuación.

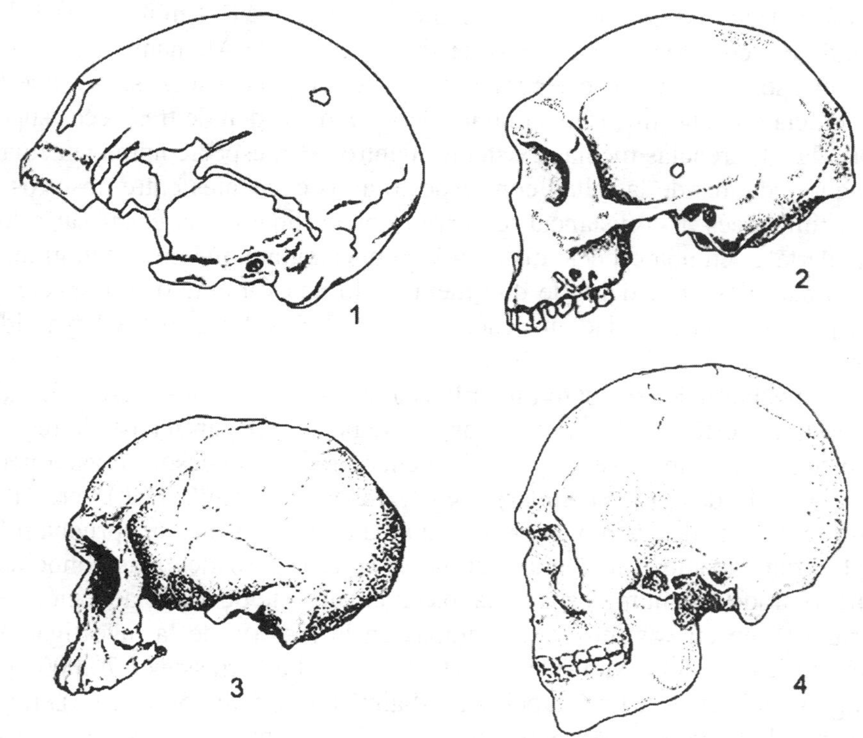

Figura 8
La transición hacia el *sapiens:* 1. Cráneo de neandertal clásico europeo (La Ferrassie), con las protuberancias inferiores traseras que no aparecen en los demás fósiles; a pesar de su aspecto arcaico, es el de fecha más reciente de los cuatro. 2. *Sapiens* inicial *(Homo heidelbergensis* o *H. rhodesiensis)* de Kabwe, Zambia. 3 y 4. *Sapiens* transicionales de Jebel Irhoud (Marruecos) y Omo-Kibish I (Etiopía), este último ya con nuestro característico mentón

En Europa el *Homo heidelbergensis* evolucionó hacia *neanderthalensis* manteniendo algunos de sus rasgos arcaicos, como la forma alargada y baja del cráneo, aunque aumentando su volumen hasta pasar incluso por encima de nuestra media actual. Ese incremento pudo deberse a la necesidad de afrontar unas condiciones climáticas difíciles como ya vimos, las mismas que provocaron una cara saliente para así disponer de fuertes mandíbulas para masticar el recurso más abundante en esas latitudes, la carne, y largos senos nasales para calentar el aire helado al respirar. El resto del esqueleto poscraneal (tronco y extremidades) era de una gran robustez, con gruesos huesos y fuerte musculatura, presentando una estatura más baja con piernas más cortas que las nuestras, otra adaptación para retener el calor corporal en climas fríos (figura 9). La gran frecuencia de huellas de fracturas observadas en los huesos conocidos nos habla de una vida difícil, que como también señalan esos mismos restos no debió de superar casi nunca los 40 años de edad. Hace pocos años se consiguió acceder al ADN mitocondrial del neandertal, conservado en huesos de varios fósiles de Alemania, Croacia y el Cáucaso, y tal como se esperaba por las diferencias óseas, se vio que la diferencia con nuestro ADN era considerable, del orden de tres veces superior a las diferencias medias existentes dentro de la especie humana actual, aunque menores de la mitad con respecto a las existentes entre nosotros y los chimpancés. Esa distancia refuerza a los partidarios de clasificar a los neandertales en una especie distinta de la nuestra, aunque no es tan grande como para descartar del todo que fueran sólo una variante o subespecie, y que por tanto la hibridación genética entre ellos y los *sapiens* haya sido posible.

Los neandertales ocuparon toda la Europa libre de hielos, desde Gibraltar hasta el norte de Alemania, y por el este no sólo llegaron hasta la región palestina como vimos, sino que se han encontrado sus huesos en yacimientos del norte de Irak (Shanidar) y en Uzbekistán (Teshik Tash) cerca del Asia central, es decir, muy próximos al área de los *erectus*, una prueba más de la gran capacidad adaptativa de la especie. Los fósiles más conocidos son, con todo, los numerosos hallados en el suroeste de Francia (región del Périgord), en cuevas muy renombradas en la historia de la investigación prehistórica como Le Moustier (*ca.* 40.000 bp) y La Ferrassie (> 70.000 bp), o algo más al este en La Chapelle-aux-Saints (*ca.* 60.000-50.000 bp). También en el Périgord se encontró el resto más reciente de neandertal, en la cueva de Saint-Césaire, un esqueleto entero asociado a industria chatelperronense, que vivió hacia 35.000 bp y por tanto pudo haber conocido la llegada de los primeros *sapiens* a Europa, ocurrida unos 5.000 años antes. Un estudio reciente del cráneo de Saint-Césaire ha descubierto una larga cicatriz en la parte superior, producto de un golpe con un objeto muy agudo, quizás un útil lítico usado como arma. Aunque no murió inmediatamente pues el hueso había empezado a cerrarse (lo que indica que fue cuidado por alguien), es posible que la herida le fuera causada por otro miembro de su grupo (se conoce otro neandertal muerto por una herida de arma, en Shanidar, hacia 50.000 bp) o bien por el encuentro con algún grupo intruso de *sapiens*.

Hace unos 60.000 años comenzó la que se ha llamado la primera «gran diáspora», la expansión de la especie humana actual desde África y el Próximo Oriente hacia el resto del planeta, que acabó con la ocupación de América y de muchas zonas de selva tropical a finales del Pleistoceno y de las regiones circumpolares (salvo la Antártida) durante los últimos milenios antes del presente. Parece que un importante rasgo de nuestro comportamiento es que nos gusta movernos, algo que hemos seguido demostrando hasta fechas recientes. Cuando Lewis Binford estudiaba a los inuit de Alaska, uno de ellos, a su pregunta de por qué prefería moverse a permanecer en el mismo campamento, le contestó que si se quedaba nunca sabría lo que había de interesante, sobre todo para comer, en otros lugares. En Europa la llegada de los primeros *sapiens* se registra en algunas cuevas del sur, como

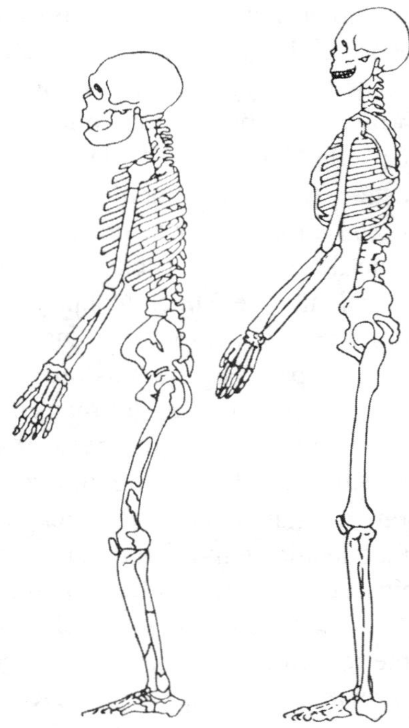

Figura 9
Esqueleto del neandertal de La Chapelle-aux-Saints a la izquierda (según M. Boule), comparado con el esqueleto de un humano actual a la derecha (tomado de Shackley, 1980, fig. 4).

Bacho Kiro (Bulgaria) o El Castillo de Santander en nuestro país, algo antes de 40.000 bp, y se produjo aprovechando un momento de clima templado en el continente. El tipo o subespecie humana que llegó es el que llamamos Cro-Magnon, por el esqueleto hallado en ese lugar del SO de Francia (región del Périgord), un individuo relativamente alto (1,70-1,80 metros), robusto y con un cráneo muy parecido al actual salvo algunas supervivencias de etapas anteriores, como la cara ancha con mejillas salientes y los huecos oculares tendentes al rectángulo. Su cultura material, tanto en los útiles de piedra como en la sorprendente aparición del arte, era distinta de la anterior, marcando una clara diferencia entre este Paleolítico Superior y el Paleolítico Medio de los neandertales, como luego veremos. Al final del Pleistoceno, un poco antes de 10.000 bp, se advierten cambios morfológicos hacia esqueletos menos robustos, con las formas gráciles que darán luego origen al tipo mediterráneo en el sur de Europa (restos de Chancelade en el Périgord, San Teodoro en Italia) y el comienzo del acortamiento del cráneo que luego derivará en los primeros tipos braquicéfalos de cabezas anchas. Algunos restos óseos del Paleolítico Superior parecen mostrar rasgos intermedios entre neandertal y *sapiens* (Pestera en Rumanía, Lagar Velho en Portugal), lo que algunos han interpretado como signo de hibridación entre ambas especies, pero en general los datos a su favor parecen demasiado exiguos, y en todo caso la mezcla genética habría sido mínima. Luego veremos las pruebas de una posible comunicación de aquellos dos tipos humanos en lo que respecta a la cultura material.

Para las regiones más orientales, existe una sorprendente carencia de información sobre el poblamiento reciente de Asia, aunque los restos de la cueva de Niah en la isla de Borneo demuestran que el *sapiens* había llegado hasta el SE del continente hace unos 40.000 años. El mismo hecho se comprueba también por la presencia humana aún más al este, en la isla-continente de Australia, hacia la misma época o incluso antes, registrada en los yacimientos de Malakunanja y el lago Mungo; en este último lugar se ha encontrado la necrópolis y las cremaciones humanas más antiguas conocidas. Que para llegar a Australia y Nueva Guinea, entonces unidas por la bajada glacial del nivel del mar en una gran isla llamada Sahul, hubiese que atravesar navegando un tramo marino de unos 100 km de ancho (estrecho de Wallacea) desde la región continental que entonces unía muchas de las grandes islas de la zona (macrorregión de Sunda), demuestra la gran capacidad técnica e inquietud viajera de aquellas poblaciones de *sapiens*, que ya tenían una apariencia física parecida a las actuales poblaciones australoides de la zona (australianos, melanesios, etc.). Como ya vimos en el capítulo anterior, en una de esas islas, la de Flores, en el extremo oriental de Sunda, un reciente hallazgo ha sacudido las bases de la paleoantropología: se trata de una especie humana de tamaño muy reducido (cráneo de menos de 400 cm^3 y estatura en torno a un metro, casi tan pequeños como la australopiteco Lucy) que vivió allí aislada entre 40.000 y 18.000 años atrás (*Homo floresiensis*). Aunque no se puede descartar que se trate de individuos enfermos de raquitismo o microcefalia, la especie podría ser una derivación enana (adaptación evolutiva conocida en otras especies animales que viven aisladas en islas), si no del *erectus* o *sapiens* clásicos (la reducción de tamaño sería excesiva), tal vez de alguna otra forma humana anterior de menor tamaño (¿los primeros ocupantes de Dmanisi, de tipo *habilis*?). Resulta interesante que entre los actuales habitantes de Flores existan leyendas que hablan de antiguos individuos enanos, ocultos en la selva y que sólo salían a robar comida cuando tenían mucha hambre.

Sobre el poblamiento humano de América se ha discutido desde hace tiempo, y se sigue haciendo con una pasión tal que demuestra cómo los hechos del pasado, incluso los más alejados, pueden afectar a la vida social del presente. La gran importancia política actual del continente, sobre todo de su parte norte, se compadece mal con los datos que muestran que apenas lleva ocupado unos 10.000 años, y continuamente surgen «hallazgos» proponiendo lo contrario. Desde las viejas ideas de un poblamiento marino muy antiguo (desde Europa en la época del Solutrense o por los polinesios a través del Pacífico Sur, etc.) o más moderno (vikingos descubriendo las nuevas tierras por el norte antes que Colón), a las excavaciones recientes de yacimientos supuestamente de 30.000-40.000 años (Monte Verde I en Chile, Pedra Furada en Brasil, etc.), la investigación arqueológica americana ha tenido que hacer frente a las fuertes emociones que tienden a perturbar la necesaria ecuanimidad que distingue a la ciencia de otras aproximaciones, tanto o más lícitas pero sin duda distintas. Una vez establecido que el único camino viable para la tecnología humana prehistórica era atravesar la región del actual estrecho de Bering que separa Alaska de Siberia, entonces unidas por la bajada del nivel marino, la geología muestra que la enorme capa de hielos que cubría todo Canadá y el norte de Estados Unidos dejó un estrecho pasillo libre (entre las masas de hielo de la cordillera del Pacífico y la continental Laurentida) en dos únicos momentos, hace unos 30.000 y hace unos 18.000-14.000 años. Como se ha visto que todos los yacimientos pretendidamente más antiguos de 14.000 años estaban mal fechados o habían sido mal excavados (o ambas cosas), parece razonablemente seguro que la expansión se produjo en la segunda época.

Los sitios con fechas seguras más antiguas, como Bluefish en el NO de Canadá (ca. 15.000 bp), Meadowcroft en el NE de Estados Unidos (ca. 14.000 bp), Pedra Pintada en Brasil (ca. 11.000 bp) y Monte Verde II al sur de Chile (ca. 13.500 bp), aparecen distribuidos por todo el continente, sugiriendo que la ocupación debió de ser muy rápida, lo que concuerda asimismo con la gran homogeneidad genética, cultural y lingüística apreciada en los amerindios desde el norte al sur americanos. Esta última información nos indica un origen en el noreste de Asia (aunque también apuntan al SE de ese continente), y las primeras industrias bien conocidas, las de puntas de flecha de bello retoque bifacial y base acanalada para enmangue, de las culturas Clovis y Folsom (Estados Unidos), recuerdan algunos útiles de las culturas siberianas contemporáneas de finales del Pleistoceno. La rápida extinción de la megafauna americana, los grandes mamíferos que durante tanto tiempo habían vivido allí sin grandes amenazas y que desaparecieron en apenas unos pocos milenios por esa misma época, llevó a presentar a los primeros amerindios como unos terribles cazadores, además de nada ecológicos en contraste con la imagen que se ha proyectado de ellos últimamente. Estudios más recientes han mostrado que los cambios climáticos del final de la glaciación pudieron influir tanto o más que la acción humana en el final de la gran fauna prehistórica del que luego fue llamado Nuevo Mundo. En Estados Unidos, donde la cultura nativa india prácticamente ha desaparecido, sus escasos descendientes han obtenido una significativa victoria moral en los últimos años, promoviendo leyes que han obligado a devolver todos los restos humanos que se hallaban en los museos, para ser enterrados otra vez de acuerdo con sus antiguas tradiciones.

3. Piedras trabajadas y otros elementos de cultura material

En un determinado momento del lento desarrollo de la industria olduvayense, que vimos en el capítulo anterior, hacia 1,7-1,5 millones de años bp se produjeron cambios importantes en la tecnología lítica, a la vez que un aumento en el número de yacimientos y por consiguiente de la población humana que vivía en ellos. Basada en una nueva técnica, la de tallar lascas de piedra de mayor tamaño (las olduvayenses típicas miden apenas unos pocos centímetros, véase figura 3), la industria achelense (por el yacimiento francés de Saint-Acheul, donde fue encontrada por vez primera en el siglo XIX) surgió primero en África y medio millón de años después salió del continente hacia el occidente de Asia. Esto ocurrió en una época, hace un millón de años, en que también sucedieron otros fenómenos probablemente relacionados: aumento de la talla física de los *erectus*, extinción de los últimos australopitecos y el enfriamiento climático que apunta al inicio del Pleistoceno Medio (la glaciación Mindel en Europa). Además del tamaño de las lascas, otra diferencia mayor del Achelense respecto al Olduvayense consiste en la talla bifacial (realizada por las dos caras) de grandes lascas o núcleos para obtener un útil característico, el *bifaz* de forma triangular y filos cortantes laterales, largos y resistentes (figura 10), además de otras herramientas nuevas y más sofisticadas. En algunos sitios africanos se advierte una perduración tardía del complejo olduvayense (con algunos bifaces a veces, como si fuera una industria mezclada) que se conoce como Olduvayense «desarrollado» (*Developped Oldowan*). Aunque una mayoría de investigadores está a favor de una interpretación funcional de la diferencia entre

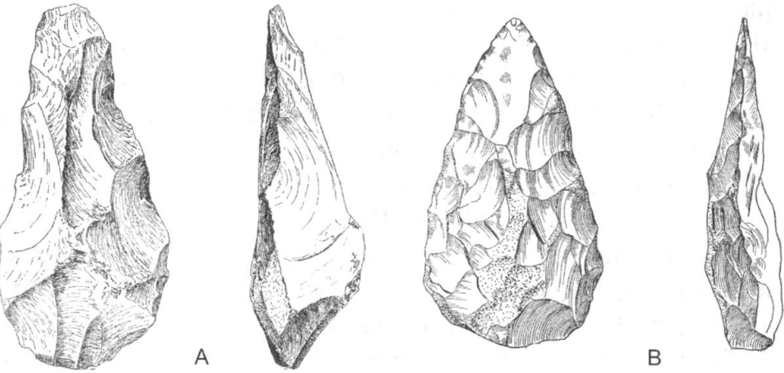

Figura 10
Vista frontal y lateral de un bifaz tosco con pocos y grandes retoques (A) y de otro evolucionado más plano y con muchos retoques pequeños (B); el primero aparece desde el Achelense Inferior mientras el segundo es característico del Achelense Superior. Tomado de A. J. Arkell, «The Old Stone Age in the Anglo-Egyptian Sudan». *Sudan Antiquities Service Occasional Paper,* 1, Jartum, 1949, láms. 2-3.

estas dos industrias contemporáneas (en Olduvai y Peninj, los sitios del Olduvayense desarrollado están cerca de la orilla de un lago, mientras los achelenses aparecen junto a los arroyos alejados de aquélla, por lo que podrían corresponder a diferentes actividades de un mismo grupo al explotar ambos nichos), la reciente constatación de la gran variedad biológica de los homininos por aquel entonces, como ya vimos (*boisei, habilis, rudolfensis, ergaster-erectus*), podría provocar una vuelta a las teorías de Mary Leakey, la excavadora de Olduvai, quien consideraba al Olduvayense obra del *Homo habilis* y al Achelense producto de los *erectus*. Que los más antiguos bifaces conocidos tengan la misma cronología que los primeros *ergaster* o *erectus* africanos tal vez no sea coincidencia, y la inteligencia y capacidad física necesarias para elaborar la nueva industria tal vez hayan aparecido asociadas a los cambios fisiológicos que vimos a comienzos de este capítulo. También apoya esta idea que el Achelense parezca haber surgido de repente, sin que existan industrias de transición entre ella y el Olduvayense anterior.

Los bifaces duraron en toda África, sur de Europa y oeste-centro de Asia hasta hace unos 200.000 años como fecha media, es decir que fueron usados por los humanos en toda esa enorme extensión geográfica durante casi un millón y medio de años. Tal éxito podría explicarse por su múltiple funcionalidad, pues diversos experimentos realizados hoy con bifaces muestran que servían para casi todo: cortar y raspar con el filo lateral, machacar con la base o la punta, horadar con esta última e incluso ser una fuente de lascas, que se iban extrayendo del bifaz cada vez que hacía falta un pequeño cuchillo para cortar alguna cosa. Por eso el bifaz, que los ingleses llaman «hacha de mano», ha sido interpretado como una especie de «navaja multiuso» como las hoy famosas inventadas por el ejército suizo. Pero la forma en que aparecen en los yacimientos también presenta un elemento de misterio, porque en algunos hay cientos de ellos, a veces agrupados en ciertas zonas y sin señales de haber sido utilizados, mientras en otros sitios sólo se han encontrado unos pocos o incluso ninguno. Al principio los bifaces eran toscos, gruesos e irregulares, durante lo que se llama Achelense Inferior (figura 10 A), mientras que al final se fueron haciendo más finos, simétricos y regulares, teniendo los últimos sus retoques efectuados con un percutor blando de hueso o madera, durante el Achelense Superior (figura 10 B). Aunque ya vimos en el capítulo anterior que tal diferencia podría ser únicamente funcional y dependiente de la materia prima disponible, pues las piedras de grano fino, como el sílex, necesitan de un filo recto (obtenido por muchos retoques) para no romperse rápidamente, mientras a las de grano grueso como el basalto les basta con un borde sinuoso de pocos retoques, es un hecho que en el Achelense Superior los bifaces rectos y simétricos eran mucho más abundantes y mejor hechos que en el Inferior. La frontera entre las dos fases se suele colocar en torno a los 600.000 años, más o menos cuando se conocen los primeros ejemplares de la nueva especie humana, *Homo heidelbergensis*, cuyo mayor cerebro tal vez explique el refinamiento tecnológico advertido en los bifaces y otros útiles líticos. Un hecho curioso es que al oriente de lo que se llamó la «línea Movius» (por el arqueólogo norteamericano que primero advirtió el hecho, Hallam L. Movius, en 1948), que va desde el sureste de la India hasta el Cáucaso, apenas se han encontrado bifaces, siendo allí las industrias muy parecidas al Olduvayense africano. La explicación podría estar en que los primeros *erectus* que llegaron al SE asiático habían salido de África antes de la aparición del Achelense, o bien que durante el largo camino la nueva tecnología se hubiera olvidado, tal vez por falta de materia prima adecuada. El que esas toscas industrias asiáticas orientales hayan continuado, con muy pocos cambios, hasta el final del Pleistoceno se ha tendido a explicar por la presencia en esas regiones de abundante madera de bambú, dura y fácil de trabajar, que pudo haber sustituido a la piedra para hacer utensilios quizás tan sofisticados o más que los líticos que hallamos en las regiones occidentales del Viejo Mundo.

Los útiles que acompañaron a los bifaces estaban compuestos en su gran mayoría por lascas como las que vimos en el capítulo anterior (figura 3). Esos fragmentos de piedra tallada se utilizaban todavía sin ningún tipo de modificación posterior (figura 3; figura 12: 1-2), como cuchillos de «filo natural», pero poco a poco se fue imponiendo la costumbre de mejorar ocasionalmente algunos de esos filos para conseguir una forma diferente (por ejemplo más curva o más recta) o simplemente para reforzar la existente eliminando la parte más aguda y frágil de la arista, mediante lo que se llama retoque (figura 12: 3-18). El retoque consistía en dar pequeños golpes a lo largo del filo con otra piedra (figura 12: 3-10), un tipo de percutor duro que con el tiempo fue reemplazado por otro blando (hueso, madera), para más tarde al final del Paleolítico sustituir la técnica del golpe por otra más suave de presión sobre el filo de la lasca (retoque abrupto; figura 12: 11-18). Todos estos cambios permitieron ampliar el rango de formas finales que se podían dar a esas piedras (apuntadas, redondeadas, ovaladas, rectangulares, etc.), alcanzando un elenco de «tipos» de útiles retocados cuyo número fue definido en Europa por los paleolitistas franceses François Bordes y su mujer Denise de Sonneville-Bordes: 63 tipos para el Paleolítico Inferior y Medio, y 93 tipos para el Paleolítico Superior. Contrariamente a lo que se pensaba hasta hace poco tiempo, que a veces llamemos «útiles» sólo a las lascas retocadas no quiere decir que las no retocadas (lascas «naturales») no hayan sido aprovechadas para los mismos o distintos fines que las primeras, y de hecho hoy se piensa que muchas de ellas fueron usadas en igual medida que las retocadas. A lo largo de todo el Paleolítico no sólo aumentó la diversidad tipológica, sino que el tamaño de los útiles fue disminuyendo paulatinamente hasta llegar a los casi diminutos útiles (microlitos) que aparecen al final del Paleolítico Superior y son luego dominantes en las industrias epipaleolíticas del Holoceno y en algunas culturas neolíticas posteriores (véase variación general de tamaño a lo largo del Paleolítico en las figuras 11 y 12). Aunque las lascas se siguieron utilizando hasta casi nuestros días, a partir del Paleolítico Medio avanzado y sobre todo desde el Superior, los investigadores distinguen otro tipo de soporte, llamado hoja o lámina, que se diferencia de las anteriores (más anchas y cortas) por ser más estrecha y larga; de hecho la separación se establece para las segundas cuando su longitud es el doble de la anchura. Con las láminas se pueden hacer muchos más tipos de útil, aprovechar más eficazmente las piedras de los núcleos de donde se tallan, reduciendo así su tamaño final, y sobre todo obtener una longitud de corte en los útiles bastante mayor que con las lascas (compárese en figura 11: segunda y tercera columnas, y figura 12: 1 y 11).

El paradigma histórico-cultural que predominaba en la arqueología cuando los Bordes propusieron sus famosas listas, en las décadas de 1950 y 1960, suponía que cada uno de esos tipos era el resultado de un modelo fijo que los cazadores prehistóricos tenían en sus mentes y que trataban de conseguir de forma repetida: una raedera o un raspador para raspar las pieles (figura 12: 3, 10), una punta para el extremo de una lanza (figura 12: 2, 4, 7-9), un perforador para agujerear pieles o maderas, etc. Dentro de esos tipos generales había variantes en la forma que aparecían más en unos sitios

Figura 11
Disminución del tamaño de los útiles líticos desde el principio al final del Paleolítico. De izquierda a derecha y de arriba a abajo: bifaz del P. Inferior; punta retocada y lasca Levallois del P. Medio; dos láminas del P. Superior; creciente, triángulo y laminilla apuntada de dorso abatido, del Epipaleolítico.

que en otros y seguramente eran la «marca» de preferencia particular de cada grupo que distinguía a las diferentes «culturas» o «tribus» de la prehistoria. Para la industria musteriense (por el yacimiento de Le Moustier en el Périgord), la propia del Paleolítico Medio que tuvieron los neandertales europeos desde hace unos 200.000 años hasta su extinción hace unos 30.000, François Bordes diferenció cuatro variantes: Musteriense típico, Musteriense de denticulados, Musteriense charentiense (con dos variantes, Quina y Ferrassie) y Musteriense de tradición achelense. El primero se caracterizaba por tener muchas puntas, el segundo denticulados (figura 12: 5), el tercero lleva el

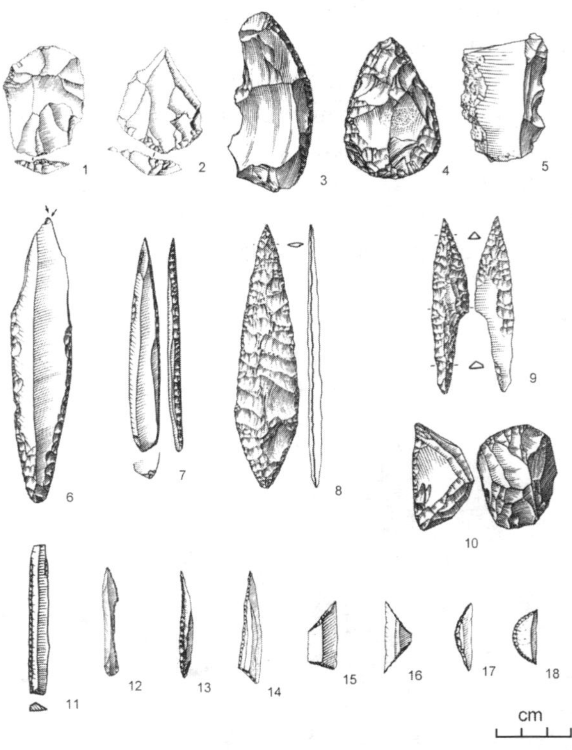

Figura 12

Útiles líticos más característicos del Paleolítico Medio (1-5), Superior (6-18) y Epipaleolítico (13-18). Paleolítico Medio: 1, lasca Levallois; 2, lasca Levallois apuntada de tipo nubio; 3, raedera transversal convexa; 4, punta musteriense; 5, denticulado. Paleolítico Superior: 6, lámina retocada (abajo y laterales) con punta de buril arriba; 7, punta de La Gravette; 8, hoja de laurel solutrense; 9, punta de muesca solutrense; 10, raspador carenado; 11, laminilla de dorso abatido (retoque abrupto); 12, punta de muesca magdaleniense. Microlitos del Paleolítico Superior final y Epipaleolítico-Mesolítico: 13, laminilla apuntada de dorso abatido; 14, triángulo escaleno alargado; 15, trapecio rectángulo; 16, trapecio isósceles; 17, segmento o creciente estrecho; 18, segmento o creciente ancho. Según P. M. Vermeersch y otros, «Le Paléolithique de la vallée du Nil égyptien», *L'Anthropologie*, 94 (3), 1990 (1-2), F. Bordes, *Le Paléolithique dans le monde*, 1968 (3-12), y J. Tixier, *Typologie de l'Épipaléolithique du Maghreb*, 1963 (13-18).

nombre de la región francesa (Charente) donde mejor se le conoce y tenía sobre todo raederas, mientras que el último presentaba al comienzo unos pequeños bifaces que le hacían enlazar con el Achelense anterior, pero más tarde contaba ya con útiles laminares (hechos sobre láminas en vez de lascas) que anunciaban la siguiente fase, el Paleolítico Superior. Para Bordes y todos sus numerosos seguidores, cada uno de estos grupos de útiles correspondía a una tradición particular, como cuando una tribu o etnia actual tiene su cultura correspondiente, resultado de su elección y gusto propios. El hecho de que algunos yacimientos, sobre todo cuevas francesas, tengan niveles alternando unas y otras de esas tradiciones se explica porque aquella gente se movía de una región a otra constantemente, ocupando de forma intermitente los mismos enclaves: por ejemplo, después de marcharse de la cueva los charentienses, tal vez muchos siglos más tarde (el Musteriense duró casi 200.000 años), llegaban los «denticulados», y luego volvían de nuevo los primeros, etc. El extraño hecho de que esas culturas permanecieran casi invariables durante tantos miles de años, sin influirse unas a otras ni cambiar, como sabemos que ha ocurrido después y hasta hoy mismo con todas las culturas humanas, pudo deberse a que la población era tan escasa que las posibilidades de encuentro de unos grupos con otros eran mínimas, o quizá también porque esos neandertales no eran humanos en el sentido en que lo somos nosotros, y por eso su comportamiento nos parece diferente.

Un destacado miembro del paradigma evolucionista-funcionalista opuesto al historicismo anterior y fundador de la entonces llamada «Nueva Arqueología», el norteamericano Lewis R. Binford propuso también en los años sesenta una interpretación alternativa para esas variaciones supuestamente culturales: los neandertales usaban los instrumentos para diversas funciones, y como los yacimientos corresponden a diferentes estaciones del año y/o distintas actividades (campamento-base, estación de caza, taller de materia prima lítica, lugar de ojeo, etc.), en cada uno de ellos se acababa depositando una combinación distinta de herramientas, resultado lógico de esos diferentes usos. Aunque a muchos les pueda parecer más razonable y «avanzada» esta segunda interpretación, en el tiempo transcurrido desde entonces no se ha alcanzado aún un acuerdo sobre el tema. Como ocurre tantas veces en ciencia, muchos problemas complicados no se resuelven sino que son sustituidos por otros o en todo caso se vuelven a plantear de diferente manera. Últimamente los paleolitistas han dejado de ver el útil terminado (raedera, punta, etc.) como el objetivo final y único del análisis e incluso del propio artesano prehistórico, fijándose en cambio en los procesos («cadenas operativas») que llevan al mismo: búsqueda y obtención de la materia prima, preparación del núcleo, talla de las lascas o láminas, retoque de las mismas, utilización, reavivado del útil según éste se va desgastando o rompiendo, y finalmente rotura definitiva o abandono del mismo (figura 13). Algunos estudiosos del Paleolítico Medio, como Harold Dibble y Nicholas Rolland, se fijaron en la influencia de la materia prima en la elección de útil (por ejemplo, se usaron piedras locales de peor calidad para hacer los denticulados y mejores de un origen más lejano para las raederas, usualmente mejor acabadas), o que de un mismo soporte, una lasca determinada, se podían obtener diferentes resultados a medida que el filo se va desgastando y mediante un nuevo retoque se van perfilando otras nuevas formas (figura 14). Por lo tanto, esos «tipos», al igual que las formas del mismo retoque que va cambiando a medida que el proceso avanza, no son el estadio final buscado por aquellos cazadores, sino simplemente un estadio intermedio en el que fueron rotos o abandonados, y tiene muy poco sentido basar todas las interpretaciones culturales de aquellas lejanas épocas en la presencia o ausencia relativa de unos u otros.

Un avance muy destacado en la talla lítica, que aparece ya en el Achelense Superior y dura todo el Paleolítico Medio, es la llamada técnica Levallois, nombre de otro yacimiento francés, para obtener lascas de forma predeterminada. La técnica presenta numerosas variantes, pero en esencia consiste en preparar un núcleo mediante pequeños golpes de talla perimetrales en toda su periferia, casi siempre hacia su interior (centrípetos) hasta dejarlo con una forma plano-cónica (figura 15: 1), es decir, con una cara más plana y otra más apuntada (si fuera bicónica se trataría de otra técnica relacionada, la discoide), de forma que la cara plana permita extraer una lasca fina y con un contorno que ha sido ya predeterminado por aquellos levantamientos previos. Cuando la superficie de tallado es usada para extraer una única lasca grande se le llama método «lineal» (figura 15: 2a), cuando se sacan varias lascas menores hasta ir agotando el núcleo se trata de la variante «centrípeta recurrente» (figura 15: 2b-4b), y cuando el núcleo se prepara de forma que la lasca que se extrae tenga forma de punta, se trata de la variante africana oriental conocida como talla «nubia» (figura 12: 2). Lo interesante de esta tecnología es que permite extraer numerosas lascas del mismo núcleo, y que éstas son de gran calidad y de una forma casi constante, con lo que se evita el desperdicio de material de aquellas que resultan inservibles. Estudios recientes (de Harold Dibble, Éric Boëda, Philip van Peer, etc.) han mostrado la gran complejidad que supuso la talla Levallois, no sólo para el momento tan antiguo en que apareció, ligada primero al *Homo heidelbergensis* y luego al neandertal y *sapiens* arcaico, sino en términos absolutos, al suponer el planeamiento de una serie de cinco o seis etapas consecutivas, además de un alto grado de conocimiento de la materia prima empleada.

Si en los útiles y la técnica recién vistos nuestros primos lejanos neandertales brillaron a la misma altura que los abuelos directos, ¿hubo algo que distinguiera a los primeros *sapiens* de las demás ramas laterales de la reciente evolución humana? Aunque mucho peor conocido que el europeo, el registro arqueológico africano nos muestra algunos datos sobre la manifestación del «comportamiento moderno» en una época anterior que en las latitudes más altas, en consonancia con el surgimiento allí de nuestra especie como vimos antes. Según una provocadora síntesis de las norteamerica-

Figura 13
Cadena operativa de talla laminar: 1-3, Descortezado del núcleo de piedra para obtener una arista o cresta; 4-5, preparación de un plano de percusión; 6, talla de una lámina de cresta; 7-8, talla de otras láminas; 9, conversión de una lámina en un buril. En el centro, talla junto a una tienda y lanzamiento de una jabalina con punta de arpón de hueso, usando un propulsor del mismo material. Tomado de J.-P. L'Homme y S. Maury, *Tailler le silex,* 1990.

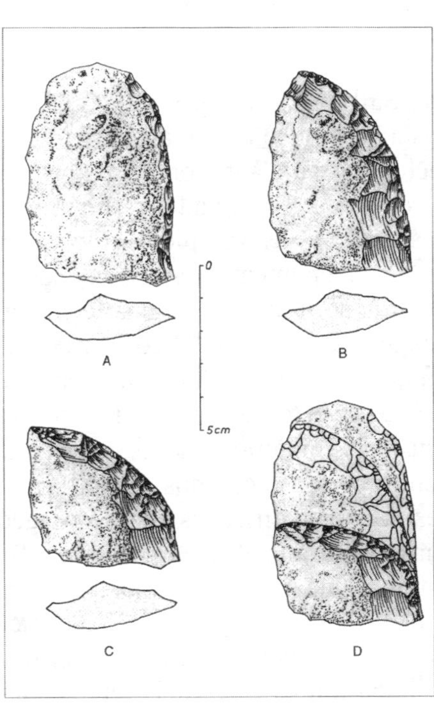

Figura 14
Ejemplo experimental de reavivado de una lasca según se va desgastando, obteniendo «tipos» distintos a lo largo de su período de utilización: 1, raedera lateral recta con un retoque marginal, muy poco entrante; 2, raedera lateral convexa con retoque escamoso entrante (llamada raedera tipo Quina); 3, raedera transversal convexa (el filo ya no es paralelo al eje de la lasca, como antes), tipo Quina, más pequeña; 4, montaje de las figuras anteriores con la superposición de los diferentes estadios de reavivado. Tomado de H. L. Dibble, «The interpretation of Middle Palaeolithic scraper morphology», *American Antiquity,* 52, 1987.

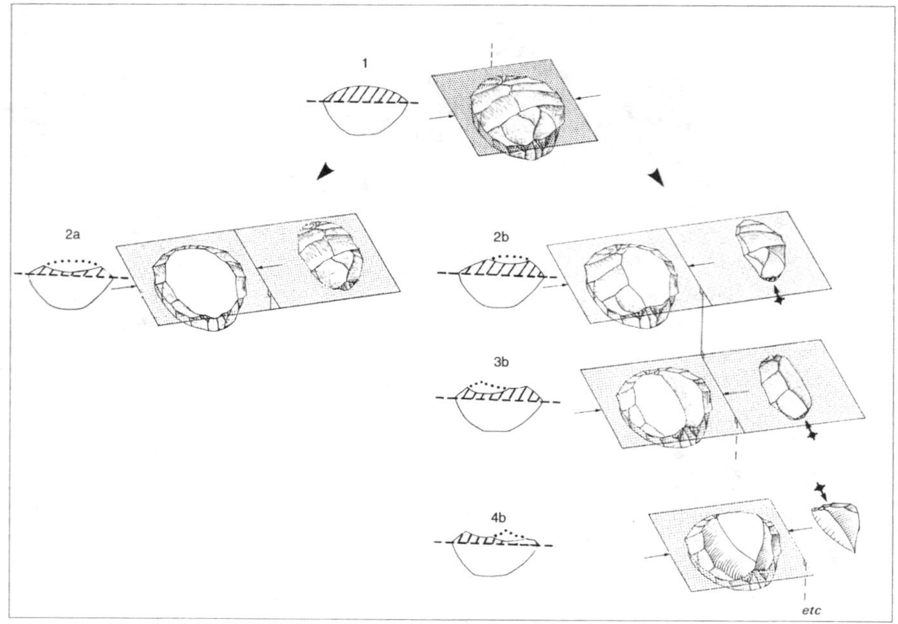

Figura 15
Variedades de la técnica Levallois: del núcleo preparado mediante talla perimetral (1) se puede extraer una sola lasca ovalada antes de volver a prepararlo otra vez (método lineal, 2a), o bien varias lascas con formas diferentes por el método centrípeto recurrente (2b, 3b) o una punta (4b). Adaptado de E. Böeda, *Le concept Levallois: variabilité des méthodes,* París, 1994.

nas Sally McBrearty y Allison Brooks, muchos elementos considerados hasta hace poco como de aparición general tardía se registran en África con fechas bastante anteriores: láminas, piedras de moler (quizás para pigmento o vegetales recolectados), fragmentos de ocre mineral usados como pigmento (para decorar pieles o los mismos cuerpos humanos) y puntas retocadas bifacialmente (parecidas a las musterienses de la figura 12: 4), se empezaron a utilizar allí en una fecha tan temprana como 300.000-250.000 bp, y algo que es único del comportamiento del *sapiens*, la elaboración de instrumentos de hueso, se conoce en varios sitios (por ejemplo los increíblemente perfectos arpones de Katanda en la R. D. del Congo, hacia 75.000 bp) con fechas anteriores a las europeas, donde aparecen al inicio del Paleolítico Superior hace unos 40.000 años. También las primeras manifestaciones artísticas africanas (grabados geométricos y cuentas de collar de conchas perforadas de Blombos en Suráfrica, hacia 70.000 bp) son más antiguas que en otros continentes. Asimismo los microlitos geométricos (figura 12: 13-18), algo que no es característico en Europa y Próximo Oriente hasta finales del Paleolítico Superior hace unos 15.000 años, se conocen en un buen número de yacimientos surafricanos hace unos 70.000 (industria

Howieson's Poort). Lo curioso es que esta última industria aparece a menudo estratificada entre niveles normales, carentes de microlitos, del Paleolítico Medio (en el África subsahariana denominado *Middle Stone Age*, MSA), pues parece que esos pequeños útiles fueron elaborados y usados durante un tiempo, para luego caer en el olvido y volver a fabricarse sólo las lascas y puntas típicas de la MSA. Hubiera estado bien que los restos humanos hallados en los niveles Howieson's Poort fueran de un tipo más moderno que los asociados a la MSA, pero no es así: huesos de *sapiens* más o menos parecido al actual aparecen con ambas industrias, en un fenómeno que nos recuerda que, ya desde fechas anteriores, tanto los neandertales como los *sapiens* arcaicos fabricaron industrias muy parecidas (Musteriense en torno al Mediterráneo, MSA en el resto de África). Una explicación de tipo ecológico nos parece más adecuada: la industria «avanzada» se hizo justo al comienzo de la última glaciación, cuando el nuevo clima frío debió de llevar a los cazadores-recolectores surafricanos a ampliar sus radios de acción territorial en busca de alimento, posibilitando la extracción o intercambio de nuevas piedras con grano fino de mejor calidad, cuya misma rareza les llevaría luego a aprovechar los núcleos al máximo elaborando útiles lo más pequeños posible.

Con el comienzo del Paleolítico Superior se generalizan las industrias de láminas, aunque se siguen usando útiles sobre núcleos y lascas como en las etapas anteriores. En Europa este cambio coincidió con la llegada de los *sapiens* desde el Próximo Oriente hace unos 40.000 años, la desaparición de los neandertales y la sustitución del Musteriense por las primeras industrias laminares del nuevo período. Ese cambio no fue, con todo, tan radical puesto que se conocen algunas industrias «transicionales» como el Chatelperronense en el sur de Francia y norte de España, Uluzziense en el centro y sur de Italia, Szeletiense en Centroeuropa, etc., que presentan una mezcla de formas antiguas y nuevas y que tal vez fueron elaboradas por los últimos neandertales como sugiere que en Saint-Césaire se enterrara a un individuo de esa especie en el nivel chatelperronense. En otro nivel con la misma industria del yacimiento francés de Arcy-sur-Cure se encontraron algunos elementos decorados hechos con huesos y dientes, llevando a algunos a suponer que los últimos neandertales no sólo pudieron haber «aprendido» a hacer útiles laminares sino también algunos rudimentos del simbolismo artístico de los humanos modernos. Pero la corta duración cronológica —para la escala paleolítica— de esas fases de transición, apenas unos milenios, y su escasa presencia cuantitativa, pues sólo aparecen en unos pocos yacimientos, nos hablan más bien de un escenario de reemplazo total o casi completo de la especie europea, que de todas formas parece haber persistido aislada en algunas zonas esquinadas del Mediterráneo (SE de España, Croacia) y del norte de Asia hasta hace unos 30.000 años. Algunos investigadores del mundo neandertal, como Myra Shackley, no han tenido reparos en recordar la existencia de leyendas en muchas partes del Viejo Mundo (como la muy conocida del *yeti* tibetano) que, igual que en el caso de Flores que vimos antes, hablan de seres extraños que llevan escondidos una vida muy diferente de los humanos actuales.

A partir de 40.000 bp comenzó en Europa la primera industria o cultura propiamente del Paleolítico Superior, el Auriñaciense caracterizado por largas láminas retocadas (figura 12: 6) y puntas de lanza de hueso (figura 17: 1-2). Antes de su desaparición hacia 28.000 bp ya se conocen ocurrencias de otra industria, el Gravetiense que duró hasta 21.000 bp y que se distinguió sobre todo por la abundancia de pequeñas puntas con retoque abrupto en el filo lateral (también llamado «dorso abatido»), un tipo de útil muy exitoso que iba a continuar, con tamaños cada vez más pequeños, hasta el final del Paleolítico en las regiones orientales europeas (Epigravetiense) y luego aparecerá una y otra vez en las industrias mesolíticas del Holoceno (figura 12: 7, 13). Parece que el Auriñaciense tuvo su origen en el Próximo Oriente, donde se habla de un «Auriñaciense levantino» y seguramente llegó a Europa con los primeros humanos modernos, mientras que el Gravetiense fue un invento posterior realizado ya en nuestro continente. Cuando el clima alcanzó su máximo nivel frío hacia 20.000 bp, la población europea se desplazó hacia el sur, y tal vez el aislamiento provocado por las nuevas condiciones propició la aparición de industrias diferentes en unas y otras regiones. La más curiosa fue sin duda la del Solutrense (ca. 21.000-18.000 bp), limitada a Francia y España, cuyos miembros fabricaron uno de los útiles más bellos de toda la historia de la piedra, las largas láminas talladas bifacialmente (quizás calentando la pieza antes para facilitar su fragilidad local) y con formas lanceoladas (figura 12: 8) que seguramente se usaron en jabalinas lanzadas mediante el mismo tipo de propulsor (un palo con un tope en su extremo, figura 13: centro) que en la Mesoamérica prehispánica los indios llamaron *atlatl*. Ese mismo tipo de retoque aparecerá después en épocas y culturas muy diferentes, como las primeras industrias americanas (Clovis y Folsom), el Mesolítico y Neolítico del norte de Europa (véase figura 51: 1), Predinástico egipcio, etc. Los solutrenses también sabían hacer unas pequeñas puntas bifaciales con pedúnculo (figura 12: 9) que con toda probabilidad sirvieron, como en el caso de las gravetienses finales (figura 12: 13), como extremo de pequeñas flechas de arco, suponiendo los investigadores que fue entonces cuando se introdujo este gran adelanto técnico para la caza. Los integrantes de todas estas culturas eran consumados artistas, tanto pintando en las paredes de las cuevas como tallando piezas de hueso o cuerno, como luego veremos en detalle, habiéndose alcanzado la cima artística durante el último período del Paleolítico Superior, el Magdaleniense (ca. 17.000-10.000 bp) del SO europeo, que como en los casos anteriores, recibe el nombre de un yacimiento francés, La Madeleine. Los magdalenienses perfeccionaron la elaboración de arpones (probablemente usados para la pesca, figura 17: 5-6) y también avanzaron en la talla y retoque líticos, con una explotación máxima de las posibilidades de las láminas y los primeros (si exceptuamos los tempranos ejemplos africanos sin continuidad que vimos antes) ejemplos de microlitos geométricos (figura 12: 11-18), que es como se llaman esas diminutas y afiladas herramientas de piedra que se utilizaban en soportes de madera o hueso, normalmente insertando varias de ellas en un mismo mango o astil según se ha podido ver que hacen o hacían hasta hace poco los últimos cazadores-recolectores históricos en diversas partes del planeta (figura 16; figura 17: 4).

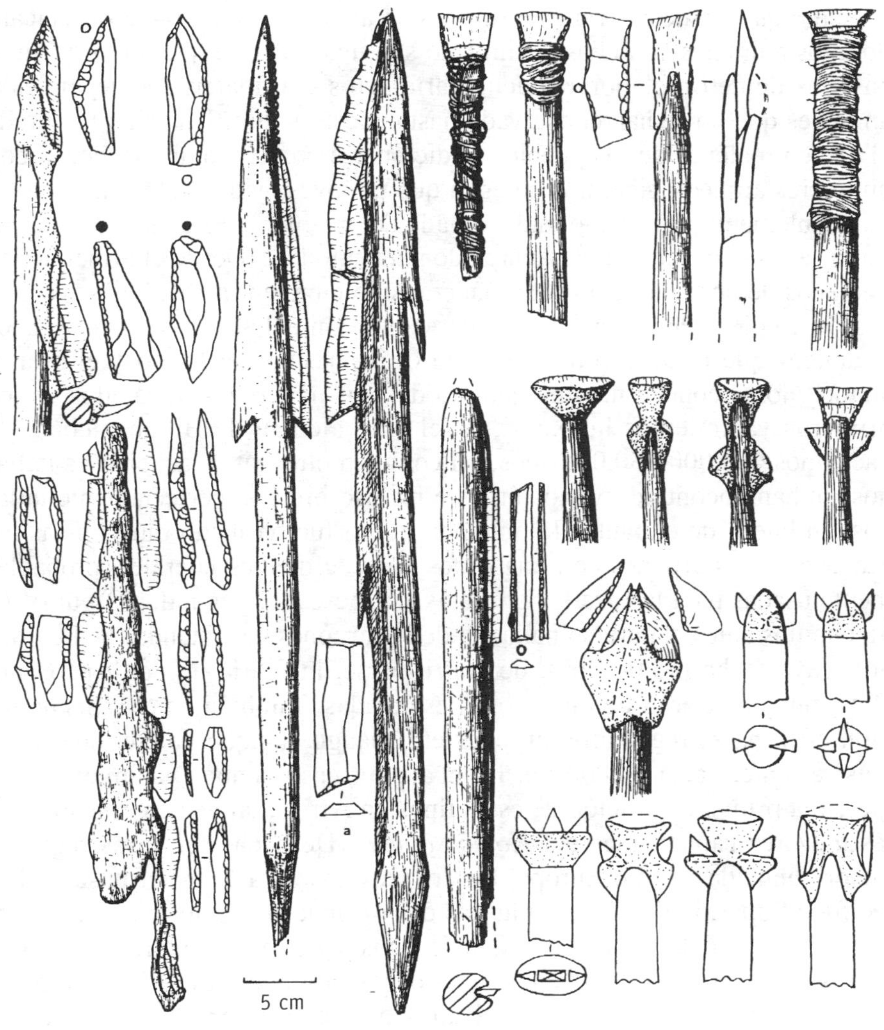

Figura 16

Formas de enmangado de microlitos geométricos y laminillas de dorso abatido para formar diversos tipos de arpones, lanzas, flechas y cuchillos. Tomado de D. Nuzhnyi, «L'utilization des microlithes géométriques et non géométriques comme armatures de projectiles», *Bulletin de la Société Préhistorique Française,* 86-3, 1989.

En algunos yacimientos recientes, de finales del Paleolítico o posteriores, se han conservado las piezas microlíticas antiguas con su propio mango de madera, al haberse conservado en un ambiente acuoso o bajo sedimentos muy densos que impidieron la entrada de aire y así también la acción de las bacterias que descomponen los elementos orgánicos. Aunque son muy raros, se conocen algunos casos de conservación más antiguos, como las lanzas de madera de época achelense descubiertas en Clacton-on-Sea (Inglaterra), Kalambo Falls (Zambia) o Schöningen (Alemania). Sus puntas afiladas son la demostración directa más antigua de que aquellos humanos, fuesen *ergaster*, neandertales o *sapiens* arcaicos, ya pudieron cazar atacando a los animales con ellas. Asimismo son una señal de que nuestros antepasados debieron elaborar muchos artefactos con materiales vegetales y animales que no se han conservado hasta nuestros días. Una simple mirada al elenco material de los pueblos tradicionales contemporáneos, hecha con un interés arqueológico, nos muestra que un investigador del futuro tendría inevitablemente una visión muy sesgada del mismo, pues en su gran mayoría los artefactos habrían desaparecido para entonces. Desde el principio los humanos debieron usar no sólo madera, sino también ramas, hojas y cortezas de árbol, pieles, conchas o caparazones animales, etc. Dos materiales orgánicos que pueden conservarse en ocasiones son el hueso y el asta, y aunque no se conoce ningún ejemplo de esos materiales trabajados en los primeros yacimientos humanos, en el sitio alemán de Bilzingsleben, de hace unos 400.000-350.000 años, así como en otros sitios achelenses italianos, se han encontrado varios útiles e incluso bifaces, perfectamente tallados, en hueso de elefante. También en hueso fueron luego muy típicas las azagayas y los arpones con una o dos filas de dientes laterales, probablemente usadas para la caza las primeras y la pesca los segundos (figura 17). Ya citamos antes el curioso hallazgo de los arpones de Katanda (R. D. Congo), cuya fecha (75.000 bp), de confirmarse, indicaría un comienzo para ellos muy anterior al de otras zonas estudiadas. También en esa misma región africana se registraron arpones en Ishango, aunque ya con una fecha más reciente, hacia 25.000 bp. En cualquier caso, ambos yacimientos sugieren la primera aparición de estos tipos en África, tal vez en relación con las mayores capacidades del *Homo sapiens*. De hecho, en otras regiones mejor conocidas, como Europa, los arpones no van a aparecer hasta el Paleolítico Superior, desde las azagayas del Auriñaciense a los elaborados arpones del Magdaleniense; claro que de estos períodos ya relativamente próximos destacan más otros elementos óseos, algunos utilitarios como los bastones perforados (quizás empleados para enderezar puntas de hueso, como los que usan los inuit) (figura 17: 3) o los propulsores para impulsar lanzas con mayor brazo de palanca, que vimos antes, y otros más enigmáticos y a menudo decorados que citaremos luego en el apartado del arte paleolítico. Sobre otros materiales también usados por entonces, tenemos que en yacimientos gravetienses de la República Checa se han hallado piezas de

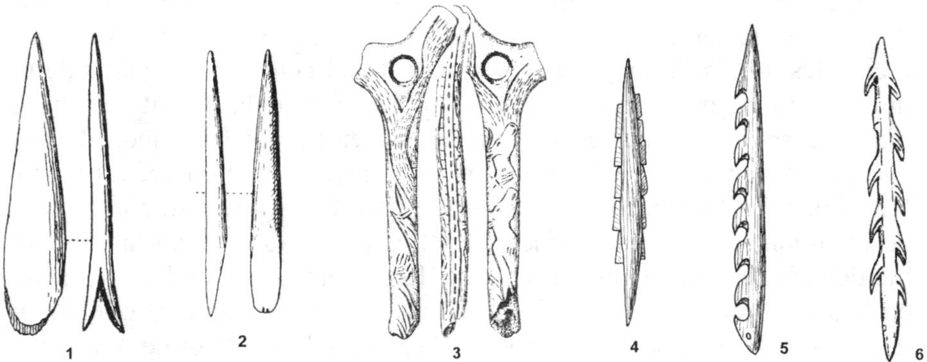

Figura 17
Útiles de hueso del Paleolítico Superior y Mesolítico europeos: 1, azagaya de base hendida; 2, azagaya biselada; 3, bastón perforado con decoración incisa de animales; 4, punta con laminillas de sílex insertadas lateralmente; 5, arpón con una fila de dientes; 6, arpón con doble fila de dientes. Tomado de G. Camps, *Manuel de recherche préhistorique,* Doin, París, 1979.

cerámica en forma de figurillas humanas (Dolní Vestonice, 28.000-24.000 bp), un ejemplo de invención sin continuidad porque la arcilla no se volverá a cocer hasta muchos milenios después en el Neolítico. En algunas de esas piezas cerámicas se han conservado las impresiones de cestas finamente elaboradas con fibras vegetales que prueban su presencia, probablemente como artesanía femenina, ya desde ese momento tan antiguo.

4. La sociedad paleolítica

Al final del capítulo anterior dejamos a los primeros grupos humanos en África oriental, unos primates con gustos un tanto raros como comer carne y reunirse muchas veces en los mismos sitios. Unos cientos de miles de años más tarde, ya vimos que todavía en África su físico mejoró sustancialmente al adaptarse a circunstancias más adversas como los climas más áridos, y cómo poco a poco se fueron moviendo hasta ocupar los tres continentes del Viejo Mundo. Aparte de su mayor estatura, fuerza y cerebro, y tal vez en estrecha relación con todas ellas, lo que más debió de influir en la ventaja evolutiva de *ergaster* y *erectus* fue su comportamiento social más cooperativo. Sobre este tema incide el hallazgo reciente de un nuevo cráneo en Dmanisi (Georgia), llamado D3444, que pudiera tener 1,8 millones de años según sus excavadores, y que perteneció a un individuo de unos 50 o 60 años, según indica entre otros datos su mandíbula totalmente desprovista de dientes. Este individuo fue desdentado durante varios años antes de morir y probablemente tuvo que ser alimentado por otros miembros de su grupo, quienes tal vez masticaron la comida para que él la pudiera ingerir, como se hacía hasta hace poco con los ancianos en muchas sociedades tradicionales. Se ha discutido la pertinencia de tal conclusión a partir de un único resto, pues no se conocen huesos de mandíbulas edentúleas hasta mucho después, la época de los neandertales en Europa hace unos 100.000 años, pero si para entonces ese número de hallazgos similares (al menos tres: Aubesier, La Chapelle-aux-Saints, Monte Circeo) han sido interpretados como indicio de una conducta social participativa y «humana», lo mismo debería hacerse con el más antiguo. Recordemos que también apuntaba en la misma dirección —una forma de actuar no estrictamente utilitaria— la acumulación de cuerpos humanos en la Sima de los Huesos de Atapuerca.

Una de las razones de ese aumento de la reciprocidad, que es desconocida en otras especies animales, pudo ser la necesidad de cuidar durante más tiempo a las crías, nacidas cada vez más inmaduras por culpa de los crecientes cráneos, como ya vimos. También el disponer de mayor cantidad de alimento para repartir entre todos, obtenido de una caza progresivamente especializada. Fechados a lo largo de todo el Paleolítico y repartidos por los tres continentes (más luego América y Australia), se conocen muchos yacimientos con abundantes huesos de animales estrechamente asociados a útiles líticos, comenzando por la industria achelense e incrementando su número en el Musteriense y otras industrias del Paleolítico Medio, hasta llegar a un máximo durante el Paleolítico Superior. La discusión que vimos en el capítulo anterior, entre partidarios de la caza y del carroñeo para los primeros yacimientos humanos, con las implicaciones de diferente comportamiento que tienen ambas posiciones, ha existido también para los sitios achelenses e incluso algunos del Paleolítico Medio, habiendo sólo acuerdo para el Superior, cuando todos piensan que el *Homo sapiens* era sin ninguna duda un consumado cazador. El escenario evolutivo más probable es que los humanos sabían cazar y carroñear desde el principio, y que fueron mejorando en la primera práctica, y necesitando cada vez menos de la segunda, durante los dos millones y pico de años que transcurrieron hasta el final del Pleistoceno. Las pruebas más seguras de la caza se dan en las cuevas, pues son lugares a los que los animales no suelen acudir por sí mismos (como ocurre en los arroyos o lagos, donde están la mayoría de los demás yacimientos) y por lo tanto hubieron de ser transportados por los humanos o por otros depredadores, cuya presencia es además también aquí más discernible. El problema es que las cuevas tienen una vida relativamente corta, pues acaban cegándose o hundiéndose sobre los sedimentos en menos de 100.000 años, y por eso la mayoría de las conocidas son posteriores a esa fecha. Eso no quiere decir que los humanos no las utilizaran antes, como prueban las famosas de Zhoukoudian en China o las de Atapuerca en España que vimos antes.

En la época de los neandertales en Europa y los primeros *sapiens* en África parece que nuestros ancestros ya eran unos cazadores razonablemente eficaces, como prueba el gran número de sitios con útiles líticos (puntas para cazar y cortar, raederas para tratar las pieles, etc.) y huesos con huellas de cortes y otras alteraciones artificiales, que se conocen en ambos continentes. Uno de ellos es la cueva de Cotte de St. Brelade en la isla de Jersey del Canal de la Mancha, donde neandertales del último interglaciar (180.000-130.000 bp) llevaron restos de al menos veinte grandes mamuts y rinocerontes lanudos. Un estudio reciente de varios yacimientos musterienses italianos muestra, con todo, que los más antiguos contienen un patrón de partes del animal que sugiere todavía una importante contribución del carroñeo, mientras que los más recientes presentan una variedad mucho mayor de restos óseos, producto seguramente de una caza más efectiva. Con la instalación definitiva de los humanos modernos en todo el planeta se consolidó definitivamente la caza como método alimenticio, con su efectividad completa tal como la hemos conocido hasta hoy día, cuando ya muchos mamíferos salvajes han desaparecido o están al borde de la extinción a causa nuestra. En los yacimientos del Paleolítico Superior del SO de Europa esa técnica adquisitiva se aprecia en forma de huesos de un gran número de especies (reno, mamut, rinoceronte lanudo, uro, bisonte, caballo, ciervo, cabra, etc.), así como en su distribución de edades de muerte, que sugiere unas técnicas cazadoras muy sofisticadas como por ejemplo la matanza en masa de los rebaños por despeñamiento o encierro en valles sin salida. Un hecho interesante es también que hacia el final del período, cuando las regiones atlánticas francesa y española pudieron actuar como refugio durante el máximo glacial, apareció la especialización en determinados animales (reno, caballo o ciervo dependiendo de las zonas), como si aquellos cazadores hubieran adquirido ya ciertos gustos gastronómicos concretos.

Tanto para la preparación de la carne como para hacer frente al inhóspito clima de las latitudes altas, así como para conquistar el espacio protector de las cuevas frente a sus previos habitantes carnívoros, por ejemplo el temible oso de las cavernas, los humanos necesitaron a partir de un determinado momento controlar el fuego. Sobre este tema se ha discutido mucho, al ser difícil discernir entre el fuego natural, producto por ejemplo de la combustión de árboles y arbustos causada por rayos u otras causas, de un fuego artificial, creado y alimentado por los humanos. Aunque se han propuesto como ejemplos del segundo varios casos muy antiguos de tierra quemada en yacimientos africanos (Chesowanja en Kenia, Swartkrans en Suráfrica), fechados hace 1,5 millones de años, la escasez de otros datos similares hasta mucho más tarde (cueva de Zhoukhoudian en China, 500.000-250.000 bp) lleva a dudar que los primeros *ergaster* fueran ya capaces de controlar el fuego. El caso chino y otros europeos hacia la misma época (Vértesszöllös en Hungría, Schöningen en Alemania, etc.), significativamente casi todos ellos situados en zonas septentrionales frías, sugieren que hasta la aparición de *heidelbergensis* y *erectus* tardío no se consiguió dominar el fuego de forma permanente. Más tarde, los yacimientos de neandertales en Europa y de *sapiens* arcaicos en África ya muestran muchos signos inequívocos de fuegos, concentrados en lugares concretos del hábitat (hogares) y asociados a huesos de animales comidos (muchos de ellos quemados), útiles líticos, etc. Como ya vimos, los neandertales fueron unos seres especialmente adaptados al frío, para lo cual el control de los mecanismos de producción y conservación de la ignición debieron de ser fundamentales. Esta importancia ha despertado la imaginación de artistas contemporáneos, como el escritor francés J. H. Rosny y luego más tarde el cineasta J. J. Annaud y sus conocidas «guerras del fuego» entre neandertales y *sapiens*.

Alrededor de aquellos calientes hogares paleolíticos siguió desarrollándose la sociabilidad humana. Según nos acercamos al Paleolítico Medio va creciendo el número de posibles «campamentos» con restos de fuego e incluso algún tipo de estructura de abrigo. En los situados al aire libre resulta más difícil delimitar tanto unos como otros, siendo a veces su misma existencia inferible sólo a partir de la disposición de los restos, que cuando aparecen concentrados sugieren que debió de haber algún tipo de cierre o pared que impidió su mayor dispersión. A veces, como en el caso de Molodova (Ucrania), se han excavado alineamientos de grandes huesos de mamut y cuernos de reno que probablemente sirvieron para sujetar estructuras de abrigo realizadas con materias orgánicas (madera, pieles, etc.). Durante el Paleolítico Superior los campamentos al aire libre parecen haber sido más abundantes, como el famoso sitio de Pincevent en Francia, donde una excavación minuciosa ha puesto a la luz una amplia distribución de hogares y restos óseos y líticos que indican que los cazadores magdalenienses que lo ocuparon debieron vivir en varias tiendas circulares con un hogar a la entrada, arrojando su «basura» no comestible, huesos y piedras, por las respectivas puertas hacia el exterior. Pero incluso en un caso de apariencia tan clara como éste hay lugar para la polémica: el norteamericano Lewis Binford propuso, frente a la opinión del excavador francés, el no menos prestigioso André Leroi-Gourhan, que los cazadores comieron allí al aire libre sin ningún tipo de tiendas, abrigándose en torno a varios hogares cuya disposición iba cambiando según lo hacía la dirección del viento (figura 18).

Pero donde mejor se han conservado las estructuras habitacionales de aquellos cazadores es lógicamente dentro de las cuevas. Una de las más antiguas conocidas es la de Lazaret en la costa sur de Francia (185.000-130.000 bp), donde un alineamiento de rocas parece haber soportado los postes de un cierre de pieles situado contra una de las paredes cerca de la entrada a la cavidad. El espacio cubierto tenía unos 10 metros de largo por 3-4 de ancho, y aparece dividido en dos zonas, cada una de ellas marcada por los restos de un fuego (¿tenían los neandertales unidades familiares?), alrededor de los cuales se registraron muchas pequeñas conchas marinas, que tal vez fueron llevadas con algas traídas desde la playa y usadas como colchón para ablandar el suelo. Otro sitio asociado al neandertal y con numerosos

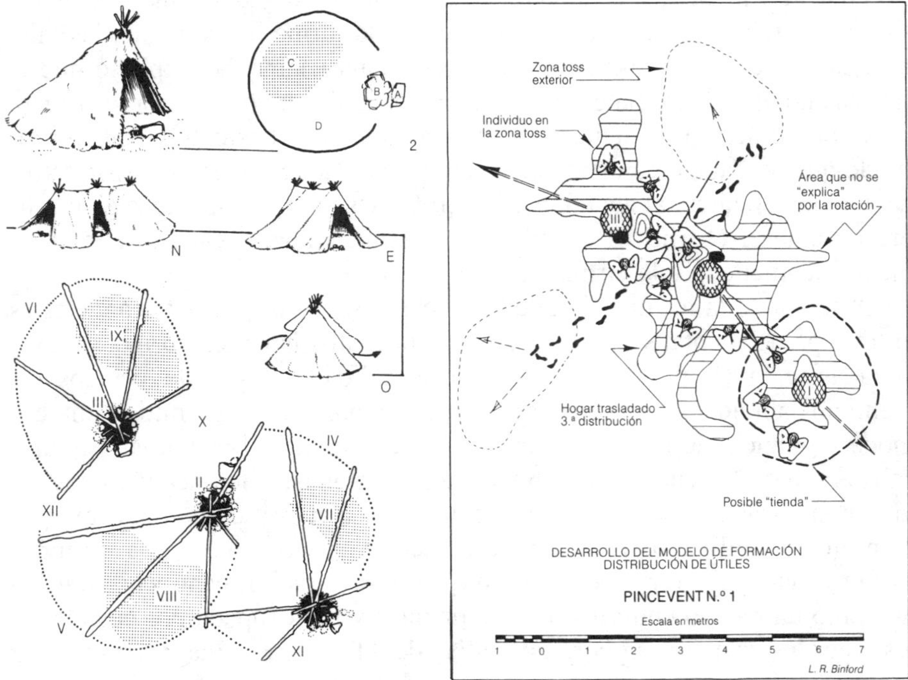

Figura 18

Dos interpretaciones diferentes de los mismos datos arqueológicos: la distribución de tres hogares, huesos y restos líticos en el yacimiento magdaleniense al aire libre de Pincevent 1 (Francia). A la izquierda, la de los excavadores, André Leroi-Gourhan y Michel Brezillon, según la cual los hogares corresponderían a una serie de tres tiendas anejas. A la derecha, según Lewis Binford, los hogares habrían sido rodeados sucesivamente por un grupo de tres o cuatro cazadores en cuclillas que cambiarían su situación según la orientación del viento (flechas) y los restos mostrarían la forma del desecho de aquéllos desde esas diferentes posiciones. Según Binford 1988, figs. 93 y 95.

hogares es la cueva de Shanidar al norte de Irak, fechada hace unos 60.000 años. La misma disposición de hogares en líneas paralelas a la pared de roca se ha visto en el yacimiento de Abri Pataud del suroeste francés, tanto en los niveles auriñacienses como los gravetienses (entre 32.000 y 23.000 bp). Según los datos de cazadores actuales, que pasan la noche también en abrigos rocosos o cuevas, la disposición de los fuegos permite calcular el número de personas que dormían allí, habitualmente protegidos del frío nocturno entre la pared y el fuego o entre dos de éstos. El control de las cuevas por los humanos tuvo que suponer un importante avance y una adaptación de comportamiento esencial para vivir en zonas frías. El que en muchas cuevas usadas por los neandertales se encuentren hoy huesos del temible oso de las cavernas (*Ursus spelaeus*), como en Drachenloch (Suiza), hizo imaginar a los prehistoriadores una especie de culto religioso por aquéllos del enorme animal, que ha sido rechazado por investigadores más recientes: simplemente ambos seres ocuparon, quizás de forma intermitente, las mismas cavidades. Un filósofo del siglo XX, Hans Blumenberg, pensó que la caverna debió de dar una gran seguridad a aquellos humanos, como si fuera un vientre materno, pudiendo dormir tranquilos en ellas con un sueño profundo que no habían conocido hasta entonces. Para él, nuestra mayor pérdida evolutiva ocurrió al abandonar las grutas y salir a los poblados al aire libre durante el Neolítico, cuando tuvimos que trabajar ya sólo cobijados metafóricamente por la virtualidad del pensamiento.

Observando la localización de las cuevas escogidas por los neandertales en Europa occidental se ve que en su mayoría ofrecían buen abrigo, estaban situadas cerca de afloramientos rocosos de calidad (sílex) y de recursos alimenticios abundantes (pastos para la caza, agua, etc.), y permitían una cómoda vigilancia de los valles cercanos. Claro que eso ocurría en regiones calizas donde las cuevas son abundantes y amplias, y los neandertales vivieron en otras zonas con menos o con ninguna cueva, como muestran por ejemplo los hallazgos de sus restos óseos y líticos en Europa oriental. Como ya vimos, la región del Próximo Oriente (Israel, Líbano, etc.) funcionó como un pasillo entre los tres continentes y fue ocupada por neandertales y por los primeros *sapiens* que salían de África, de forma intermitente y seguramente alternante durante varias decenas de miles de años entre 100.000 bp (*sapiens* en Skhul y Qafzeh) y 60.000 bp (neandertales en Kebara), lo que nos permite examinar las diferentes estrategias que usaron las dos especies en una geografía similar. Parece que los neandertales ya habían estado allí antes (hacia 120.000 bp en Tabun) en una época fría (final de la penúltima glaciación), y que luego llegaron los *sapiens* en un momento cálido (último interglaciar), para extinguirse o retroceder de nuevo hacia el sur norteafricano a la llegada de otro período frío y con él de nuevos grupos neandertales después de 70.000 bp (última glaciación). Es interesante observar que las dos especies fabricaron sin diferencias apreciables la misma industria, esa combinación de puntas y raederas que llamamos Musteriense, siempre con abundante técnica Levallois (figura 12: 1-5, figuras 14-15). No obstante, da la impresión de que usaron esas herramientas y armas de forma diferente: los neandertales de Tabun y Kebara cazaban gacelas y otros ungulados durante todo el año, tanto en las estaciones secas como en las húmedas, mientras que los *sapiens* de Qafzeh solamente lo hacían en la estación seca, pasando la húmeda en otro yacimiento diferente (esto se sabe observando las capas de esmalte de los dientes de los animales excavados, que indican la época del año en que murieron). Aunque hay muchas puntas en todas las cuevas, los neandertales las usaron, y sobre todo las desgastaron, en mayor número, con un tipo de sílex obtenido más cerca de la cueva que los *sapiens*. De esto se puede deducir que los primeros siguieron un patrón «radial» con una cueva principal usada durante todo el año, desde la que se desplazaban a sitios auxiliares más especializados, mientras que los *sapiens* utilizaron una estrategia «circulante» más móvil y amplia, cambiando probablemente de región según las estaciones. Mientras los neandertales se concentraban fundamentalmente en la caza, los humanos modernos tal vez alternaban entre ella y la recolección vegetal, abarcando territorios anuales mucho más amplios y variados. También los análisis isotópicos de los huesos de neandertales muestran que comían mucha carne, y quizás fue ese comportamiento excesivamente especializado y predador, frente a una mayor variedad y por tanto capacidad de adaptación de los humanos modernos, lo que explique que éstos acabaran finalmente predominando sobre aquéllos. Más tarde, en algunas zonas parece que los *sapiens* adoptaron de nuevo un comportamiento geográfico que recuerda al de los antiguos neandertales. Así, al final del Paleolítico Superior en la costa cantábrica española existieron asentamientos base en algunas cuevas cercanas a la costa, que entre otros alimentos explotaron los recursos marinos, y enclaves más pequeños en las zonas altas cercanas a la cordillera, donde tal vez se desplazaron estacionalmente pequeños grupos que cazaban allí ciervos y cabras íbices.

Aparte de los testimonios artísticos que veremos en el siguiente apartado, lo expuesto hasta ahora es una gran parte de lo que se puede decir sobre la sociedad paleolítica, basándonos en los datos arqueológicos, es decir, los únicos testimonios directos que nos han llegado hasta hoy. Claro que existe otra vía, esta vez indirecta, de aproximación a aquellos humanos, que consiste en estudiar a los grupos cazadores-recolectores existentes todavía o que mantuvieron su vida tradicional hasta épocas recientes y pudieron ser registrados por etnógrafos o misioneros occidentales. Cuando acabó el Pleistoceno hace algo más de 10.000 años comenzó la transición hacia modos de vida sedentarios y productores (campesinos y pastores), que avanzó progresivamente en todo el mundo de forma que al producirse la expansión colonial europea hace unos 500 años, ya sólo quedaban cazadores en contadas regiones de la tierra (norte y sur de América, sur de África, noreste de Asia, Australia, etc.), que además en su mayoría fueron asimilados o exterminados durante el período colonial (véase figura 73). A mediados del siglo XX, cuando los investigadores decidieron concentrarse en su estudio, todavía había grupos aislados en las zonas más inhóspitas del planeta, como cerca del Polo Norte (inuit en Alaska, Canadá y Groenlandia) o en los desiertos de África del Sur (san de Botsuana y Namibia) (figura 19) y Australia (aborígenes). Aparte de ellos, considerados los cazadores-recolectores más «puros», existen otros grupos más pequeños que dependen en parte de los agricultores para su subsistencia, como los pigmeos de África central, o que fueron antes agricultores y pasaron a ser cazadores en una especie de retroceso (habitualmente como forma de ocultación o resistencia); es el caso de algunos cazadores de la India, SE asiático, Amazonas, etc. Aunque comprendemos que estas gentes no son en absoluto una imagen exacta de los cazadores-recolectores de hace más de 10.000 años, porque también

Figura 19

Dos familias de !Kung san dejan el campamento: las mujeres para recolectar (delante, con los niños y palos cavadores para sacar tubérculos) y los hombres para cazar (detrás, con arcos, flechas y largas varas para cazar liebres en sus madrigueras). Tomado de J. E. Yellen, «Settlement patterns of the !Kung. An archaeological perspective», en R. B. Lee e I. DeVore, eds., *Kalahari Hunter-Gatherers. Studies of the !Kung San and Their Neighbors,* Harvard University Press, Cambridge-Massachusetts, 1976, p. 51.

han cambiado y recibido influencias de muy distinto tipo durante el largo tiempo transcurrido (es decir, tienen su propia historia), sí que es lícito suponer que son lo más próximo que existe hoy a aquel modo de vida paleolítico, y que posiblemente algunos de sus rasgos no sean muy diferentes a los de entonces, en especial cuando aparecen repartidos en todos o muchos de los grupos actuales.

La especialidad que estudia culturas tradicionales contemporáneas como un camino para entender mejor a las prehistóricas se llama etnoarqueología (una combinación de etnología y arqueología) y durante los últimos decenios ha iluminado muchos problemas del lejano pasado, por ejemplo en los trabajos realizados con los cazadores-recolectores san (por Richard Lee, John Yellen, Susan Kent, etc.), inuit (Lewis Binford) o aborígenes australianos (Richard Gould). Una de las primeras cosas que quedaron claras fue que, cuantitativamente, la recolección de vegetales silvestres es más importante que la caza en muchos de esos grupos, y que es mayoritariamente realizada por mujeres, lo cual al ser proyectado hacia atrás hizo aparecer por primera vez al género femenino como algo importante en la vida paleolítica (se empezó a hablar de cazadores y recolectoras), aunque por desgracia los alimentos vegetales casi nunca dejen restos físicos tan visibles como los huesos de animales cazados. Un argumento en sentido contrario afirma que los cazadores actuales de las latitudes bajas viven en zonas marginales donde la caza es escasa, y recuerda el mayor aprecio y prestigio que tiene el consumo de carne sobre el vegetal entre muchos de estos grupos; ambas cosas sugieren que la situación en el Paleolítico pudo ser muy diferente de la actual. Por otro lado, si comparamos el grado de dependencia de la recolección en diferentes grupos, vemos que en las latitudes bajas es mucho más importante que en las altas, puesto que en climas calurosos los vegetales comestibles están disponibles durante todo el año, mientras en los fríos existe sólo una estación de crecimiento de las plantas. Esto llega a su máxima expresión entre los inuit que viven muy cerca del Polo Norte, que prácticamente consumen sólo carne de caza y pesca, siendo sus únicos hidratos de carbono las hierbas contenidas en el estómago de los rumiantes cazados durante el verano, que se comen con auténtica delectación. Esta situación ha inspirado la plausible hipótesis de que la concentración progresiva en la caza de los humanos del Paleolítico haya sido una consecuencia de su desplazamiento gradual hacia el norte, puesto que era la única forma de conseguir alimento en las estaciones frías: comerse aquellos animales que habían almacenado en su cuerpo la energía de las plantas consumidas durante las épocas más cálidas.

Otro hecho, que fue resaltado por el antropólogo Marshall Sahlins en sus influyentes trabajos de finales de la década de 1960, es que en su mayoría los grupos cazadores actuales dedican muy pocas horas diarias a procurarse el alimento y gozan por ello de una amplia proporción de tiempo libre, que es empleado en descanso, charlas, rituales, etc. Como ejemplos, tenemos las dos horas diarias de promedio empleadas por los !Kung (división de los san surafricanos), o las menos de cuatro horas en el caso de los aborígenes de Arnhem al norte de Australia. Si pensamos que esas sociedades habitan hoy en regiones con escasos recursos, es de suponer que en los ricos ecosistemas del Paleolítico, con su abundante caza mayor, por ejemplo en la región franco-cantábrica de Europa suroccidental, los esfuerzos dedicados a la sustentación pudieron ser aún menores. Eso llevó a Sahlins a hablar de los cazadores como la verdadera «sociedad opulenta», contraponiendo aquella vida más bien regalada a la gran cantidad de trabajo exigido en las sociedades campesinas y no digamos ya en las actuales capitalistas tardías. La idea ha sido criticada y matizada en numerosas ocasiones, en primer lugar porque el concepto de «opulencia» implica acumulación de bienes, algo entonces inexistente, y porque olvida la inseguridad que provoca el depender de una fuente de comida tan impredecible. Ya vimos que los neandertales vivían pocos años y tenían en sus cuerpos abundantes heridas producto de una vida esforzada. En los climas fríos la oscilación de los recursos es aún mayor, y podemos recordar aquí la historia del cineasta Robert Flaherty, cuando estrenó su famoso documental *Nanook el esquimal* en 1922 y quiso comunicar el hecho al personaje que daba título al filme, para enterarse con tristeza de que Nanook y toda su familia habían muerto de hambre varios meses antes. Pero Sahlins se refería a una «riqueza» ideológica más que material, a que los cazadores tienen normalmente todo aquello que subjetivamente necesitan y a que transmiten la impresión a quienes los han conocido de que parecen y son realmente felices. Trabajos más recientes de Tim Ingold o Nurit Bird-David, entre otros, muestran que la ideología cazadora está impregnada por un sentimiento general de familiaridad y «reparto», tanto con el mundo natural como con el propio de los humanos, que para ellos son el mismo, provocando una sensación de confianza y comunidad con la naturaleza que está en la base de esa «riqueza» más bien espiritual. Por otro lado, la hipótesis de Sahlins, que lógicamente cuenta con fuertes simpatías desde las posiciones ecologistas, ha resistido bastante bien hasta hoy, acabando para siempre con aquel escenario terrible de continua lucha contra el hambre que oscurecía la vida de los «salvajes» frente a los supuestos beneficios que la luz del progreso había traído a las sociedades agrícolas e industriales. Por eso también contribuyó a complicar la explicación del comienzo de la agricultura y la domesticación, que hasta entonces se tendía a ver como un avance lógico y nada problemático, impulsando la aparición de las teorías de la presión demográfica como la mejor explicación del Neolítico: sólo para alimentar a un número cada vez mayor de personas se pudo abandonar un sistema económico que había funcionado bien durante cientos de miles de años, pero que para ello necesitaba de densidades de población realmente bajas.

Otro asunto que ha provocado innumerables discusiones, desde su primera definición por Lewis H. Morgan en el siglo XIX y su posterior uso por la teoría marxista ortodoxa, es la idea del «comunismo primitivo» y de hasta qué punto los cazadores-recolectores representaron un estadio de sociedades igualitarias en la evolución humana. Aunque se ha argumentado que las circunstancias varían mucho de unos grupos a otros, es indudable que cuando apenas existen cosas que poseer y acumular, aunque algunas puedan ser de «propiedad privada» (como por ejemplo el arco y las flechas de caza, aunque nunca su derecho de posesión es absoluto), las posibilidades de desigualdad y de poder entre los miembros de una sociedad humana son mínimas. En estas economías, con un tipo de trabajo comunitario esporádico de corta duración y cuyo beneficio y reparto ha de ser inmediato (carne y vegetales que se estropean enseguida), las ocasiones de asimetría social son realmente escasas. Entre algunos grupos africanos, por ejemplo, cuando alguien caza un animal es habitual que encienda un fuego para que quienes estén cerca, aunque sea a uno o dos días de distancia, acudan a consumirlo entre todos. Es curioso que la costumbre de repartir la carne, lo que no ocurre con los alimentos vegetales, menos apreciados y también más abundantes, se da también entre algunos primates como los chimpancés, lo que sugiere que tal vez existiera ya en nuestro antepasado común hace seis o siete millones de años. Lógicamente, es imposible que la igualdad sea absoluta dentro de cualquier grupo, pues las diferencias son inevitables entre las distintas edades o géneros, y un cazador joven y hábil gozará de mayor prestigio que otras personas menos diestras en conseguir alimento. No obstante, en los cazadores actuales se registra, por un lado, la mayor consideración hacia los ancianos por su experiencia y conocimientos, y por otro el reparto de la comida de forma más o menos igual con independencia del papel de cada uno en su consecución. Algunos antropólogos funcionalistas han descrito esta situación de reciprocidad generalizada («todos dan, todos toman») como una especie de «robo tolerado», pero ello supone ignorar que por su parte los cazadores aprecian, y además defienden de forma consciente, la igualdad por encima de cualquier división basada en aptitudes individuales. Richard Lee nos cuenta cómo cuando en una ocasión quiso regalar una vaca a sus informantes san, y buscó la más gorda que pudo encontrar, éstos no hicieron en ningún momento elogio de la misma, respondiendo, cuando el antropólogo les preguntó si les había gustado, que ellos no solían alabar la labor de ninguna persona para que nunca nadie se sintiera superior a los demás.

Entre los cazadores actuales los lazos de unión dentro de los grupos son más tenues que en otros modos de producción, y se producen de forma continua separaciones y uniones de las unidades. Ello es debido a que la subsistencia no necesita de una colaboración permanente entre los sujetos, y además es una forma de evitar y dar salida a cualquier conflicto: cuando alguien no está a gusto, simplemente se va y busca otro grupo. Puede que algo parecido ocurriese en las sociedades paleolíticas, y que por ello también entonces existieran sistemas de parentesco tan flexibles como entre la mayoría de los cazadores actuales: al contrario de lo que ocurre en las formaciones campesinas, donde es habitual que sólo una rama (la paterna o, en menos casos, la materna: sistemas patrilineales y matrilineales) sea considerada familia directa del sujeto, entre los cazadores se suele considerar a ambas y a todos sus individuos parientes de cada uno. Aunque se conocen algunos ejemplos de parentesco patrilocal (residencia con la familia del marido tras el matrimonio), ya no se piensa que éste fuera el sistema original de los cazadores, como decían las teorías clásicas de Radcliffe-Brown o Elman Service. En el modo de producción cazador esa elasticidad permite hacer frente a las incertidumbres alimenticias y obtener algo de información y de ayuda en todas partes. Por ejemplo, entre los san, cuando alguien llegaba a un nuevo grupo, bastaba que su nombre fuera igual al de algún familiar de cualquiera de sus miembros para que fuera considerado pariente de igual grado. Susan Kent llegó a concluir que entre los san la amistad entre compañeros podía ser más importante a la hora de repartir comida u objetos que las propias relaciones familiares. Algunas veces el grupo llevaba el nombre de algún anciano con prestigio del mismo, todavía vivo o incluso después de muerto; ello no quiere decir que esa persona dirigiera el grupo: en las lenguas san no existe ninguna palabra que designe nuestro concepto de «jefe».

La extensión de las redes de relaciones entre grupos paleolíticos se puede intuir directamente estudiando el origen de las materias primas de los objetos encontrados en los yacimientos arqueológicos, que a veces venían desde muchos kilómetros de distancia, como por ejemplo los casos de conchas marinas halladas muy lejos de la costa. Como es difícil imaginar que aquellas gentes hicieran ellas personalmente tales viajes, cabe pensar que igual que ha ocurrido hasta hoy, las piezas llegaran por mecanismos de intercambio pasando de unos a otros grupos a lo largo del tiempo. Resulta interesante la comparación de esas longitudes en las épocas anterior y posterior a la expansión del *Homo sapiens*: antes de esa fecha siempre eran inferiores a los 100 kilómetros, normalmente muy por debajo de esa cantidad, mientras que en los yacimientos posteriores es normal hallar objetos a varios cientos de kilómetros de distancia de su lugar de origen. Tal vez ese cambio esté en relación con las profundas transformaciones producidas en el Paleolítico Superior, según hizo ver Antonio Gilman. Entonces el incremento demográfico y las nuevas tecnologías más potentes de caza hicieron innecesario establecer lazos flexibles con todos y cada uno de los grupos humanos de alrededor, que ahora eran más numerosos y por ello habían pasado de ayudantes a competidores, llevando por el contrario a establecer vínculos más estrechos pero ya sólo con unos pocos grupos concretos, cuyas redes seguramente llegarían a puntos mucho más lejanos. Un mecanismo parecido ha sido propuesto como el causante del paso de un parentesco flexible y bilateral como el que vimos antes, al unilineal posterior (patrilineal o matrilineal), típico ya de las sociedades campesinas y con familias más pequeñas pero más unidas.

Algo que Lewis Binford observó comparando los datos de los cazadores conocidos fue que en las latitudes altas la dependencia del almacenaje es mucho mayor que en las zonas cálidas. Esto parece lógico por lo que antes vimos, la marcada estacionalidad de los recursos alimenticios en las regiones frías, y hasta hace poco funcionaba, seguramente como en los momentos finales del Paleolítico, conservando por ejemplo la carne en diferentes maneras (secado, ahumado, congelado, salado, etc.). Se ha advertido que esa nueva posibilidad económica pudo provocar transformaciones muy importantes en las sociedades cazadoras: desde hace tiempo se conoce el «extraño» comportamiento de los indios del oeste de Canadá, cazadores-recolectores que vivían en un medio tan rico que les permitía almacenar grandes cantidades de alimento (sobre todo, salmón ahumado), lo que a su vez provocaba la aparición de jefes acumuladores-redistribuidores, convirtiendo a su organización social en jerárquica y más típica del modo de producción campesino, llegándose incluso a practicar la guerra y a que algunos jefes poseyeran esclavos. La ausencia o presencia de almacenaje ha llevado a diferenciar entre dos grandes grupos de cazadores-recolectores, los que Binford denominó «forrajeros» y «colectores», definidos los primeros por una gran movilidad con estrategias alimenticias uniformes a lo largo del año y los segundos por una organización logística más diversificada variando entre diversos tipos de asentamientos en las diferentes estaciones. Más adelante, Woodburn llamó al primer tipo sistema de «rendimiento inmediato» y al segundo de «rendimiento aplazado», los mismos que hoy una mayoría de investigadores denominan como cazadores-recolectores «simples» y «complejos». En los segundos existen ya modelos de parentesco y matrimonio más complicados, mayor diferenciación de género, posibles sistemas de intercambio, almacenaje y acumulación de alimentos, etc. Como luego veremos, son las condiciones de estos últimos las que explicarán con mayor claridad el decisivo cambio que se va a producir en el Holoceno hacia las economías productoras del Neolítico.

5. Entra el texto: lenguaje, ritual y arte

Cuando en 1880 el marqués de Sautuola comunicó al mundo científico su hallazgo de pinturas de bisontes y otros animales en la cueva de Altamira de Santander, con niveles arqueológicos paleolíticos (magdalenienses) que sugerían que las bellas imágenes eran de la misma época, los prehistoriadores se negaron a aceptarlo: era imposible que aquellos salvajes fueran capaces de alcanzar tales metas artísticas. Dentro del pensamiento evolucionista no cabía que se hubiera empezado por arriba en vez de por abajo. Es curioso que, de nuevo, cuando hace unos pocos años se descubrieron las impresionantes pinturas de la cueva Chauvet en el SE de Francia, y el análisis de radiocarbono de sus mismos pigmentos orgánicos demostró que se habían hecho a comienzos del Paleolítico Superior, casi en el momento en que había empezado el arte y cuando los investigadores sólo admitían torpes ensayos y balbuceos, su sorpresa fuera también mayúscula. Hoy se acepta que el impresionante sistema artístico de los cro-magnones europeos occidentales comenzó casi de repente hace más de 30.000 años, y se mantuvo con muy pocos cambios hasta el final de la glaciación unos 20.000 años después. Según el escritor y crítico británico John Berger, el arte surgió «como un potro que se echa a andar nada más nacer. La necesidad del arte y el talento para crearlo llegan juntos». Para explicar este curioso fenómeno han aplicado sus mejores facultades durante más de un siglo un gran número de brillantes científicos, cuyas conclusiones resumiremos ahora.

Antes deberemos ocuparnos de la evolución de un rasgo humano que suponemos que fue clave para el origen de la actividad artística: el lenguaje, una posibilidad comunicativa de enorme versatilidad de la que carecen el resto de las especies animales del planeta. Una aproximación al problema a través del tamaño y la organización interior del cerebro, visible en los moldes internos de los cráneos conservados, muestra que hubo un cambio gradual desde los tiempos del *erectus* hasta el presente, pero también que la capacidad del habla pudo existir casi desde los orígenes humanos. Analizando los huesos fósiles conservados de la laringe se llega a un resultado algo diferente, porque la posición que tenía, por ejemplo, en el cuello de los neandertales no parece haberles permitido mucho más de lo que puede decir un niño de pocos meses, aunque no todos están de acuerdo con esta conclusión. Una tercera línea de evidencia consiste en ver de lo que eran culturalmente capaces aquellos individuos, y cuando se observan los cambios acaecidos durante la expansión del *sapiens* fuera de África (capacidad de atravesar mares, rituales funerarios, arte figurativo, gran diversidad de herramientas líticas y de otros materiales, etc.), algunos deducen que sólo entonces existió la capacidad de articular sonidos lo bastante complejos como para construir frases referidas a algo más que el presente en cada momento. Por otro lado, en los últimos años los trabajos de antropología genética que analizan la variación del cromosoma masculino Y han mostrado la existencia de una mutación presente en toda la población actual que pudo haberse originado en un momento impreciso entre 200.000 y 40.000 años atrás, y que algunos han querido interpretar como el verdadero comienzo de la especie *sapiens* así como también la mutación que hizo posible el desarrollo actual de nuestra capacidad de lenguaje en el cerebro humano.

Una de las actividades que con más frecuencia se considera propia de los humanos actuales es el enterramiento de nuestros cadáveres. Somos la única especie que se preocupa por no dejar a los muertos a la intemperie, y de una u otra manera (a veces puede ser dejarlos para que sean comidos por aves carroñeras como la sola forma de ir al paraíso) hacemos cosas «poco prácticas» con los cuerpos, en general relacionadas con el ritual de algún tipo de religión. Todos los datos apuntan a que antes que nosotros, ya los neandertales habían empezado unas ciertas prácticas funerarias, e incluso sus predecesores europeos, los *heidelbergensis* de Atapuerca como ya vimos, pudieron ser los primeros en hacerlo. El que se hayan conservado tantos esqueletos completos de esa especie es una prueba de que muchos de ellos debieron de ser protegidos, normalmente metiendo el cuerpo en un pozo previamente excavado y cubriéndolo luego con piedras y tierra. Algunos de estos pozos han sido detectados claramente en excavaciones científicas, por ejemplo en La Chapelle-aux-Saints (Francia), Teshik-Tash (Uzbekistán) o Shanidar (Irak), aunque otros que se consideraban también como tumbas se ha visto luego que eran simplemente individuos que habían muerto por desprendimiento de rocas, las cuales habían luego protegido el cadáver igual que una sepultura. La posición contraída de las piernas, típica de los cementerios prehistóricos de todo el mundo, se ha interpretado como una especie de vuelta ritual a la posición fetal previa al nacimiento, tal vez por considerar la muerte como un nuevo renacer, pero puede que una consideración de tipo más práctico, como es el menor espacio que ocupaban los cadáveres doblados, cuando las fosas se cavaban con medios muy lentos y rudimentarios, sea la explicación más razonable y económica («parsimoniosa») de muchos de esos casos. En otro ejemplo de nuestro afán por encontrar huellas de la primera espiritualidad humana, se ha tendido a concebir como ajuares depositados conscientemente en las tumbas, para que acompañen al muerto en su «viaje», a determinados hallazgos que hoy la mayoría ve más bien como no intencionales porque seguramente iban incluidos en la tierra que se cavaba y con la que luego se tapaba la fosa (por ejemplo, huesos de animales, útiles líticos o incluso flores, como parecía demostrar el análisis del polen de una de las tumbas de Shanidar). Por eso la impresión más general hoy en día es que algunos neandertales protegían a los cadáveres enterrándolos, quizás para librarlos de animales carroñeros como las hienas (o por la razón inversa, para defenderse a sí mismos de la vuelta de los muertos a la vida, como ocurre hoy todavía en algunas culturas tradicionales), pero aún no tenían un ritual y unas ofertas simbólicas de ultratumba que parecen características únicamente del *sapiens*.

De nuevo tenemos aquí una diferencia entre neandertales y humanos modernos, porque es en las primeras tumbas atribuidas a estos últimos donde aparecen por primera vez ajuares funerarios claros, concretamente en las cuevas levantinas de Skhul y Qafzeh, con una datación tan antigua como 100.000 y 80.000 bp, que presentan cadáveres con una mandíbula de jabalí en la mano de uno de ellos y dos astas de gamo sobre el hombro del otro. Más tarde, las tumbas claras ya serán muy frecuentes durante el Paleolítico Superior europeo (Cro-Magnon en Francia, Cueva Morín en España, Grimaldi en Italia, etc.), aunque su mayor número puede explicarse por el mayor número de cuevas conservadas, donde los restos se preservan mucho mejor, y por la concentración de investigaciones en nuestro continente. En Europa oriental también se han encontrado tumbas fuera de las cuevas, destacando Predmostí en la República Checa, donde se conoce el más antiguo caso de enterramiento múltiple, un pozo con más de 20 individuos, en su mayoría esqueletos completos y acompañados por algunos restos de animales. En otras tumbas de la zona los cadáveres iban cubiertos de mineral de ocre rojo que todavía impregnaba los huesos conservados, además de cuentas de collar realizadas con conchas de moluscos. En cuanto al tamaño del ajuar destaca sobre todo la tumba de Sungir en Rusia, datada entre 30.000-25.000 bp, donde un varón de unos 60 años fue enterrado con 20 brazaletes y 3.000 cuentas de marfil, junto a un niño con 5.000 cuentas del mismo material y unos 250 dientes de zorros polares. Aunque con dudas, tal cantidad de elementos sugiere ya la existencia de una cierta jerarquización social, si pensamos que no todos los miembros del grupo pudieron disponer de tanta riqueza concentrada en su propia tumba.

Una circunstancia interesante de casi todas estas sepulturas es que suelen estar aisladas o formando pequeños grupos de ellas, porque las verdaderas necrópolis o cementerios donde se entierra a todos los miembros de un grupo son algo característico del período siguiente, el Neolítico, cuando aparecen quizás por la necesidad de reclamar frente a otros grupos un bien preciado y escaso como es la tierra agrícola; el cementerio demuestra la presencia antigua de los propios antepasados en la zona y por lo tanto el derecho a su explotación. Unas pocas excepciones se conocen, con todo, durante la época de los cazadores-recolectores, como el ya citado cementerio del lago Mungo en Australia con una cronología realmente antigua, 40.000 bp. Otra es la necrópolis de Jebel Sahaba en la Nubia sudanesa, donde yacían en posición contraída unos 59 individuos de la cultura qadiense (ca. 12.000-10.000 bp). Lo más interesante de este último sitio es que casi la mitad de los cadáveres, tanto varones como mujeres y niños, presentaban huellas de muerte violenta con útiles líticos (sobre todo puntas de dorso abatido) clavados en los huesos o depositados entre ellos. Por eso, y aunque existen algunas huellas aisladas de muerte por arma lítica en esqueletos anteriores, Jebel Sahaba se considera la prueba más antigua de «guerra» prehistórica, tal vez originada por la presión demográfica cada vez mayor que se debió de producir al final del Paleolítico en el valle del Nilo, una región en la que el extremo desierto que rodea al río impide la marcha a ninguna otra parte en caso de conflicto. Este yacimiento nos da una clave de lo que esperaba a los humanos al final del largo y estable período del Paleolítico, marcado por una economía de predación del medio que al mismo tiempo lo respetaba y consideraba a la humanidad formando parte del mismo.

Y tal vez fue como una expresión de ese respeto que surgió el gran arte figurativo del Paleolítico Superior, que en su gran mayoría, tanto en Europa como en otros continentes, se dedicó a pintar y esculpir representaciones de los auténticos dominadores de la naturaleza por aquel entonces, los animales. Decía John Berger, después de su visita a la cueva Chauvet, que aquellos pintores de hace 31.000 años no habían nacido en un planeta, sino en «plena vida animal»: los animales eran los guardianes del mundo y detrás de cada horizonte siempre había más animales. Algo parecido experimentó el periodista polaco Ryszard Kapuściński cuando viajó a través de las sabanas africanas todavía llenas de animales salvajes en los años cincuenta; era como ver el mundo antes del pecado original, antes del destructivo triunfo de la especie humana. Aunque existen muchos otros tipos de dibujos, no pocos de ellos de naturaleza enigmática como las figuras que a nosotros nos parecen geométricas o abstractas, la mayoría de las pinturas y grabados que todavía quedan sobre las rocas (arte rupestre) en las cuevas europeas, los macizos saharianos, los afloramientos de África oriental y meridional o de Australia, representan animales, casi siempre en su naturaleza salvaje (figura 20).

De todas esas figuras, tanto por su impresionante calidad como por ser las más antiguas conocidas, destacan las que realizaron en Europa los primeros *sapiens*, la subespecie Cro-Magnon, durante el Paleolítico Superior.

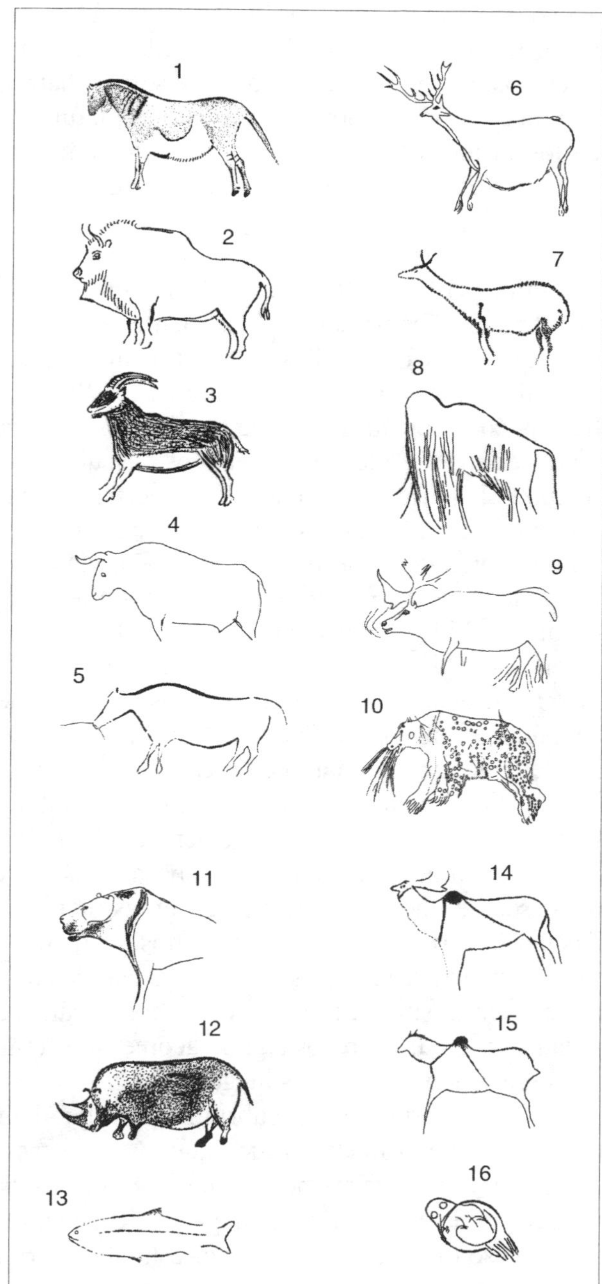

Figura 20
Ejemplos de los animales más frecuentes en el arte parietal paleolítico europeo: 1, caballo; 2, bisonte; 3, íbice; 4, toro salvaje; 5, vaca salvaje; 6, ciervo macho; 7, ciervo hembra; 8, mamut; 9, reno; 10, oso; 11, león; 12, rinoceronte; 13, pez; 14, megaceros (gran ciervo extinguido) macho; 15, megaceros hembra; 16, lechuza. Según Lorblanchet, 1995.

La mayoría de ellas se conservan en las paredes (arte parietal) de las cuevas, en general profundas, de la región franco-cantábrica (SO de Francia y norte de España), aunque también las hay en la Francia central y oriental, así como en el sur de España, Portugal, Italia, Alemania, la antigua Yugoslavia, Rumanía y Rusia. En todas ellas predominan las pinturas sobre los grabados, mientras que al aire libre sólo se han conservado grabados de tal antigüedad (tal vez porque las posibles pinturas ya se borraron), conocidos en los Pirineos franceses y en los recientemente descubiertos yacimientos de la meseta norte española (Siega Verde en Salamanca, Domingo García en Segovia) y norte de Portugal (Foz Côa). Entre las cuevas cantábricas españolas con arte destacan Ekaín (Guipúzcoa), Santimamiñe (Vizcaya), Altamira y El Castillo (Santander), Tito Bustillo y Candamo (Asturias), mientras en Francia son especialmente conocidas las de Lascaux, Font-de-Gaume y Les Combarelles, entre otras muchas de la rica zona del Périgord, o las de Niaux y Les Trois Frères en los Pirineos, habiéndose descubierto hace pocos años otras dos que han impresionado a los investigadores y que llevan el apellido de sus respectivos descubridores, la cueva Chauvet en la región del Ardèche y la cueva Cosquer en la costa mediterránea; esta última fue descubierta por submarinistas porque su entrada había sido cubierta por la subida del nivel del mar al final de la última glaciación. Los animales pintados son sobre todo grandes mamíferos salvajes, empezando por el caballo y el bisonte, los más representados, seguidos luego, en orden decreciente, por íbices (cabra montés), uros (toro salvaje), ciervos, mamuts, renos, osos, leones y rinocerontes, a los que hay que añadir unas pocas representaciones de pájaros, peces y aún más raros reptiles (figura 20). Las figuras humanas son también escasas y se representan con un estilo mucho peor que en las animales, casi caricaturesco, abundando las que pintan sólo la cabeza, algunas esculturas femeninas de mejor calidad, dos o tres ejemplos de «brujos» (humanos con cabeza o máscara de animal) y unos cuantos casos de «hombres heridos», figuras humanas aparentemente atravesadas por lanzas. Por otro lado, tenemos las manos en negativo, marcas de la mano humana remarcadas por pintura oscura en todo su alrededor (también algunas en positivo), muchas veces con algunos dedos aparentemente amputados, y los numerosos signos geométricos (figura 21), sobre cuyo posible significado hablaremos luego.

Desde los primeros descubrimientos sigue habiendo investigadores que defienden que la intención de aquellos «artistas» era precisamente eso, el placer de pintar figuras bellas («el arte por el arte»), pero la colocación de la mayoría de ellas, en zonas alejadas de las entradas de las cuevas y de difícil acceso (a veces separadas por estrechos corredores que hay que atravesar a rastras durante muchos metros), y por ello mismo oscuras salvo por la débil luz que debieron de proyectar las pequeñas lámparas de aceite como algunas que se han descubierto (pequeñas cazoletas talladas en piedra), hacen que la teoría cuente con pocos adeptos hoy en día. No parece que tuviera mucho sentido realizar figuras hermosas para que luego no las viera casi nadie, y también está el hecho claro de que el concepto de «arte» como algo independiente de otros tipos de simbolismo (magia, religión, etc.) es algo totalmente occidental y moderno que no existe en prácticamente ninguna cultura tradicional conocida.

Hacia la misma época en que se admitió la autenticidad y antigüedad del arte parietal paleolítico europeo, a comienzos del siglo XX, se publicaron varios informes etnográficos sobre los cazadores aborígenes australianos, en donde se describía cómo solían hacer dibujos de animales que ellos creían que les ayudarían a tener luego éxito en la caza. Esta práctica, también conocida en otros continentes, se engloba en la llamada magia simpática u homeopática («lo parecido provoca a lo parecido») y pronto fue aplicada como explicación del arte parietal, en especial por el influyente investigador francés Henri Breuil. Según esta teoría, no importaba dónde e incluso cómo se hicieran los dibujos, lo importante era hacerlos como una forma de controlar a las futuras presas en la mente del cazador. Los mismos lugares oscuros y alejados podían contribuir a realzar el valor de los actos mágicos propiciatorios. Incluso las flechas que aparecían pintadas sobre algunos animales, como por ejemplo en Niaux, apoyaban la idea de que se quería anticipar y provocar la muerte del animal, y Breuil llegó a interpretar algunos signos geométricos cuadrangulares como trampas de caza (figura 21, abajo a la izquierda).

Con el paso del tiempo, el paradigma de la magia simpática se fue desgastando y cuando después de la Segunda Guerra Mundial se produjo una renovación de la comunidad científica de prehistoriadores, se sintió la necesidad de nuevas explicaciones que abarcaran los últimos datos recién descubiertos, como la impresionante cueva de Lascaux. Por esa época se extendió la influencia de las ideas estructuralistas que varios decenios antes habían iniciado en el campo de la lingüística Ferdinand de Saussure y Roman Jakobson, y fue entonces cuando Claude Lévi-Strauss comenzó su aplicación en antropología. El nuevo modelo general decía que la cultura humana en su conjunto era una proyección de la lengua, y al igual que en ésta las palabras sueltas no interesan, sino que debe buscarse la relación que existe entre ellas (sintaxis, oposiciones, etc.), también en otros ámbitos humanos debemos buscar las relaciones que forman la *estructura* que explica el conjunto, y que algunos estructuralistas, como por ejemplo Noam Chomsky, han llegado a considerar como innatas dentro de nuestra propia mente. Por ello las pinturas de las cuevas empezaron a verse no como actos aislados realizados aquí y allá sin ningún sistema por cazadores deseosos de éxito, sino como parte de una estructura organizada y poseedora de un sentido, cada cueva como una unidad concreta que había que descifrar en sí misma. Quien primero emprendió este camino fue el malogrado investigador alemán Max Raphael en los años cuarenta, poniendo la semilla que en los cincuenta y sobre todo los sesenta recogerían los prehistoriadores franceses Annette Laming-Emperaire y André Leroi-Gourhan, siendo el segundo el que la llevaría a sus mejores consecuencias consiguiendo una audiencia considerable, comparable a la que antes había tenido H. Breuil, entre especialistas y aficionados a la materia.

Además de enfocar la cueva como una unidad, Leroi-Gourhan defendía la posibilidad de acercarse al significado de aquel arte desde los datos del arte mismo, sin apoyarse en la información etnográfica, es decir, sin usar la analogía contemporánea, aunque inevitablemente al aplicar el paradigma estructuralista ya se estaba imponiendo un modo de interpretación actual. Del análisis de 66 cuevas dedujo la existencia de un modelo o plantilla que se aplicaba en la mayoría de ellas: una sala central donde aparecían los animales más abundantes, caballos y bóvidos (bisonte o uro), rodeada por galerías con otras agrupaciones de dibujos hasta llegar por un lado a la entrada, donde era frecuente el ciervo, y por otro a las zonas más profundas de la cueva caracterizadas por la presencia de animales peligrosos (felinos, rinos, osos). Al igual que Levi-Strauss había demostrado que prácticamente todos los mitos de los pueblos tradicionales se construían sobre la base de oposiciones de principios fundamentales (como la de crudo-cocido, es decir, salvaje-doméstico), ¿no podrían estar los dibujos paleolíticos representando los elementos fundamentales de un «mitograma» aún anterior, el primero que dejó sus huellas visibles en la historia humana? La frecuente combinación de animales pequeños frente a otros más grandes ya nos sugiere que algún tipo de enfrentamiento está ahí figurado. La presencia de signos abstractos alargados frente a otros anchos, que de forma muy general se han usado a veces para simbolizar machos y hembras, respectivamente (figura 21), y el hecho de que la oposición masculino-femenino (más como esquemas generales que como los dos sexos concretos) aparezca también de forma universal (muchas veces relacionada con la de naturaleza-cultura ya citada), llevó a Raphael, Laming-Emperaire y Leroi-Gourhan a imaginar que precisamente eso, o algo muy parecido, era lo que allí se estaba indicando. Admitido lo anterior, lo de menos es decidir qué animales representaban a cada uno de los sexos, aunque la idea de Leroi —tomada de una aparente asociación de bisontes con formas femeninas en la cueva francesa de Pech-Merle—, ligando los bóvidos con lo femenino y los caballos con lo masculino, acabó siendo bien acogida. La presencia de otros animales, como ciervos, de forma aislada en zonas laterales de las cuevas se podía deber a que estas mismas eran «femeninas», y las flechas pintadas sobre bisontes no serían propiamente flechas, sino símbolos masculinos sobre un animal femenino.

Aunque el modelo de Leroi-Gourhan sigue conservando el atractivo de las interpretaciones sofisticadas, fue precisamente su pretensión de apoyarse en los datos empíricos estadísticos lo que causó su progresivo deterioro. Ya con los datos originales se señalaron un gran número de excepciones a la «plantilla» teórica, no sólo en la disposición de los animales dentro de la cueva sino también al modelo mismo de gruta planteado. Más adelante, el descubrimiento de nuevas cuevas decoradas siguió planteando inconvenientes, hasta llegar a la situación actual en la que tenemos que de la hipótesis apenas queda la idea general de que las cuevas representan conjuntos com-

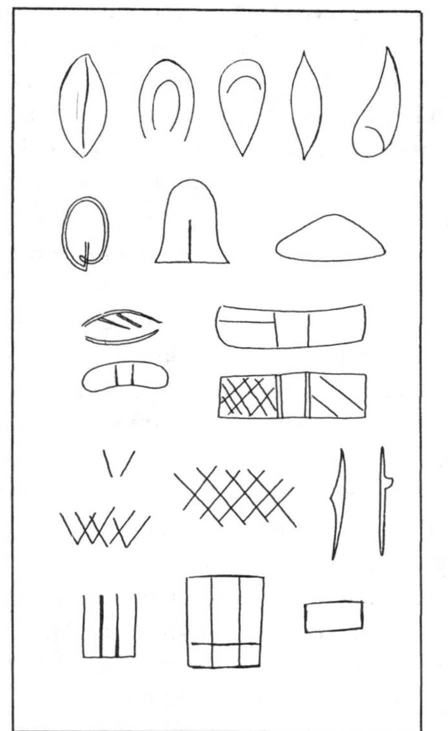
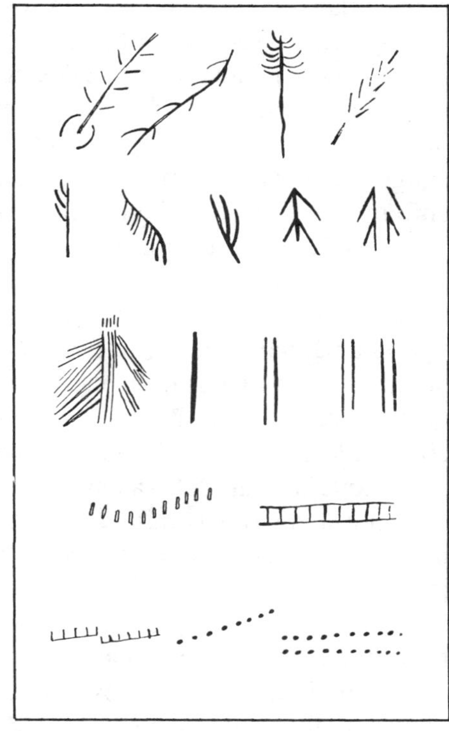

Figura 21
Signos «femeninos» (izquierda) y «masculinos» (derecha) más representados en el arte paleolítico parietal europeo. Según A. Leroi-Gourhan, *Símbolos, artes y creencias de la prehistoria*, Istmo, Madrid, 1984, pp. 375-376.

pletos estructurados y relacionados con la mente «primitiva» de los cazadores paleolíticos y ya no una mera agrupación de pinturas aisladas. Pero es preciso admitir que nunca podremos llegar a una explicación totalmente satisfactoria, por la simple razón de que el verdadero significado de las figuras estaba en la mente de gentes desaparecidas hace tanto tiempo que resulta imposible acceder a su contenido concreto.

Eso no quiere decir que renunciemos a proponer una y otra vez más explicaciones, y en el aparente juego de alternancias, tenemos que la última propuesta por ahora vuelve de nuevo, como pasó con la magia simpática, a la analogía etnográfica. Algo antes de que llegaran a Europa noticias de las prácticas mágicas de los aborígenes australianos, un lingüista alemán, Wilhelm Bleek, estudiaba en Ciudad del Cabo la lengua de los últimos san (entonces llamados bosquimanos) que quedaban en la región más al sur de Suráfrica. Aunque por desgracia no recogió ningún dato sobre la costumbre que ellos habían tenido de pintar, sobre todo animales salvajes, en los abrigos rocosos donde vivían, sí registró una preciosa información sobre su espiritualidad y relatos míticos, en los que algunos animales, como el gran antílope eland, las mangostas o la mantis religiosa jugaban un papel esencial. En esos relatos los animales actuaban como los humanos, y a veces aparecía algo que se interpretaba como la «fuerza» o «potencia» de un animal especial, casi siempre el eland, la cual era adquirida por otros animales o algunos humanos para realizar gracias a ella hechos extraordinarios: curar enfermos, provocar la lluvia, tener éxito en la caza, etc. El tema se olvidó luego hasta que mucho después, el investigador surafricano David Lewis-Williams reparó en que otros san todavía no extinguidos, como los del desierto del Kalahari, más al norte de la misma región, tenían una religión de tipo chamánico como la que había existido en el sur, en la que algunos hombres (y en menos ocasiones, también mujeres) entraban en trance mediante la danza rítmica repetitiva, y al salir del mismo decían que se habían convertido en animales y adquirido aquellos mismos poderes.

Aunque los san del Kalahari no pintan las rocas (de hecho, apenas las hay en esa zona), sus mitos son muy parecidos a los ya desaparecidos de más al sur, y la conexión explicativa resultó en cierta forma muy lógica: en las pinturas de los san, realizadas hasta el siglo XIX, aparecen animales muy bien pintados, de calidad comparable a los paleolíticos, figuras humanas y figuras que son una combinación de rasgos animales y humanos en diferentes proporciones (teriantropos) y que probablemente representan al chamán en su difícil camino de convertirse espiritualmente en animal y dominar su potencia, generalmente para beneficio de toda la comunidad o una parte de la misma (figura 22, B-C). El hecho de que aparezcan algunos teriantropos relativamente parecidos, casi siempre humanos con cabeza de animal (hasta entonces interpretados como «brujos» con máscaras), en el arte paleolítico europeo (figura 22, A) y el de otras regiones (Sáhara, Norteamérica, etc.), y que las prácticas chamánicas se hayan registrado en todos los continentes, como una especie de primera religión original de la que luego derivaron las demás, ha llevado comprensiblemente a intentar explicar el arte rupestre, sobre todo el realizado por cazadores-recolectores, como una proyección artística figurativa del mundo visionario de esos primeros «sacerdotes» de la historia humana. El que a veces los chamanes surafricanos se disfrazaran parcialmente de animales durante sus trances, igual que hicieron los norteamericanos o los siberianos (figura 22, D; véanse datos epipaleolíticos de Star Carr en la página 161), lleva a pensar alternativamente que algunas de las pinturas representaran los disfraces reales, más que las transformaciones espirituales de los curanderos. Por otro lado, una ampliación de la teoría del trance también puede explicar los signos abstractos, no como trampas o armas de caza ni como símbolos masculinos o femeninos tal como hicieron las hipótesis anteriores, sino como figuras brillantes que el cerebro del chamán veía como si estuvieran dentro de los ojos (signos entópticos) durante sus estados alterados de conciencia, según muestran los estudios psicológicos actuales con individuos que han consumido drogas alucinógenas. Tal

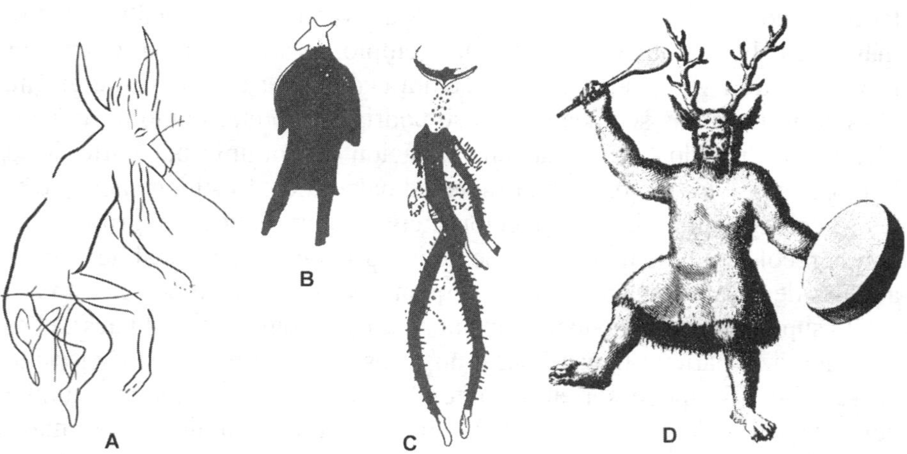

Figura 22
Teriantropos (combinación de humano y animal, en estos casos un bóvido) del arte parietal paleolítico de Europa (A) y del arte parietal de los san de Suráfrica (B-C), y figura de chamán siberiano del siglo XVIII (D). A, grabado del «brujo» de Gabillou (Dordoña, Francia); B y C, pintura de dos chamanes en trance de Game Pass en el macizo del Drakensberg (Natal, Suráfrica); D, dibujo de chamán tungús en Siberia, disfrazado con astas de ciervo, pies y manos de oso y vestido de piel, tocando el tambor, supuestamente la primera imagen de chamán llegada a Europa. A, adaptado de A. Leroi-Gourhan, *Arte y grafismo en la Europa prehistórica,* Istmo, Madrid, 1984, 189; B y C, de Lewis-Williams, 1981, fig. 28; D, de N. C. Witsen, *Noord en Oost Tartaryen,* Amsterdam, 1705 (escalas diferentes).

vez los chamanes paleolíticos alcanzaran el trance también mediante la danza y la música como en el caso de los san (aunque se conocen muchos otros casos en que se consigue con la ayuda de algún tipo de droga), pues los pocos teriantropos pintados que se conocen tienen las piernas levantadas como en una especie de baile; la música podría haber sido interpretada con la ayuda de flautas de hueso, de las que se han encontrado algunos ejemplos en las excavaciones de yacimientos de la época. Aunque, curiosamente, el fragmento más antiguo conocido de flauta, realizada como las posteriores agujereando el hueso largo de un mamífero, se conoce en un yacimiento del Paleolítico Medio (Divje Babe, Eslovenia), fechado entre 80.000-40.000 años y asociado por lo tanto con los neandertales.

Aunque ya vimos que la teoría estructuralista veía en una de las mitades opuestas representadas en el arte a la parte femenina de la sociedad, también dijimos antes que desde un punto de vista económico los animales que con tanta finura artística se copiaban sobre las rocas y en muchas piezas utilitarias de arte mueble (figura 17: 3), según indican las fuentes etnográficas actuales, debieron de ser cazados en su gran mayoría por los miembros varones de cada grupo. Por eso algunos, como James Faris, se han preguntado si todo el universo del arte, que ya Max Raphael desde una perspectiva marxista había identificado como un ejemplo de la «superestructura» que procede y a la vez justifica la estructura económica determinante en muchas si no todas las sociedades, no se podría interpretar como un montaje ideológico dirigido a respaldar una situación de dominio por parte de los hombres sobre las mujeres de la sociedad paleolítica. Si suponemos que éstas se encargaban de la reproducción y cría infantil dentro del grupo, junto con la recolección de una seguramente importante parte vegetal de la dieta, además de cazar algunos animales pequeños y tal vez de la pesca (esto último lo suponemos por analogía con situaciones etnográficas actuales), el espléndido arte parietal llegado hasta nosotros contiene muy pocos ejemplos de su labor. Tampoco son abundantes las mujeres en las escasas tumbas conservadas de la época paleolítica, que seguramente indicaban un mayor prestigio de quienes se enterraban en ellas y que son mayoritariamente masculinas. Por todo ello son tan importantes las pequeñas estatuas de mujeres (antes llamadas «venus»), realizadas en diversos materiales (piedra, cerámica, marfil, asta, etc.) que han aparecido desde Europa occidental (aunque no han sido halladas en la península Ibérica) hasta Rusia y Siberia, y que fueron realizadas durante todo el Paleolítico Superior, siendo más abundantes a comienzos del máximo glacial hace unos 25.000 años (figura 23).

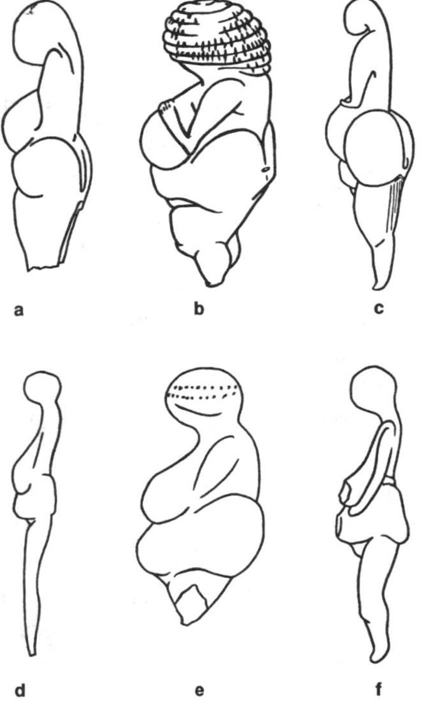

Figura 23
Vistas de perfil de varias figuras femeninas paleolíticas de época gravetiense: a, Grimaldi (Italia); b, Willendorf 1 (Austria); c, Lespugue (Francia); d y e, Gagarino 3 y 1 (Rusia); f, Kostenki 1-3 (Rusia). Tomado de Leroy McDermott, «Self-representation in Upper Palaeolithic female figurines», *Current Anthropology*, 37 (2), 1996, fig. 3.

Esto último ha llevado a pensar que fueran símbolos de alianzas entre grupos de cazadores, realizadas probablemente por intercambio de mujeres (las de un grupo se casaban con los hombres del otro y viceversa) y que las figuras pudieron representar acuerdos muy necesarios en aquellos momentos tan fríos de gran escasez de recursos y nuevas tierras disponibles. El que en muchas de ellas aparezcan exageradas las partes sexuales como pechos o caderas, mientras que los rostros apenas presentan rasgos individuales ha sido interpretado como un intento de reducir a las mujeres a un mero papel reproductor, en línea con lo antes apuntado de la ideología masculina del arte parietal, o incluso porque fueran objetos de aprendizaje sexual por parte de los varones. La magia propiciatoria, por supuesto, para favorecer la fertilidad de las mujeres en general, también fue propuesta como una de las primeras explicaciones. Una última idea es que las figuras, que a veces aparecen con vestidos y peinados elaborados, pudieran ser un símbolo general del poder o prestigio social de las mujeres, que el movimiento feminista actual ha defendido históricamente para las fases iniciales de la prehistoria (la época general del «matriarcado») y que luego se verá aún más acentuado durante los períodos neolíticos en muchas regiones, cuando las estatuas femeninas, ligadas a veces al mundo simbólico funerario, se generalizaron haciéndose muy numerosas, como veremos.

Bibliografía

Arsuaga, J. L. (1999): *El collar del neandertal: en busca de los primeros pensadores.* Temas de Hoy, Madrid.

— (2004): *El mundo de Atapuerca.* Plaza & Janés, Barcelona.

Bahn, P. G. y Vertut, J. (1996): *Images of the Ice Age.* Weidenfeld and Nicolson, Londres.

Berger, J. (2004): *El tamaño de una bolsa.* Taurus, Madrid.

Binford. L. R. (1988): *En busca del pasado. Descifrando el registro arqueológico.* Crítica, Barcelona

Bird-David, N. (1992): «Beyond 'the original affluent society'. A culturalist reformulation». *Current Anthropology*, 33, 25-47.

Blumenberg, H. (2004): *Salidas de la caverna.* Antonio Machado, Madrid.

Boëda, E. (1993): «Le débitage dicoïde et le débitage Levallois récurrent centripète». *Bulletin de la Societé Préhistorique Française*, 90 (6): 392-404.

Bogucki, P. (1999): *The Origins of Human Society.* Blackwell, Oxford.

Bordes, F. (1961): *Typologie du Paléolithique Ancien et Moyen.* CNRS, París.

Carbonell, E. y Bermúdez de Castro, J. M. (2004): *Atapuerca, perdidos en la colina:la historia humana y científica del equipo investigador.* Destino, Barcelona.

Clottes, J. y Lewis-Williams, J. D. (2001): *Los chamanes de la prehistoria.* Ariel, Barcelona.

Faris, J. (1983): «From Form to Content in the Structural Study of Aesthetic Systems». *Structure and Cognition in Art* (D. Washburn, ed.), Cambridge University Press.

Gamble, C. (1990): *El poblamiento paleolítico de Europa.* Crítica, Barcelona.

Gilman, A. (1984): «Explaining the Upper Palaeolithic Revolution». En Spriggs, M. (ed.), *Marxist Perspectives in Archaeology.* Cambridge University Press, Cambridge: 115-126.

Ingold, T. (2000): *The Perception of the Environment. Essays in Livelihood, Dwelling and Skill.* Routledge, Londres.

Jochin, M. (1987): «Late Pleistocene Refugia in Europe». En O. Soffer, ed., *The Pleistocene Old World,* Plenum Press, Nueva York: 317-331.

Lee, R. B. y DeVore, I., eds. (1968): *Man the Hunter.* Aldine, Chicago.

Leroi-Gourhan, A. (1968): *La prehistoria del arte occidental.* Gustavo Gili, Barcelona.

Lewis-Williams, J. D. (1981): *Believing and Seeing. Symbolic meanings in southern San rock paintings.* Academic Press, Londres.

— (2005): *La mente en la caverna. La conciencia y los orígenes del arte.* Akal, Madrid.

Lorblanchet, M. (1995): *Les grottes ornées de la préhistoire. Nouveaux regards.* Errance, París.

McBrearty, S. y Brooks, A. S. (2000): «The revolution that wasn't: a new interpretation of the origin of modern human behavior». *Journal of Human Evolution,* 39: 453-563.

Mellars, P. (1996): *The Neanderthal Legacy: an Archaeological Perspective from Western Europe.* Princeton University Press, Oxford.

Mellars, P. y Stringer, C. (eds.) (1989): *The Human Revolution: Behavioural and Biological Perspectives on the Origin of Modern Humans.* Edinburgh University Press, Edimburgo.

Sahlins, M. (1977): *Economía de la Edad de Piedra.* Akal, Madrid.

Sanchidrian, J. L. (2001): *Manual de arte prehistórico.* Ariel, Barcelona.

Scarre, C. (ed.) (2005): *The Human Past. World Prehistory and the Development of Human Societies.* Thames and Hudson, Londres.

Shackley, M. (1980): *Neanderthal Man.* Duckworth, Londres.

Stringer, C.; Gamble, C. (1996): *En busca de los neandertales.* Grijalbo, Barcelona.

Testart, A. (1982): *Les chasseurs-cueilleurs ou l'origine des inégalités.* Société d'Ethnographie, París.

Woodburn, J. (1982): «Egalitarian Societies». *Man,* 17: 431-451.

4. El gran cambio. Inicios de la agricultura y la domesticación

1. Naturaleza y cultura: del pensamiento salvaje al campesino

Hace unos 12.000 años comenzó el proceso de mejoría climática que llevaría al último período geológico hasta ahora, el cálido Holoceno, que no parece ser otra cosa que un interglaciar más que interrumpe la larga serie de etapas gélidas que nuestro planeta viene experimentando en los últimos millones de años. Cuando terminó la subida de temperaturas hacia 10.000 bp, comenzó la rápida historia reciente que iba a llevar a los humanos a nuestra posición actual de predominio absoluto sobre la Tierra. Claro que ya había habido antes otros períodos calientes, el último hace unos 100.000 años, sin que pasara nada ni de lejos tan importante: ¿cuál fue la diferencia fundamental de este último? Como ya vimos, durante la última glaciación, mientras la gente del norte se helaba de frío y los del sur no eran mucho más afortunados al estar gran parte de las regiones tropicales cubiertas por áridos desiertos, *Homo sapiens* se las arregló para expandirse por todos los continentes, llegando incluso a América hacia el final del período. Ésa fue la época en que los humanos no sólo hicieron frente al clima adverso sino que consiguieron, tal vez por vez primera, sobreponerse y triunfar sobre él, creando una de las fases culturales más ricas de toda la prehistoria, el Paleolítico Superior con su versátil tecnología y admirable producción artística. Un reflejo indirecto de lo que debió de ser aquello es la vida actual de los inuit circumpolares, y más todavía la de sus antepasados del primer milenio de nuestra era (culturas de Thule, Dorset y Norton), aquella «raza de gigantes» de las leyendas esquimales, que exploró y consiguió dominar el ecosistema más difícil del planeta.

Lo que vino a comienzos del Holoceno fue como un premio final para los que habían resistido las anteriores pruebas, algo extraño y que debió de notarse incluso durante el espacio de tiempo de un par de generaciones: por ejemplo, hacia 11.600 bp la temperatura media en Europa subió unos 7º C en sólo cincuenta años. Lo mismo ocurrió con la gran subida del nivel del mar al fundirse la masa de hielo continental, que dejó incomunicadas islas por todas partes (Gran Bretaña, Irlanda, Java, Sumatra, Tasmania, etc., incluso América dejó de estar unida a Asia). La tecnología marinera existente ya en ese momento permitió a los nuevos isleños mantener la comunicación con los continentes, salvo el caso de Tasmania, cuya separación de Australia era excesiva, y es posible que algunas comunidades desparecieran a causa del aislamiento. En el sureste asiático, la nueva necesidad de navegar entre tantas nuevas islas (Java, Sumatra, Borneo, Célebes, Filipinas, etc.), creó entre los austronesios, entonces recién llegados del sur de China, una costumbre que luego, durante los últimos tres mil años, les impulsó a lanzarse al descubrimiento y ocupación de todas las lejanas islas del Pacífico, hasta llegar a Hawai por el norte, Nueva Zelanda por el sur y la isla de Pascua (Rapa Nui), la más alejada de todas, por el este.

Culturalmente, al período posterior al Paleolítico se le denomina de diversas formas. La más conocida es la de Mesolítico («piedra media»), que indica un período intermedio entre la «piedra antigua» (Paleolítico) y la «piedra nueva» (Neolítico) y trae aparejada la idea de que la transición hacia la economía de producción neolítica ya estaba en marcha. Por eso la denominación parece adecuada para muchas culturas que cumplían esa condición, desde Europa hasta Japón pasando por el Sáhara, Próximo Oriente, China y la península indochina, etc., sin olvidar algunas culturas americanas. Las propias tradiciones de investigación, y el hecho de que el nombre haya sido creado en Europa, hacen que muchos arqueólogos prefieran utilizar otros términos (como por ejemplo, Período Arcaico en América) o denominaciones locales para ese período. También es habitual distinguir las culturas mesolíticas de aquellas otras que mantuvieron las formas de vida paleolíticas sin iniciar ningún proceso de cambio hasta que más tarde grupos campesinos les impulsaron u obligaron a ello, para las que se suele reservar el término de Epipaleolítico (lo que está encima o después del Paleolítico).

Claro que fue en el terreno de la economía de subsistencia donde lógicamente hubieron de tener lugar los cambios más importantes del período. La nueva abundancia provocada por el clima significaba que sin cambios en la tecnología (dominada por arcos y flechas con puntas microlíticas como ya vimos) la producción alimentaria empezó a ser mucho mayor, como atestigua el contenido de los yacimientos arqueológicos de la época. Cerca del mar, desde Norteamérica hasta Japón (cultura Jomon), pasando por Escandinavia (Erteboliense) o el norte de España (Asturiense), abundan los yacimientos de tipo conchero, con millones de conchas de moluscos (p. ej. de mejillón y lapa en el Asturiense) cuya carne proporcionó una cantidad apreciable de calorías y proteínas a los habitantes costeros. En el Sáhara toda la antigua extensión yerma de arena y piedras se cubrió de los árboles y hierbas típicos hoy de la sabana mucho más al sur, y en las orillas de sus lagos y afluentes estacionales se asentaron nuevas comunidades de pescadores que enseguida descubrieron la cerámica (como también ocurrió en la cultura Jomon), utilizada en actividades de tipo ritual femenino o bien más práctico para cocinar pescado o cereales silvestres, según algunas de las teorías en boga (figura 24). En todos esos sitios también se recolectaba y cazaba como antes, ahora ya especies de mamíferos más pequeños al haberse extinguido en todas partes (salvo en África, donde el cambio climático no fue tan brusco) la megafauna pleistocénica (mamut, rinoceronte lanudo, alce gigante, etc.). Esas actividades eran las únicas practicadas en las zonas más interiores y alejadas de las costas, como por ejemplo en el sureste europeo o el Próximo Oriente (Natufiense), región esta última donde sobresale el elevado número de especies de fauna salvaje que eran cazadas y la ocasional presencia, por primera vez, de restos de vegetales (cebada, trigo, centeno, lenteja, almendra) acompañando a los huesos animales en los sedimentos arqueológicos. Todo este amplio abanico alimenticio fue denomina-

Figura 24

Las cerámicas más antiguas encontradas hasta ahora, todavía en contextos mesolíticos, muestran una profusa decoración en su superficie: (1-3), fragmentos de la cueva Fukui (Japón), fechados en 10.500-10.000 a.C., decorados con impresiones de uñas (1-2) y cordones en relieve (3); (4-6), fragmentos de la región oriental del Nilo Azul (Sudán), fechados hacia 8000-7000 a.C., decorados con impresiones de peine doble (4), incisiones de líneas onduladas (5) e impresiones de peine múltiple (6). 1-3 tomados de I. C. Glover, «Agricultural origins in East Asia», en A. Sherratt, ed., *The Cambridge Encyclopedia of Archaeology,* Cambridge University Press, 1980; 4-5 tomados de V. M. Fernández, ed., *The Blue Nile Project. Holocene Archaeology in Central Sudan,* Complutum, 14, Madrid, 2003.

do por el arqueólogo norteamericano Kent Flannery una economía de «amplio espectro».

Unos pocos milenios después de haberse instalado esas condiciones de abundancia, un número significativo de sociedades en lugares muy distantes y desconectados del globo (lo que indica ausencia o escasez de influencia de unos sobre otros), empezaron la transición a la forma de vida campesina, con una economía productora (no depredadora, como antes) basada en la agricultura y ganadería domésticas, es decir, el Neolítico. La proximidad temporal de ambos fenómenos hace que casi todos piensen que estuvieron relacionados, aunque de una forma extraña: ¿por qué cuando más recursos naturales existen se pasa a extraer recursos artificiales? ¿Por qué se cambia de lo salvaje a lo doméstico cuando lo primero parecía haber alcanzado su triunfo definitivo, en una especie de jardín del edén?

Hasta la década de 1930 se suponía que la agricultura y el pastoreo eran un sistema intrínsecamente superior a la caza-recolección, y que el paso de una a otra había sido el resultado lógico de una evolución basada en el progreso permanente. El primero que ideó una explicación sobre la forma concreta en que se pudo haber dado ese paso fue el prestigioso arqueólogo británico Vere Gordon Childe, quien en 1936 propuso su «teoría del oasis» sobre el origen del Neolítico (aunque el norteamericano Rafael Pumpelly había tenido una idea parecida tres décadas antes). Ellos supusieron que el comienzo del Holoceno coincidió con una época de gran sequía en el norte de África y el Próximo Oriente, que llevó a concentrarse en los pocos oasis existentes al conjunto de la población humana y animal superviviente de los alrededores. Esa proximidad hizo que poco a poco los animales perdieran el miedo a los humanos, y llevó a éstos a intervenir sobre aquéllos, eliminando a los menos dóciles y alimentando y dando de beber artificialmente a los que quedaban, hasta que alcanzaron la categoría de domésticos y comenzaron a reproducirse enteramente en cautividad. Para los vegetales la teoría funciona peor pero es igualmente plausible, siempre con el principio de que la proximidad lleva al conocimiento y familiaridad, y de éstas se habría pasado a la intervención y manipulación. El problema para ésta en apariencia plausible teoría es que no se ha podido demostrar la existencia de períodos áridos significativos en las regiones citadas, sino que más bien parece que ocurrió lo contrario como vimos antes.

Es curioso que bastantes años después de abandonada la teoría de Childe, los datos de una región concreta, Egipto, parezcan sugerir que en algunas zonas pudo haber sucedido algo parecido a lo que postulaba. En el árido desierto sur-occidental de esa nación norteafricana, concretamente en los oasis de Bir Kiseiba y Nabta Playa, un equipo norteamericano-polaco descubrió restos de bóvido de unos 10.000 años de antigüedad (ca. 8.000 a.C.), en apariencia salvaje (los huesos no se distinguen de otros casos de *Bos primigenius*) pero acompañados por huesos de sólo unos pocos animales más (liebre, gacela) que indican un clima tan árido que la presencia de esos bueyes sólo es explicable si «alguien» les ayudó a superar el trauma climático, por ejemplo dándoles agua de los pozos cuyos restos han sido registrados en las excavaciones de los yacimientos. Descubrimientos más recientes en el norte de Sudán parecen apoyar lo adecuado de esta propuesta, al principio muy discutida. Aunque ya vimos que el Sáhara fue un ecosistema más húmedo de lo actual durante una gran parte del Holoceno, los hallazgos egipcios corresponden a un pequeño episodio árido al comienzo del período, cuando reducidos grupos de cazadores se quedaron aislados lejos del Nilo en valles que aún conservaban algo de humedad, siendo su respuesta más adecuada el control de los animales salvajes. Como ya veremos, es posible que de esta región provenga una gran parte, si no todos, de los bóvidos domésticos de tipo europeo (*Bos taurus*) hoy presentes en África.

Otra postura teórica que también suponía que la agricultura era algo enteramente deseable y que si no se había alcanzado antes era porque el ser humano todavía no estaba preparado para ello fue la propuesta por el norteamericano Robert Braidwood en los años cuarenta y cincuenta. La diferencia con Childe es que ahora se planteó cuál podía ser la región que más favoreció aquel «descubrimiento» y se montó una gran expedición científica para poner la hipótesis a prueba. Dentro del Próximo Oriente, Braidwood advirtió que las primeras colinas de los montes Zagros en el Kurdistán iraquí cumplían esa función, pues allí se daban los antecesores silvestres de especies tan importantes como el trigo, cebada, oveja y cabra. Acompañado de científicos naturalistas para analizar los datos biológicos en las excavaciones, encontró efectivamente la prueba de que allí había existido una de las zonas nucleares de origen de la agricultura y domesticación en un momento climáticamente adecuado durante el VII milenio a.C. (luego se descubrieron sitios más antiguos), aunque de ninguna manera que el motor del cambio hubiese sido la simple capacidad intelectual y mayor interés económico de los humanos que allí vivieron. De haberlo hecho hubiese sido algo sorprendente, por tratarse de una hipótesis de baja calidad epistemológica, tan difícil de refutar como de demostrar.

En la década de 1960 empezaron a publicarse los primeros resultados de trabajos modernos con cazadores-recolectores actuales, que como ya vimos mostraban un tipo de vida mucho más relajada que la usual imagen anterior de lucha desesperada contra el hambre. También por entonces la geógrafa danesa Ester Boserup publicó una obra fundamental que invirtió el modelo hasta entonces dominante de crecimiento demográfico y agrícola, debido en esencia al autor del siglo XIX, Robert Malthus. En vez de considerar el crecimiento alimenticio como variable independiente (tenderá a haber tanta gente como comida se les pueda ofrecer), Boserup mostró que los humanos habían seguido siempre el camino contrario, aumentando la producción o mejorando la tecnología para obtener más alimento en función del crecimiento poblacional, que era la variable determinante. Como los cazadores-recolectores mesolíticos debieron de tener unas buenas razones para cambiar un sistema tan duradero y eficaz como el suyo, la presión demográfica apareció entonces como la mejor candidata para explicar esa extraña innovación. Según el nuevo paradigma, los cazadores no fueron atraídos por la nueva economía, sino que, por el contrario, más bien se vieron forzados a ella. Algunos estudios de paleopatología en huesos del Neolítico muestran que la salud humana en aquellos tiempos no era mejor sino peor que durante el Paleolítico, coincidiendo con lo que ya se sabe del modo de vida campesino comparado con el cazador: produce bastante más alimento por unidad de superficie, y por lo tanto nutre a una mayor población, pero a costa de más trabajo.

Quien primero construyó un modelo explicativo causal basado en la presión demográfica fue Lewis R. Binford, según la siguiente secuencia: la mejoría climática aumentó los recursos, éstos hicieron innecesaria la constante movilidad de los grupos humanos en su búsqueda, este mayor sedentarismo contribuyó a relajar los mecanismos de control demográfico, y el aumento consiguiente de la población hizo necesario experimentar y acabar finalmente controlando los alimentos básicos (cereales, bóvidos, ovicápridos, etc.). Existen pocas dudas de que, en general, la vida nómada de los cazadores-recolectores está provocada por el carácter cambiante y estacional de los recursos, porque es necesario moverse cuando la comida lo hace, y parece bastante probable que la riqueza alimenticia de comienzos del Holoceno haya contribuido a sosegar aquella inquietud milenaria. Más difícil de demostrar es que el nuevo sedentarismo provocara mayores índices de natalidad y tal vez también de supervivencia infantil, en aquellos grupos. Se ha hablado mucho sobre el control demográfico entre los cazadores, mediante infanticidio, sobre todo femenino, uso de abortivos naturales, bajo nivel de grasa en las mujeres cazadoras, provocado por el ejercicio además de por una lactancia infantil prolongada durante años que retrasa los nuevos embarazos, etc. Es de suponer que todos esos comportamientos, o parte de ellos, estuvieran integrados en profundas construcciones ideológicas que no hubieron de verse muy afectadas en principio por las nuevas condiciones ambientales. Pero también es imaginable el efecto que hubo de tener aquella abundancia casi paradisíaca, el hondo optimismo que debió de calar en aquellas gentes cuando, generación tras generación, los viejos mitos fueron teniendo cada vez menos sentido, los antiguos héroes se fueron revelando cada vez más superfluos.

Para Binford, todo debió de ir muy bien en las zonas más florecientes, que él imaginó sobre todo en las costas marinas y lacustres, según la población sobrante fue ocupando de forma paulatina los territorios vacíos, hasta que éstos se acabaron y no hubo más remedio que ocupar zonas más pobres y marginales, tal vez en el interior y lejos del agua. Tuvo que ser en esas regiones precisamente donde la gente no tuvo más remedio que lanzarse por el nuevo camino. Pero el hecho de que las primeras sociedades neolíticas no hayan aparecido en zonas especialmente difíciles, ni se hayan podido documentar ejemplos de migraciones hacia las tierras interiores, ha provocado que la tesis de Binford sufriera algunas críticas. No obstante, como modelo global generalizado, aplicable a muchas causas y situaciones diferentes en las que pudo existir un «rebosamiento» de la gente, cada vez más numerosa, sigue conservando parte de su atractivo.

Aunque los biólogos afirman que los cambios genéticos necesarios para que una planta salvaje pase a ser doméstica pueden producirse rápidamente, tal vez en el espacio de sólo unos pocos siglos, también es cierto, como veremos, que el proceso puede interrumpirse muy fácilmente y resultar al final mucho más largo. Parece bastante probable que aquellos tanteadores de plantas y de animales (éstos con un proceso más largo) no debieron de ser conscientes en ningún momento de hacia dónde llevaba el camino que estaban siguiendo. Para algunos arqueólogos que aplican el paradigma orgánico evolucionista al comportamiento humano (tal vez con más razón en un caso en que intervienen decisivamente otras especies biológicas), como David Rindos, la domesticación vegetal se habría producido al final de un largo proceso de relaciones entre humanos y plantas —en las que no cabe lógicamente ningún tipo de intencionalidad porque simplemente los mecanismos de selección genética actúan aleatoriamente y a muy largo plazo—, que causaría una gradual adaptación de unos a otras en aras de un inconsciente pero indudable beneficio mutuo. Al principio la gente protegería algunas plantas, arrancando las malas hierbas, regando en caso necesario, quizás plantando semillas esporádicamente en zonas mejores, etc. Ello provocaría la aparición de zonas especiales donde las plantas se desarrollaron naturalmente pero de forma más expansiva, hasta que finalmente el largo proceso de influjo recíproco (humanos escogiendo las plantas más gustosas, y éstas produciendo mayor cantidad de esos tipos) derivaría en los cambios genéticos definitivos y unas prácticas agrícolas estables como las que esencialmente han durado hasta hoy día. La hipótesis se refuerza porque se conocen todavía hoy muchos casos etnográficos de horticultura «intermedia» (por ejemplo, en África con el ñame o la palma aceitera), en los que las plantas son genéticamente iguales a las silvestres (es decir, *son* silvestres), pero la intervención humana es decisiva para su desarrollo y explotación. Aunque aceptada únicamente en los ambientes arqueológicos más influidos por el darwinismo y la sociobiología, la hipótesis «seleccionista cultural» de Rindos merece ser elogiada aunque sólo sea por estar construida sin tener en cuenta dos elementos básicos de las demás teorías: intencionalidad y presión demográfica.

Claro que negar la intencionalidad supone descartar un elemento básico de la conducta humana, aquel que precisamente enfoca el último grupo de teorías sobre el comienzo del Neolítico que vamos a ver, hipótesis antiecológicas o antifuncionalistas que postulan que no fue directamente el hambre, originada por la escasez de recursos o el aumento de la población, la causa de la agricultura y la domesticación, sino procesos más complejos de orden social y cultural. En esta línea están quienes piensan que las primeras plantas domesticadas lo fueron por tener un sabor especial, picante o más sabroso que el resto, y que por eso se debieron de utilizar en pequeñas cantidades para diversificar el resto de los alimentos, más que para constituir la comida principal. Eso piensa el arqueólogo canadiense Brian Hayden, que recuerda cómo los primeros cultígenos domésticos de América o Japón no fueron luego alimentos importantes: guindillas, calabazas, aguacates, cáñamo, menta, etc., y cómo hasta hace poco existían grupos recolectores que practicaban una «pequeña» agricultura, destinada a obtener ciertos alimentos, costosos y apreciados, que se consumían en fiestas especiales para mayor prestigio de sus líderes (figura 25). El mismo autor avanza una explicación completa de la transición a la economía de producción que parte de la división descrita en el capítulo anterior, entre cazadores-recolectores «generalistas», que explotan recursos poco abundantes o impredecibles, difíciles de almacenar y que no favorecen la competencia por los mismos, y cazadores-recolectores «complejos» que consumen recursos abundantes, predecibles y fácilmente almacenables. Los primeros fueron los únicos durante la mayor parte del Paleolítico y aún hoy ocupan algunas pequeñas zonas de escasos recursos, mientras que los segundos aparecieron al final del Paleolítico y se expandieron en las economías de amplio espectro del Mesolítico. Para los cazadores generalistas la competencia por la acumulación de recursos no resulta en absoluto adaptativa, triunfando por el contrario una especie de «ideología del reparto» entre todos los miembros del grupo donde la sola idea de destacar sobre los demás es anatema. En el otro extremo, la abundancia típica de los cazadores complejos permite obviar dicha actitud, surgiendo enseguida individuos competitivos que tratarán de conseguir influencia mediante la apropiación de recursos alimenticios, sobre todo aquéllos considerados como lujos o golosinas y que son difíciles de adquirir, para ofrecerlos a sus seguidores en forma de fiestas más o menos derrochadoras, de las que conocemos abundantes ejemplos recientes en el registro etnográfico (*potlach*, *kula*, etc.). La intensificación de esta conducta sería la responsable de una búsqueda cada vez más sistemática de tales elementos naturales, lo que acabaría llevando, tras un período que pudo ser muy largo, a la agricultura institucionalizada.

El problema de la teoría anterior, que alguien llamó de «la prosperidad por la acción competitiva», es precisamente cómo explicar la aparición de esos «acumuladores» (para los que Hayden usó el término de Nimrod, «el poderoso cazador» nieto de Noé que según el Génesis creó los primeros imperios tras el «diluvio universal») en una sociedad que llevaba incontables milenios sustentándose en la ideología igualitaria. Algunos, como Kent Flannery o Peter Bogucki, buscan su causa en la aparición por entonces de la «unidad familiar» básica e independiente, identificada con la cabaña individual que se hace común en los poblados sedentarios (antes todos vivían y dormían en un espacio común) y que probablemente ya se enfrentaba a

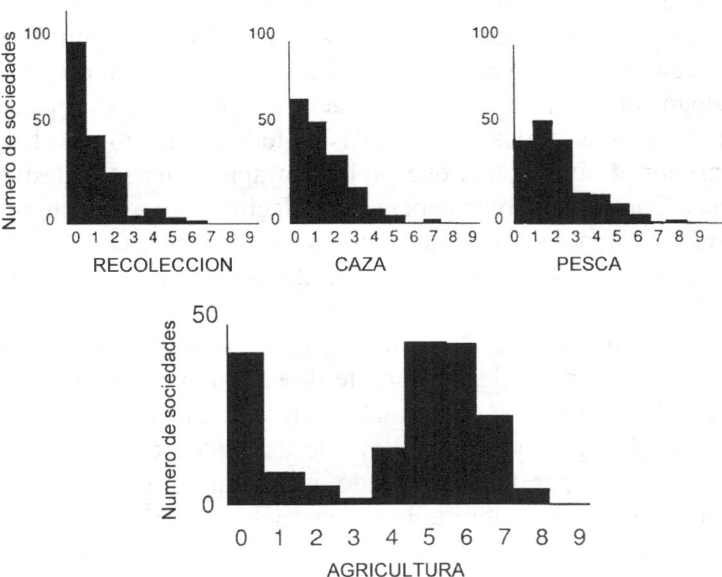

Figura 25
Histogramas que muestran el grado de dependencia de las sociedades tradicionales recientes en cuatro formas de subsistencia: recolección vegetal, caza, pesca y agricultura. Los ejes verticales muestran el número de sociedades (de un total de 200 estudiadas) y los horizontales la escala relativa de dependencia definida por George P. Murdock, medida en porcentaje del total de alimento consumido (0 = 0-5%, 1 = 6-15%... 9 = 86-100%). Para las tres primeras formas, la curva unimodal asimétrica indica que las sociedades actuales recurren muy poco a ellas, pues en su mayoría obtienen menos de un 5% del alimento de la recolección, caza y pesca (barra negra de la izquierda). Por el contrario, para la agricultura se observa un extraño patrón bimodal, con un grupo relativamente grande de sociedades que recurren poco a ella y que consumen los productos agrícolas en contextos especiales como las fiestas competitivas (barras de la izquierda), y otro mayor que los tiene como alimento normal con una producción mucho mayor (barras de la derecha). Datos del Atlas etnográfico de G. P. Murdock, Ethnology, 6-2, 1967; figura tomada de E. Hunn y N. Williams, eds. *Resource Managers: North American and Australian Hunter-gatherers,* Westview Press, Boulder-Colorado, 1982, p. 6.

las demás por la consecución de los recursos. Pero colocar en un momento tan antiguo esa institución, hoy dominante, hace sospechar de una clara proyección hacia el pasado de nuestras categorías mentales de la sociedad competitiva de mercado. Porque ocurre que cuanto más sabemos de los cazadores-recolectores más percibimos que las creencias culturales que sustentan hoy nuestra sociedad occidental no provienen de ninguna «naturaleza humana» universal, y son muchos los que, como Tim Ingold, opinan que las mismas ideas de prestigio, ostentación y competencia son totalmente ajenas al estilo de vida de los cazadores. Por eso es probable que existieran fuertes resistencias a abandonar la reciprocidad generalizada como forma universal de asignación económica, anterior a la redistribución que será luego dominante en las sociedades tribales del Neolítico, resistencias a dejar para siempre el estado natural de «subversión de los fundamentos de toda sociedad», en palabras de Ingold. En este mismo sentido argumentó el antropólogo francés Pierre Clastres, haciendo ver que las sociedades recolectoras están organizadas y preparadas en todo momento para hacer frente a la aparición de individuos que pretendan aprovecharse y destacar sobre los demás. Como esta circunstancia está relacionada con la acumulación de excedentes, el afán de estos grupos no es producir más sino todo lo contrario, «subproducir»: las sociedades primitivas son «máquinas antiproducción».

El cultivo agrícola y la domesticación animal se basan también en una aproximación a la naturaleza diferente de la visión personalizada que tienen de ella los cazadores, como una madre que cuida de sus hijos. De alguna forma, el largo camino que llevó desde la sociedad *primitiva* a la sociedad *campesina*, para acabar viendo a la naturaleza como una enemiga que hay que dominar y sobre todo poseer, debió de iniciarse entre los últimos cazadores-recolectores complejos del Paleolítico Superior y sobre todo del Mesolítico. Ese paso de la *confianza* al *dominio* implica también un cambio en el concepto de la geografía, como ha señalado Felipe Criado para la misma transición en Galicia: se pasa de una idea abierta del *paisaje*, del que se forma parte en una relación móvil y al que se contribuye para su reproducción, a una concepción limitada del *territorio* que comprende sólo aquellas zonas que se explotan económicamente y son poseídas por el grupo. Como veremos, el proceso no terminó con las primeras prácticas agrícolas, generalmente móviles de roza (horticultura), sino con la llegada de una agricultura más estable de arado al final del Neolítico y durante la Edad del Bronce. Otros arqueólogos estructuralistas, como los británicos Ian Hodder y Julian Thomas o la española Almudena Hernando, han intentado acercarse al pensamiento de aquellos tiempos, partiendo de que las cosas han de ser pensadas antes de ponerlas en práctica, y es posible inferir algunos aspectos de aquella mentalidad a partir de sus hechos tal como han sido recuperados por la arqueología. Más que unas nuevas prácticas económicas, el Neolítico sería un conjunto de nuevas ideas que acabaron imponiéndose sobre la antigua concepción del mundo. Hodder ve este período como la etapa definitiva de un largo proceso humano de apropiación de la naturaleza por parte de la cultura, de lo salvaje por lo doméstico, del campo (*ager*) por la casa (*domus*). Desde la primera búsqueda de simetría en un bifaz achelense (figura 10), pasando por las imágenes de animales salvajes del arte paleolítico superior (figura 20), hasta las curiosas representaciones de otros animales (bóvido, buitre, leopardo, jabalí, ciervo) en algunas viviendas neolíticas como las de Çatal Hüyük (Turquía) (figura 26), o las tumbas humanas que se excavan bajo las mismas casas en muchos poblados neolíticos (más tarde serán las grandes tumbas colectivas del período megalítico las que simbolicen las casas), es posible detectar una línea continua de intento de control de lo salvaje, cuyos logros concretos habrían sido una fuente de prestigio y poder personal y grupal. Para Thomas, más importante que la economía productiva, que en algunas zonas como Inglaterra tarda mucho en ser asumida plenamente, continuando las prácticas predatorias anteriores durante largo tiempo, es la nueva mentalidad que viene acompañando desde el principio y otorgando prestigio a los diferentes materiales neolíticos (cerámica, hachas pulimentadas, etc.), lo que implica asimismo una separación de los humanos de la naturaleza. Por su parte, Almudena Hernando ha destacado el final que se produjo entonces del modo de vida de las sociedades cazadoras-recolectoras, que tenían una escasa complejidad socioeconómica e insuficiente control de la realidad material, además de una identidad personal basada en una fuerte cohesión e identificación entre sus miembros, los cuales construyen su idea de la realidad basándose en parámetros espaciales y utilizan la *metonimia*, y su expresión mayor, el mito, para representarla mentalmente. Los grupos neolíticos son los primeros que comienzan a tener una cierta complejidad socioeconómica y a controlar una realidad ahora más inocua, con una identidad personal individualizada y basada en la independencia y diferenciación de sus miembros, que construyen su idea de la realidad mediante parámetros temporales y empiezan a utilizar ya la *metáfora*, modo de representación que luego alcanzará su expresión máxima en la ciencia.

Desde una perspectiva materialista, por último, se ha hecho hincapié, entre otros por Antonio Gilman o Juan Vicent, en el paso de un sistema económico de intercambio definido por la reciprocidad positiva universal (todos dan, todos toman) a otro en que continúa la reciprocidad positiva interna pero la externa, es decir, cuando se practica con miembros de otros grupos, es negativa (dar sólo a cambio de algo). En el primero, característico de los cazadores, no hay división de funciones, existen relaciones de parentesco abiertas entre todos sus miembros y la generosidad universal sirve para hacer frente a la escasez de recursos, mientras el segundo es propio de las sociedades campesinas, cuando la mayor demografía y la propiedad de la tierra incitan a un sistema de parentesco ya restringido y a la distinción entre «nosotros» y «ellos». Es probable que fuera entonces cuando surgieron los sistemas de parentesco unilineales (patri y matrilineales) y las divisiones en clanes o linajes excluyentes, es decir, la partición de la sociedad (abandonando la flexible y cambiante «banda» de antes) en grupos más amplios pero fijos y a veces enfrentados, por la necesidad de negar el acceso de los extraños a los recursos propios. Se trata del llamado modo de producción doméstico, que vino a segmentar ese mundo anterior tal vez organizado sólo por el género, en el que únicamente había hombres y mujeres. Una división mayor del nuevo sistema serán las familias extendidas, generalmente poligínicas (un marido con varias mujeres), y a su vez integradas en distintos linajes, en función de

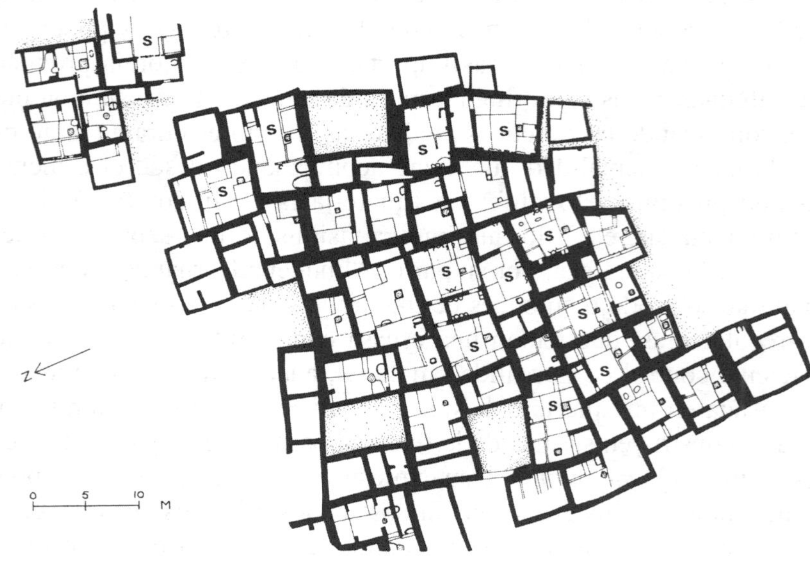

Figura 26

Arriba, planta del nivel VIB del poblado neolítico de Çatal Hüyük (Anatolia, Turquía), fechado hacia 6000 a.C. Las viviendas marcadas con una «S» se interpretaron como santuarios por la presencia de estatuas humanas y de animales, y por los relieves y decoración pintada en las paredes; en su situación se aprecia que cada uno de ellos quizás servía a un grupo de varias habitaciones normales situadas a su alrededor. Abajo, reconstrucción imaginada de los rituales que pudieron tener lugar en esos santuarios: varias sacerdotisas con máscaras de buitre presentan ofrendas de cráneos humanos a las grandes cabezas de bóvidos, caprinos y senos femeninos esculpidas en las paredes; en la del fondo se ven dibujos de buitres con piernas humanas encima de humanos descabezados; en la habitación se hallaron cráneos humanos incrustados bajo las pinturas de buitres y metidos en cestas bajo los bóvidos. Tomado de J. Mellaart, *Earliest Civilisations of the Near East,* Thames & Hudson, Londres, 1965, figs. 68 y 86.

su relación de parentesco con algún antecesor real o mítico. A este sistema se le ha llamado modo de producción «ordenado por el parentesco», cuando todas las relaciones económicas se expresan en función de relaciones y obligaciones de parentesco (el hijo trabaja para el padre, o para el hermano de la madre, ésta para el marido y sus hermanos, etc.). En una organización así las ocasiones para la asimetría social fueron en aumento, hasta derivar en las sociedades desiguales y jerarquizadas que veremos en el siguiente capítulo.

2. El control de plantas y animales

El proceso de dominio de la naturaleza referido en el apartado anterior, además de todos sus importantes aspectos simbólicos e ideológicos, materialmente consistió en transformar ciertas especies biológicas creando otras nuevas, que son las que hoy explotamos y que están tan adaptadas a la ayuda y control de los humanos que prácticamente ya no pueden volver a su anterior forma de vida salvaje. Al tratarse de nuevas especies genéticas, están imposibilitadas para la relación reproductiva con las especies silvestres de las que proceden. Este aislamiento genético se alcanzó mediante diversos procesos inducidos, a menudo inconscientes, como vimos, que fueron seleccionando plantas más aprovechables y animales más dóciles. Las primeras llevaron a la aparición de la *agricultura*, que supuso un cambio radical en la relación humana con el medio: primero la limpieza de bosques y selvas mediante la tala de árboles y quema de la madera («roza y quema»), más tarde el abonado, siembra de cereales de grano duro susceptibles de ser almacenados durante largo tiempo, aplicación de nuevas tecnologías como azadas y layas, luego el arado y el regadío, la división de los campos sembrados, etc. En este apartado veremos la información más reciente sobre cómo se produjeron los primeros cambios para los vegetales cultivados y animales domésticos más importantes (tabla 2).

Históricamente se sabe que los humanos hemos usado más de 7.000 plantas diferentes, de las que hoy sólo cultivamos unas 150. La culpa de esta enorme reducción radica en la producción intensiva en la economía actual de mercado, que busca sobre todo mejorar el rendimiento económico de la agricultura y va desechando las plantas menos eficaces, y por eso la mayor variedad se conserva todavía hoy en las zonas más pobres donde se practica una agricultura de subsistencia. Con la intención de preservar la variación genética vegetal, que puede ser esencial en el futuro ante la desaparición de especies por enfermedades o plagas que obliguen a recurrir a otras variedades, se ha proyectado hace poco un búnker hermético para conservar varios millones de semillas congeladas, que se piensa instalar en las zonas más frías cercanas al Polo Norte.

Tabla 2 Cronología esquemática de la domesticación y agricultura en diferentes regiones (adaptada de Bogucki 1999, fig. 5.1)

SO de Asia	Centeno, higo	Trigo, cebada, legumbres, cabra, oveja, vaca, cerdo					Camello		
Sur de Asia				Vaca, gallina	Algodón				
Este de Asia				Arroz, mijo	Cerdo, búfalo				
África					Asno	Gato	Mijo, sorgo	Ñame, palma	
Meso-América		Calabaza		Calabaza	Haba, chile	Maíz			
Norte-América							Girasol, chenópodo, saúco		
Sur-América			Mandioca, calabaza	Calabaza, haba			Llama, alpaca, algodón, patata		
	8000 a.C.		6000 a.C.		4000 a.C.		2000 a.C.		0

Un experimento con cereales silvestres llevado a cabo en Turquía demostró que con lo recolectado durante tres semanas una familia podía alimentarse por un año. Entonces, ¿por qué cambiar esa forma de subsistencia? En un yacimiento del norte de Siria, Tell Abu Hureyra, tenemos una posible respuesta: allí vivía un pequeño grupo de gente hacia 11.000 a.C., todavía en el Pleistoceno pero aprovechando la mejoría climática antes del último pico glacial (Dryas Reciente), cazando sobre todo gacelas y recolectando una gran variedad de especies vegetales. Esta forma de vida ya casi sedentaria no era completamente nueva, según demuestran yacimientos más antiguos como Ohalo II en Israel (c. 18.000 a.C.). Al volver de nuevo el frío algunas especies silvestres como las ciruelas y almendras empezaron a escasear, y entonces la comunidad se concentró en el cultivo intensivo de un cereal no demasiado atractivo en comparación y que además exigía un gran trabajo de procesado, el centeno, que con los datos actuales parece haber sido el primer cereal (y la primera planta) cultivado, unos 10.000 años antes de la era cristiana. (Hacia la misma época parece haberse también producido la aparición de una especie cultivada de higuera, cuyos frutos se almacenaron secos de forma muy parecida a la actual, según datos recientes del sitio de Gilgal I en Israel.) Más tarde, no sabemos qué hicieron y adónde fueron aquellas gentes cuando dejaron Abu Hureyra hacia 9600 a.C., pero el caso es que varios siglos más tarde vemos que en la zona no se volvió a cultivar el centeno, sino algunas legumbres (guisantes, judías, lentejas, garbanzos) y dos cereales más agradecidos y que formarán después la base agrícola no sólo del Próximo Oriente sino de todo el sur de Europa y norte de África, siendo todavía hoy dos de los alimentos más importantes del planeta: el trigo y la cebada. Al comienzo del período llamado Neolítico Acerámico (o Precerámico) Antiguo, hacia 9500 a.C., los yacimientos del Próximo Oriente, entre ellos el famoso Jericó en Israel, ya presentan bastantes restos de granos de cereales, usualmente carbonizados, lo que dificulta su clasificación como silvestres o cultivados, pues el quemado modifica su forma y dimensiones. Cuando empezó la transición al Acerámico Reciente, hacia 8800 a.C., los cereales cultivados aparecen ya en todos los yacimientos del piedemonte —justo en la zona que R. Braidwood había predicho como la más adecuada, según vimos en el apartado anterior—, siendo la cebada más abundante en la zona sur y el trigo en el norte. Es curioso que el período, de unos mil años aproximadamente, que vio el nacimiento de la agricultura más antigua conocida, haya sido precisamente el que siguió al frío Dryas Reciente (que terminó hacia 9600 a.C.), cuando comenzó el verdadero óptimo climático del Holoceno y por ello hubiese sido más lógico continuar o volver a la simple recolección. Tal vez los cambios demográficos producidos antes, el remonte de la población por encima de lo soportable por una economía depredadora, o transformaciones ideológicas de una índole más compleja, hayan hecho ya imposible la marcha atrás.

Uno de los cambios que sufrieron los cereales al pasar a cultivados es el aumento del tamaño (figura 27, A-B), y por ello algunos investigadores creen suficiente el dato de una subida del porcentaje de granos grandes en los yacimientos (por ejemplo, del 30% en Netiv Hagdud, cerca de Jericó) respecto a lo normal en la especie silvestre (10%), para considerar que ya estamos ante la especie cultivada. Esa dimensión mayor se debe a que los humanos escogieron lógicamente los granos más grandes, tanto para comer como para luego sembrarlos, provocando su mayor presencia, es decir, seleccionando los genes de mayor tamaño en las variedades cultivadas. Otro cambio morfológico interesante afecta a la unión (raquis) entre los granos y las espigas (figura 27, C-D). En los cereales silvestres el raquis es más bien frágil, y en cuanto el grano madura ya no lo sostiene y éste cae empujado por el viento, para luego germinar en algún lugar próximo, mientras en los cultivados es más duro y flexible y sólo se desprende durante el trillado de los granos. Cuando el método de recolección o cosecha consiste en golpear el tallo de la planta o tirar de los granos para recogerlos en el suelo o una cesta, entonces se estará siguiendo un proceso similar al natural y no se producirán cambios genéticos en la planta. Si, por el contrario, se corta o se arranca la planta completa y se llevan las espigas para procesarlas y consumirlas en un lugar más alejado, los granos más sueltos se caerán al cortar y durante el camino, y los que luego se coman y planten serán los que permanezcan por estar más adheridos, es decir, los que tengan un raquis más fuerte. Los hallazgos de hoces en yacimientos del Natufiense (la última fase cultural epipaleolítica en el Próximo Oriente, véase apartado siguiente), en forma de mangos de madera con microlitos insertados para formar un filo continuo (figura 16), sugieren que por entonces se empezó ya a cortar los cereales y a plantar las semillas seguramente en zonas especiales, tal vez los suelos húmedos de las orillas de ríos

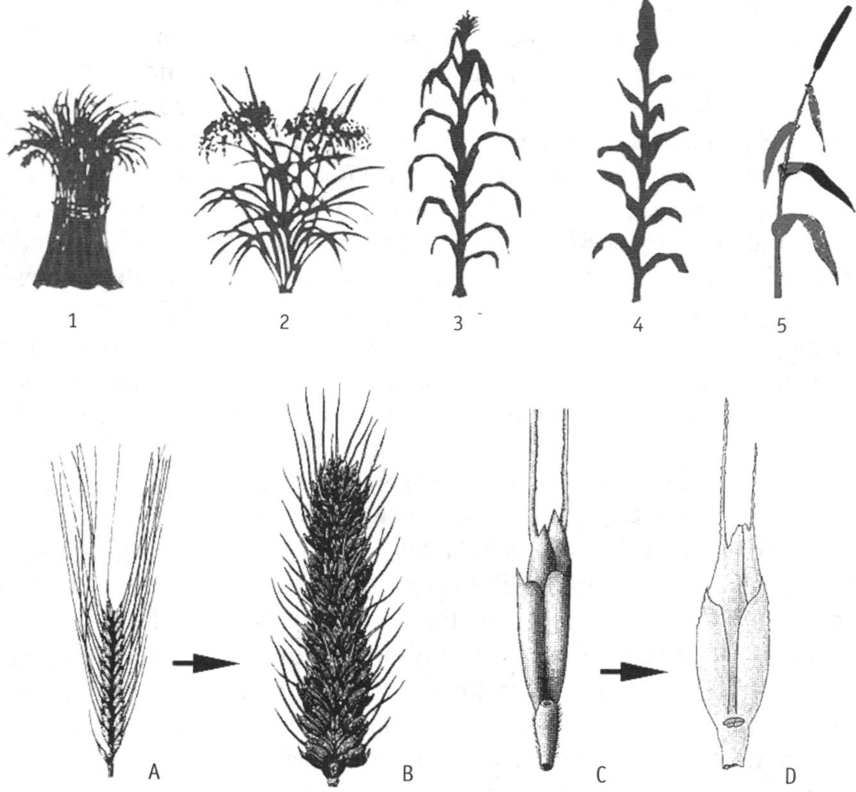

Figura 27

Arriba, los principales cereales cultivados desde el Neolítico: 1) trigo, 2) arroz, 3) maíz, 4) sorgo, 5) mijo africano. Abajo, cambios morfológicos producidos en el paso de los cereales silvestres (A y C) a los cultivados (B y D): aumento de tamaño de la espiga y los granos, desde el *Triticum boeticum* (genéticamente diploide, A) hasta el trigo hoy usado para el pan, *Triticum aestivum vulgare* (hexaploide, B), y variación de la base que une el grano con la espiga (raquis, en este caso de la cebada), desde la forma silvestre fina y rígida (C) a la cultivada más grande y flexible que mantiene unido el grano por más tiempo (D).

o fuentes, provocando una selección a favor del cambio del raquis. Ese alejamiento del hábitat natural también es esencial para todo el proceso, porque si se quedaran cerca de las plantas silvestres se producirían frecuentes hibridaciones entre ambos tipos, dificultando lógicamente el surgimiento de una nueva especie diferenciada.

En el caso de los dos cereales que se comenzaron a cultivar en el África subsahariana, el sorgo y el mijo (figura 27: 4-5), el proceso fue diferente al anterior. Ocurre que en los yacimientos arqueológicos conocidos no se han encontrado granos de las especies domésticas hasta una fecha relativamente reciente, el primer milenio a.C., en la región del Sahel justo al sur del Sáhara (figura 28). Pero el sorgo cultivado aparece en yacimientos asiáticos (Arabia, India) unos dos mil años antes, y como en Asia no existe ninguna variedad silvestre del mismo, está claro que la doméstica tuvo que venir ya en ese estado desde África. Aunque una investigación más profunda de este continente tan mal conocido podría acabar ofreciendo datos de sorgo y mijo cultivados más antiguos, también es posible que ambos cereales fueran domesticados realmente desde una fecha más antigua, pero con métodos que apenas introdujeron cambios genéticos —por ejemplo sacudiendo la planta como todavía hacen hoy algunos pueblos del Sáhara (tuareg)— y por eso los granos que vemos en los yacimientos parecen silvestres aunque no lo fueran realmente. Los tallos de esos cereales tropicales son más duros que los del trigo, cebada y otros cereales del norte, y no pueden ser cortados fácilmente con las hoces de microlitos enmangados y filo de piedra, y quizás por eso no lo fueron hasta que no se introdujo el hierro en África, durante el primer milenio a.C.: sólo entonces, al cortar los tallos con hoces de ese metal, se habrían producido cambios genéticos y morfológicos apreciables en las semillas. En las tierras altas de Etiopía se domesticaron otras plantas exclusivas de allí, como el teff y el nug, además del ensete o plátano africano (el común, o asiático, llegó a África durante el primer milenio a.C.), y en las áreas selváticas centrales se hizo lo propio con la palma aceitera y un tubérculo, el ñame. Mientras al norte del Sáhara, como en toda la zona mediterránea, se produjo la expansión de los cultivos próximo-orientales (trigo y cebada, más tarde vid y olivo), usando el arado y siendo a menudo indispensable el regadío por la escasez de lluvias (por ejemplo en el Egipto faraónico), en toda la región subsahariana la agricultura de sorgo y mijo conservó rasgos tradicionales, como el uso exclusivo de la azada y sin llegar a conocer el arado hasta fechas recientes.

En Asia empezó el cultivo de una planta que hoy tiene una importancia económica mundial, el arroz. Aunque se han encontrado granos de arroz en yacimientos situados en la región donde hoy se produce más intensamente, el sur y sureste asiático, son casi todos de fecha relativamente reciente (segundo milenio a.C.), y los más antiguos hasta ahora se han descubierto en el límite septentrional del área del arroz silvestre, dos cuevas del centro de China, Diaotonghuan y Xianredong al sur del río Yangzi. En su estratigra-

Figura 28

De la importancia simbólica de los cereales y la primera agricultura tenemos un testimonio claro en este grabado sobre roca de Jebel Qeili, cerca de Jartum (Sudán central): el rey meroítico Sherkarer (siglo I d.C.) recibe de un dios (con rayos en la cabeza) a varios enemigos encadenados mientras otros están atados bajo el rey o caen hacia abajo a la derecha, según la clásica iconografía faraónica del Nilo, pero la donación principal, en la mano derecha del dios, es una espiga de sorgo cultivado. Según F. Hintze, «Preliminary Report on the Butana Expedition 1958», *Kush,* 7, p. 190; el rey mide 125 cm de alto; la escena no se presenta completa.

fía se ve cómo los fitolitos (partes sólidas microscópicas de la planta) de arroz silvestre recolectado son abundantes en la fase caliente anterior al Dryas Reciente, disminuyen durante éste y vuelven a aumentar cuando vuelve el calor y sobre todo durante el largo período cálido entre 8000 y 6000 a.C. La mitad de los fitolitos parecen corresponder todavía a variedades silvestres, pero la otra mitad era ya probablemente de la especie cultivada, mostrando que estamos ante un período relativamente largo de transición entre la recolección y la agricultura. También en esos mismos niveles de ambas cuevas aparecen los primeros fragmentos cerámicos, un ejemplo más de la asociación de la agricultura con los contenedores, necesarios para almacenar y procesar los granos cultivados. Más al norte, en el valle del Río Amarillo, se cultivó desde 6000 a.C. otra planta diferente, adaptada a climas más fríos, la especie de mijo septentrional conocida como de «cola de zorro», cuyos granos cultivados aparecen de repente, sin que se conozcan todavía yacimientos de transición con datos del paso desde la forma silvestre. El cultivo de esta planta será luego fundamental durante los períodos clásicos del Neolítico chino, en la cultura de Yangshao y otras relacionadas desde poco antes de 5000 a.C.

La planta más importante cultivada en América fue el maíz, además de otras especies asimismo valiosas, como varios tipos de calabaza (cucurbitáceas), judías, guindilla, amaranto, cacao, algodón, patata, etc. Los restos más antiguos son de calabazas, en el yacimiento de Guilá Naquitz (Oaxaca, México), fechadas hacia 8000 a.C., entre ellas la de forma de botella que parece haber llegado desde África flotando a través del Atlántico y que muy pronto se usó también aquí como contenedor de líquidos. Esas plantas no tuvieron compañeras hasta bastante después, ya que el maíz cultivado más antiguo, también registrado en el yacimiento anterior, y derivado de una forma silvestre (teosinte), no aparece hasta 4300 a.C. Al igual que con otros cereales que ya vimos, también aquí el cambio consistió en aumentar el tamaño de la mazorca y el número de granos, con una fijación más fuerte de éstos mediante un raquis más duro. Entre 4500 y 2500, el llamado período Arcaico, se produjo la transición hacia la plena economía agrícola en Mesoamérica para desplazarse después paulatinamente a gran parte del continente, aunque en el momento del Descubrimiento todavía grandes regiones al sur y el norte de América estaban ocupadas por grupos de cazadores-recolectores.

El primer animal domesticado fue aquel que, quizás precisamente por esa misma antigüedad, todavía muchos hoy consideran nuestro compañero más fiel: el perro. Es curioso que no fuera domado en el contexto de una economía productiva sino antes, durante el Paleolítico y como una ayuda para la caza. Posiblemente los lobos estuvieron siguiendo y compitiendo con los humanos por la captura de los herbívoros durante muchos milenios, y en ese ámbito de proximidad pudo comenzar la domesticación, cuando los humanos ayudaran a manadas hambrientas o a crías abandonadas; el instinto de obediencia de esos animales a sus machos dominantes, reemplazados ahora por nuestros antepasados, debió de hacer el resto. Como prueba tenemos el hallazgo de huesos de perros domésticos en yacimientos de hace más de 10.000 años en el norte de Europa y el Próximo Oriente, mientras que el análisis del ADN muestra que la separación genética de perros y lobos se produjo hace unos 14.000 años como mínimo. Otro aspecto interesante de este animal es que, aunque su carne ha sido y es comida por algunas sociedades, y se conocen restos de huesos consumidos en yacimientos prehistóricos, en la mayoría de los casos no parece haber ocurrido de esta forma, y el perro fue mantenido únicamente por su gran ayuda en la caza, o el transporte en menos ocasiones. Del gran aprecio en que se le tenía dan testimonio varios yacimientos mesolíticos, tan alejados entre sí como Skateholm (Suecia), Koster (Estados Unidos) o Ain Mallaha (Israel), donde se conocen tumbas de perros, a veces acompañando a sus amos pero en general solos en sus propias fosas, que solían contener incluso ajuares como ocre o astas de cérvidos al igual que las humanas.

No todos los animales con interés alimenticio o económico para los humanos son susceptibles de domesticación. Algunos intentos recientes, como el del alce, han mostrado los problemas de conseguir el aislamiento genético de los animales, incluso con todas las técnicas actuales. De hecho, la cabaña doméstica actual que acompaña a los humanos es muy reducida, apenas 14 especies de un total de 148 que podrían haber sido incorporados a nuestra economía: vaca, cabra, oveja, cerdo, caballo, asno, camello, búfalo o llama entre los herbívoros terrestres, además del conejo, gallina, gato o pavo como los más importantes. Especies que eran muy cazadas al final del Paleolítico, como los ciervos en zonas frías o las gacelas en las cálidas, nunca fueron domesticadas con éxito. Por otro lado, hoy sabemos que el estrecho contacto que hemos tenido con esos animales durante los últimos milenios no sólo nos ha traído indudables ventajas, sino también algunos inconvenientes como la propagación de enfermedades suyas mediante mutaciones, como el caso de la tuberculosis, probablemente derivada de los bóvidos, o las hoy temibles gripes aviares procedentes de las aves domésticas.

A los especialistas les resulta a veces difícil distinguir entre los huesos de un animal doméstico y los de su antecesor salvaje, pues los cambios pueden ser poco importantes y poco perceptibles al comienzo del proceso. Por eso a veces, al igual que vimos con las plantas, se utilizan indicios indirectos, como por ejemplo un porcentaje alto de individuos infantiles sacrificados (corderos, terneras, etc.), algo más frecuente cuando se dispone de rebaños cautivos pero que también puede ocurrir ocasionalmente como resultado de ciertas estrategias de caza, centradas en los animales más débiles de las manadas. Bovinos y caprinos redujeron su tamaño en la domesticación, tanto del cuerpo como de la cornamenta: ambos caracteres están relacionados con su agresividad y parece natural que para domarlos se fueran seleccionando aquellos ejemplares más dóciles y por tanto más pequeños; también se observa una disminución de la diferencia de dimensiones entre animales machos y hembras. Al inicio del período Acerámico Reciente, hacia 8500 a.C., y de forma en apariencia casi simultánea y sólo un poco más tarde que los primeros cereales cultivados, aparecen huesos de bóvidos domésticos en Çayönü (Turquía), de cabra en Ganj Dareh (Irán) y de oveja en el sureste de Turquía y norte de Siria. Al comienzo, las ovejas tenían cuernos y piel peluda como las cabras, siendo la variedad actual lanuda resultado de una selección relativamente reciente. La gente de aquellos primeros grupos de agricultores-pastores ya sabía navegar, porque sólo un milenio más tarde, a finales del octavo antes de Cristo, ya había bóvidos, caprinos y cerdos domésticos en la isla de Chipre. A partir de Turquía la economía neolítica (al completo: trigo y cebada, vacas, ovejas y cabras) fue penetrando en Europa, a una velocidad tal (1,3 km al año de media) que la explicación más aceptada es que se produjo por la migración de grupos de agricultores que fueron siguiendo valles y ríos hasta topar con el límite infranqueable del Atlántico, como veremos más adelante.

Más al Oriente, los bovinos fueron domesticados en el sur de Asia hacia 6500 a.C., según demuestra la excavación del yacimiento de Mehrgarh en Pakistán, mientras que en China parece haber sido anterior la introducción del cerdo y la gallina, durante la cultura Yangshao a partir de 5200 a.C., no generalizándose la presencia del ganado mayor y menor hasta las culturas Lonshang después de 3000 a.C. Las vacas asiáticas pertenecen a la variedad con joroba o cebú (*Bos indicus*), hoy también muy extendida por África subsahariana, diferente de la variedad taurina europea y norteafricana (*Bos taurus*). Estudios recientes del ADN muestran que las dos subespecies, aunque no totalmente aisladas genéticamente pues pueden tener descendencia común, se separaron hace más de 200.000 años. Esto demuestra que la domesticación, que naturalmente no se pudo haber efectuado en fecha tan antigua, se tuvo que realizar separadamente sobre diferentes variedades salvajes de Asia meridional y del Próximo Oriente (Asia suroccidental), indicando de nuevo cómo el Neolítico fue un fenómeno surgido de forma independiente en muchas zonas del planeta. Por su lado, comparando el ADN de las vacas europeas y las norteafricanas se observa también una distancia que indica una separación producida hace algo más de 20.000 años, asimismo anterior a la época de la domesticación, lo que a su vez sugiere que los bovinos africanos (de característicos cuernos largos, tal como se aprecia en el arte rupestre neolítico, figura 29, A-B) fueron domesticados de forma independiente de los europeos y próximo-orientales. Ya vimos antes como la domesticación africana se pudo haber producido en un momento casi tan antiguo como en el Próximo Oriente, hacia 8000 a.C., y teniendo en cuenta el aislamiento de la región donde están los yacimientos con los restos más antiguos, Bir Kiseiba y Nabta Playa (desierto occidental egipcio, cuando entonces el valle del Nilo estaba ocupado por los últimos cazadores epipaleolíticos), el contacto entre ambas zonas parece bastante improbable.

Más tarde los grandes rebaños de vacas y toros de cuernos largos se propagaron por todo el Sáhara aprovechando un rebrote de la humedad, en la época en que también se pintaron las rocas de los macizos centrales, como el famoso Tassili, con el espléndido arte rupestre del estilo llamado, precisamente, bovidiense por la abundancia de esas figuras. Aunque muchas de las imágenes, de entonces y posteriores, parecen representar escenas de la vida cotidiana de aquellos pastores (figura 29, C-D), otras son más enigmáticas (figura 29, A-B) y nos recuerdan los significados que seguramente tuvo

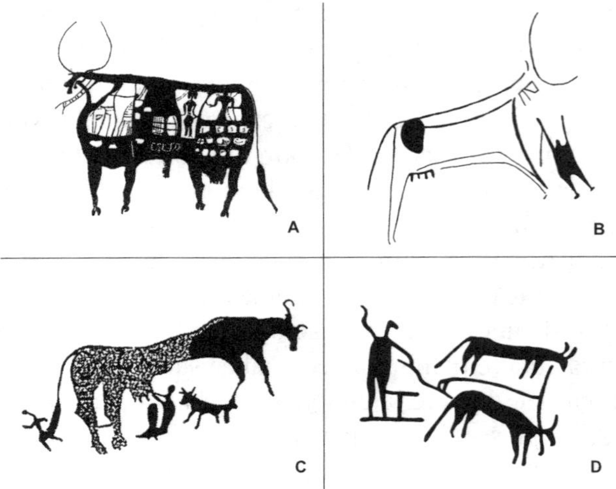

Figura 29

Los bóvidos domésticos son los animales más representados en el arte rupestre prehistórico del período neolítico. En ocasiones la figura del animal, ordeñándolo (C), tirando de un arado (D) o con un lazo en el cuello (A), indica su condición doméstica, pero el arte no representa simplemente un animal útil: el hombre con las manos levantadas delante (B) o las figuras que rellenan su cuerpo (vaca de la figura A, a la que se añadió en fecha posterior un pene) sugieren que los bóvidos jugaron también un papel simbólico-religioso. A) grabado del oeste de Chad, B) pintura cerca de Dire Dawa, Etiopía, C y D) pinturas cerca de Zebàn Onà Libanòs (Eritrea), y Adigrat, Etiopía. A según Coulson y Campbell 2001, fig. 229; B y D según D.W. Phillipson en Shaw y otros 1993; C según G. Calegari, *L'arte rupestre dell'Eritrea,* Milán, 1999 (diferentes escalas).

el arte de los cazadores-recolectores del Paleolítico, que vimos en el capítulo anterior. Bien pensado, el que ambas artes representen sobre todo animales, aunque unos fueran salvajes y otros domésticos (pero también hay animales salvajes en el Bovidiense, pues la caza continuaba durante el Neolítico), hace sospechar que sus orígenes simbólicos no fueran tal vez muy diferentes. Para los pueblos pastores africanos, como muchos del sur del Sáhara y del Nilo y región de los Grandes Lagos, las vacas son todavía una fuente de inspiración ritual y emocional que tal vez tenga sus lejanos orígenes en el Neolítico. Asimismo, los rebaños fueron uno de los primeros elementos susceptibles de ser poseídos e intercambiados en cuanto bienes útiles, y tal vez representaron la primera «propiedad privada» de la historia humana. En todo el norte de África, empezando en el Egipto faraónico y al igual que ocurrió en Europa desde la Edad del Bronce, se acabó empleando a los bovinos como animales de tiro y carga. Hacia el sur, sin embargo no ocurrió lo mismo por el gran obstáculo que supusieron las grandes selvas y sus enfermedades, como la transmitida por la mosca tse-tse, para la misma existencia del ganado mayor en amplias regiones, aunque no para los ovicápridos que penetraron sin mayores problemas. Esa vulnerabilidad hizo que la variedad de cuernos largos fuera poco a poco reemplazada por el cebú de origen asiático, mejor adaptado al clima ecuatorial. Una excepción fue Etiopía, donde el clima más fresco del altiplano permitió primero su entrada y luego favoreció que los bueyes se usaran para tiro en la única agricultura de arado de todo el África subsahariana (figura 29, D).

3. Las primeras sociedades sedentarias: poblados y cultura material

Como ya vimos en los apartados anteriores, fue en la zona suroccidental de Asia, también conocida como Próximo Oriente, donde tuvieron éxito los primeros intentos de instaurar la economía neolítica. Se trata de una región relativamente seca pero de clima benigno y abundante vida vegetal y animal que se vio muy beneficiada por la subida de temperaturas y la mayor humedad del Holoceno, cruzada además por ríos cuyo caudal también aumentó por entonces. Si unimos Mesopotamia, es decir la región entre los ríos Tigris y Éufrates (las modernas naciones de Siria e Irak), con el valle del río Nilo en Egipto, atravesando las zonas costeras de Líbano, Israel y Palestina, tendremos lo que a menudo se ha denominado como «Creciente fértil», por la forma de media luna que presenta la región. Pero no era en las ricas llanuras aluviales de los ríos, hoy más pobladas gracias a la agricultura de regadío, sino en las colinas situadas a mayor altura y cerca de las cabeceras de los ríos, con menor temperatura y fronterizas con las zonas más arboladas, donde tenían su hábitat natural las plantas y animales que primero se domesticaron.

La intensa investigación arqueológica llevada a cabo en la zona permite conocer bastante bien la época y los procesos que tuvieron lugar. Al período de varios milenios anterior al Neolítico se le denomina Natufiense y se caracterizó por fenómenos sociales novedosos que nos ayudan a entender lo que ocurrió después. No sólo la gente vivía ya entonces en poblados estables, con cabañas hechas con piedras, madera y adobe, sino que en muchos de ellos existieron agrupaciones de tumbas (cementerios) y no sepulturas aisladas como había sido típico durante el Paleolítico Final. Esto sugiere una relación más estable entre los grupos humanos y el territorio que ocupaban, pues enterrar a los muertos siempre en el mismo sitio significa que uno no se piensa marchar de allí por el momento. Los cadáveres enterrados llevaban frecuentemente ornamentos (brazaletes, collares de cuentas, vestidos, etc., en Eynan una mujer fue enterrada junto con un perro doméstico), seguro reflejo de una actividad social simbólica importante, como también lo era la frecuencia en los asentamientos de objetos artísticos, por ejemplo estatuas de piedra y barro representando animales y seres humanos. En algunos casos, a los cadáveres se les había quitado el cráneo, una práctica que luego será muy corriente durante el Neolítico. Según una teoría funcionalista de gran aceptación, esta intensificación de la actividad ideológica habría servido para suavizar las tensiones y reforzar la cohesión social en el interior y exterior de unos grupos y otros. Los problemas que debieron de existir se advierten también en la frecuencia de niños enterrados en los cementerios, una mayor mortalidad infantil tal vez causada por el aumento de la presión demográfica, apreciable a su vez en el mayor número y tamaño de los yacimientos natufienses con respecto a otras épocas anteriores. En el mismo sentido, los hallazgos de piedras (usadas para fabricar útiles cortantes y también los abundantes morteros que procesaban los vegetales recolectados) de origen exterior y carácter casi precioso (basalto negro, obsidiana), que venían desde muy lejos, igual que las conchas que llegaban desde el Mediterráneo, sugieren la consolidación de sistemas de intercambio precomercial muy extensos, tal vez ligados a pactos entre tribus que se sellaban por la entrega de esos objetos apreciados, unas «redes de prestigio» seguramente ya dirigidas por los incipientes cabecillas de cada grupo y tal vez basadas en el intercambio exogámico de mujeres, como sabemos con mayor certeza que ocurrió después en múltiples contextos prehistóricos y etnográficos.

Como vimos, a lo largo del Neolítico Acerámico Antiguo (9600-8800 a.C.) se produjo la transición a la nueva economía productora, plenamente instaurada ya en el Acerámico Reciente (8800-6900 a.C.) y en el posterior Neolítico Cerámico. Aunque la cerámica tardó en ser inventada en la región (al contrario de otras zonas donde surgió primero, incluso antes que la economía neolítica, como el Sáhara o el Lejano Oriente), otros cambios en la cultura material nos llaman hoy la atención. Un fenómeno típico del Mesolítico anterior, como son los microlitos geométricos usados para enmangar en soportes de madera o hueso (véanse figuras 12 y 16) y que aparecían por millares en los yacimientos natufienses, se reducen ahora ostensiblemente o incluso llegan a desaparecer. En su lugar aparecen puntas de flecha de mayor tamaño, elaboradas sobre láminas que se afilaron y retocaron con formas diversas (foliáceas, lanceoladas, triangulares, etc.), casi siempre provistas de un pedúnculo practicado con una muesca en su base para ser insertadas en un mango de madera. Aunque piezas parecidas ya existían antes en el Paleolítico Superior, por ejemplo las puntas de muesca del Solutrense europeo (figura 12: 9), ahora son mucho más abundantes y variadas. Las más pequeñas seguramente sirvieron para flechas de arco, pero otras mayores tuvieron que ser enmangadas en el extremo de lanzas. Como los animales cazados entonces seguían siendo los mismos que antes, tal vez estas nuevas puntas, sobre todo las grandes, sirvieron para otra finalidad algo más luctuosa: la presencia de algunas de ellas entre los huesos de algunos cadáveres sugiere su uso en algún tipo de luchas o guerra entre unos y otros grupos (figura 30).

Al mismo aumento de la violencia y tal vez ya las primeras pequeñas «guerras» parece apuntar el descubrimiento de una muralla y un foso alre-

Figura 30

Que el nivel de violencia entre los humanos aumentó durante el Neolítico se puede apreciar en esta selección de figuras heridas por flechas, tal como se representaron en los abrigos pintados del arte levantino en las provincias mediterráneas españolas. Según L. Dams, tomado de Guilaine y Zammit 2002, fig. 31.

dedor del asentamiento de Jericó en su fase acerámica antigua, que rodeaban una extensión ocupada de 2,5 hectáreas, y a la que se había adosado una torre cilíndrica de 8 metros de altura. Con todo, que esa torre estuviera en la parte interior de la muralla y no al exterior como sería lógico en una función defensiva, y que no se conozca ningún otro tipo de muralla parecida por la misma época, ha llevado a algunos a pensar que las construcciones cumplieron otro servicio distinto del militar, de tipo práctico (por ejemplo, proteger el poblado de inundaciones) o simbólico (¿recalcar la jerarquía del sitio ante otros poblados menos importantes?). Aún más grandes que Jericó y sin embargo desprovistos de murallas eran otros asentamientos de la época o algo posteriores, como Çatal Hüyük (Turquía) (figura 26), Ain Ghazal (Jordania) o Abu Hureyra 2 (Siria), con cientos de viviendas donde habitaron miles de individuos, pudiendo hablarse ya casi de ciudades y civilización protourbana en esos momentos tan antiguos (figura 31, A). En Çatal Hüyük casi no había calles entre las casas, que estaban unidas entre sí por muros comunes y tenían como único acceso unas escaleras desde los techos planos, los cuales debieron de servir por tanto como vías de comunicación y para las relaciones entre los vecinos (figura 26, A). El crecimiento demográfico, junto con la necesidad de mayor fuerza de trabajo para las nuevas tareas campesinas, han sido propuestas como causas de ese fenómeno, que de todas formas sólo se produjo en contadas ocasiones (la mayoría de los asentamientos eran pequeñas aldeas).

La organización de esos grandes centros tuvo por fuerza que ser diferente y más compleja que en los pequeños asentamientos de menos gente, pero todavía no existen huellas de diferenciación social clara, por ejemplo en las tumbas. Aunque parece que sólo se enterraban ciertos individuos, adultos y niños, normalmente debajo o entre las casas (figura 31, A, 2-3), mientras otros se arrojaban directamente a algún hoyo con el resto de la basura, los ajuares eran muy parecidos y no existen sepulturas importantes diferenciadas. A algunos de esos cadáveres se les arrancaba el cráneo completo para luego cubrirlo con emplaste de arcilla y los ojos con conchas, y enterrarlo finalmente en otro lugar de la casa (figura 31, A, 1, 4; B, 1). Antes se pensaba que los cráneos elegidos correspondían a varones adultos, pero datos y estudios más recientes muestran que los había de ambos géneros y tanto adultos como infantiles. Por comparación con prácticas similares recientes (por ejemplo, la conservación de los cráneos de los jefes en sociedades africanas o indonesias), se piensa que también entonces se pudo hacer por algún tipo de culto a los antepasados, cuyos espíritus cuidan del bienestar de sus descendientes. Si pensamos que la organización social más probable entonces sería en forma de sociedades tribales segmentarias (iguales e independientes) separadas internamente en linajes, tal vez entre quienes merecieron ese tratamiento funerario distinguido estaban los líderes de los linajes o clanes, que quizás constituían la autoridad social formando consejos de ancianos. La prolongación temporal de las ceremonias de enterramiento, primero el cuerpo entero que luego era desenterrado para quitarle el cráneo una vez descarnado y más tarde sepultarlo de nuevo, serviría para reforzar el sentimiento de cohesión del grupo en su conjunto, ayudando a reducir u ocultar cualquier signo de diferenciación social.

Otro interesante proceso registrado en el mismo sentido se refiere al cambio en la forma de almacenar la comida. Al principio parece que las tareas alimenticias y los depósitos de comestibles eran comunales, y se conocen en varios sitios (Jerf el Ahmar en Siria, Ain Ghazal en Jordania, Çayönü Tepesi, Nevali Çori y Göbekli Tepe en Turquía) grandes edificios diferentes de las casas normales y que pudieron haber servido para ese fin. Aún más relevante es que también se usaran para actividades rituales, habiéndose encontrado en ellos cráneos y cadáveres múltiples enterrados, monolitos con figuras de animales esculpidos, canaletas para líquidos en el suelo, estatuas antropomorfas como las famosas de 'Ain Ghazal (figura 31, B, 3-4), etc. Todo ello apunta a las posibles relaciones que pudieron existir entre los líderes de los linajes, la redistribución de alimentos (¿almacenados en esos edificios?), dirigida por esos cabecillas y típica hasta hace poco en muchas sociedades tribales, y algún tipo de ideología o religión sustentante de todo el sistema, cuya expresión más turbadora aparece en las extrañas decoraciones pintadas en las casas de Çatal Hüyük (figura 26) o en

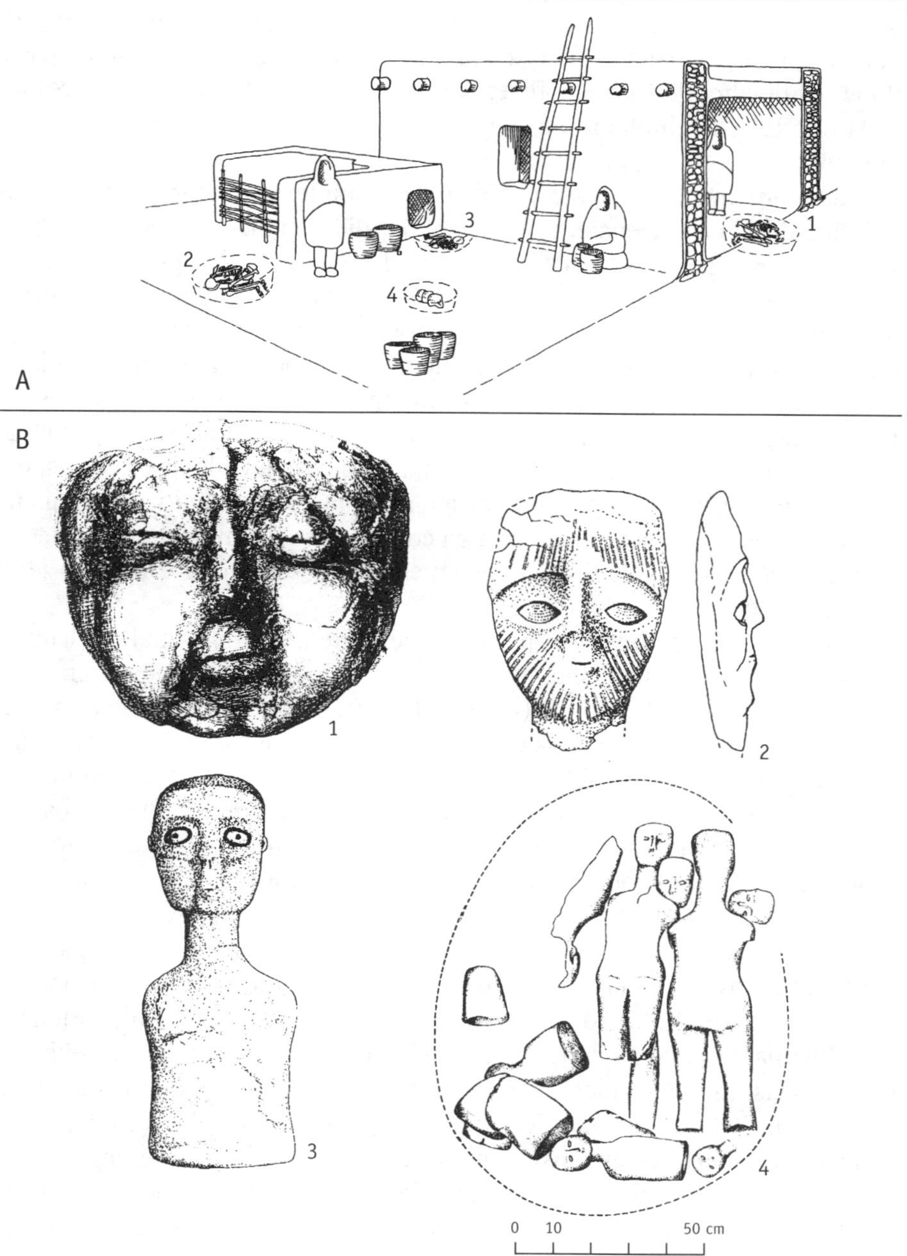

Figura 31

A. Reconstrucción de una vivienda del Neolítico Acerámico B del Próximo Oriente, indicando los tipos de enterramientos humanos en el asentamiento: 1) tumba de adulto dentro de la casa, sin cráneo, 2) tumba de adulto completa, fuera de la casa, 3) tumba infantil completa, debajo de estructura, 4) enterramiento secundario con tres cráneos humanos sueltos. B. Cráneos y estatuas del Neolítico Acerámico B: 1) Cráneo humano cubierto por una máscara de arcilla, de Kfar HaHoresh (Israel), 2) máscara humana de Jericó (Israel), 3) Busto humano de Ain Ghazal (Jordania), 4) enterramiento de figuras humanas de 'Ain Ghazal. Adaptado de Kuijt y Goring-Morris 2002, figs. 8 y 10.

los relieves de animales (zorros, leones, jabalís, garzas, patos, escorpiones, hormigas y serpientes) de los pilares rectangulares de piedra, de hasta 9 metros de alto, de Göbekli Tepe, donde una curiosa teoría reciente coloca el Jardín del Edén bíblico. Más tarde, en el período acerámico tardío se advierte un cambio importante, pues no sólo los poblados son ahora más grandes, sino que las casas se vuelven más complejas e incorporan sistemas individuales de almacenaje, usualmente dividido en distintos espacios, bien subterráneos, bien en la parte inferior de las casas de dos pisos, como las conocidas en Basta (Jordania). Tal vez fue la mayor complicación de organizar el sustento de varios miles de personas lo que llevó paulatinamente a un sistema más atomizado, pero también pudo haber influido la consideración cada vez más privativa de los alimentos, como ocurrió también en Egipto, donde se pasó de silos para trigo y cebada comunes al principio (yacimiento de Fayum) a los graneros individuales en cada una de las cabañas (Merimda). Esa apropiación particular de la comida pudo ser asimismo una forma de resistencia igualitaria en contra de su acumulación por ciertos linajes, cuyos líderes iban irremisiblemente camino de convertirse en jefes de tipo hereditario.

Poco antes de terminar el período acerámico, a finales del VIII milenio a.C., se produjo un abandono progresivo de los asentamientos grandes, y durante el Neolítico Cerámico (6900-6000 a.C.), todo el mundo volvió a vivir en pequeños poblados. Esa atomización trajo consigo una gran variedad cultural (visible en las diferentes decoraciones cerámicas), pero también el final del rico mundo simbólico de los milenios precedentes que acabamos de ver. La explicación más habitual del brusco cambio, de tipo ecológico, propone que la explotación intensiva del medio provocó el agotamiento de los ricos recursos anteriores, obligando a las sociedades próximo-orientales a separarse en pequeños grupos de granjeros o pastores nómadas para así aprovechar los dispersos efectivos restantes. Pero, sin olvidar un posible empeoramiento climático, otros investigadores, como Ian Kuijt, piensan que fue una consecuencia de los mecanismos de nivelación social existentes en todas las sociedades tradicionales, que terminaron con el primer intento de construir sociedades jerárquicas que conocemos históricamente.

Dejando aparte la expansión neolítica en Europa, que veremos en el apartado siguiente, observamos que la economía agro-pastoril produjo la aparición de la vida sedentaria con poblados más o menos grandes en muchas otras zonas del planeta, si bien no tan pronto como ocurrió en el Próximo Oriente. Entre 7000 y 6000 a.C. surgen los primeros poblados permanentes en China, tanto al norte en el valle del río Amarillo (Cishan, Peiliang, Jiahu) como en la zona central del río Yangzi (Bashidang), los primeros con viviendas semienterradas y pozos usados como silos, y los segundos con casas levantadas sobre postes. Las primeras cerámicas llevaban decoración de impresiones de cuerdas, pero muy pronto aparecerán las ricas decoraciones esculpidas y pintadas, de formas geométricas con algunas figuraciones animales, y las variadas formas de las vasijas de la cultura Yangshao (5200-3000 a.C.). En el sur de Asia, los primeros poblados se conocen en Pakistán, donde existió una fase precerámica con pequeños asentamientos como el de Mehrgarh entre 6500 y 6000 a.C., época a partir de la cual ya aparece la cerámica; en toda esta región es bastante clara la influencia ejercida desde el Próximo Oriente, a través de yacimientos intermedios como Ali Kosh, en el sur de Irán.

En el continente africano la primera fase neolítica que ya vimos en el Sáhara, con sus antiguas y bellas cerámicas incisas e impresas, vio impedida su posterior expansión demográfica y permanencia de los asentamientos por la progresiva desertificación de la zona a partir de mediados del Holoceno. Por esa razón la difusión neolítica se produjo desde entonces a manos de grupos de pastores nómadas, no existiendo un urbanismo apreciable hasta el último milenio a.C., cuando se crean las primeras comunidades agrícolas en las zonas boscosas occidentales y comienza la expansión de los bantúes (Edad del Hierro africana) hacia el centro y sur de África. Una clara excepción, mucho más antigua, fue el Egipto faraónico, y aunque hasta hace poco se decía que ese Estado había sido una paradójica «civilización sin ciudades», algunos descubrimientos recientes muestran poblados significativos desde el período predinástico (4000-3000 a.C.), siendo todavía verosímil la vieja idea de que muchos otros deben hallarse hoy ocultos bajo los potentes sedimentos depositados por el río Nilo. En América también aparece retrasado el proceso de concentración urbana, siendo los poblados permanentes más antiguos los registrados en las costas pacíficas de Colombia (Puerto Chaco, Puerto Hormigo) y Ecuador (Real Alto, Loma Alta), fechados entre 4500 y 3500 a.C. En Real Alto las viviendas se agrupaban en torno a una plaza central con dos edificios ceremoniales, uno destinado a las fiestas y consumo de cerveza y el otro un osario para los huesos de los antepasados; en otros poblados se conocen también túmulos ceremoniales. En Mesoamérica el urbanismo no aparece hasta bastante después, hacia 1600 a.C., mientras en Norteamérica tenemos los grandes túmulos del área del Mississippi que hace poco se ha visto que comenzaron antes de 4000 a.C., pero cuyo carácter urbano se discute pues pudieron tratarse de centros de reunión temporal e intercambio de las tribus nómadas de la región. Más adelante, no existen centros residenciales claros hasta los de la cultura Pueblo en el SO de Estados Unidos, con sus casas de adobe y centros ceremoniales construidos desde mediados del I milenio d.C.

4. La neolitización de Europa

Las razones para dedicar un apartado entero a nuestro continente no proceden tanto de la proximidad que para el autor y los lectores pueda tener el tema como de la larga e intensa investigación que al Neolítico europeo han

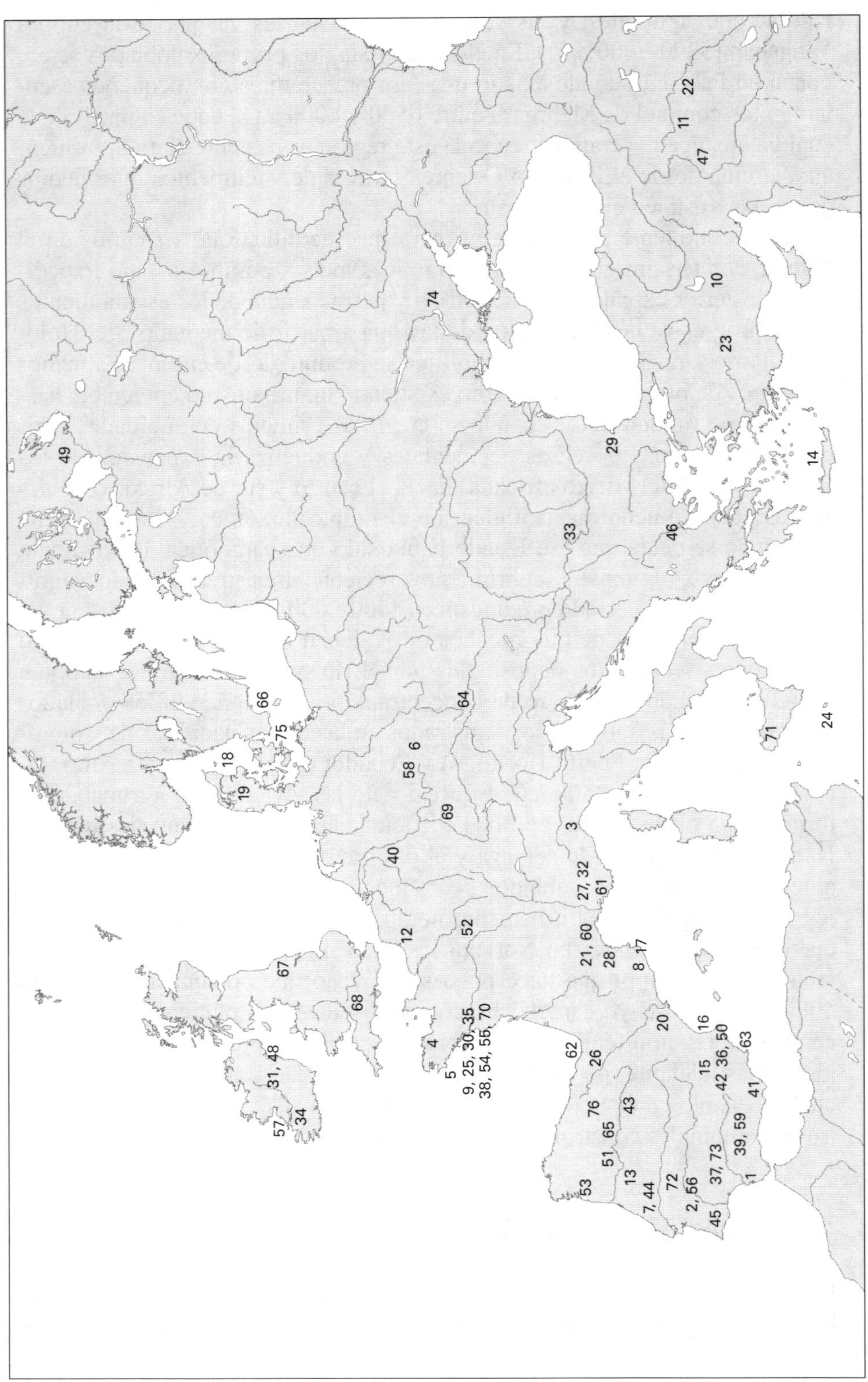
22
11
47
10
23
74
29
14
49
33
46
66
75
18
19
64
6
58
69
24
71
3
40
27, 32
61
12
52
21, 60
28
8
17
67
68
20
16
4
9, 25, 30, 35
38, 54, 55, 70
5
62
26
15
36, 50
63
31, 48
42
41
76
43
65
57
34
39, 59
51
13
37, 73
1
53
72
7, 44
2, 56
45

dedicado nuestras numerosas universidades y centros de investigación, así como del interés que para la prehistoria general tienen las variadas teorías interpretativas propuestas y todavía hoy intensamente discutidas sobre la cuestión. Partiendo del final del Paleolítico, cuando los humanos formábamos todavía parte del paisaje natural casi en igual medida que los abundantes animales que poblaban el continente, al final del Neolítico tendremos que nuestros antepasados habían llegado a realizar una «domesticación» del paisaje, mediante sus aldeas, cercados, caminos y sobre todo aquellos primeros monumentos megalíticos, en su mayoría bien visibles sobre el terreno, que convirtieron a Europa en una de las primeras regiones de la Tierra donde, para bien o para mal, la cultura dominó a la naturaleza (figura 32).

En mayor proporción que otros continentes, Europa se vio sometida a intensos cambios climáticos al final del Pleistoceno. Con la subida del nivel del mar se perdió una parte de su máxima extensión cuaternaria, aunque la posterior elevación continental al desaparecer la pesada capa de hielo que la cubría en su mitad norte compensó en parte aquella merma. La subida general de temperaturas del Holoceno, unida al aumento de las lluvias y sobre todo al establecimiento de la corriente del Golfo que trae a nuestras costas agua caliente desde el Trópico, hicieron del clima europeo actual unos de los más templados y estables de la Tierra, favoreciendo el desarrollo posterior de las culturas continentales. A la riqueza de las mismas tam-

Figura 32

Yacimientos europeos citados en éste y el siguiente apartados: 1) Alberite (Cádiz), 2) Anta Grande do Zambujeiro (Portugal), 3) Arene Candide (Italia), 4) Barnenez (Francia), 5) Beg an Dorchenn (Francia), 6) Bernburg (Alemania), 7) Cabeço da Arruda (Portugal), 8) Can Tintorer (Gavá, Barcelona), 9) Carnac (Francia), 10) Çatal Hüyük (Turquía), 11) Çayönü (Turquía), 12) Chaussée-Tirancourt, La (Francia), 13) Ciudad Rodrigo (Salamanca), 14) Cnossos (Creta, Grecia), 15) Cocina, Cueva de la (Valencia), 16) El Collado (Valencia), 17) Draga, La (Gerona), 18) Dyrholm (Dinamarca), 19) Ertebölle (Dinamarca), 20) Gasulla, La (Castellón), 21) Gazel (Francia), 22) Göbekli Tepe (Turquía), 23) Hacilar (Turquía), 24) Hal Saflieni (Malta), 25) Hoëdic (Francia), 26) Husos, Los (Álava), 27) L'Isle-sur-Sorge (Francia), 28) Jean-Cross, Abri (Francia), 29) Karanovo (Bulgaria), 30) Kerzerho (Francia), 31) Knowth (Irlanda), 32) Lauris (Francia), 33) Lepenski Vir (Serbia), 34) Lough Gour (Irlanda), 35) Mané-Rutual (Francia), 36) Mas d'Is (Alicante), 37) Matarrubilla (Sevilla), 38) Menga, Cueva de (Málaga), 39) Menec (Francia), 40) Merzbach (Alemania), 41) Millares, Los (Almería), 42) Minateda (Albacete), 43) Miradero, El (Valladolid), 44) Moita da Sebastião (Portugal), 45) Monte do Outeiro (Portugal), 46) Nea Nikomedia (Grecia), 47) Nevali Çori (Turquía), 48) Newgrange (Irlanda), 49) Oleneostrovski Mogilnik (Rusia), 50) Or, Cova del (Valencia), 51) Palazuelo de las Cuevas (Zamora), 52) Passy-sur-Yonne (Francia), 53) Pedra Cuberta (A Coruña), 54) Petit-Mont, Le (Francia), 55) Pierres Plates, Les (Francia), 56) Poço da Gateira (Portugal), 57) Poulnabrone (Irlanda), 58) Quedlinburg (Alemania), 59) Romeral, El (Málaga), 60) St. Theodorit (Francia), 61) St. Sernin (Francia), 62) Santimamiñe (Vizcaya), 63) Sarsa, Cova de la (Valencia), 64) Schletz (Austria), 65) Simancas (Valladolid), 66) Skateholm (Suecia), 67) Star Carr (Inglaterra), 68) Stonehenge (Inglaterra), 69) Talheim (Alemania), 70) Téviec (Francia), 71) Uzzo, Grotta (Sicilia, Italia), 72) Vega del Guadancil (Cáceres), 73) Valencina de la Concepción (Sevilla), 74) Vasilievka III (Ucrania), 75) Vedbaek (Dinamarca), 76) Velilla de Osorno (Palencia).

bién contribuyó la especial disposición de nuestro relieve, cuya variación hizo posible el desarrollo independiente de muchos grupos y retrasó la formación de grandes unidades políticas como las que uniformizaron culturalmente la otra esquina del Viejo Mundo, lo que hoy llamamos Asia. Por otro lado, lo recortado de las costas europeas, con sus numerosos puertos y golfos naturales, favoreció la comunicación marítima y los intercambios entre los diversos litorales, creándose así los primeros universos culturales propios, como el megalitismo y Bronce Final de la fachada atlántica o el mundo grecorromano más tarde. Algunos siglos después, esa misma facilidad para la navegación sería un factor determinante para que durante la Edad Moderna Europa se expandiera por encima de toda medida anterior y acabara imponiendo su economía y filosofía propias al resto del planeta.

La escasez general de yacimientos mesolíticos conocidos en Europa ha sido interpretada como signo de una población más bien reducida durante ese período. Es posible que los procesos que en otras partes llevaron a la revolución neolítica fueran aquí más lentos, el caso es que los descendientes locales del Cro-Magnon no se distinguieron por inventar ningún nuevo modelo económico, y continuaron cazando y recolectando a la antigua usanza hasta que llegó la influencia o la gente que trajo consigo los nuevos recursos. En consonancia, los yacimientos mesolíticos (por ello mejor llamados «epipaleolíticos») apenas se distinguen de los anteriores paleolíticos, simples acumulaciones de útiles de piedra (casi siempre geométricos y otros microlitos) y restos de fauna (ahora más abundantes las conchas de moluscos —concheros— por aprovechar con frecuencia las orillas marinas o lacustres), sin apenas huellas de estructuras constructivas, aunque hay menos en cuevas y más al aire libre como corresponde a la mejoría climática del momento.

Un cambio importante fue, con todo, la presencia cada vez mayor de cementerios, pues ya vimos que durante el Paleolítico apenas existieron, siendo habituales entonces las sepulturas individuales aisladas. Se conocen necrópolis en Ucrania (Vasilievka III, de los inicios del período, el décimo milenio a.C.), norte de Rusia (Oleneostrovski Mogilnik, fechada en el séptimo milenio y con varios cientos de tumbas), Dinamarca (Vedbaek, Dyrholm), costa atlántica francesa (Téviec, Hoëdic) y portuguesa (Moita da Sebastião, Cabeço da Arruda), costa valenciana en España (El Collado), etc. La mera existencia de lugares especiales de enterramiento concentrado ya indica un mayor interés por la propia identidad del grupo y su relación con el territorio: estudios etnográficos actuales muestran que cuanto mayor es la competencia por la tierra o algún otro recurso esencial caracterizado por la escasez, mayor tendencia existe a enterrar a todos los muertos de una sociedad en un lugar concreto y fijo. Con todo, y al igual que vimos que pasaba en el Próximo Oriente, también en estos casos parece que no se enterraba a todo el mundo, pues en algunos sitios se han hallado huesos humanos entre la basura normal de los campamentos, que pudieron incluso haber sido consumidos en ritos caníbales al aparecer algunos con marcas de cortes por útiles líticos (Vedbaek, Dyrholm). En los cementerios hay restos de todas las edades y de ambos géneros, y en muchas tumbas se depositaron ajuares que seguramente sirvieron para distinguir a sus ocupantes, como ocre rojo, piedras grandes, útiles de hueso, láminas y hachas de piedra, astas de cérvidos y figuras animales en algún caso (serpientes en Oleneostrovski). Parece que los hombres de edad avanzada recibieron una mayor cantidad de ajuar en general, lo que sugiere una sociedad de tipo «tribal» donde el estatus es más accesible para los varones y depende de su propio esfuerzo a lo largo de la vida, no siendo aún heredado por pertenencia familiar (en cuyo caso tendríamos mayores ajuares en algunas tumbas infantiles). En ciertos yacimientos (Téviec, Hoëdic) se realizaron enterramientos múltiples en diferentes momentos dentro de la misma tumba, lo cual anticipa los enterramientos megalíticos que veremos luego. La presencia de grandes cornamentas de cérvidos como ajuar de algunas sepulturas nos sugiere que los animales debían de seguir jugando un papel importante en el mundo simbólico mesolítico, como había ocurrido en los tiempos anteriores paleolíticos. En el yacimiento inglés de Star Carr, fechado en el noveno milenio a.C., se hallaron varias partes superiores de cráneos de ciervo con sus astas correspondientes, que habían sido limados para hacerlos más ligeros y contaban con dos perforaciones que pudieron servir para atarlos, tal vez sobre la cabeza humana como una especie de gorro o disfraz animal, lo que recuerda los rituales de tipo chamánico que vimos en el capítulo anterior (figura 22).

Las formas de vida campesina, y con ellas todas las plantas y animales domesticados europeos, al menos en esta primera fase, llegaron ya implantados desde fuera, procedentes de la región neolítica nuclear más próxima, es decir, el Próximo Oriente, y en concreto el área más cercana de todas, la península de Turquía. Esto se deduce no sólo porque la presencia arqueológica de las especies es anterior en esas regiones, sino también porque las variantes silvestres de las más importantes no existían en Europa antes del Neolítico, y por lo tanto no pudieron ser domesticadas aquí. Por otro lado, las numerosas fechas de carbono 14 disponibles para los primeros asentamientos neolíticos en el continente muestran que las más antiguas están en el sureste y las más recientes en el noroeste, apareciendo las intermedias casi perfectamente ordenadas entre esos dos extremos. Incluso se puede calcular la velocidad a la que se produjo la expansión, que fue realmente rápida pues por término medio se produjo a 1,3 kilómetros por año, siendo más lenta al principio en los Balcanes (0,7 km/año) y más acelerada luego en Europa central (5,6 km/año). Las fechas medias de llegada son de 6500 a.C. en el oeste de Turquía, 5700 en Yugoslavia, 5300 en Francia y Alemania, 5500 en la península Ibérica, y 4000 a.C. en las islas británicas y sur de Escandinavia.

Sin embargo, ni siquiera un modelo tan claro sirve para aclarar *cómo* se produjo la expansión, si fue por migración de poblaciones de colonos neolí-

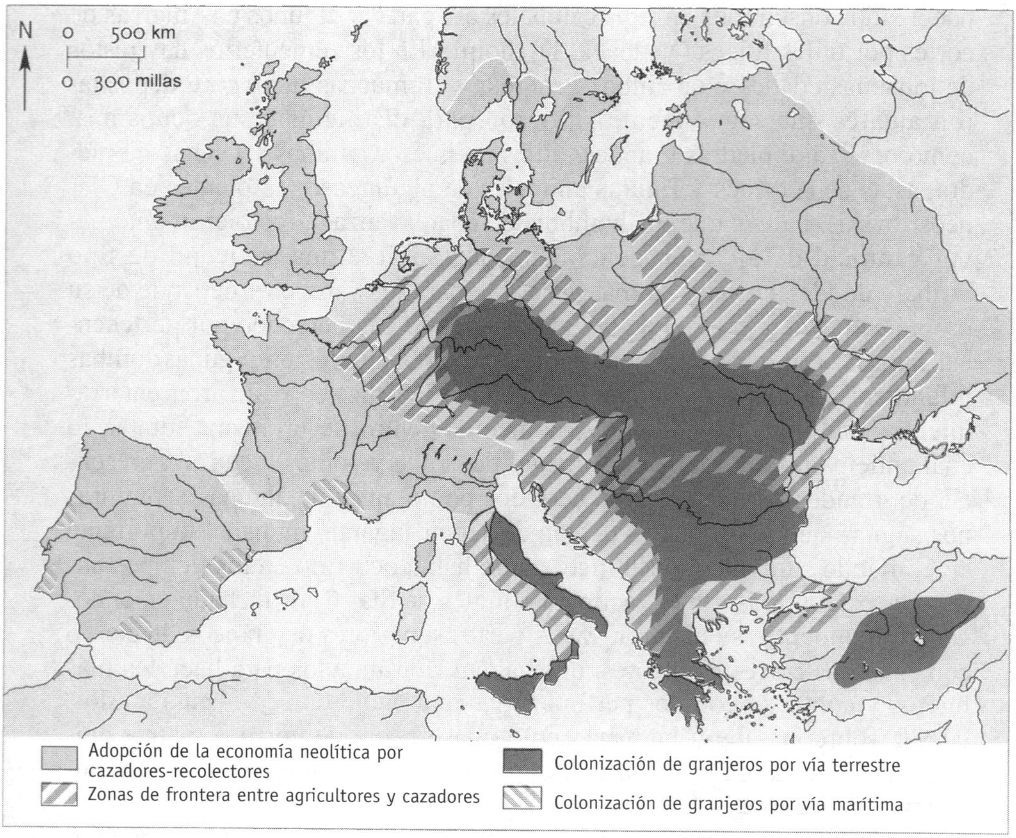

Figura 33

Expansión de la economía neolítica en Europa. Las zonas oscuras marcan las regiones que probablemente fueron colonizadas de forma directa por grupos de agricultores terrestres procedentes primero de Anatolia (centro de Turquía) y luego de Europa suroriental, mientras las zonas claras serían aquellas donde grupos locales de cazadores-recolectores adoptaron la economía por difusión y contacto con los anteriores a través de zonas de frontera (bandas oblicuas oscuras). Por último, en las costas de Francia, España y Portugal parecen haberse asentado grupos de agricultores llegados por vía marítima a través del Mediterráneo (bandas oblicuas más claras). Adaptado de Scarre 2005, fig. 11.7.

ticos que partiendo del SE fueron ocupando el resto del continente y desplazando o absorbiendo a los cazadores mesolíticos, o bien si ocurrió mediante contactos y difusión entre unos grupos y otros de forma que los últimos cazadores-recolectores fueron adoptando la nueva economía paulatinamente, sin necesidad de un reemplazo demográfico. La solución más probable, como veremos, es que ocurrieran ambas cosas, predominando en unas regiones la primera y en otras la segunda. Comparando los caracteres culturales de las diferentes zonas (cerámicas, forma de las casas, etc.), se deduce que algunas áreas fueron colonizadas directamente (Grecia y parte de los Balcanes, la Europa central danubiana, parte de la costa mediterránea y atlántica portuguesa, etc.), mientras que en las restantes (interior de Iberia y Francia, Rusia, costa atlántica, islas británicas, Escandinavia, etc.) parece más probable que las poblaciones de cazadores adoptaran la agricultura/domesticación por difusión desde los grupos anteriores, a través de zonas de transición o frontera (figura 33).

En fechas recientes se han realizado análisis genéticos de las poblaciones actuales europeas con el fin de elucidar su antigüedad y la posible contribución de aportaciones demográficas exteriores. Analizando el ADN mitocondrial, transmitido por vía femenina, se deduce que en torno a un 80% del material genético europeo actual procede de la población cromañoide del Paleolítico Superior y sólo un 20% se puede adscribir a grupos llegados posteriormente, como los neolíticos. El estudio del cromosoma Y, heredado por vía masculina, muestra una mayor contribución exterior (¿porque los varones campesinos esposaban mujeres recolectoras, una práctica habitual en algunas poblaciones tradicionales hasta fecha reciente?), y se puede discernir una influencia mucho mayor en Grecia y el SE de Europa (85%) y mucho menor en zonas más alejadas como Francia, Alemania o España (15-30%). Por su parte, la lingüística también aporta algunos datos interesantes, y algunos arqueólogos, entre ellos el profesor de Cambridge Colin Renfrew, piensan que las lenguas indoeuropeas habladas hoy en Europa (todas excepto el euskera como idioma antiguo, y otros casos de introducción histórica más reciente como el húngaro o el finés), proceden de la lengua que hablaban esos primeros emigrantes neolíticos que partiendo de Anatolia siguieron el Danubio hacia Europa central. La mayoría de los lingüistas, con todo, rechazan una fecha tan antigua porque la variabilidad existente entre las lenguas es menor de lo que debería ser si se hubieran empezado a separar por entonces, y siguen la teoría tradicional que afirma que las lenguas actuales europeas se conformaron por las influencias y movimientos culturales producidos varios milenios después, a inicios de la Edad del Bronce.

Los primeros asentamientos neolíticos en Europa fueron los de la zona central-oriental de Grecia, la fértil región de Tesalia, hacia 6500 a.C. Parece que esos primeros colonos procedían de Anatolia y realizaron su viaje a través de las islas del mar Egeo, puesto que ya existía un poblado neolítico en Cnossos, en la isla de Creta, hacia 7000 a.C. Las razones del movimiento debieron de ser únicamente demográficas: a medida que la población iba creciendo, se hacía necesario crear nuevos asentamientos hijos de los anteriores para acomodar a los nuevos habitantes, que en su desplazamiento llevaban consigo los elementos básicos de la economía neolítica: animales y semillas de plantas domésticas, cerámica, herramientas agrícolas, etc. Los escasos datos conocidos sobre el Paleolítico de la región sugieren que ésta no estaba muy poblada por entonces, y que los nuevos ocupantes no se debieron encontrar con demasiados problemas en las tierras vírgenes, tal y como muestra la rápida ocupación de las grandes regiones más próximas: Macedonia y Tracia hacia 5800 a.C., y el norte de los Balcanes y costa de Croacia sobre 5700 a.C. En todos estos nuevos territorios, llegando hasta Hungría oriental, las casas se hacían de barro igual que en Anatolia, aunque aquí ya no se practicaba la construcción de viviendas adyacentes unas a otras sino separadas por calles y espacios vacíos. Otros paralelos con la zona turca son algunos elementos de prestigio muy significativos (sellos y vasijas de piedra, pendientes de botón, etc.) que muestran que las gentes de ambas regiones guardaban una estrecha relación. Como también ocurrió en casi todo el Próximo Oriente, un elemento característico de estos primeros poblados fijos europeos era la formación de *tells:* a medida que las viviendas se iban derrumbando (una casa de adobe apenas dura el tiempo de una generación), en lugar de limpiar lo caído o mudarse a otro sitio, se allanaba y se volvía a construir encima. El resultado es que la altura del yacimiento se iba elevando hasta formar promontorios que todavía hoy son bien visibles desde lejos sobre el terreno. Un ejemplo bien conocido es el *tell* de Karanovo en Bulgaria, que en sus 12 metros de altura contiene una estratigrafía que va desde el Neolítico hasta los comienzos de la Edad del Bronce. Según el modelo ya citado del Neolítico como una forma fundamental de control de la naturaleza, el que los poblados se construyeran en llano y luego se fueran elevando poco a poco seguramente tuvo también algo que ver con la necesidad de permanencia del grupo en la misma zona, de seguridad en el dominio de la misma y de construir un símbolo visual permanente para todo ello. Más adelante, al penetrar los grupos campesinos en terrenos húmedos y poco aptos para ese tipo de construcción, se abandonará el sistema pero sólo temporalmente: pronto las casas prolongarán su significado en las grandes tumbas y éstas cumplirán luego el mismo papel de control del paisaje.

La cultura material de los primeros campesinos europeos contenía elementos atractivos como las cerámicas pintadas, pero entre todos sobresalen las abundantes figurillas de personas y animales modeladas en piedra o arcilla, que por ser las humanas en su mayoría femeninas, han sido muchas veces denominadas como «diosas madre» (figura 34). Estas estatuas, parecidas a otras encontradas en Anatolia, Próximo Oriente o valle del Nilo, suelen tener prominentes rasgos femeninos (caderas, pechos, barriga, etc.) y siguiendo viejas teorías decimonónicas (Bachoffen, Morgan, Engels, etc.) sobre la existencia de un período prehistórico cuando las mujeres predominaron sobre los hombres, fueron interpretadas como una prueba arqueológica de ese supuesto «matriarcado», definido por unas sociedades igualitarias y pacíficas durante el Paleolítico (recuérdense las «venus», figura 23) y sobre todo en el Neolítico, cuando las figuras fueron mucho más abundantes. El modelo fue defendido por investigadoras de prestigio, como la arqueóloga norteamericana de origen lituano Marija Gimbutas, y todavía hoy es la bandera de los movimientos feministas New Age, muy activos

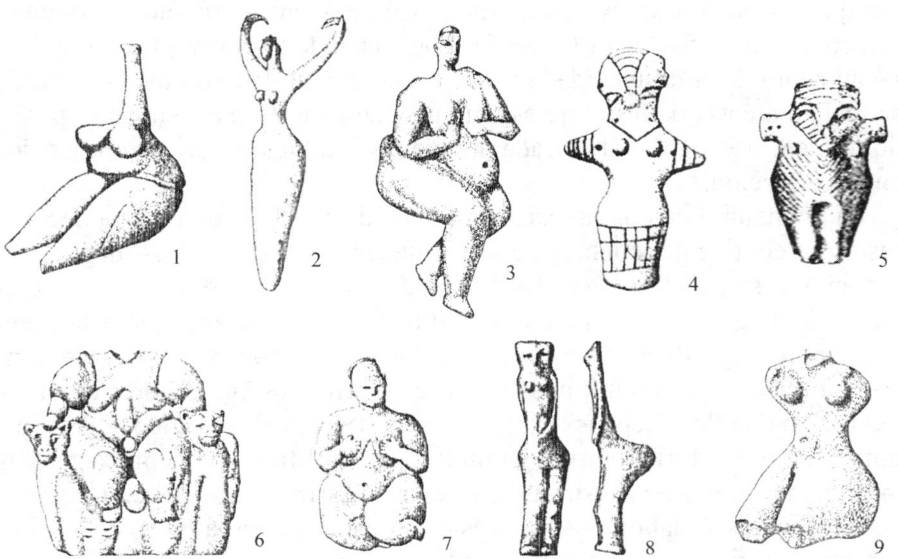

Figura 34
Estatuillas femeninas del Neolítico e inicios del Calcolítico del Próximo Oriente, Egipto y Europa (antes llamadas «diosas madre»). 1) Tepe Sarab, Irán, 2) Mohammerije, Egipto, 3) Hacilar, Turquía, 4 y 5), Vinča, Serbia, 6 y 7) Çatal Hüyük, Turquía, 8) Karanovo, Bulgaria, 9) Arene Candide, Italia. Escalas diferentes, dimensión máxima comprendida entre 8 y 20 cm. Adaptado de varios autores en Müller-Karpe 1968, figs. 23, 117, 125, 144, 145, 156, 250 y 298.

pero con escasa influencia en los medios académicos. En contra de la teoría se han presentado muchas pruebas hasta llegar casi a su total descrédito: muchas estatuas no tienen marcado el sexo, algunas son claramente masculinas, y muchas aparecen rotas en los basureros mostrando una finalidad no exclusivamente ritual (aunque otras muchas fueron puestas en tumbas). Explicaciones alternativas son que pudieron representar ancestros, símbolos de contratos matrimoniales, objetos mágicos o incluso juguetes infantiles. También se ha visto que las sociedades neolíticas, aunque más igualitarias que las posteriores del Bronce o Hierro, estaban lejos de la imagen idílica propuesta por el modelo matriarcal: en muchos yacimientos hay fortificaciones, existían ya armas y hay pruebas de muertes masivas, las tumbas empiezan mostrar algunos signos de diferencias sociales, etc. Y sobre todo no existe ningún dato que sugiera el control político por parte del género femenino en ninguna sociedad prehistórica (ni tampoco en las actuales e históricas conocidas, por otro lado, aunque el prestigio y poder de las mujeres son mayores en las sociedades matrilineales). No obstante, tanto los datos etnográficos como muchos arqueológicos (por ejemplo, la presencia mayor de mujeres en las tumbas neolíticas, frente al predominio de hombres en las más recientes del Bronce, Hierro y los primeros Estados), sugieren que no están desprovistas de toda razón algunas antropólogas feministas, como Karen Sacks o Eleanor Leacock, cuando afirman que el progresivo aumento de la desigualdad social y la aparición de la propiedad privada se realizó a costa de las mujeres, que inevitablemente parecen haber perdido influencia y autoridad en cada uno de los cambios históricos producidos en esa dirección.

La vía natural de comunicación y salida desde el SE de Europa hacia el resto del continente, además de la mediterránea que veremos luego, es y fue entonces el río Danubio. En su curso al norte de Serbia se encuentran una serie de gargantas cuando el río atraviesa los montes Cárpatos hacia el mar Negro (las «Puertas de Hierro»), donde se conocen varios interesantes yacimientos de los últimos cazadores y primeros agricultores de la región. Uno de ellos, Lepenski Vir, considerado como mesolítico aunque algunos autores defienden su carácter ya neolítico, presenta aspectos interesantes como una distribución de cabañas trapezoidales con perímetros de piedras y elaborados hogares en su centro, junto a los que se hallaron unas originales esculturas ovaladas con forma intermedia entre cabezas humanas y de pez (el sitio está al lado del Danubio y sus ocupantes eran fundamentalmente pescadores), altares de piedra y tumbas enterradas bajo el suelo. Desde la perspectiva estructuralista de algunos autores como Ian Hodder, esa disposición interior estaría representando, de forma parecida a lo que vimos en Çatal Hüyük, la confrontación entre lo doméstico y lo salvaje, siendo las viviendas la primera figuración simbólica del triunfo de la primera instancia sobre la segunda, el núcleo central de la ideología que acompañará la instalación de la economía global neolítica por toda Europa.

Por causas aún no esclarecidas, en su camino hacia el norte y al llegar a Hungría occidental, a mediados del VI milenio a.C., los granjeros comenzaron a utilizar una cerámica y hacer unas viviendas totalmente diferentes de las anteriores. La decoración de las vasijas pasó de pintada a incisa, con diseños de bandas y líneas onduladas (figura 35: 1-3), por lo que al período se le conoce como de la Cerámica de Bandas, y las casas dejaron de ser pequeñas, cuadradas y con paredes de barro para convertirse en viviendas rectangulares hechas con postes de madera y de una gran longitud (hasta 70 metros), tal vez para familias extendidas según sugiere la presencia de varios hogares (o familias nucleares acompañadas de sus animales), juntas en pequeñas aldeas que aparecen aisladas unas de otras en el paisaje. Los postes de las casas iban luego cubiertos con barro que se había excavado en hoyos cercanos (luego usados como basureros, algo muy interesante para los arqueólogos), y las más grandes tenían en su parte norte un cerramiento más compacto de planchas de madera, lo que ha llevado a pensar en actividades de algún tipo especial, quizás ritual, en esa zona. En un poblado excavado de forma sistemática en Merzbach (Alemania) se ha visto cómo grupos pequeños de sólo dos o tres casas juntas se distribuían por el terre-

Figura 35
Cerámica de las dos grandes corrientes neolíticas europeas, la centroeuropea y la mediterránea: 1-3) Cerámica de bandas lineales (danubiana), de Bernburg, Quedlinburg y Rudisleben (Alemania). 4-6) cerámica cardial española de Cova de l'Or (4) y Cova de la Sarsa (5-6) (Valencia). Diferentes escalas, adaptado de Butschko y Ponsell en Müller-Karpe 1968, figs. 226, 273-274.

no, separados de los demás varios cientos de metros, y cómo durante unos cuatro siglos (entre 5300 y 4900 a.C.) se fueron abandonando unas casas y construyendo otras en las proximidades hasta unas 14 veces (cada 28 años por término medio, una generación). Es interesante que al principio sólo hubiera casas grandes y luego fueran apareciendo también medianas y más pequeñas, porque es posible que la longitud de la vivienda haya estado en relación con el estatus de la familia ocupante (se ha visto que a mayor longitud, más cerámica decorada) y entonces se podría deducir un aumento de la desigualdad social a lo largo del tiempo de ocupación del sitio. El que en la fase final se hayan construido unos recintos especiales cerrados por fosos que pudieron servir para actividades rituales de toda la comunidad, apunta en el mismo sentido por esa necesidad universal de reforzar la cohesión social, mediante una mayor actividad simbólica, cuando es amenazada por las tensiones internas o externas.

Hace años se pensaba que los granjeros de la cultura de la Cerámica de Bandas (también llamada «Neolítico danubiano», aunque se conocen sus restos en muchos otros ríos centroeuropeos), además de cuidar de vacas y ovicápridos practicaban una agricultura de «rozas por el fuego», típica hoy todavía de los horticultores de zonas tropicales, que consistía en talar y quemar los árboles de una zona, para que la ceniza actuase como abono, y cultivarla luego hasta el agotamiento de los suelos, pasando después a explotar otra zona distinta, en un modelo que es el de mayor movilidad conocida para los productores no pastores. Los nuevos datos de Merzbach, por el contrario, con presencia de abundantes semillas de malas hierbas, que únicamente proliferan cuando se cultiva una zona durante largos años, sugieren que esas pequeñas aldeas permanecieron más fijas en su territorio y durante tiempos más largos.

Los granjeros danubianos se expandieron por todas las zonas llanas cercanas a los ríos, de suelos más fértiles (el *loess* de origen glaciar) y por ello mejores para la agricultura. Las fechas de los yacimientos más orientales de Hungría (5600 a.C.) y los más occidentales en la región de París (5300 a.C.), indican una gran velocidad de movimiento, unos 1.300 km en tres siglos, es decir, más de cuatro kilómetros por año. Paralelamente, los últimos cazadores-recolectores mesolíticos siguieron durante un tiempo manteniendo sus formas de vida antiguas y ocupando las zonas más altas y boscosas. Aunque existen pocos datos sobre cuánto duró esa coexistencia de dos formas de vida tan distintas, pudo haber sido relativamente larga pues en algunas zonas, como los estuarios costeros de Portugal, se conocen concheros mesolíticos fechados hacia 4750 a.C., casi mil años más tarde que los primeros yacimientos neolíticos peninsulares. La información es también escasa sobre algo tan interesante como las relaciones entre ambas poblaciones, que ocasionalmente pudieron ser conflictivas pues es difícil imaginar que los previos ocupantes de Europa hayan aceptado un cambio tan radical sin oponer ninguna resistencia. En algunas cuevas del SE europeo (sur de Francia, Valencia), con todo, se han hallado mezclas de artefactos de las dos culturas que sugieren algún tipo de intercambio pacífico. Para el caso parecido de la expansión bantú en el África subsahariana, cuando pueblos agricultores con tecnología metálica ocuparon toda la mitad sur del continente desplazando a los cazadores durante el primer milenio d.C., existen datos que también parecen indicar una cierta convivencia: en los abrigos rocosos ocupados por cazadores se encuentran cerámicas de los bantúes (tal vez conseguidas a cambio de mujeres), y muchos de estos últimos tenían hasta fecha reciente un cierto respeto por los conocimientos y poderes rituales de los primeros.

Sobre los conflictos sociales en época neolítica europea sabemos algo por el registro funerario, y parece referirse más a luchas entre grupos de granjeros que entre éstos y los cazadores-recolectores. En casi todas las aldeas danubianas hay sepulturas, predominando las de mujeres con ajuares generalmente de tipo doméstico (agujas, molinos) y adornos de concha, frente a las masculinas con ajuares de tipo guerrero (puntas de flecha) y agrícola (azadas, que pudieron ser también armas, como veremos). La mayoría de las tumbas estaban aisladas entre las casas pero también existen cementerios en algunos yacimientos. Una sepultura colectiva registrada entre las casas del poblado de Talheim al SO de Alemania nos ofrece una inquietante imagen de la sociedad de aquel período. En un pozo de finales del VI milenio a.C. se hallaron los cadáveres de 34 individuos, 18 adultos (por lo menos 7 mujeres) y 16 niños, que en su mayoría mostraban huellas de muerte violenta, por golpes propinados con azadas pulimentadas (cuya forma coincide con la de las heridas) y por flechas, todas ellas, curiosamente, en la parte trasera de los cuerpos. El hecho de que no existan heridas en ninguno de los brazos sugiere que los individuos no ofrecieron resistencia y fueron muertos mientras huían o se volvían de espaldas. El yacimiento y la cerámica encontrada en el foso son de tipo danubiano, por lo que se piensa que los muertos eran granjeros, y como las azadas son también características de la cultura de Cerámica de Bandas, se piensa que los atacantes no eran cazadores, aunque no se puede descartar que éstos hubiesen adoptado ese tipo de instrumento (por ejemplo, en los sitios mesolíticos ertebolienses de Escandinavia se encuentran hachas pulidas de origen neolítico más meridional). Los exhaustivos análisis hechos con los huesos, incluida su composición genética, muestran que los individuos estaban relacionados, y que los niños eran hijos de los adultos, es decir que se exterminó a varias familias completas. El que no haya niños muertos menores de cuatro años se podría explicar porque los homicidas pudieron decidir integrarlos en sus propias familias, tal vez como esclavos para aprovechar su fuerza de trabajo. La disposición de los cadáveres, todos mezclados en una fosa que en poco se diferencia de otras conocidas de masacres más recientes como por ejemplo las de nuestra Guerra Civil, también sugiere que no fueron enterrados por sus familiares, que les hubieran dado sepultura adecuada (como vimos, en el capítulo anterior, que ocurrió en el cementerio mesolítico de Jebel Sahaba en Nubia), sino por sus propios asesinos.

Otra sepultura neolítica resultado de una masacre se conoce en Schletz (Austria), con 67 cuerpos con heridas en su mayoría de azadas pulidas neolíticas (algunas hechas cuando el cuerpo estaba tendido en el suelo), aunque esta vez la fosa no está en un poblado sino en el foso de un cerramiento circular, hecho con trincheras y empalizadas de madera. Éste es un tipo de yacimiento conocido en otros sitios de esta misma época y que normalmente se han interpretado como de tipo ritual por ser pequeños (30-60 metros de diámetro) y no contener apenas restos domésticos en su interior, pero cuya función pudo ser tal vez de defensa, contra otros grupos neolíticos o de cazadores-recolectores, si bien los únicos datos a favor de esa posibilidad son los citados cadáveres de Schletz. Datos etnográficos actuales sobre la guerra entre pueblos horticultores indican que entre las causas posibles está la resolución de viejas disputas (acuerdos no satisfechos, préstamos de alimentos o intercambios de mujeres no devueltos, etc.) o bien la pura necesidad de robar alimento en épocas de hambruna. Esta segunda explicación también aclara la presencia de huesos humanos aislados, que fueron consumidos en prácticas antropofágicas, en muchos yacimientos neolíticos europeos: para un caso lejano pero bien estudiado, las culturas de los indios Pueblo del SO de Estados Unidos, se comprobó que la presencia de canibalismo coincidía con épocas de fuerte sequía que seguramente causaron graves carencias de alimento en la población de entonces.

La difusión neolítica parece haber seguido un modelo diferente a lo largo de la costa norte mediterránea (la del sur se mantuvo relativamente aislada hasta más adelante). El clima era muy parecido al de los centros originales del SE europeo, por lo que la adaptación de plantas y animales tuvo que ser mucho más rápida. Los primeros yacimientos se conocen hacia 6000 a.C. en la costa adriática del sur de Italia enfrente de Grecia y los Balcanes, aunque por no haber asentamientos en forma de *tell* en Italia, y aparecer enseguida en la costa occidental las cerámicas con decoración impresa y ya no pintada como en Grecia, se ha pensado en que el origen principal de la corriente costera sería más al oriente, la costa libanesa y siria donde existen cerámicas impresas desde poco antes (yacimiento de Biblos). En la llanura italiana del Tavoliere se conocen unos 500 asentamientos circulares con fosos alrededor, quizás defensivos aunque también se usaron para enterramientos, en cuyo interior hay numerosas viviendas y áreas pavimentadas con cantos. La población mesolítica anterior no parece haber sido aquí muy importante, y la impresión general es que los poblados corresponden a grupos llegados de fuera, aunque este modelo va luego cambiando a medida que nos movemos hacia el oeste (figura 33). En varias cuevas situadas en las zonas más abruptas, como Grotta dell'Uzzo en Sicilia o Gazel y Jean-Cross en el sur de Francia, aparecen huesos de animales domesticados en contextos que tanto por la cultura material como por la situación geográfica de los sitios, debieron de pertenecer a grupos de cazadores-recolectores. Es probable que se produjeran intercambios entre los neolíticos de las llanuras y los últimos predadores mesolíticos de las montañas. La cerámica del Neolítico mediterráneo occidental se decoraba con impresiones variadas, que en muchos casos se hicieron con los bordes dentados de la concha de un molusco marítimo, el berberecho, cuyo nombre científico es *Cardium edule* y de ahí la difundida denominación de cerámica cardial (figura 35: 4-6). La orientación esencialmente marítima de estos grupos se advierte asimismo en que entonces se poblaron por vez primera islas relativamente alejadas como Malta y las Baleares (Córcega y Cerdeña lo habían sido por cazadores mesolíticos poco antes).

En la península Ibérica los primeros asentamientos neolíticos son costeros y de tipo cardial como los anteriores, y se conocen a partir de 5700-5300 a.C., dependiendo de las zonas. Este denominado «complejo impreso-cardial» llegó también acompañado de la agricultura (trigo, cebada, legumbres) y la domesticación animal (ovicápridos, vaca, cerdo y perro), y asistido por la técnica de la piedra pulimentada y los útiles líticos tallados con predomino de las láminas (que pronto llevarán un retoque denticulado para insertar en el mango y el brillo característico de haber sido usadas para cortar los cereales, el «lustre de hoz»). Mientras que la cerámica se considera una innovación que puede ser cambiada y utilizada por grupos muy diferentes, sabemos que la tecnología lítica suele estar más íntimamente ligada a las prácticas tradicionales de cada sociedad y resulta más difícil y lenta de sustituir. Por eso cuando aparecen cerámicas cardiales acompañadas por útiles líticos geométricos, característicos del período mesolítico anterior y muy diferentes de las láminas neolíticas, los arqueólogos lo han interpretado como un caso de préstamo o imitación cerámica por parte de los últimos grupos de cazadores. Por eso el registro de este hecho en algunos yacimientos, como la famosa cueva de La Cocina en Valencia, nos habla de nuevo sobre los contactos entre poblaciones tan diferentes y plantea la posibilidad de que las innovaciones fueran adoptadas paulatinamente por los pobladores mesolíticos originales y no fueran únicamente obra de los recién llegados y de los inmediatamente asimilados. De cualquier manera, las fechas de los primeros yacimientos en el interior peninsular son siempre más recientes (5300-4900 a.C.) que en el litoral, mostrando que la nueva economía vino desde la costa, tanto la levantina como la andaluza y portuguesa, con la excepción de la cantábrica que parece haber sido la región entonces más atrasada. Después, las cerámicas empiezan a ser más variadas, apareciendo las lisas con engobe rojo («almagra») primero en Andalucía, una diversificación regional que se va a acentuar en la fase siguiente (4800-3700 a.C.), cuando se distinguen varias provincias culturales, continuando las decoraciones inciso-impresas en las zonas costeras, la almagra en el interior, y apareciendo pronto decoraciones peinadas y esgrafiadas en Levante y después cerámicas ya lisas, sin ninguna decoración, en el Neolítico catalán llamado, por la forma de sus tumbas, de «los sepulcros de fosa». Por otro lado, algunas decoraciones que aparecen en Galicia recuerdan motivos franceses, testimonio de los primeros contactos que tal vez anticipan lo que luego va a ser la gran región cultural del megalitismo atlántico.

Los datos arqueobotánicos, en forma de semillas carbonizadas halladas en contextos cerrados y seguros (silos, vasijas), al mostrar juntas las de varios cereales, sugieren que posiblemente se cultivasen juntos el trigo y la cebada, práctica que buscaba sobre todo la seguridad en la obtención de la cosecha y que duró hasta la Edad del Bronce (c. 3300 a.C.), cuando los datos ya indican un cultivo por separado que seguramente quería incrementar la productividad (junto con otros importantes elementos como el arado y la tracción animal). Respecto a la cabaña doméstica, el caballo parece haber sido el último domesticado, también durante la Edad de Bronce en el marco del prestigio militar asociado a las élites de ese período. Aunque ni el caballo ni el perro parecen haber sido criados para el consumo de su carne, en ocasiones se han registrado sus restos óseos con marcas de cortes por útiles líticos, tal vez efectuadas en tiempos de escasez alimenticia. En la mayoría de los yacimientos neolíticos peninsulares, los restos de fauna doméstica registrados corresponden a ovicápridos, con las vacas cumpliendo un papel secundario hasta la Edad del Bronce. Estudiando la edad de muerte de los animales se concluye que durante el Neolítico abundaban los individuos jóvenes, mientras que en las posteriores Edades de los Metales predominaron los más viejos, lo que se ha interpretado como una pauta de cría para el consumo cárnico al principio, y más tarde para la explotación de la leche, lana o el tiro en los animales más grandes de carga (la «revolución de los productos secundarios» que veremos en el siguiente capítulo).

En la investigación del Neolítico ibérico, durante bastante tiempo ocurrió que la gran mayoría de los yacimientos conocidos estaban en cuevas, lo que suponía una cierta continuidad con la época anterior de los cazadores y llevó a toda una serie de denominaciones del estilo de «cultura de las cuevas», «cultura del sustrato», etc. Investigaciones más recientes han mostrado que existieron también asentamientos al aire libre, aunque muchos de ellos resultan hoy casi «invisibles» por haber sido realizadas las cabañas con materiales muy livianos y cambiar con frecuencia de sitio a causa del sistema de cultivo de rozas por el fuego (ignicultura). Con respecto a la forma de esas casas, parece haber predominado la circular sin divisiones internas hasta su sustitución por los modelos rectangulares y cuadrados hechos con piedras durante la Edad del Bronce, en especial sobre la fachada mediterránea. Por otro lado, en esa misma vertiente se han descubierto algunos poblados de casas construidas con troncos, en algunos casos alzadas sobre el agua de lagos (hábitat lacustre), lo que ha permitido la conservación de muchos elementos orgánicos (al no poder actuar los microorganismos sin oxígeno bajo el agua), como en La Draga (Gerona), y en otros se han visto curiosas casas rectangulares que recuerdan las de la cerámica de bandas centroeuropeas, por ejemplo en Mas d'Is (Alicante). A partir de ca. 5000 a.C. se van conociendo cada vez más poblados con fosos concéntricos alrededor, también parecidos a los de otras zonas europeas, y que al igual que en éstas no siempre se pueden interpretar como estructuras habitacionales ni defensivas, al estar a veces las viviendas fuera de ellos (¿lugares especiales para la reunión y el culto?).

También durante el Neolítico comenzaron aquí los sistemas de intercambio de materias primas a lo largo de extensas regiones, según han demostrado los análisis fisicoquímicos de artefactos hallados en los yacimientos (que permiten conocer el lugar de origen geológico de los diversos materiales). Entre el sureste y el levante peninsular existió un amplio protocomercio de pizarra que se usaba para fabricar brazaletes y que se prolongó hasta la Edad del Bronce con los botones de marfil procedentes entonces de África, mientras en el norte existieron al menos dos centros de distribución, en Can Tintorer (Gavá, Barcelona) y Palazuelo de las Cuevas (Zamora), de una piedra de color verdoso, la calaíta, con la que se fabricaron cuentas de collar y hachas pulimentadas, y cuya presencia en determinados contextos funerarios, las tumbas más ricas, nos está indicando su probable alto valor simbólico. Un prestigio parecido debieron de tener más adelante otras materias que hoy nos parecen más bien funcionales, como el sílex de calidad, la sal y sobre todo el cobre, de cuyo intercambio a lo largo de extensas regiones y durante bastante tiempo acabó surgiendo su conversión en un elemento de la importancia práctica del bronce. Tal y como observamos actualmente en muchas sociedades tradicionales a lo ancho del globo, el aprecio por esas materias probablemente radicaba más en su rareza que en sus cualidades propias, y es probable que fueran un símbolo del prestigio social (más que verdadero poder, que vendría más tarde) típico de los cabecillas o líderes de los grupos o linajes. Según un modelo muy conocido hasta hoy mismo en las sociedades de tipo tribal, la forma de llegar a líder (*big man*, «gran hombre») consiste en poder movilizar una cantidad grande de trabajo ajeno (realizado por familiares o seguidores ocasionales) que permita acumular consiguientemente más alimento (grano, rebaños, etc.), el cual luego se redistribuye dentro del mismo clan, periódicamente y/o en momentos de escasez, o se intercambia con otros grupos que lo necesitan. Es corriente que una forma de «firmar» esos intercambios o simbolizar el capital acumulado sean determinados objetos preciosos que se pasaban de unos a otros cabecillas siguiendo las llamadas «cadenas de prestigio», que al final hacían llegar los materiales a cientos de kilómetros de distancia de su origen.

El mismo tema de la desigualdad social vuelve a aparecer cuando se enfoca un asunto importante en los orígenes de la nueva economía en Europa suroccidental: la gran velocidad a la que se expandió la economía neolítica por las costas peninsulares, lo que vuelve a plantear, al igual que en Europa central, las razones de esos movimientos. En sólo tres o cuatro siglos el «paquete neolítico» llegó desde la Francia mediterránea hasta el norte de Portugal, lo cual resulta en casi 10 km por año. Interesa aquí recordar el gran cambio producido en la zona nuclear neolítica, Próximo Oriente, a finales de la fase acerámica. Como vimos, los grandes asentamientos, casi ciudades, donde se había concentrado la población, probablemente por el efecto combinado del aumento natural demográfico y la necesidad de maximizar la producción campesina, se abandonaron todos en muy poco tiempo y la gente volvió a vivir en pequeñas aldeas como había hecho antes. Frente a las hipótesis funcionalistas (cambio climático, agotamiento de recursos), ya citamos la interpretación sociológica que ve esa «vuelta atrás» como una forma de resistencia al surgimiento de poder político aparejado a los grandes centros urbanos. A partir de entonces, y después de haber desarrollado una economía plenamente neolítica durante casi dos milenios sin apenas cambiar de sitio, los grupos campesinos empiezan a expandirse y pocos siglos después entran en Europa suroriental para acabar ocupando prácticamente todo el continente en menos de un milenio. Más que por una demografía desbocada, muy improbable en las condiciones sanitarias de la prehistoria como es bien sabido, nos parece que sólo un deseo firme, e incorporado dentro del *habitus* de las prácticas sociales rutinarias del Neolítico inicial, de mantener las estructuras sociales en un nivel simple e igualitario, lo que implica subproducción económica además de grupos de tamaño reducido, pudo impulsar a las primeras gentes campesinas europeas, y entre ellas a las del Mediterráneo occidental, a cambiar tan rápidamente de asentamiento a medida que la población iba aumentando.

Interesa mucho que seamos capaces de vislumbrar algo de esa organización social en las manifestaciones arqueológicas que nos han quedado del universo simbólico de aquella época en nuestra Península. En el registro funerario, vemos que al principio se enterraba sólo a unos pocos individuos, en tumbas simples o dobles dentro de cuevas naturales, tanto en las usadas como vivienda como en otras más pequeñas de las proximidades. Algo después de 5000 a.C. se diversificaron las prácticas funerarias apareciendo los enterramientos colectivos, tanto en cuevas como en los megalitos que luego veremos con mayor detalle, y también los cementerios compuestos por tumbas individuales. Se piensa que las tumbas colectivas, donde los cadáveres aparecen todos juntos sin apenas ajuares diferenciadores, corresponderían a sociedades más igualitarias que aquellas que practicaron las sepulturas individuales con contenidos distintivos que marcan la trayectoria o el estatus de cada uno de los enterrados. Aunque se ha podido comprobar que los enterramientos colectivos no siempre ni necesariamente contenían a todos los miembros de la comunidad, es en los individuales donde la posibilidad de seleccionar, para la muerte como un símbolo de la propia vida, a unas personas por delante de otras es mucho mayor. Puede ser revelador que la zona donde más predominan los cementerios de tumbas individuales, como en la cultura de los sepulcros de fosa de Cataluña, sea donde se desarrolló con mayor fuerza la distribución por intercambio de las prestigiosas piezas de calaíta que antes vimos. Las diferencias en los ajuares de las tumbas, que también existen en las infantiles, mostrando que había niños que ya tenían un cierto estatus nada más nacer (por lo tanto, adscrito y no adquirido a lo largo de la vida, algo propio de las sociedades más desiguales de tipo jefatura), quizás sean un reflejo de la incitación a destacar por encima del resto de la sociedad que debieron de provocar esos preciosos objetos importados.

Por otro lado, las cuevas que, como las de Or o Sarsa (Valencia), tienen más tumbas, dentro y alrededor, son también las que cuentan con más vasijas decoradas, recalcando las relaciones que debieron de existir entre cerámica y ritual. En el mismo sentido apuntan algunas decoraciones impresas que destacan entre la gran mayoría de motivos geométricos, como los soles o unas curiosas figuras humanas con los brazos levantados y manos abiertas, que algunos han interpretado como «orantes». Esas imágenes son muy parecidas a otras de gran tamaño, pintadas de forma esquematizada en el arte rupestre descubierto hace poco en la provincia de Alicante, junto con motivos serpentiformes, que se ha llamado Arte Macroesquemático y parece anticipar el existente en muchas otras zonas, conocido hace ya tiempo como Arte Esquemático (figura 36). Los citados paralelos han permitido fechar el comienzo de todo ese arte en el Neolítico Cardial —cuando hasta entonces se le consideraba más reciente, de las Edades de los Metales—, aunque existen todavía dudas sobre su duración posterior y fecha final. Se trata de conjuntos pintados o grabados con figuras más o menos geométri-

Figura 36
Ejemplos de figuras de Arte Esquemático rupestre de la península Ibérica. Fila superior: tres figuras de hombre, una con un arco, dos figuras de mujer, una posible figura humana, figura con ojos («Diosa de los ojos») y dos posibles figuras humanas. Segunda fila: dos cuadrúpedos, dos pájaros, dos figuras geométricas cuadrangulares y un carro. Tercera fila: dos arboriformes, espiral, sol, círculo con aspa, líneas en zigzag con círculos, serie de puntos y dos herraduras. Cuarta fila: escena de caza, escena de domesticación, hombre con tocado («brujo») y escena de baile femenino. Adaptado de P. Acosta, *La pintura rupestre esquemática en España,* Universidad de Salamanca, 1968, *passim,* sin escala.

cas, que en ocasiones representan claramente personas, animales, soles, árboles, etc., y otras veces símbolos de significado mucho menos cierto (triángulos, círculos, espirales, líneas onduladas, herraduras, etc.) que llegan incluso a evocar algún tipo primitivo de escritura (figura 36). Están distribuidos por toda la Península, en especial en áreas montañosas como Sierra Morena y sus alrededores, cerca de pasos, lo que llevó a algunos a proponer su relación con las rutas de trashumancia de los pastores, tal vez porque indicaban el control de las mismas por determinados grupos.

El Arte Esquemático se considera ahora algo anterior en su inicio a otro tipo de arte rupestre neolítico, de mayor calidad y antes tenido por más antiguo, llamado Arte Levantino (figura 37). Sus manifestaciones se hallan en los escarpes de valles interiores en un franja paralela a la costa mediterránea que va desde Lérida al norte hasta Cádiz al sur, penetrando al interior en pocas ocasiones, en el caso de algunos yacimientos de Huesca, Jaén, Teruel y

Figura 37
Dos escenas de Arte Levantino rupestre. A) escena de lucha con arco entre dos grupos en el barranco de la Gasulla, Castellón, B) compleja escena con animales grandes (bóvidos, cérvidos, équidos), arqueros disparando abajo y mujeres a la izquierda, de Minateda, Albacete. Según E. Ripoll y H. Breuil, en Müller-Karpe 1968, fig. 270; la altura de la segunda escena es de aprox. 1,50 metros.

Cuenca. Sus figuras varían mucho de tamaño y casi siempre son pinturas de color rojo oscuro que representan humanos y animales, con formas algo estilizadas pero cuya vivacidad y poder descriptivo recuerdan a menudo el gran arte paleolítico franco-cantábrico que vimos en el capítulo anterior. Al contrario de lo que ocurría con los aislados animales paleolíticos, aquí las figuras suelen estar dispuestas formando escenas, siendo las más abundantes las de caza, guerra, desfile de arqueros, baile de mujeres, etc. Algunas más raras representan a gente cavando la tierra, vareando árboles, recolectando miel, pastoreando ganado o montando a caballo. Estas imágenes ya hicieron sospechar a algunos (Jordá) que el arte era de época neolítica, pero al haber defendido la cronología paleolítica algunas de las primeras autoridades de la prehistoria europea (Breuil) y española (Obermaier, Bosch Gimpera), se hizo difícil el cambio de idea. Por ser el motivo de la caza tan abundante, con todo, se ha pensado en una posible supervivencia y resistencia de la ideología cazadora en época neolítica, o incluso que fuera el arte de los últimos cazadores del interior que antes mencionamos. Los hombres suelen llevar tocados de plumas o posibles máscaras y adornos en piernas y cintura, mientras las mujeres aparecen a menudo con faldas acampanadas; los animales más abundantes son los ciervos, cabras monteses, jabalíes y toros.

Aunque los contactos culturales entre la Península y África parecen haber sido mínimos en aquel entonces, existen algunos parecidos entre el Arte Levantino y la pintura rupestre del Neolítico sahariano (estilo bovidiense) e incluso el arte de los cazadores bosquimanos de Suráfrica; las figuras de «orantes» con los brazos levantados son también comunes en el Sáhara. Al igual que allí, el arte español parece simplemente representar «escenas de la vida diaria» por motivos puramente estéticos, pero, aunque aquí faltan las extrañas figuras intermedias entre hombre y animal, frecuentes en Suráfrica y también conocidas en el Sáhara, no deberíamos descartar razones más complejas de tipo ritual que nos son totalmente desconocidas por el momento. Últimamente se han descubierto algunos casos en que animales de estilo levantino aparecen pintados encima de motivos esquemáticos, lo que unido a los paralelos antes vistos con las primeras cerámicas cardiales ha colocado definitivamente al Arte Levantino en el Neolítico y detrás del esquemático, al menos en su inicio. Otros paralelos de figuras levantinas con animales impresos en cerámicas no cardiales del Neolítico Final sirven para colocar su comienzo algo antes de 5000 a.C. y su final tal vez ya en la Edad del Bronce después de 3000 a.C. Esto implica que ambos tipos de arte fueron contemporáneos durante más de dos milenios, lo cual no extraña viendo la coincidencia de motivos y escenas que existen entre los dos (véase figura 36, cuarta fila). La reticencia de algunos a acabar admitiendo este hecho proviene, más que de los datos en sí mismos, del viejo prestigio del modelo evolucionista, que dentro de su lógica veía al esquemático como una degeneración tardía del levantino.

5. Cambios en el paisaje: las culturas megalíticas

Como ya vimos antes, en un momento determinado de comienzos del V milenio a.C. la gente empieza a ser enterrada de forma colectiva en la península Ibérica, y curiosamente también en muchas otras regiones de Europa occidental en su vertiente atlántica, desde Portugal hasta Escandinavia incluyendo las islas británicas. Posteriormente, la moda fue penetrando tierra adentro aunque sin llegar nunca muy lejos de las costas, y fue adoptada también por las poblaciones ribereñas del norte del Mediterráneo hasta llegar al Egeo (la historia del Mediterráneo africano será distinta, derivando su parte oriental muy pronto hacia el Estado faraónico). Un enterramiento colectivo no quiere decir que haya sido simultáneo, es decir con muchos cuerpos sepultados a la vez como en las fosas comunes de masacres que vimos antes en el Neolítico centroeuropeo, sino sucesivo: se van introduciendo cadáveres en el mismo contenedor a medida que la gente se va muriendo. Cuando hay espacio suficiente los cuerpos se pueden conservar en principio según su colocación original, pero si no lo hay entonces hay que remover los anteriores, ya reducidos a huesos, para poder colocar después cada nuevo cadáver introducido. El resultado en este caso puede tener la apariencia de un osario revuelto, pero estudios realizados en casos bien conservados han mostrado que los enterradores colocaban a veces los huesos siguiendo un modelo agrupado, en una especie de intento de recuperar el orden original de los cuerpos en vida, o quizás simplemente para ganar espacio (figura 38).

En algunas zonas las tumbas colectivas se hicieron en cuevas como las que servían todavía de hábitat (Mediterráneo español, Andalucía), otras veces se hicieron en cuevas artificiales o hipogeos excavados en roca (Mediterráneo central y oriental, Portugal), pero en casi todas las regiones atlánticas se construyeron monumentos más o menos grandes, que se han denominado megalitos porque muchas veces se levantaron con grandes piedras planas (ortostatos). El parecido existente entre muchas de esas grandes tumbas, famosas ya desde tiempos antiguos y antes atribuidas a duendes, gigantes, moros o celtas, hizo que todas ellas se agruparan como megalitismo o «fenómeno megalítico» (figura 39), incluso como obra de una «raza megalítica» según la teoría más en boga hasta hace unas tres décadas, según la cual buscadores de metales habrían venido desde el Mediterráneo oriental (Grecia, Egeo) por toda la costa, creando asentamientos y predicando una nueva religión que instaba a enterrar de esa manera. Tal hipótesis fue descartada cuando se vio que las fechas de carbono 14 en el Egeo eran más modernas que las atlánticas, y también cuando se comprobó que los megalitos y las tumbas colectivas eran sólo un aspecto más entre otros poseídos por un gran número de sociedades diferentes, de distintas «culturas con megalitos». A la dificultad que esto provoca para estudiar al megalitismo como un conjunto, se une la larga duración del fenómeno, del Neolítico al Bronce e incluso el Hierro, con reutilizaciones y reconstrucciones en diversos períodos y con distintos fines que complican sobremanera la datación de los monumentos. Por ejemplo, las dos tumbas conjuntas de Dombate en A Coruña, cuyas fechas, que varían entre 3800 y 2500 a.C., indican una utilización durante más de trece siglos.

En sus propias características de tumba colectiva dentro de un gran contenedor construido con piedras, el megalitismo presenta una gran variedad, y así tenemos que las tumbas pueden consistir en cistas más o menos grandes hechas con grandes piedras en forma de mesa, para las que se suele usar la palabra bretona de *dolmen* (figura 40), *tumbas de corredor* en las que a la cista se le añade un pasillo delimitado por grandes ortostatos o bien muros de mampostería, con la cista cubierta a veces por una falsa bóveda hemisférica de pequeñas lajas o mampostería en seco (para la que se usa el nombre griego de *tholos*, plural *tholoi*) (figura 41) o bien por una losa horizontal como los dólmenes (figura 42), y *galerías cubiertas* que se distinguen de las anteriores por contar sólo con un largo pasillo rectangular sin ninguna cámara diferenciada en el extremo interior (figura 43). Para todos esos tipos existen variantes según la forma de la cámara, sean más lar-

Figura 38
Acumulación de huesos humanos en el interior de la galería cubierta de La Chaussée-Tirancourt, en el noreste de Francia. Se advierte una colocación intencional de huesos largos formando un haz en la parte central de la fotografía. Tomada de J. Leclerc, en Guilaine, 1999, fig. 3.

Figura 39
Dispersión del megalitismo en Europa. Según Chapa y Delibes, 1983, fig. 118.

Figura 40
Dolmen de Poulnabrone, cerca de Galway en el oeste de Irlanda. Todavía hoy este pequeño monumento de apenas dos metros de alto se destaca claramente sobre el pelado paisaje de la región. Foto del autor.

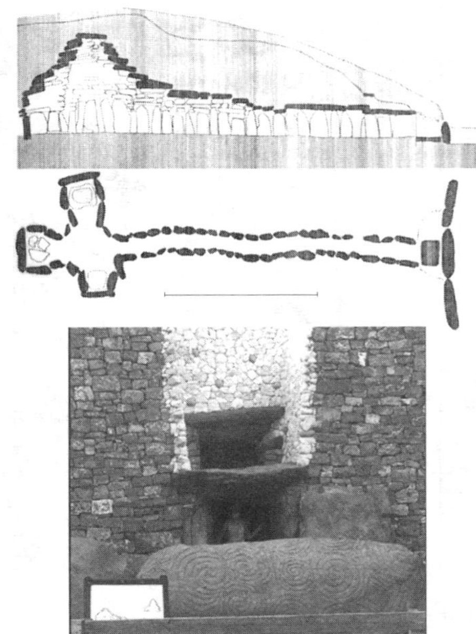

Figura 41
El gran sepulcro de corredor de Newgrange (Irlanda). Arriba, alzado y sección mostrando la cámara múltiple y la cúpula de falsa bóveda *(tholos)* con grandes losas. Abajo, la entrada al monumento en la actualidad. Según Ó Riordáin en Müller-Karpe 1974, fig. 638, y foto del autor.

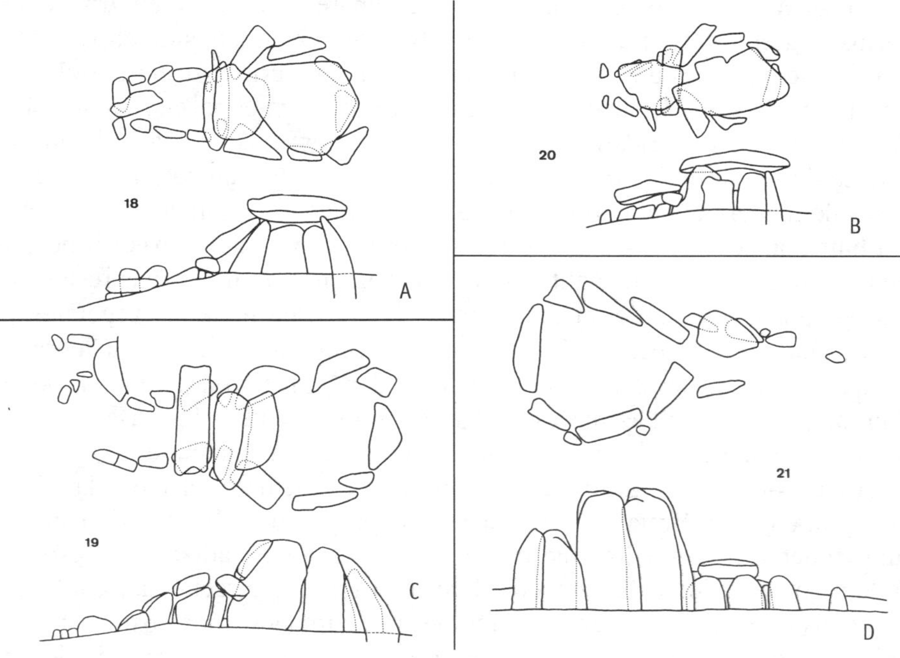

Figura 42

Planta y alzado de cuatro tumbas de corredor («antas») de la región de Évora, Portugal: A) Silval 1, B) Colmieira 1, C) Casas Novas-Anta Grande, D) Freixo de Cima-Anta Grande. Tomado de O. da Veiga Ferreira y M. Leitão, *Portugal pré-histórico. Seu enquadramento no mediterrâneo.* Publicações Europa-América, Lisboa, 1978.

Figura 43

Galería cubierta de Lough Gur, cerca de Limerick en el oeste de Irlanda. En esta «tumba de gigante», según la tradición local, se hallaron ocho cadáveres de adultos y niños en la excavación realizada en 1938. Foto del autor.

gos o cortos, tengan o no cámaras laterales, aparezcan solos o en grupos de varios, según la forma del túmulo, etc. Todavía hoy algunos de ellos, y seguramente entonces una gran mayoría, estaban cubiertos por un túmulo de tierra y piedras que les hacía sobresalir claramente en el paisaje, lo que nos recuerda una peculiaridad que ya vimos en varias ocasiones a lo largo de este capítulo, desde los *tells* del Neolítico griego y balcánico a las grandes casas de madera danubianas: la necesidad de marcar claramente la presencia humana, sea por los propios asentamientos o por las tumbas. El hecho de que en las culturas megalíticas no se hayan encontrado apenas restos de los poblados, que debieron de ser muy livianos, de materias vegetales y cambiando con frecuencia de sitio por una economía de tipo ganadero u horticultora de rozas, está en la base de la idea de Ian Hodder que propone que las grandes tumbas representaban simbólicamente a las casas, y que por lo tanto debieron de tener un carácter doméstico y femenino.

Además de los megalitos existieron otras estructuras relacionadas. Por ejemplo, en Gran Bretaña se conocen también grandes túmulos sin estructuras funerarias de piedra, que tal vez las tuvieron de madera y por eso no se han conservado, y recintos circulares con fosos que recuerdan a los danubianos que ya vimos pero que aquí están delimitados por postes de madera o bloques de piedra; el más famoso de estos *henges* es el círculo de Stonehenge al sur de Inglaterra (figura 44). En este sitio se empezó construyendo, hacia 2950 a.C., un foso circular de unos 110 metros de diámetro

Figura 44
El monumento megalítico más famoso y mitificado: Stonehenge en el sur de Inglaterra. Foto del autor.

delimitado por unos 56 troncos de madera, al parecer con una entrada orientada al norte. Luego se añadieron más postes en el interior y más tarde, después de 2500 a.C. en plena Edad del Bronce, se elevó el famoso círculo de piedras, algunas traídas desde más de 300 km de distancia, con una línea central orientada según la salida del sol el día del solsticio de verano y la puesta del sol el solsticio de invierno, siendo este último día el que aparece más marcado por la disposición de las piedras. Curiosamente, la misma o parecida orientación este-oeste fue escogida para construir muchos otros megalitos, tanto círculos de piedras (*cromlech*) parecidos a Stonehenge, aunque generalmente más pequeños, como los alineamientos de bloques de piedras verticales (*menhir*), entre ellos los famosos de Carnac, en la Bretaña francesa. En esta región se conocen cerca de 100 alineamientos, siendo corrientes los de 5-7 filas con 50-70 menhires aunque los hay mucho mayores: en Kerzerho hay 10 líneas con 1.130 menhires que cubren más de 2 kilómetros, en Menec, 1.099 menhires en más de 1.100 metros con 100 metros de ancho, etc. Los círculos de piedra se conocen sólo en otras pocas zonas atlánticas, como Portugal, donde también existen alineamientos de menhires, que aparecen asimismo en Cataluña. También se erigieron menhires aislados, que algunos consideran los marcadores territoriales más antiguos y que son muy abundantes en ciertas regiones. En Bretaña, donde se registraron en torno a 1.200 en el siglo XIX, estas grandes piedras pudieron comenzar a ser levantadas a finales del Mesolítico como defensa simbólica contra la subida del nivel del mar ocurrida entonces, y más adelante tal vez estar asociadas al agua dulce, por su proximidad a fuentes y arroyos, según Chris Tilley.

Aunque se han querido buscar razones de tipo astronómico (observatorios para seguir los movimientos del sol, luna o estrellas) para estos últimos monumentos, muchos arqueólogos dudan de los argumentos expuestos y no han sido convencidos por los defensores de la «arqueoastronomía» prehistórica. Pero si hace cuatro mil años la gente se reunía en un sitio tan emblemático como Stonehenge, para ver salir el sol a finales de diciembre o de junio entre el cuadro formado por los bloques y el dintel centrales, está claro que no pudieron ser muchas personas las que accedieran a ese «conocimiento sagrado», puesto que el espacio disponible en el centro del monumento es pequeño. Ese mismo privilegio, del tipo que fuera y cuyos detalles desconocemos desgraciadamente por completo, intenta ser recuperado hoy por algunos urbanitas nórdicos, practicantes de las modernas religiones «paganas» que adoran la naturaleza e intentan recuperar las creencias prehistóricas europeas, visitando los megalitos con tal frecuencia que resulta ya difícil ver alguno sin tener cerca a alguien rezando a esos extraños dioses desaparecidos.

Acabamos de ver que algunos megalitos se hicieron durante la Edad del Bronce. De hecho, la larga duración del fenómeno hace que en muchos libros sea estudiado ya dentro de la Edad de los Metales, pero en sus inicios el megalitismo fue creación de los primeros pueblos neolíticos del Occidente europeo, como prueba la cercanía, casi contemporaneidad, de las primeras fechas radiocarbónicas de los megalitos más antiguos conocidos, en la Bretaña francesa (5750 ± 150 b. p. en Barnenez, media calibrada en 4615 a.C.) y las últimas fechas de yacimientos mesolíticos de la cultura tardenoisiense en la misma zona (5970 ± 80 b. p. en Beg an Dorchenn, media calibrada en 4860 a.C.). Ya vimos como en ciertas tumbas mesolíticas bretonas (Téviec, Hoëdic) había enterramientos de varios cadáveres bajo túmulo que anticipaban en cierta manera el inminente fenómeno, unos 500 años antes de que comenzaran realmente los grandes enterramientos colectivos. Curiosamente, los primeros megalitos bretones eran tumbas de corredor con un tamaño y calidad extraordinarios, contradiciendo de nuevo cualquier idea evolucionista de variación gradual desde los modelos más simples a los más complejos. Por ejemplo, en Barnenez se hicieron once tumbas de corredor de 8-12 metros de longitud terminadas en cámaras circulares, paralelas entre sí y todas ellas cubiertas por un gran túmulo alargado de más de cien metros de largo, construido en dos fases. También sorprende que esas primeras cámaras aparezcan coronadas por auténticos *tholoi* de falsa cúpula, que antes se pensaba que eran un producto mucho más tardío, llegado desde el civilizado Oriente a la bárbara Europa (*Ex oriente lux*). Igual en esos megalitos franceses que en los también muy antiguos de Portugal, los ajuares que acompañan a los cadáveres son de microlitos geométricos idénticos a los mesolíticos, sugiriendo claramente una continuidad demográfica entre ambas fases. Como ya vimos en otros yacimientos neolíticos, también aquí a los microlitos les acompañan restos cerámicos que prueban que las influencias y economía neolítica ya habían sido adoptadas por las poblaciones mesolíticas locales.

En el norte de Europa, desde los Países Bajos hasta el mar Báltico y el sur de Suecia, se conoce otro interesante foco megalítico, con sepulcros de corredor y galerías cubiertas, que parecen haber tenido una fase anterior con largos túmulos de tierra (*langdysser*) delimitados por bloques de piedra y provistos en su interior de varias pequeñas cistas de piedras con enterramientos individuales. Esta forma intermedia de transición entre las tumbas anteriores y las megalíticas hizo que se propusiera, por Renfrew entre otros, a esta zona como el lugar de origen de todos los megalitos atlánticos, lo que se refutó después cuando se comprobó que su cronología —primera mitad del cuarto milenio— era demasiado reciente en comparación con las zonas más antiguas (Bretaña, Portugal). Lo cierto es que en cada región el megalitismo empezó en una fecha distinta y con una forma diferente, aunque en todas se construyeron tumbas monumentales colectivas, y si rechazamos por absurdo que a todos esos grupos se les haya ocurrido lo mismo de forma independiente, habrá que aceptar una cierta relación o influencias de unos sobre otros. Parece probable que una cierta idea funcional se difundiera entre las poblaciones costeras del Atlántico europeo, que quizás estaban entonces mejor comunicadas entre sí de lo que se podría deducir de su primitiva tecnología. Esos lazos tal vez ya habían empezado durante el Mesolítico, cuando todos ellos compartían una industria microlítica muy parecida y una economía orientada hacia la pesca. En los últimos años se han realizado análisis de huesos humanos de la época que muestran que la dieta era sobre todo marina durante el Mesolítico y cómo tras el comienzo del Neolítico cambió para ser fundamentalmente terrestre y basada en productos ganaderos.

El éxito del nuevo rito funerario, quizás en términos de mayor cohesión social como luego veremos, hizo que se fuera adoptando cada vez más por poblaciones del interior, y se ve cómo los megalitos van poco a poco construyéndose en zonas centrales de Francia, norte de Alemania, y por toda la península Ibérica salvo el valle del Ebro y la costa mediterránea levantina (donde hay tumbas colectivas, pero en cuevas naturales). Por el Mediterráneo también se propagó la idea del enterramiento colectivo, y los tenemos en cuevas artificiales excavadas en forma de hipogeo y algunos dólmenes en el sur de Francia a mediados del cuarto milenio, la misma época en la que se fechan las cuevas artificiales de la costa occidental italiana, Sicilia, Cerdeña y Córcega. En la isla de Malta las cuevas, algunas laberínticas y con multitud de inhumaciones como los más de 7.000 cadáveres de Hal Saflieni, coinciden con una arquitectura megalítica espectacular de «templos», únicos en su género y construidos con grandes losas, algunas decoradas, durante la segunda mitad del cuarto milenio. También en el Egeo tenemos cuevas artificiales a mediados del cuarto milenio, y los primeros *tholoi* desde la segunda mitad del mismo. Una comparación de las fechas radiocarbónicas disponibles para las cuevas del Egeo y las italianas, muy parecidas en factura, muestra que las segundas son anteriores en unos pocos siglos a las primeras, confirmando la idea actual de que el nuevo rito se va moviendo al revés de cómo se creía antes, del occidente al oriente.

En la península Ibérica, los primeros megalitos se construyeron en Portugal, casi al mismo tiempo que los bretones (4700-4600 a.C.), aunque aquí no fueron de corredor sino cistas dolménicas simples en la zona norte y central del país. A los microlitos geométricos (trapecios) de la tradición mesolítica anterior se les añadía cerámica a la almagra, típica del Neolítico interior peninsular como ya vimos. Parece que esas cistas (en su mayoría expoliadas y con su interior muy alterado), al igual que otras tumbas bajo túmulo de Galicia y Burgos, no siempre megalíticas, contenían tumbas individuales o de unos pocos individuos. Con la investigación de los últimos años, el número de megalitos conocidos en España ha aumentado considerablemente, mostrando que su construcción coincidió con la colonización humana de amplias zonas que antes debieron de estar muy poco ocupadas a juzgar por la escasez de yacimientos neolíticos premegalíticos. Esas nuevas áreas se caracterizan por la riqueza de sus suelos, al principio en un sentido agrícola y ganadero, y más tarde en metales. En Portugal existió lo que podríamos llamar una evolución «lógica», porque va de lo simple a lo complejo: se empezó por las pequeñas cámaras para pasar luego a tumbas de corredor con cámara rectangular y pasillo estrecho, desde mediados del V milenio, cuando a los microlitos anteriores se les unen puntas de flecha pedunculadas y placas-colgante de pizarra todavía sin decorar. En la siguiente fase las tumbas de corredor son mayores y más complicadas, con cámara poligonal y corredor compartimentado, como en el caso de la Anta Grande do Zambujeiro (Évora), el megalito más grande de Portugal, y con puntas de flecha de tipos variados además de placas de pizarra grabadas con motivos geométricos, al parecer una por cada cadáver enterrado. La última fase megalítica portuguesa, al igual que en el sur de España desde donde le pudo llegar la influencia, se caracteriza por la presencia de *tholoi* ya durante el Calcolítico a finales del III milenio a.C., que veremos en el siguiente capítulo.

Un esquema parecido al portugués aunque más simple se registra en Galicia y el resto de la cornisa cantábrica española, con una primera fase de cámaras simples a finales del V milenio y otra durante el siguiente milenio definida por las tumbas de corredor además de las cistas sencillas que continúan; esta diversidad podría explicarse por los distintos tipos de tierras, pues en Galicia los corredores parecen ser más abundantes en las mejores zonas agrícolas. Los recientes descubrimientos de Asturias y Cantabria, además de Burgos o La Rioja, han servido para unir las ricas zonas gallega y vasco-pirenaica, que antes se consideraban incomunicadas, en especial la segunda, lo que había dado lugar a hipótesis histórico-raciales que ligaban la primitiva lengua euskera con los aislados constructores de megalitos de los Pirineos y el sur de Francia, a su vez descendientes de los últimos cromañones cantábricos. En el País Vasco se ha distinguido una zona norte con dólmenes levantados por los pastores móviles del área montañosa (Santimamiñe), y otra al sur con sepulcros de corredor que corresponderían a agricultores sedentarios de las llanuras (Los Husos).

En Andalucía se conocen ejemplos de enterramientos múltiples en fosas durante el Neolítico inicial, de los que pudo surgir después la práctica megalítica, uno de cuyos ejemplos más antiguos es el corredor de Alberite en Cádiz, de fines del V mileno a.C., con representaciones grabadas y pintadas en las losas y que sólo contenía los restos de dos individuos cubiertos de ocre, uno masculino y el otro femenino. En Almería existió una primera fase también de finales del V milenio con pequeños túmulos provistos de una cámara circular o poligonal en el centro (*rundgrabern*, en la denominación alemana de los esposos Leisner que investigaron la zona a mediados del siglo pasado), cuyas cubiertas, si las tuvieron, no se han conservado y cuyo pequeño tamaño llevó a pensar que pudieran ser tumbas individuales con ajuares de tipo neolítico. Más tarde se les añadirá un pasillo a esas cámaras de la llamada «Cultura de Almería», cubiertas ya a veces con falsa cúpula y con ajuares que incluyen «ídolos» de hueso y piedra parecidos a los cicládicos, en el comienzo de una línea de influjos que desde el Mediterráneo oriental van a marcar a todo el SE hasta culminar en la cultura calcolítica de Los Millares a fines del IV milenio. En Andalucía occidental se conocen cámaras simples como las primeras portuguesas, sin fechar todavía, y más tarde grandes sepulcros de corredor, a veces con cámara de falsa cúpula tipo *tholos*, como el dolmen de Soto y la necrópolis de Pozuelo en Huelva, las «cuevas» de Menga y Romeral en Málaga, Valencina de la Concepción y Matarrubilla en Sevilla, etc. La meseta parece haber sido en general un área de expansión del potente foco portugués, y así vemos como el número de megalitos desciende según nos movemos hacia el este, aunque Burgos y La Rioja cuentan con gran número de casos. En su mayoría son cámaras poligonales, a veces tan grandes que se les ha supuesto una cubierta vegetal como única posible, a las que se les añadía un largo corredor, aunque en Extremadura se registran también pequeños dólmenes y en fechas recientes se han excavado casos bastante originales, como el túmulo sin piedras de El Miradero en Valladolid, de comienzos del IV milenio, o los sepulcros de corredor con basamento de piedra y paredes de barro (tapial) en Velilla de Osorno (Palencia) y Simancas (Valladolid). Las escasas fechas disponibles de carbono 14 para la meseta muestran que el comienzo megalítico no estuvo muy alejado del original portugués, siendo las más antiguas de finales del V milenio a.C.

Cataluña representa una cierta frontera en el megalitismo peninsular, al no haber monumentos al sur del Llobregat en toda la costa levantina ni tampoco en Aragón salvo la franja pirenaica. Los megalitos más antiguos fueron los sepulcros de corredor del Alto Ampurdán, erigidos por la misma época que en otras zonas españolas, finales del V milenio a.C. Es interesante observar cómo entonces todavía se enterraba con fosas y cistas individuales en las regiones más al sur y costeras de la región, apareciendo algunas de las cistas cubiertas ya por un gran túmulo. Más adelante los corredores evolucionan a galerías cubiertas, presentes ya en zonas más amplias y a veces con losas horadadas que separan la parte mortuoria del pasillo. Como debió de ocurrir en otras regiones, el megalitismo y demás formas de enterramiento colectivo aparecen asociados al abandono del hábitat en cuevas y la formación de los primeros poblados al aire libre, a su vez relacionados con la explotación agrícola de las tierras más ricas. Un yacimiento interesante es el de Costa de Can Martorell en Barcelona, un hipogeo artificial con casi 200 individuos inhumados, de los que una mayoría parecen haber sido enterrados en poco tiempo y posiblemente por muerte violenta, según muestran algunas heridas en los huesos y las abundantes puntas de flecha de sílex que aparecieron entre los cadáveres. Otras huellas de muertes parecidas se registraron en el enterramiento colectivo en cueva de San Juan ante Portam Latinam (Álava), con cerca de 300 cuerpos, de los que nueve tenían huellas de heridas por punta de flecha, curiosamente todas ellas por la espalda.

Sobre la ideología que sustentó la actividad megalítica tenemos algunos testimonios artísticos, que aparecen tanto representados sobre las grandes losas de los monumentos como en piezas de arte mueble asociadas a los cadáveres. Los primeros suelen ser grabados, o algunas veces pinturas, con motivos geométricos (figura 45, arriba): aunque existe gran variedad, en Irlanda predominan los círculos concéntricos, en Bretaña los laberintos de líneas cruzadas que a veces unen pequeños hoyos o cazoletas picadas en la piedra, y en la península Ibérica las líneas en zigzag y serpenteantes. También en nuestros megalitos tenemos algunos motivos figurativos, como soles, animales, seres humanos y armas, y resulta curioso comprobar cómo tales imágenes se efectuaron con un estilo muy parecido al del arte rupestre esquemático, recalcando la conexión que debió de existir entre dicho arte y el mundo funerario, presente ya desde el principio por los paralelos que ya vimos entre las cerámicas funerarias cardiales y el primer arte macroesquemático alicantino. Otra interpretación se fija en el parecido de los motivos geométricos con los que ya vimos en el arte rupestre de los cazadores (Paleolítico Superior europeo, arte de los bosquimanos y de algunos indios americanos, etc.), que últimamente se interpretan como signos alucinatorios visionados durante los trances chamánicos, y propone el mismo origen también para los megalíticos, ligados tal vez al consumo de drogas durante o después de los ritos funerarios. También en los «ídolos» neolíticos que aparecen en los megalitos y algunos poblados contemporáneos hasta inicios del Calcolítico, se aprecia una simbología que podría ser funeraria (figura 45, a-j), por su similitud figurativa (soles, ojos, triángulos, zigzags, etc.) con el arte megalítico y esquemático. En ocasiones las figuras son claramente humanas, sin sexos marcados o claramente femeninas como en el caso de la curiosa «venus» del yacimiento barcelonés de Can Tintorer (Gavá).

Las primeras interpretaciones modernas del megalitismo comenzaron cuando las fechas radiocarbónicas, como vimos, desmontaron la vieja idea de que había sido realizado por un pueblo de «misioneros» metalúrgicos procedentes del Egeo. En la historia de la investigación, se ha señalado cómo la aparición del método del carbono 14 (en la década de 1950) provocó por un lado que los arqueólogos dejaran de estar obsesionados por la cronología, gracias a ese método fisicoquímico tan exacto y fiable (en realidad, no tanto), y por otro y de forma aparejada, que las explicaciones difusionistas, basadas en encontrar cronologías anteriores y posteriores para los lugares de origen y de destino de cualquier innovación cultural, empezaran a perder fuerza. La década de 1960 fue escenario del surgimiento en los países anglosajones de lo que se llamó entonces «Nueva Arqueología», que trataba de explicar los acontecimientos prehistóricos con argumentos, entonces novedosos, de tipo funcionalista y evolucionista. Un insigne representante de dicha escuela en Europa, el británico Colin Renfrew, propuso en los años setenta una idea sobre la aparición del megalitismo que todavía

Figura 45
Arte megalítico. Fila superior, imágenes sobre las rocas de los megalitos, de izquierda a derecha: grabados de líneas y cazoletas de la tumba de corredor de Le Petit-Mont (Bretaña), pinturas en rojo y negro del dolmen de Pedra Cuberta (Galicia) y grabados de la tumba de corredor de Knowth (Irlanda) (según Boyle, Leisner y Eogan en Müller-Karpe 1974, figs. 583, 571 y 640). Abajo, «ídolos» de la misma época (algunos denominados «diosas madre» o «diosas de los ojos»): a) «báculo» de esquisto, Portugal, b) placa de Vega del Guadancil, Cáceres, c) figura oculada de cerámica de Monte do Outeiro, Portugal, d) estatua-menhir de St. Theodorit, Francia, e y f) grabados de Les Pierres Plates y Mané-Rutual, Bretaña, g-j) estatuas-menhir de Ciudad Rodrigo (España), L'Isle-sur-Sorge, St. Sernin y Lauris (Francia). Diferentes escalas, según Arnal, Hugues, Crawford, Gagnière, Granier y L'Helgouach en A. Fleming, «The myth of the mother goddess», *World Archaeology,* 1969. fig. 31.

hoy sigue siendo muy atractiva. Por un lado, tenemos que ciertos datos arqueológicos sugieren la relación entre megalitos y territorio: los monumentos suelen estar en zonas altas y en la parte central de las tierras más fértiles, sus posiciones relativas tienden a ser equidistantes, etc. Otra fuente arqueológica nos dice que los megalitos aparecen más o menos cuando llegan los neolíticos de la cerámica de bandas al Atlántico, región donde ya no existe un «más allá» al que desplazarse y donde debieron de existir conflictos por la tierra entre los recién llegados y los últimos cazadores mesolíticos. Por otro lado, tenemos información etnográfica actual sobre la relación causal que suele existir entre la presión demográfica y la consiguiente competencia por los recursos, de un lado, y la aparición de lugares fijos de enterramiento que otorgan un cierto derecho a aquéllos por parte de los descendientes de los allí enterrados. La teoría funcionalista viene a ligar todos esos antecedentes con la idea básica de que las sociedades crean instituciones (en este caso, una ideología funeraria y una forma de enterramiento) que ayudan a crear un estado de equilibrio, tanto entre el grupo y el medio ambiente como dentro de la sociedad misma. Por su parte, la teoría evolucionista nos dice que individuos y grupos compiten entre sí por los recursos, triunfando sólo aquellos que consigan una mejor adaptación al medio natural y social correspondiente. Con todo ello obtenemos una cierta imagen de por qué se hicieron los megalitos, todavía hoy válida como explicación para muchos arqueólogos: esos impresionantes monumentos no fueron sino marcadores territoriales de grupos segmentarios (iguales e independientes), con una economía cuya alta movilidad (últimos cazadores, ganaderos, horticultores de roza) impedía ejercer un control efectivo de la tierra por otros medios (por ejemplo, un poblado estable), en una época de conflicto demográfico y a lo largo de la última frontera prehistórica de Europa. La cosa funcionó tan bien que, como suele ocurrir con las instituciones duraderas, pudo incluso haber cambiado de función durante su larga existencia, y adaptarse a circunstancias y regiones cambiantes según se extendía por zonas interiores del continente, hasta acabar siendo reemplazada por las tumbas individuales en diferentes momentos de las siguientes Edades de los Metales.

En el escenario anterior parece más probable que hayan sido las últimas poblaciones mesolíticas, en el proceso de transición hacia la economía neolítica, las constructoras de los megalitos, como una forma también de resaltar la diferencia con los recién llegados. Más adelante otros autores, como Sherratt o Hodder, rehusando un modelo que consideraban demasiado general por no tener en cuenta las circunstancias concretas de cada región, se fijaron en los paralelos que existen entre las primeras tumbas de corredor bretonas y las casas danubianas, en ambos casos largas estructuras dominadas por un principio de linealidad, planteando que las tumbas derivaron de las casas y fueron más bien obra de los recién llegados que de los antiguos pobladores costeros. El descubrimiento en los años ochenta de los túmulos de Passy-sur-Yonne, al sureste de París, unas estructuras funerarias de más de 300 metros de longitud (fueron vistas gracias a la fotografía aérea), asociadas a un yacimiento con cerámica de la tradición de bandas, aunque con casas ya pequeñas, contribuyó a reforzar la hipótesis «continental» (en contraste con la anterior, «atlántica») sobre el inicio del megalitismo. Esos túmulos estaban rodeados por fosos y empalizadas con entrada al este, lo que recuerda las largas casas danubianas; es más, a lo que se parecen éstos y otros túmulos franceses y británicos de entonces es a los montículos que dejaba el derrumbe de esas casas de madera cuando se abandonaban, y que todavía hoy sirven a los arqueólogos para localizarlas en los yacimientos. Para redondear la cuestión, hay túmulos también en Bretaña cerca de los megalitos pétreos, y aunque existen dudas sobre su cronología, podrían haber sido construidos algo antes que muchos de éstos y ser por lo tanto sus antecesores o inspiradores.

También se plantean, sin embargo, problemas para la anterior interpretación: aunque contienen algunas tumbas posteriores, los túmulos de Passy fueron inicialmente erigidos para enterrar a una sola persona, colocada en el extremo oriental y dentro de una fosa según la tradición danubiana que vimos antes. Esto choca de frente con el ritual de los primeros megalitos bretones, el enterramiento colectivo: se trata de una tumba que se sella y cierra para siempre, frente a una tumba «abierta», dispuesta a recibir a nuevos cadáveres según se va renovando la comunidad. Claro que no es la primera vez que nos encontramos en este apartado con megalitos o túmulos antiguos con tumbas individuales, de hecho parecen haber existido en casi todas las regiones. Por otro lado, a favor de la hipótesis atlántica, además de la existencia de tumbas colectivas en el mesolítico local como ya vimos, está el hecho incontestable de la antigüedad de los megalitos portugueses. A Portugal apenas pudieron llegar influencias del Neolítico danubiano, por la gran distancia existente entre ambas zonas, y el único influjo fue fundamentalmente el mediterráneo de las cerámicas cardiales. Aunque también aquí existen problemas con las fechas, los megalitos portugueses parecen sólo un poco más recientes que los bretones: 4615 a.C. en Barnenez, Bretaña, por radiocarbono calibrado, y 4510 a.C. en Poço da Gateira, Portugal, por termoluminiscencia; el margen de error de ambos métodos hace que no podamos descartar que los dos yacimientos fueran básicamente contemporáneos. Al llegar a este punto, es usual que los investigadores recurran a la vieja idea de Grahame Clark, probable aunque difícilmente demostrable, sobre los movimientos y contactos por mar que debieron de existir a lo largo de toda la costa atlántica entre las últimas poblaciones pescadoras mesolíticas, que tal vez siguieron los recorridos anuales para pescar fácilmente en los bajíos peces como la merluza o el arenque.

Finalmente, no está de más que citemos algunas hipótesis que intentan explicar el megalitismo como un resultado de los conflictos internos existentes en las sociedades de la época. Son muchos los investigadores que han colocado en el Neolítico el origen de la desigualdad social, como consecuencia de la conversión de la tierra, que antes era sólo un medio de trabajo, en un medio de producción. Ya no se trata de ir simplemente a coger lo que la naturaleza ofrece a los humanos, sino que ahora se necesita una gran cantidad de trabajo acumulado, que en la agricultura incluye roza, layado, siembra, desherbado, irrigación en ocasiones, cosecha, barbechado, etc. Lo mismo ocurre con el ganado, que es necesario atender y proteger de forma continua, desplazándose con él a los puntos de agua y alimento, etc. Todo ello supone la movilización de una gran fuerza de trabajo, la familia al completo, y no de manera esporádica sino permanente y con previsión de futuro: la labor se realiza una temporada para recoger los frutos en la siguiente (cosechas y crías). Este último hecho se ha propuesto como origen del extendido culto a los antepasados, pues ellos hicieron el trabajo del que sus descendientes se benefician, y también del habitual prestigio de los hombres mayores en las sociedades campesinas tradicionales. Son ellos los que distribuyen el alimento acumulado (que sin embargo, es producido sobre todo por los varones jóvenes) y quienes deciden los matrimonios de las mujeres, mediante alianzas que traigan más hijos al grupo para así incrementar el número de brazos disponibles y la producción. Ya hemos visto cómo en la transición al Neolítico y a lo largo de este período parece detectarse, en muchos puntos diferentes y a través de los datos funerarios, una pérdida del prestigio femenino en favor del masculino, en un proceso quizás paralelo a la cada vez mayor importancia de la *producción* (económica y masculina) frente a la *reproducción* (biológica y femenina). También tenemos indicadores de la existencia de acumulación de alimentos, para lo que quizás sirvieron las casas más grandes que a veces se han registrado en el centro de los poblados; en algún caso, como Nea Nikomedia en Grecia, la casa central contaba con varias figurillas cerámicas que apuntan también a una función ritual.

El resultado natural del sistema descrito es que, por diversos motivos, algunas familias pueden crecer más que otras, al tener más matrimonios, mujeres e hijos, mayor producción en suma. Es probable que los hombres que aparecen enterrados en las tumbas tumulares individuales del Neolítico hayan sido los cabezas de ese tipo de familias, «grandes hombres» que consiguieron movilizar con éxito un trabajo mayor que otros. Su sepultura destacada también pudo servir en ocasiones para convertirlo en el «antepasado» al que rezar en los rituales durante muchos años después. En algunas sociedades actuales, como por ejemplo los Kachin de Birmania, son los descendientes más directos de los ancestros sagrados quienes tienen el privilegio exclusivo de comunicarse e interceder ante ellos, lo que naturalmente trae aparejados beneficios económicos. Pero, igual que ocurría con los Kachin, donde periódicamente se producían disturbios que igualaban la situación en lo económico (los grupos se dispersaban por la selva) y religioso (los antepasados volvían a ser accesibles a todos), también en el Neolítico debieron de existir procesos de resistencia contra la naciente desigualdad. Porque no puede haber historias de éxito sin los correspondientes fracasos, y cuando unas familias se expanden otras se van contrayendo de forma correspondiente, hasta llegar incluso a dejar de reproducirse por falta de mujeres con las que establecer las oportunas alianzas. Es lógico suponer que en muchos casos la gente menos exitosa, posiblemente la mayoría, se haya negado a aceptar de brazos cruzados la situación, con mayor motivo cuando tanto ellos como las familias dominantes deberían estar aún imbuidos de una ideología igualitaria procedente de la época de los cazadores. Por todo ello no parece descabellado suponer que las tumbas individuales de inicios del megalistismo hayan correspondido a un momento de diferenciación social en el inicio del Neolítico europeo, y que las tumbas colectivas subsiguientes, en las que se movilizó una gran cantidad de trabajo al servicio de la comunidad, fueran, como señaló Felipe Criado, una forma de «estrategia antipoder», el último esfuerzo de las sociedades atlánticas por conjurar el fantasma de la división social.

Bibliografía

Barandiarán, I.; Martí, B.; Rincón, M. A.; Maya, J. L.; Almagro, M.; Arteaga, O.; Blech, M.; Ruiz Mata, D. y Schubart, H. (2005): *Historia de España. Prehistoria*. Ariel, Barcelona.

Bar-Yosef, O. y Belfer-Cohen, A. (1989: «The origins of sedentism and farming communities in the Levant». *Journal of World Prehistory*, 3 (4): 447-498.

Binford, S. y L. R. (1968): *New Perspectives in Archaeology*. Aldine, Chicago.

Boserup, E. (1967): *Las condiciones del desarrollo en la agricultura*. Tecnos, Madrid.

Braidwood, R. J. (1962): *Courses towards Urban Life*. Aldine, Chicago.

Buxó, R. (1997): *Arqueología de las plantas. La explotación económica de las semillas y los frutos en el marco mediterráneo de la Península Ibérica*. Crítica, Barcelona.

Chapa Brunet, T. y Delibes de Castro, G. (1983): El Neolítico. *Manual de Historia Universal, vol 1. Prehistoria*. Nájera, Madrid, pp. 258-345.

Childe, V. G. (1973): *Evolución social.* Alianza Editorial, Madrid.

Clastres, P. (1981): *Investigaciones en antropología política*. Gedisa, Barcelona.

Coulson, D. y Campbell, A. (2001): *African Rock Art. Paintings and Engravings on Stone.* Harry N. Abrams, Nueva York.

Criado, F. (1998): «La monumentalización del paisaje: percepción y sentido original en el megalitismo de la sierra de Barbanza (Galicia)». *Trabajos de Prehistoria*, 55 (1): 63-80.

Delibes, G. (ed.) (1987): *El Megalitismo en la Península Ibérica*. Ministerio de Cultura, Madrid.

Flannery, K. V. (ed.) (1976): *The Early Mesoamerican Village.* Academic Press, Nueva York.

Guilaine, J. (ed.) (1999): *Mégalithismes de l'Atlantique à l'Éthiopie. Séminaire du Collège de France*. Editions Errance, París.

—; Zammit, J. (2002): *El camino de la guerra. La violencia en la prehistoria.* Ariel, Barcelona.

Harlan, J. R. (1995): *The Living Fields. Our Agricultural Heritage.* Cambridge University Press, Cambridge.

Harris, D. R. (ed.) (1996): *The Origins and Spread of Agriculture and Pastoralism in Eurasia*. University College London Press, Londres.

Hayden, B. (1990): «Nimrods, Piscators, Pluckers, and Planters: The Emergence of Food Production». *Journal of Anthropological Archaeology*, 9: 31-69.

Hernando, A. (1999): *Los primeros agricultores de la Península Ibérica*. Síntesis, Madrid.

— (2002): *Arqueología de la identidad*. Akal, Madrid.

Hodder, I. (1990): *The Domestication of Europe. Structure and Contingency in Neolithic Societies*. Blackwell, Oxford.

Ingold, T. (2000): *The Perception of the Environment. Essays in Livelihood, Dwelling and Skill*. Routledge, Londres.

Kuijt, I. (1996): «Negotiating Equality through Ritual: A Consideration of Late Natufian and Prepottery Neolithic A Period Mortuary Practices». *Journal of Anthropological Archaeology*, 15 (4): 313-336.

Kuijt, I. y Goring-Morris, N. (2002): «Foraging, Farming, and Social Complexity in the Pre-Pottery Neolithic of the Southern Levant: A Review and Synthesis». *Journal of World Prehistory*, 16 (4): 361-440.

Lee, R. B. y Daly, R. (eds.) (1999): *The Cambridge Encyclopedia of Hunters and Gatherers*. Cambridge University Press, Cambridge.

Müller-Karpe, H. (1968): *Handbuch der Vorgeschichte, II Band, Jungsteinzeit*. C.H. Beck, Múnich.

Müller-Karpe. J. (1974): *Handbuch der Vorgeschichte, III Band, Kupferzeit*. C.H. Beck, Múnich.

Price, T. D. y Gebauer, A. B. (eds.) (1995): *Last Hunters, First Farmers*. School of American Research, Santa Fe.

Rindos, D. (1990): *Los orígenes de la agricultura: una perspectiva evolucionista.* Bellaterra, Barcelona.

Renfrew, C. (1990): *Arqueología y lenguaje: la cuestión de los orígenes indoeuropeos*. Crítica, Barcelona.

Roberts, N. (1998): *The Holocene: An Environmental History.* Blackwell, Oxford.

Scarre, C. (ed.) (2005): *The Human Past. World Prehistory and the Development of Human Societies.* Thames and Hudson, Londres.

Shaw, T.; Sinclair, P.; Andah, B. y Okpoko, A. (eds.) (1993): *The Archaeology of Africa. Food, Metals and Towns*. Routledge, Londres.

Thomas, J. (1999): *Understanding the Neolithic.* Routledge, Londres.

Tilley, C. (2004): *The Materiality of Stone. Explorations in Landscape Phenomenology*. Berg, Oxford.

Vega Toscano, G.; Bernabeu Aubán, J. y Chapa Brunet, T. (2003): *La Prehistoria (Historia de España 3er milenio, vol. 1).* Síntesis, Madrid.

Vicent, J. (1998): «La prehistoria del modo tributario de producción». *Hispania*, 58: 823-839.

Wendorf, F.; Shild, R.; Close, A. E. (eds.) (1984): *Cattle-Keepers of the Eastern Sahara: the Neolithic of Bir Kiseiba.* Southern Methodist University Press, Dallas.

5. La sociedad dividida. Culturas metalúrgicas y primeros Estados

1. El arraigo de la desigualdad: de jefaturas a Estados

En este apartado revisaremos aquellos procesos que llevaron, en varias regiones de la Tierra de forma independiente y también en épocas distintas, a la formación de la organización política bajo la que hoy vivimos todos los humanos, el Estado centralizado. En muchos sitios su aparición supuso también el fin de la Prehistoria, porque una de las necesidades de esa nueva entidad era la escritura, como instrumento de comunicación, control y poder. Con este sistema pronto se empezaron a escribir relatos, listas de reyes, de pueblos y ciudades, de posesiones e impuestos, etc., y son esos datos textuales los que precisamente distinguen a la *Historia* como época distinta de la *Prehistoria* anterior, para la que no tenemos más medio de acceso que el estudio de la cultura material, es decir, la arqueología.

Al final del capítulo anterior vimos que con la economía neolítica comenzaban las oportunidades de desigualdad, y cómo una de las primeras oleadas en ese sentido (reflejada arqueológicamente en las tumbas tumulares de personajes importantes) era resistida en cierto sentido por la ideología igualitaria que representaron después las tumbas colectivas megalíticas. En este capítulo veremos las diferentes teorías que tratan de explicar la implantación definitiva de la desigualdad en los Estados, así como el rápido camino que llevó a la formación de los más antiguos de ellos en el Próximo Oriente, Egipto, India, China, Mesoamérica y la Suramérica andina, para luego aproximarnos con más detalle al mucho más lento proceso hacia la complejidad, colmado de tentativas y resistencias, que se produjo en el continente europeo.

Aunque los primeros Estados tuvieron características diferentes, casi todos ellos se distinguieron por controlar espacios relativamente grandes de manera centralizada. Ese control, siempre militar o basado en el ejercicio de algún tipo de violencia o coerción, fue esencial para contrarrestar las tendencias que existen siempre a dividir de nuevo la unidad social y constituye uno de los aspectos más propios de un Estado. Asimismo la presencia de aglomeraciones habitacionales de mayor tamaño que los poblados conocidos hasta entonces, llamadas ciudades, es considerada como un rasgo típico de las organizaciones estatales. El tamaño demográfico de las unidades urbanas permitió movilizar una gran cantidad de trabajo, lo que a su vez produjo un excedente alimentario que se canalizó hacia las clases superiores mediante algún tipo de tributo, con el que cada vez más gente pudo vivir sin necesidad de ganarse directamente el sustento, surgiendo así los primeros especialistas a tiempo completo: artesanos, soldados, sacerdotes o burócratas. Entre la abundante producción de estos grupos se encontraban objetos sobresalientes como monumentos u obras de arte, por lo que muchas veces se emplea el término de «civilización» —con un sentido mayor de esplendor estético que el original referido a la ciudad— para distinguir a las primeras culturas estatales: civilización egipcia, maya, grecorromana, etc. En cuanto a la organización social, tenemos el fundamental cambio que supuso que el parentesco, la *familia*, aunque siguiera actuando como lo hace todavía hoy, dejara de ser ya el principio rector y ámbito de la actividad económica, pasando ahora los individuos a actuar en función de su pertenencia a una *clase*, la cual se define por una relación idéntica de todos sus componentes con respecto al sistema productivo: propietarios, aristócratas, proletarios, campesinos, etc. Este último hecho es lo que distingue a los Estados, comparados con las sociedades prehistóricas anteriores, más que como sociedades «complejas» aunque éste sea el término más usado, como sociedades desiguales o divididas.

Parece que la primera explicación que se intentó dar del origen del Estado fue la del historiador tunecino Ibn Jaldún, quien a finales del siglo XIV ya intuyó que la institución había surgido para resolver el conflicto social primario, el provocado por la desigual apropiación económica. Ésta es la línea de pensamiento que acaba cristalizando en la primera discusión profunda sobre el tema, la de Friedrich Engels en su famosa obra de 1884, que liga el origen del Estado con la propiedad privada: la institución era la única manera de proteger una naciente privatización y acceso desigual a los recursos, y en definitiva surgió para mantener la sociedad de clases. Resulta curioso, no obstante, que el propio Engels hubiera sugerido unos años antes (*Anti-Dühring*) justo la idea contraria: el primer poder político habría sido «funcional», es decir, orientado y creado en pro del bien común de toda la sociedad, aunque luego acabara derivando en «explotador» y buscando su dominio y explotación. Aunque no parezca haber demasiadas diferencias entre las dos hipótesis, porque el resultado final es el mismo en ambas, está claro que la segunda defiende el potencial positivo del Estado (pues si lo tuvo alguna vez, lo puede volver a tener), mientras que la primera lo ve siempre bajo una luz negativa. De hecho, hasta hoy mismo los pensadores marxistas o izquierdistas en general se siguen decantando por la idea del «conflicto» y la desigualdad social, mientras los más conservadores o funcionalistas suelen defender el modelo del «acuerdo social» para explicar el origen de todos los poderes centralizados.

Durante el siglo XX se fueron buscando explicaciones más concretas, y así tenemos la famosa «hipótesis hidráulica» del Karl Wittfogel, que defendía que los Estados habían surgido en zonas áridas donde la necesidad de irrigación y de control del agua por una fuerza centralizada hicieron necesario ceder el poder a una organización supracomunitaria más eficiente. El problema de esta teoría es que no se ha podido probar en ningún sitio: tanto Mesopotamia como Egipto, lugares donde las condiciones de la hipótesis se cumplían a la perfección, tuvieron sistemas de irrigación locales, no centralizados, y en Egipto además fueron tardíos, es decir, no pudieron ser la causa del Estado porque aparecieron mucho después de que surgiera éste. Otras hipótesis que lograron reconocimiento también se fueron desmontando en cuanto explicaciones generales, como las que ponían el acento en la urbanización, de los arqueólogos Gordon Childe y Richard Adams, pues hubo Estados con pocas ciudades, como Egipto, y otros formados por pueblos guerreros nómadas antes de conquistar las zonas agrícolas (escitas, mongoles), o liderados por cortes ambulantes que no tuvieron casi nunca centros fijos, como Abisinia. Algo parecido ocurrió con la idea de Franz Oppenheimer, que proponía la conquista militar para explotar a otros pueblos como mecanismo de origen, lo que se ha comprobado sólo en algunos Estados «secundarios», originados por contacto con otros, pero no en los que surgieron directamente de sociedades tribales o jefaturas, los Estados «prístinos».

Una idea que ha aguantado bastante bien fue la del antropólogo Robert Carneiro, basada en sus propias observaciones en los valles fluviales de Perú, separados por áridos desiertos: la combinación de presión demográfica por el lógico aumento de población en contextos agrícolas productivos, junto con una posición de confinamiento geográfico (barreras naturales que impiden la separación y partida de los grupos) o social (otros grupos vecinos que cumplen la misma función), derivarían en una situación insoportable de la que sólo se podría salir mediante la guerra. Los ataques y la conquista subsiguiente llevarían a unos grupos a imponer su dominio sobre otros, para lo cual sería necesaria la organización estatal. Esta explicación funciona asimismo bastante bien en el valle del Nilo, como veremos luego. Otras hipótesis de tipo evolucionista, como por ejemplo la de Elman Service, acentúan la idea del acuerdo social al imaginar a los primeros reyes o jefes de los Estados como personajes carismáticos, líderes natos cuyas cualidades llevaron al resto del grupo a aceptar su autoridad en momentos difíciles. Su mayor capacidad organizativa convertía a los grupos con buenos jefes en mucho más aptos para la competencia con otros, llevándolos a la supremacía final sobre todos los demás y la formación de unidades sociales de mayor nivel. Aunque resulta indiscutible que el Estado es un tipo organizativo más competitivo que las tribus y las jefaturas (la prueba definitiva es su éxito y la desaparición final de todos los demás sistemas), no está tan claro que la gente que vivía bajo los Estados haya ganado con el cambio, salvo la clase dominante por pura lógica. De hecho, estudios de patología ósea con restos humanos han revelado que la población del Paleolítico gozó de mejor salud que los que vivieron en sociedades neolíticas y estatales.

En un estudio clásico sobre la formación de los Estados, basado en 21 casos bien conocidos, Claessen y Skalník concluían que de todas las causas manejadas (presión demográfica, guerra, etc.) eran sólo dos las que aparecían como condiciones estrictamente necesarias: un excedente económico, casi siempre en forma de alimento, y una ideología sustentadora, un mito religioso que justifique la posición privilegiada del líder, jefe o soberano que se impone a los demás. La desigualdad social estaba presente, por el acceso diferencial a los medios de producción y excedentes alimentarios, en todos los casos estudiados ya desde antes de la instauración del nuevo sistema político, pero se constataba que tras la aparición del Estado se producía un aumento de la misma, por lo que parecía más consecuencia que causa de los cambios. En el registro arqueológico es posible evidenciar la existencia de excedentes (por la presencia de silos, almacenes, etc.) y rastrear las diferencias sociales (a través del tamaño de las viviendas, el ajuar de las tumbas, etc.) y muchas veces se ha podido acceder al registro escrito de las primeras ideologías estatales. En este sentido sorprende observar ciertas regularidades de los primeros Estados, que no se pueden explicar por contactos entre sí a causa de la gran distancia que los separaba. En muchos hubo una metáfora del cosmos compuesto por flujos de energía que sostienen la naturaleza y que a su vez son mantenidos por las ofrendas religiosas que realizaba la clase dominante con las riquezas extraídas de sus propios súbditos, cuyo trabajo era así dignificado por cuanto contribuía al sostén del universo. Reyes e individuos dominantes aparecían siempre en lugares elevados y con ornamentos únicos, al rey se le solía identificar con el sol, frecuentemente era un ser extraño que no podía ser visto públicamente y su mismo poder se representaba por elevamientos artificiales (túmulos, pirámides, torres, etc.). Asimismo las huellas de la violencia se volvieron entonces mucho más abundantes: armas, sacrificios humanos en las tumbas importantes, e incluso expresiones artísticas gráficas de la crueldad ejercida sobre enemigos y súbditos díscolos (figura 46).

Figura 46
La violencia se expresó de diversas maneras en numerosos ejemplos artísticos de los primeros Estados, cuya distancia entre sí sugiere que la idea de representarla públicamente surgió de forma independiente en bastantes ocasiones: a) sello de la fase Uruk con un rey victorioso sobre un barco con varios prisioneros atados (Chogha Mish, Irán), b) diez prisioneros desnudos, con los brazos atados y sus cabezas cortadas colocadas entre las piernas, del reverso de la paleta de Narmer (Egipto), c) sello de Uruk con prisioneros atados junto a sus captores (Warka, Irak), d) relieve en piedra con un enemigo herido y mutilado sexualmente (Monte Albán, México), e) relieve de una cerámica Moche con un guerrero asiendo a un enemigo por el pelo (Perú). Tomado de Kantor, Emery, Oates, Marcus y Donnan, en Flannery, K. V. «Process and Agency in Early State Formation», *Cambridge Archaeological Journal,* 9-1, fig 12, 1999.

2. Los Estados prístinos fuera de Europa

Igual que había ocurrido varios milenios antes con la agricultura, fue en la región mesopotámica (la tierra entre los dos ríos, el Tigris y el Éufrates), en lo que hoy es la sufriente nación de Irak, donde se registraron los primeros signos de organización política estatal a mediados del IV milenio a.C., al principio en forma de ciudades-estado para pasar muy pronto a formarse reinos e incluso imperios de gran extensión. Previamente, desde 6000 a.C. comenzó en toda la zona del Próximo Oriente el uso del cobre, primero para adornos y luego en herramientas y armas, lo que lleva a denominar Calcolítico («cobre y piedra») a este período que llega hasta 3000 a.C. Las culturas más importantes de entonces fueron las de Halaf, Ubaid y Uruk, definidas por su diferente cronología y distribución geográfica, además de por su cultura distintiva. La de Halaf se desarrolló por todas las zonas altas del Creciente Fértil llegando hasta el SE de Turquía y la costa levantina, entre 6000 y 5400 a.C., con una cerámica de gran calidad, variedad de formas y decoración pintada geométrica y animalística; los sellos de piedra y las figurillas femeninas son otras de sus características. Los abundantes yacimientos indican un gran aumento demográfico, impulsado por el uso de los animales para el tiro y los productos lácteos (lo que se llamó «revolución de los productos secundarios»), y haciendo frente a problemas sanitarios como la malaria, según se desprende del análisis de los restos óseos de la época. La división social debió de ser escasa, pues en los poblados apenas se ha encontrado algún edificio mayor que los demás, las tumbas tienden a ser homogéneas y las posibles armas son escasas (brazales de piedra para proteger el brazo de los arqueros, bolas de barro cocido para hondas), aunque es posible que existiese algún tipo de propiedad privada por la abundancia de sellos, cada uno con su forma y dibujo geométrico distintivos y que se usaban para cerrar con barro contenedores alimenticios de cestería o cerámica.

Poco tiempo después del comienzo de Halaf, hacia 5900 a.C., con la llamada cultura de Ubaid (antes transcrita como Obeid) se produjo la primera ocupación humana de las zonas llanas del sur de Mesopotamia, tierras áridas que sólo se pueden aprovechar agrícolamente mediante canales que lleven el agua de los ríos a los campos, el clásico sistema de irrigación que tal vez fue inventado por entonces. No sería extraño que ese importante avance técnico estuviera en el origen de la nueva complejidad que se advierte, por ejemplo, en los llamados «templos», elaborados edificios de adobe con varias habitaciones alrededor de una sala central provista de un «altar» y una «mesa de ofrendas». En los del yacimiento de Eridu al sur de Irak se observa una evolución desde la forma simple de una sola habitación a las más complicadas del nivel superior con una sala mucho mayor rodeada por cerca de 10 habitaciones pequeñas. Es posible que estos edificios, presentes asimismo en otros yacimientos ubaidienses, fueran residencias de la élite o lugares de redistribución de alimentos (en Eridu se encontraron abundantes restos de pescado, identificados también como ofrendas al dios del agua que en la época histórica de Eridu se llamó Enki). La cerámica de Ubaid se acabó extendiendo por todo Próximo Oriente hasta Turquía, reemplazando desde 5200 a.C. a la halafiense, y llegando incluso a las costas del golfo

Pérsico en la península Arábiga, donde análisis químicos de las vasijas prueban que no eran imitaciones sino productos que habían llegado, tal vez mediante cadenas de muchos intercambios a pequeña escala, directamente desde varios cientos de kilómetros de distancia.

Hacia 4200 a.C. la cerámica pintada empieza a cambiar por la cerámica en general lisa de la siguiente fase, Uruk, que llegará hasta 3000 a.C. Ese cambio es importante desde el punto de vista arqueológico, porque es lo que nos permite distinguir culturalmente los restos del nuevo período, pero lógicamente éste se caracterizó por algo más importante, como fue la concentración de la población en asentamientos progresivamente mayores, todos ellos con su templo como ya ocurría antes, un edificio ahora claramente destinado a almacén de los excedentes alimentarios, que se recogen en nombre y como ofrenda a los dioses pero que se destinan a la redistribución entre los propios obreros o como capital prestado a comerciantes encargados de traer desde las tierras altas todos aquellos productos de los que carece la llanura mesopotámica: madera, piedras preciosas (lapislázuli, cornalina, etc.) y metales (cobre, oro, plata, estaño). El tamaño de los poblados fue creciendo hasta llegar a las 70 ha cuando se produjo la transición a la fase del Uruk Final hacia 3500 a.C. Por esa época se abandonaron muchos grandes poblados del área de Nippur al norte de la región, y aumentaron de dimensión los de la zona sur alrededor del mismo Uruk, tal vez porque la unión del Éufrates y el Tigris cambió de sitio y la población se movió para ocupar las tierras más fértiles cercanas a ese punto.

En ese momento Uruk ya tenía una extensión de 100 ha y una población probable del orden de decenas de miles de personas, llegando más tarde a inicios del período dinástico a ocupar hasta unas 400 ha. Se puede decir que Uruk fue la primera verdadera ciudad de la historia, porque otras aglomeraciones anteriores, aunque también de gran dimensión como por ejemplo Çatal Hüyük, carecían de la variación funcional interna que caracteriza a las ciudades. En aquel momento debió de ser algo impresionante para todos los campesinos que habitaban la región, sobresaliendo con sus edificios y templos por encima de la uniforme llanura aluvial. Aunque se ha excavado muy poco de esta ciudad, que hoy se llama Warka y en la Biblia aparece citada como Erech, dos zonas con grandes templos, Eanna y Kullaba, son bien conocidas. El edificio más grande llegó a tener una dimensión de 80 × 50 m, algo comparable a una de nuestras catedrales pero sin la gran altura de éstas. Aunque su espacio interior era religioso, los templos se debieron de utilizar también como residencia de las familias dominantes y también como casas de reuniones comunitarias. En uno de los templos pequeños se encontraron en la cimentación las tumbas de un cachorro de león y de un leopardo, animal este último que también aparece representado en un asentamiento contemporáneo más al norte y nos recuerda a los esculpidos varios milenios antes en las paredes de Çatal Hüyük, tal vez en una tardía prolongación de la antigua religión animal de los pueblos cazadores.

Fue en relación con las propiedades de esos templos, y la necesidad perentoria de controlar su cuantía, como surgió la primera escritura conocida, la llamada cuneiforme (signos en forma de cuña), por hacerse imprimiendo el extremo puntiagudo de una pluma de madera o marfil sobre una superficie lisa de arcilla cruda, que luego se cocía para formar las famosas «tablillas» escritas del Próximo Oriente. Con esa escritura se elaboraron textos de naturaleza administrativa: raciones de grano para los trabajadores, listas de rebaños de animales, medidas de campos cultivados propiedad del templo, etc. Es interesante que se utilizaron distintos tipos de numeración (sexagesimal, bisexagesimal, etc.) en función de lo que se medía: personas, animales, grano, tiempo transcurrido, etc. La lengua que se escribió en esa escritura no se parece a ninguna conocida, hablada todavía o desaparecida, aunque quizás esto se deba a que el sistema carecía de elementos gramaticales que nos sirvan para compararla con otras lenguas posteriores. Empleaba unos 850 signos, que al principio eran pictográficos como los egipcios, es decir, cada cosa se designaba con un símbolo que era como un dibujo resumido de la misma, para luego hacerse más abstracta. Más adelante, con otras lenguas diferentes como ocurre hoy con caracteres como los árabes o latinos, la escritura se siguió utilizando hasta la época romana imperial. Además de los textos escritos signo a signo, se usaron sellos cilíndricos que al rodar sobre la arcilla representaban siempre la misma escena, en general filas de personajes que llevaban ofrendas o de esclavos delante de una figura con falda que lleva un arco o una lanza en la mano, tal vez el sacerdote-dios jefe de las élites. Estos sellos quizá se usaron para identificar a sus portadores como personajes importantes y darles acceso a los excedentes, guardados asimismo bajo sello.

Uruk y otras ciudades-estado más pequeñas de Mesopotamia ejercieron una poderosa influencia en el exterior de su territorio, puesto que sus cerámicas y otros artefactos aparecen en los montes Zagros al norte de Irak, Irán, Siria e incluso en Turquía, es decir, en una gran parte del Creciente Fértil que ya vimos en varias ocasiones que formaba un área natural de desarrollo cultural paralelo. Tal vez se establecieron alianzas entre los jefes de las ciudades y otros de asentamientos lejanos, basadas en un amplio sistema de comercio que llevaba alimentos (grano y ganado) desde la fértil Mesopotamia hasta las zonas más altas, y a cambio recibía los productos que antes vimos que no existían en las llanuras. Como en muchas otras situaciones parecidas, esta red servía para promover la aparición de jefes emprendedores en las sociedades aliadas (jefaturas), capaces de movilizar trabajo de sus dependientes para poder acceder a los materiales llegados con el intercambio; es decir, el sistema, originado en un contexto protoestatal de desigualdad social, provocaba la aparición de situaciones parecidas a su alrededor. Hacia 3100 a.C. esta organización de Uruk, considerada el primer «sistema-mundo», según el conocido modelo de I. Wallerstein, parece haberse venido abajo, según se desprende de la brusca desaparición de los materiales provenientes de Uruk en todos los territorios vecinos, aunque la organización central de ciudades-estado siguió existiendo en las llanuras del sur durante el período dinástico inicial, cuando ya empiezan a aparecer en los textos escritos las listas de reyes y dinastías dominantes, ahora con lengua sumeria. Se ha intentado relacionar el colapso de la amplia red comercial de Uruk, como muchas otras discontinuidades bruscas habidas en la larga historia inicial de los Estados, con algún cambio climático, en este caso un período de inesperada aridez climática ocurrido por la misma época, pero no se puede descartar la posibilidad de que hayan influido también las causas sociales.

El otro primer gran foco estatal del Viejo Mundo, el Egipto faraónico, se desarrolló en el valle del Nilo, un estrecho y largo oasis limitado en ambas orillas por un desierto con lluvias muy reducidas o prácticamente inexistentes. Esta condición, que restringe el movimiento de sus habitantes en una única dirección norte-sur, ocurre de forma variable según las condiciones locales del cauce, desde zonas donde el río fluye encajado haciendo muy difícil la agricultura, hasta extensiones abiertas que la crecida anual inunda cada verano provocando el efecto contrario. Esas limitaciones geográficas fueron superadas desde el período predinástico (4500-3000 a.C.), simplemente canalizando el agua de las crecidas a nivel del suelo en las zonas favorables (*seluka*), y desde el Imperio Nuevo, hacia 1500 a.C., con un sistema de canales de irrigación alimentados por un mecanismo de palanca con contrapeso todavía usado hoy (*shaduf*), que no sirve para más de tres metros de desnivel; la mucho más eficaz noria de rueda con tracción animal no fue introducida hasta el período tolemaico (siglos III-I a.C.). Con esos métodos se hizo frente a la gran irregularidad interanual de las crecidas del Nilo, que provocaban una productividad agrícola y ganadera muy variable, de terribles consecuencias para la población humana del valle a lo largo de toda su historia (recuérdense los años de «vacas gordas» y de «vacas flacas» de Egipto citados en la Biblia).

A finales de la fase neolítica, por ejemplo en el yacimiento de Merimda, comienzan a apreciarse los primeros indicios de complejidad social en los diferentes tamaños de las viviendas y las tumbas, que significativamente eran sólo femeninas e infantiles. De la misma época, hacia mediados del V milenio a.C., son los yacimientos de la región de Badari-Matmar-Mostagedda en el Alto Egipto, donde se desarrolla la primera fase del período predinástico, el Badariense. La cultura material se conoce fundamentalmente por la excavación de sus ricas tumbas (algo típico de toda la arqueología de Egipto, donde se conocen muy pocos asentamientos, se supone que por estar en su mayoría cubiertos por restos culturales y depósitos fluviales más recientes), con cerámicas finas de color rojo con el interior y borde exterior negro (*black topped*), y otras con la superficie ondulada, dos tipos que se encuentran en todo el Nilo hasta el Sudán central, seguramente como resultado de un amplio sistema de comercio a lo largo del Nilo. También se conocen útiles líticos bifaciales, vasos de basalto, paletas de pizarra para colorantes, objetos de marfil, estatuillas femeninas de influencia mesopotámica, cuentas de esteatita vidriada y algunas piezas de cobre (cuentas, agujas), primera aparición del metal en Egipto, tal vez importado, como las cuentas, desde Asia. Todos ellos fueron sin duda considerados objetos de lujo ligados a las nacientes élites, y su cuantía y riqueza fueron aumentando de forma constante hasta la eclosión cultural que supuso el comienzo del Estado faraónico. Aunque al principio los asentamientos eran pequeños (por ejemplo, Hemanieh) y las viviendas todavía de material perecedero como en el Neolítico, son significativos los restos de las primeras concentraciones de excremento de ovicápridos situados entre ellas, lo que sugiere la existencia de cerramientos para el ganado, y que quizás éste ya fuera para entonces una propiedad privada. En el mismo sentido apunta el que también los graneros aparezcan ahora ligados de forma independiente a las casas, al contrario de lo que ocurría en el Neolítico (Fayum), cuando todos los silos-almacenes estaban concentrados en una zona común.

Algo después de 4000 a.C. comenzó el siguiente período predinástico, Nagada, llamado así por la zona excavada por el egiptólogo británico W. Flinders Petrie a fines del siglo XIX, situada en la orilla occidental en el Alto Egipto. Este período se suele dividir en tres fases que ocupan todo el IV milenio a.C. (Amratiense o Nagada I, Gerzeense o Nagada II, Semaineense o Nagada III-Protodinástico), hasta el comienzo de la escritura y la historia con el período dinástico faraónico un poco antes de 3000 a.C. La rica cultura material de Nagada continúa los tipos antes citados del Badariense, destacando las figurillas femeninas, que ahora tienen muchas veces los brazos levantados («bailarinas») (figura 34: 2). Desde Nagada I abundan las piezas de cobre, y las primeras armas de este metal aparecen en Nagada II. Al poco tiempo de comenzar el período las viviendas circulares con base de adobes y piedras reemplazaron a las cabañas vegetales, y en Nagada II surgieron las primeras casas de planta rectangular que luego continuaron durante el Dinástico. En el yacimiento conocido como South Town en la región de Nagada se conocen edificios mayores de finales de Nagada, tal vez residencias de la élite. El modelo de asentamiento era de pequeños poblados a lo largo del río, algunos de ellos quizás fortificados al final, separados apenas un par de kilómetros en algunas zonas, pero ni siquiera en la época propiamente faraónica existieron grandes ciudades en Egipto. Las primeras aglomeraciones urbanas, en Nagada o Hierakónpolis, debieron de albergar sólo entre 1.000 y 2.000 habitantes como máximo según se desprende de su área superficial y de las excavaciones, y más tarde las capitales de las provincias históricas (*nomoi*) no pudieron ser mucho mayores, si pensamos que estaban separadas entre sí por una media de 40 kilómetros de estrecho cauce, territorio que con la tecnología tradicional no pudo abastecer a muchos más de unos 5.000 campesinos (60 habitantes/km^2).

Sobre los aspectos raciales de los egipcios predinásticos ha existido bastante polémica, pues de los primeros estudios morfológicos de los huesos exhumados se dedujo erróneamente su adscripción al tronco negroide, y desde la perspectiva racista entonces dominante la gran civilización que luego alcanzaron sólo se podía explicar por la llegada de una «raza dinástica» de tipo camito-semita desde el Próximo Oriente asiático. En fechas recientes algunos han vuelto otra vez a la misma idea pero con un sentido político contrario («afrocentrismo»), defendiendo un origen negro para la raza, cultura y lengua faraónicas e indirectamente también de las civilizaciones griega clásica y romana que recibieron su influencia. Sin embargo, tanto los datos de la población actual como las pinturas y esculturas de época faraónica muestran más bien la pertenencia de aquellas gentes al tronco general mediterráneo, aunque a través del Nilo llegaron sin duda aportes genéticos meridionales como ha ocurrido históricamente hasta el presente.

Durante todo el Predinástico, para la agricultura (de cereales mediterráneos: trigo y cebada; prácticamente no se llegó a conocer el sorgo de la zona subsahariana) se aprovechaban las crecidas anuales del Nilo, construyendo diques que represaban el agua y se abrían luego de forma controlada, apertura tal vez ligada ya a una ceremonia ritual dirigida por los jefes, como ocurrió después con los faraones y parece mostrarse a comienzos del Dinástico en la maza del Rey Escorpión, quien aparece con la corona del Alto Egipto y una azada en la mano junto a otros dos hombres cavando. Esta escena, además de algunos diseños lineales de las cerámicas gerzeenses, fueron interpretados como prueba de la existencia de canales, lo que lógicamente llevó a aplicar a Egipto la «hipótesis hidráulica» de Wittfogel para el origen del Estado (en su forma asiática, el llamado «despotismo oriental»). Pero hasta ahora no se ha registrado arqueológicamente evidencia alguna de canales durante el Predinástico, e incluso en época faraónica éstos nunca superaron un carácter local que sólo exigía el control provincial, por lo que es preciso, al igual que en Mesopotamia, buscar en otras causas el surgimiento del gobierno centralizado.

Una de esas causas pudo haber sido, como en Mesopotamia, la suma de acumulación-redistribución y comercio, seguidas luego aquí de la guerra. Hacia 3800 a.C. todo el Nilo desde el delta hasta el norte de Nubia aparecía jalonado de pequeños asentamientos humanos, que a pesar de sus diferencias culturales debieron de tener contactos regulares como lo sugieren los muchos elementos comunes en todos ellos, por ejemplo la cerámica. También existieron relaciones de tipo comercial con el Próximo Oriente, demostradas por las cerámicas de tipo predinástico halladas en Palestina, y sobre todo por los «barrios de comerciantes» de El Omari y Maadi, dos yacimientos cercanos a El Cairo, donde hacia 3650 a.C. existieron almacenes subterráneos muy parecidos a otros de Palestina, con grandes jarras de almacenaje, grano, restos de animales y peces, vasos de piedra, cuentas de collar y asfalto importado. Los contactos entre los mismos poblados nilóticos son más difíciles de apreciar directamente, pero los barcos que recorrían el río debieron de ser muy numerosos, según vemos en los abundantes dibujos de las cerámicas y el arte rupestre de la época, además de los pequeños modelos en arcilla registrados arqueológicamente. También es posible que las caravanas de asnos, domesticados por entonces y luego tan frecuentes en época histórica, ya existieran en ese momento. Aunque en el comercio intervinieran los productos exóticos o de lujo, destinados a reforzar el prestigio de los jefes, este intercambio superior debía de servir de soporte ideológico al comercio fundamental de productos artesanos y sobre todo de alimentos (grano) entre los distintos grupos, seguramente para compensar unos con otros la irregular distribución de las cosechas. El almacenamiento de excedentes (atestiguado por numerosos silos en los yacimientos) tuvo que ser controlado por jefes redistributivos, que exigían sus aportaciones respectivas a cada agricultor y representan a cada comunidad en su contacto con las restantes. Para controlar ese comercio surgió también en Egipto la primera escritura, de la que primero se pensó que recibió influencias de la mesopotámica, pero hoy se cree que tuvo un origen independiente. Los jeroglíficos egipcios tenían un carácter pictográfico aún más fuerte que en la escritura cuneiforme, aunque existía una variante cursiva (escritura hierática) más simplificada. Hasta hace poco se creía que los primeros signos eran de la época de Narmer hacia 3000 a.C. y se habían usado para denominar al rey en su famosa paleta, pero recientes descubrimientos en Abydos muestran que la escritura ya existía hacia 3300 a.C., en tablillas que hacían recuento de ofrendas a un jefe o rey, y por lo tanto su antigüedad pudo ser mayor que la mesopotámica, que se piensa que empezó hacia 3100 a.C.

A lo largo del Predinástico las relaciones entre los distintos grupos debieron de ir haciéndose cada vez más complejas según aumentaba la población y surgían los conflictos cuando el intercambio no se realizaba a gusto de todos. De una manera indirecta, el progresivo incremento del ritual religioso detectado en los restos arqueológicos es una prueba de la necesidad de aplacar a los elementos descontentos de la población, y del carácter cada vez más impuesto y coercitivo de las jefaturas. Significativamente, ese ritual aparece primero ligado a los ámbitos femenino y funerario. Respecto al primero, tenemos las numerosas figurillas de mujeres, la mayor riqueza que presentan las tumbas femeninas respecto a las masculinas, y la gran importancia posterior de la reina madre, consorte oficial del heredero de la corona durante la época faraónica, sobre todo en el Imperio Antiguo. Tal vez el origen de este hecho provenga del importante papel de la mujer en el campamento primitivo, cuando los hombres cazaban lejos del mismo, y es posible que a fines del Neolítico existiese un sistema de parentesco matrilineal, como lo sugiere que sólo mujeres y niños fueran enterrados en Merimda. El simbolismo femenino estuvo ligado de alguna forma al funerario, según se desprende de las muchas figuras femeninas pintadas (en su mayoría con los

Figura 47
Parte del fresco de una de las tumbas predinásticas importantes de Hierakónpolis (Alto Egipto), fechada hacia 3500 a.C., con escenas de barcos (¿funerarios?), caza y lucha. El personaje que vence a los leones anticipa la iconografía faraónica que luego será clásica en la época dinástica; las figuras son similares a las pintadas en las vasijas funerarias, pero aquí el tema de la violencia aparece más claramente expresado. Según J. E. Quibell y F. W. Green, *Hierakonpolis II,* Londres, 1902, lám. 75.

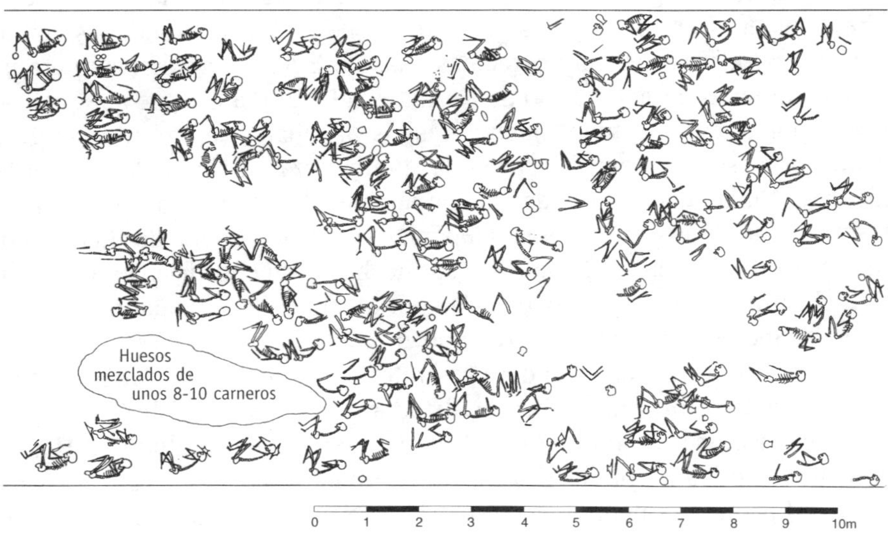

Figura 48
Distribución de cadáveres de individuos sacrificados en el pasillo central del gran túmulo X de Kerma (Sudán). El egiptólogo norteamericano Reisner encontró unos 322 sacrificios pero calculó que el número total pudo ser de 400 antes del robo de la tumba real, fechada hacia el siglo XVIII a.C. Tomado de G. A. Reisner, *Excavations at Kerma, Harvard African Studies,* Cambridge-MA, 1923.

brazos levantados) en las vasijas de ajuar halladas en las necrópolis. Las tumbas, a su vez, sirvieron para justificar el creciente poder de los jefes, que pronto son representados en relación con la guerra y la caza, por ejemplo en las paredes pintadas de la tumba 100 de Hierakónpolis (figura 47).

Es posible que en la fase final del Protodinástico (3300-3050 a.C.), los jefes ya ejercieran un verdadero poder coercitivo sobre los habitantes de cada asentamiento y se hubiera iniciado el proceso de su identificación con la divinidad. En las representaciones de la época aparecen escenas de lucha, aplastamiento de enemigos, o de animales que probablemente representen a estos últimos, y el jefe-rey se ve adornado de muchos de los elementos, ahora ya esencialmente masculinos, que poco después identificarán al faraón (falda, corona, arco, maza, cetro, caza del hipopótamo, etc.). Muchas de esas luchas pudieron originarse por los incumplimientos de los intercambios económicos acordados, y es significativo que la primera unificación política importante que marca el comienzo del Estado egipcio (conquista de la zona de Nagada por el grupo más meridional de Hierakónpolis), haya coincidido con la época de mayor sequía y estiaje registrados durante el Predinástico, y que Hierakónpolis, la región de Horus y del primer faraón, Narmer, sea también la que tiene el valle aluvial más estrecho y por ello debió de ser de las más afectadas por el consiguiente descenso de la producción agrícola. Como ya dijimos, en Egipto con más claridad que en Mesopotamia funciona bien la teoría de Carneiro sobre el origen del Estado: presión demográfica más constricción territorial o social, más guerra para resolver el problema. Es significativo que en Nubia, donde las condiciones geográficas son muy parecidas a las de Egipto, también surgiera un Estado algo más tarde (el reino de Kerma, 2500-1500 a.C.) que aunque inspirado por el egipcio tuvo muchos rasgos originales (entre ellos la gran cantidad de esclavos sacrificados en las tumbas reales, figura 48), mientras que en el Sudán central, donde las condiciones de estepa-sabana permitían la separación de los grupos y su alejamiento del río adoptando una economía pastoril nómada, el Estado no surgió hasta mucho después (Napata-Meroe, I milenio a.C.) y entonces sólo por efecto de la ocupación de Nubia por los egipcios durante el Imperio Nuevo.

Si nos vamos aún más allá del Próximo Oriente, debemos detenernos en un importante y misterioso foco civilizador, el del valle del Indo entre las modernas naciones de India y Pakistán, también llamada cultura de Harappa o Mohenjo-Daro por sus dos más importantes ciudades. Según el paradigma difusionista antaño dominante, se creía que este primer Estado de la región, desarrollado entre 2600 y 1900 a.C., surgió por influencia del más antiguo de Mesopotamia que ya vimos, pero cambios teóricos por un lado y nuevas investigaciones por otro, han mostrado que fue más bien el resultado independiente de la agregación de una serie de pequeñas culturas protourbanas calcolíticas que se venían desarrollando en la zona desde aproximadamente 5000 a.C. Resulta significativo que la primera teoría fuera la propuesta por los arqueólogos británicos Stuart Piggott y Mortimer Wheeler, que excavaron las ciudades durante la época colonial inglesa, y que la nueva hipótesis haya surgido después de la independencia por el trabajo de investigadores en su mayoría ya paquistaníes o indios. Durante sus siete siglos de esplendor, la civilización del Indo abarcó una extensión de medio millón de km^2, un área similar a la española, con ciudades que pudieron llegar, como en el caso de Harappa, a las 150 ha. Al contrario que en las regiones que hemos visto hasta ahora, aquí las ciudades se conocen bien (Mohenjo-Daro, Lothal, Kalibangan, etc.), y muestran un urbanismo muy elaborado, con viviendas rectangulares y plataformas (para evitar las crecidas) construidas con adobe y ladrillos de tamaño estándar (sistema de medidas), formando barrios comunes y una ciudadela fortificada y más elevada, situada siempre al oeste. En las casas se encontraron cerámicas decoradas, útiles y vasijas de cobre y bronce, y figuras de terracota, piedra y cobre (sobre todo femeninas y de animales; algunas de una calidad sorprendente). Ciertos edificios parecen templos y otros lugares de ablución (hay baños en casi todos los caseríos), y algunos elementos se pueden relacionar con el Próximo Oriente, como las estatuillas femeninas; otros hallazgos indican claramente que hubo comercio con Mesopotamia, así como con las periferias montañosas que tenían las materias primas que hacían falta en las llanuras aluviales donde estaban situadas las ciudades. Ciertos elementos decorativos parecen anunciar la religión hinduista: figuras que recuerdan a Siva y a posturas yoguis, o la imagen del árbol (la higuera india o pipal) y del toro, que aparecen con tal frecuencia que es posible que ya tuvieran un carácter sagrado.

También en este caso se inventó una escritura propia, aún no traducida por no haberse hallado ningún texto bilingüe o lo bastante largo para detectar algún tipo de patrón (casi todos los textos son muy cortos). Por ello, convencionalmente se sigue considerando a la civilización del Indo como parte de la prehistoria. Se conocen unas 2.700 inscripciones, que utilizan unos 200 signos simples y otros 200 complejos, realizadas sobre muy diversos materiales (piedra, marfil, plata, concha, hueso, cerámica, etc.) y a menudo acompañadas por la figura de un animal, unas veces real (salvaje o doméstico) y otras híbrido o fantástico. Se cree que la escritura era logo-silábica, es decir, que había signos para palabras y otros para sílabas fonéticas, lo que revela una mayor complejidad que otros sistemas, por ejemplo los primeros usados en Mesopotamia y Egipto. Desde hace tiempo se discute si la lengua escrita era indoeuropea, como las actuales de Europa y el centro y norte del subcontinente indostánico, o dravidiana como las habladas en el cono sur de la India. Esta polémica está relacionada con la misma naturaleza de la civilización: la idea clásica de que sus habitantes eran de tipo racial dravídico como los de India meridional, y su final fue causado por una invasión de arios más claros con lengua indoeuropea, llegados desde el norte, ha sido puesta en duda recientemente por quienes recalcan la continuidad entre la cultura del Indo y las subsiguientes fase «oscura» (1900-1200 a.C.) y posterior civilización de la Edad del Hierro en el río Ganges (1200-500 a.C.).

Un tema interesante es la supuesta complejidad social de este Estado «prehistórico» en el valle del Indo. Aunque existe una clara jerarquía de asentamientos, desde las pequeñas aldeas a las grandes ciudades, éstas y muchos poblados aparecen rodeados por fuertes murallas (pero tal vez servían para evitar las crecidas del río, otra causa propuesta también para el final de la civilización), las casas son de tamaño desigual y existen numerosos silos para grano que demuestran gran capacidad de almacenamiento, la verdad es que faltan muchos de los demás elementos que definen una sociedad desigual tal y como los hemos visto hasta ahora. No se han encontrado residencias grandes para las élites, ni acumulaciones de riqueza en forma de objetos preciosos de ningún tipo, ni monumentos que marquen el poder o las tumbas de personajes importantes, ni los ajuares de las tumbas en los cementerios han mostrado apenas diferencias apreciables entre individuos o clases. Tampoco parecen haber existido artesanos a tiempo completo que fabricaran objetos apreciados, ni sellos o pinturas donde, como ocurría en Egipto y Mesopotamia, se mostrara a las élites en el ejercicio, simbólico o real, de su poder. Asimismo ha sido difícil encontrar datos sobre algún tipo de evolución cronológica a lo largo del período, o incluso cambios funcionales entre unos asentamientos y otros. Para explicar esto, algunos han propuesto la existencia de un sistema de castas que funcionaba más en el plano religioso que en el material y por eso no ha dejado apenas huella; otros dicen que no hubo propiamente un Estado sino una jefatura con élites itinerantes que vivían en campamentos entre una ciudad y otra. Pero existe otra sugestiva explicación, la realidad de algo que no conocemos actualmente (aunque muchos han especulado sobre ello) y cuya posibilidad real no debería excluirse: un Estado sin desigualdad social. Así, Daniel Miller ha propuesto que estemos ante una sociedad que se organizó de forma muy compleja pero despreciando la riqueza material y manteniendo una ideología igualitaria discernible indirectamente a través de diversos ámbitos de la cultura material (como por ejemplo la ausencia de armas), mientras que Paul Rissman, al haberse detectado algunos signos de riqueza ocultos en escondrijos de ciertos edificios, piensa de forma paralela que la riqueza era socialmente mal vista y que tal vez se permitió la presencia de élites siempre que éstas no hicieran ningún tipo de ostentación. Ambas ideas no desentonan en absoluto con la actual cultura religiosa hindú y budista de parte de la región, que compagina una exuberante riqueza sensual con una ideología dominante que postula la renuncia teórica a la misma.

Si seguimos desplazándonos hacia el Oriente, tenemos el cuarto foco autónomo estatal del Viejo Mundo: China. En esta zona a la que sus habitantes llaman el centro del mundo, la arqueología ha registrado indicios de desigualdad desde momentos muy antiguos, aunque la cristalización de un Estado no haya ocurrido hasta mucho después, en torno a 1700 a.C. El ejemplo más antiguo es por hoy el poblado neolítico de Chengtoushan en el valle del Yangtzi, que unos 4.000 años antes de la era cristiana se fortificó y rodeó con un foso el asentamiento, y en cuyo cementerio había además una tumba individual con 50 vasijas cerámicas, pendientes de jade y cuatro personas sacrificadas o enterradas con el personaje principal. A lo largo de los siglos se fueron definiendo los productos por los que las nacientes élites sentían debilidad, si nos hemos de fiar del contenido de sus tumbas: cerámicas pintadas y de formas muy elaboradas, como los distintivos vasos-trípodes, cestería, tambores (luego asociados a la monarquía), algunas piezas de bronce, conchas de tortuga y otros huesos especiales de algunos animales y sobre todo objetos esculpidos en una gema fácil de tallar, el jade. Con ella se hicieron anillos y pendientes, elaboradas máscaras y hachas ceremoniales, y unos característicos cuencos con el interior circular y el exterior cuadrado, decorados con máscaras humanas y llamados tubos *cong*. Los huesos citados, en su mayoría omóplatos de cerdo, merecen nuestra atención porque desde época neolítica fueron utilizados para la adivinación (escapulimancia), realizada observando la forma de las grietas producidas por el calor del fuego en unos hoyos practicados previamente en la superficie del hueso. El resultado de las preguntas hechas al hueso, que en época histórica se sabe que se referían al éxito en la guerra, caza, lluvia y agricultura, o a la salud del demandante, se grababa mediante símbolos sobre su superficie, y ésta parece haber sido la razón del surgimiento más tarde de la rica y elaborada escritura china. Al existir continuidad entre los signos prehistóricos y los actuales se ha podido, al contrario de lo que ocurría en el Indo, traducir sin demasiados problemas los textos de las primeras dinastías históricas, hallados en más de 100.000 «huesos-oráculo» que, con todo, nos informan de pocas cosas: la preocupación por las cosechas de mijo, la caza y los dolores de muelas del rey o los embarazos de sus mujeres.

La historia inicial de China se conoce en lo fundamental por textos elaborados mucho después de su época, empezando por el relato *Shi Ji*, escrito entre los siglos II y I a.C. Ésta y otras narraciones hablan de un período prehistórico, el de los «cinco emperadores», cuando poderosas ciudades amuralladas luchaban entre sí, que es probable corresponda a las culturas Longshan del Neolítico Final, conocidas sobre todo en las llanuras centrales del país durante el III milenio a.C. Los asentamientos eran ya entonces permanentes y amurallados, y se generalizó la domesticación de bóvidos y ovicápridos además de la agricultura de arroz, que había comenzado en el sur de China y se juntó en el centro al mijo que ya existía allí desde el Neolítico Inicial. Las anteriores cerámicas bellamente pintadas de Yangshao fueron progresivamente reemplazadas por otras lisas de color oscuro brillante, fabricadas a torno para el comercio y de gran calidad técnica y riqueza de formas. Ya son normales las grandes diferencias de ajuar entre unos y otros enterramientos en los cementerios, así como algunos indicios de muerte violenta (adultos y niños sacrificados en los cimientos de viviendas especiales, que se construían sobre plataformas elevadas). A lo anterior se une la presencia de armas para dar la imagen de una sociedad ya fuertemente estratificada. Según los textos *Shi Ji*, hacia 1700 comenzó la primera dinastía china, Xia, que contó con numerosos reyes a lo largo de unos dos siglos. A este período pertenece el yacimiento de Erlitou, cuya excavación ha revelado dos fases Longshan y otras dos ya pertenecientes al período estatal, con una muralla que encerraba una aglomeración urbana de más de 300 ha. Se han excavado restos de dos palacios y las tumbas de la clase aristocrática, con ataúdes de madera pintada, piezas artísticas y armas de bronce y ricas obras de jade; los símbolos de la primera escritura aparecen en omóplatos y también grabados sobre cerámicas. Hacia 1500 a.C. comenzó la dinastía Shang, de la que se han excavado varias grandes capitales como Anyang y Zhengzhou, ya del período plenamente histórico. Otras zonas del Lejano Oriente, como las penínsulas de Corea y del SE asiático, y el archipiélago japonés, hicieron asimismo su transición hacia formas estatales, pero no de forma independiente sino por conquista o influencia desde la China imperial, muchos siglos después de que ese cambio hubiera tenido lugar en las llanuras centrales: siglo I a.C. para Corea, siglo II a.C. en el sureste y siglo IV d.C. en Japón.

De toda la larga y complicada secuencia de inicios y desenlaces de las primeras sociedades complejas en América, sólo nos vamos a fijar aquí en dos de los casos más antiguos conocidos, en un intento de comparación con los procesos que acabamos de revisar para el Viejo Mundo. Entre 1200 y 400 a.C. se desarrolló en las selvas tropicales del sur de México la cultura Olmeca, que agrupó a numerosas aldeas y poblados campesinos alrededor de dos centros monumentales conocidos, San Lorenzo entre 1200 y 900 a.C. y La Venta durante los siglos siguientes. Se discute si estos sitios fueron ciudades o únicamente residencias de la élite y centros ceremoniales, aunque parece que el número de personas que los ocuparon fue elevado, viviendo junto a palacios (el «palacio rojo» de San Lorenzo), pirámides como la de La Venta, grandes plazas, sistemas de drenaje y pozos de posible uso ritual, estelas y «tronos» de piedra con relieves de gran calidad mostrando figuras humanas de enigmático significado, y estatuas colosales de cabezas humanas (1,5-3 metros de altura) en piedra traída desde unos 60 km de distancia y que tal vez correspondan a los primeros jefes o reyes de la región. Algunos de estos últimos o de sus familiares próximos fueron enterrados en ricos sarcófagos de piedra tallada junto con profusos ajuares. Aunque existe cierta polémica sobre la cuestión, algunos piensan que la cultura Olmeca fue la «madre» de la que surgieron luego las otras civilizaciones mesoamericanas, como la Maya, la de Teotihuacán y la de Monte Albán, etc.

En América del Sur, los primeros restos destacados se conocen en la costa de Perú, donde luego se desarrollará la cultura Moche, en el complejo de Sechín Alto comenzado a construir hacia 1400 a.C. Entre los diferentes centros destaca un enorme conjunto monumental con plataformas piramidales abiertas en forma de U y grandes plazas donde cabían decenas de miles de posibles espectadores para los ritos que allí se celebraran. Cerca se encuentra Cerro Sechín, donde varios edificios de barro interpretados como un templo cuentan con una pared exterior realizada en grandes bloques de piedra, sobre los cuales se grabaron varias figuras de «sacerdotes-guerreros», con taparrabos, gorro trapezoidal y un arma o cetro en la mano, rodeados de macabras representaciones de cuerpos (¿enemigos?) desmembrados en cabezas, brazos, piernas o tripas seccionadas. Esta figuración de la violencia ejercida por las últimas jefaturas o primeros Estados andinos concuerda visiblemente con la reproducida en otros centros muy alejados tanto del Nuevo como del Viejo Mundo (véase figura 46). Esa misma violencia debió de volverse a menudo contra las élites dominantes, y a las revueltas campesinas se ha atribuido en ocasiones el final de varios reinos americanos, como el famoso «colapso» de la cultura Maya en los siglos IX y X d.C., o el final de la cultura del Mississippi en el siglo XV d.C.

3. Primeras culturas metalúrgicas europeas

Aunque las claves de la separación con el período anterior neolítico no están ni mucho menos claras en la mayoría de las regiones, la aparición de los primeros útiles de cobre marca el inicio de una época, entre el IV y el I milenio a.C., con una gran diversidad cultural en todo el continente europeo (figura 49). La mayor complejidad social se vio propulsada por adelantos tecnológicos y económicos que se irán introduciendo poco a poco: el uso del arado para trabajar la tierra, la explotación de los «productos secundarios» de los animales domesticados además de su carne (fuerza de tracción, productos lácteos, lana, etc.), el abonado de los cultivos con estiércol y la irrigación mediante canales en las zonas más secas, la invención de la rueda para el transporte terrestre y de la vela para el fluvial y marítimo, la introducción de nuevas plantas cultivadas (sobre todo la vid y el olivo en la zona mediterránea) y la creciente importancia del comercio a larga distancia, sobre todo de los productos metalúrgicos procedentes de la nueva industria de la minería (cobre, estaño, etc.), como las herramientas (por ejemplo, las hachas, figura 50) y armas (figura 51) de cobre y bronce. Causa extrañeza que todos estos cambios no hayan provocado la aparición del Estado en tierras europeas hasta mucho más tarde, y entonces más por la influencia de los sistemas «despóticos» de Asia suroccidental y Egipto que como resultado de presiones internas en esa dirección. El nuevo modelo político sólo pudo introducirse en este prematuramente democrático continente mediante la guerra: contra los griegos, contra los republicanos romanos, contra los territorios conquistados por Roma y finalmente contra las

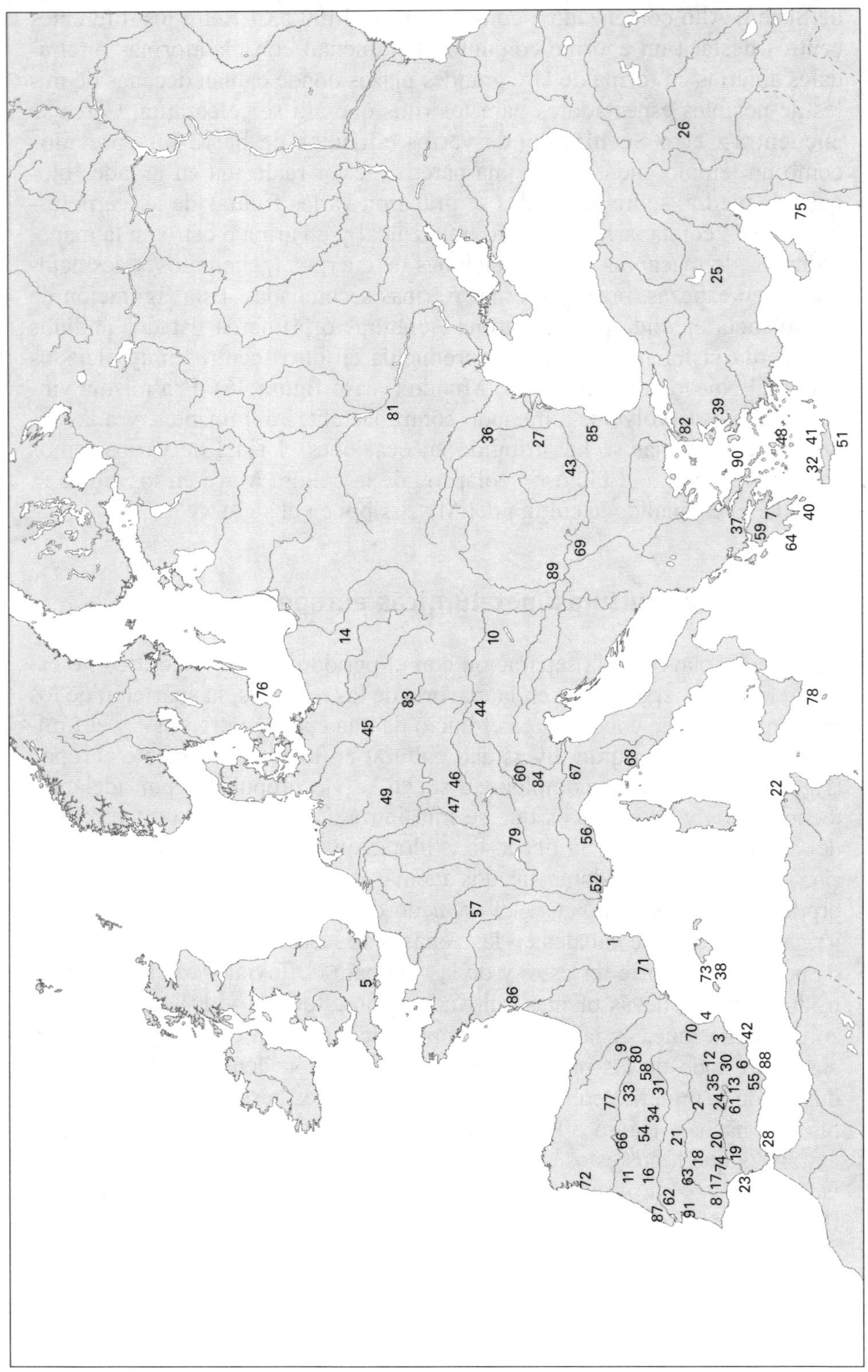
26
75
25
81
36
27
85
82
39
43
90
48
41
51
32
37
7
40
59
64
69
89
14
10
76
83
44
78
45
68
67
60
84
49
46
47
22
79
56
52
57
1
71
5
73
38
86
4
70
42
3
9
80
12
30
6
88
58
55
35
13
77
33
31
24
61
2
34
54
66
21
20
28
18
19
74
17
11
16
63
72
62
8
23
87
91

tribus de la periferia nórdica ya en la Edad Media. Ello no quiere decir que las sociedades europeas del Calcolítico, Edad del Bronce y Edad del Hierro no presentaran variados niveles de desigualdad y originales sistemas de organización social, a los que dedicaremos una gran parte de las páginas que siguen.

Si concedemos la importancia que se merece a la actividad metalúrgica, comenzaremos diciendo que los restos más antiguos conocidos, de cobre natural simplemente martillado en forma de cuentas de collar o alfileres, se hicieron en Çayönü Tepe en el sur de Turquía durante el VIII milenio a.C., es decir, cuando todavía estaba empezando la economía neolítica, y los primeros artefactos de cobre fundido en moldes, la verdadera metalurgia por cuanto permite escoger la forma del artefacto que se desee mediante el molde en arcilla o piedra, se conocen en Çatal Hüyük, también en Turquía, durante el milenio siguiente. De aquí la tecnología saltó al continente europeo, apareciendo en Vinča (Serbia) a finales del VI milenio a.C. y a comienzos del siguiente se empezaron a explotar las minas de cobre de Rud-

Figura 49

Yacimientos europeos citados en éste y el siguiente apartado: Agullana (Gerona) (1), Alarcos (Ciudad Real) (2), Alcudia, La (Alicante) (3), Alt de Benimaquia (Alicante) (4), Amesbury (Inglaterra) (5), Argar, El (Almería) (6), Argos (Grecia) (7), Atalaia (Portugal) (8), Atalayuela, (La Rioja) (9), Baden (Hungría) (10), Baioes (Portugal) (11), Balazote (Albacete) (12), Baza (Granada) (13), Biskupin (Polonia) (14), Bodrogkeresztur (Hungría) (15), Boquique (Cáceres) (16), Cabezo de los Vientos (Huelva) (17), Can Missert (Barcelona) (71), Cancho Roano (Badajoz) (18), Carambolo, El (Sevilla) (19), Carmona (Sevilla) (20), Carpio de Tajo (Toledo) (21), Cartago (Túnez) (22), Castillo de Doña Blanca (Cádiz) (23), Cástulo (Jaén) (24), Çatal Hüyük (Turquía) (25), Çayönü (Turquía) (26), Cernavoda (Rumanía) (27), Cerro del Villar (Málaga) (28), Cerro de las Cabezas (Ciudad Real) (2), Cerro de los Santos (Albacete) (30), Ciempozuelos (Madrid) (31), Cnossos (Creta, Grecia) (32), Cogeces (Valladolid) (33), Cogotas, Las (Ávila) (34), Collado de los Jardines (Jaén) (35), Cucuteni (Rumanía) (36), Delfos (Grecia) (37), Ebussus (Ibiza) (38), Emporion (Ampurias, Gerona) (1), Esmirna (Turquía) (39), Esparta (Grecia) (40), Ferradeira (Portugal) (8), Festos (Creta, Grecia) (41), Fonteta, La (Murcia) (42), Fuente Olmedo (Valladolid) (33), Gla (Grecia) (37), Gumelnitsa (Bulgaria) (43), Hallstatt (Austria) (44), Helmsdorf (Alemania) (45), Heuneburg (Alemania) (46), Hohenasperg (Alemania) (47), Kastri (Syros, Grecia) (48), Leubingen (Alemania) (49), Liria (Alicante) (3), Malia (Creta, Grecia) (51), Marroquíes Bajos (Jaén) (35), Massalia (Marsella, Francia) (52), Mazarrón (Murcia) (42), Menelaion (Grecia) (7), Mesa de Miranda (Ávila) (54), Micenas (Grecia) (7), Millares, Los (Almería) (55), Mont Bego (Francia) (56), Mont Lassois (Francia) (57), Numancia (Soria) (58), Olimpia (Grecia) (59), Osuna (Sevilla) (20), Ötzal (Austria) (60), El Pajarillo (Huelma, Jaén) (61), Palmela (Portugal) (62), Pech Maho (Francia) (1), Peñalosa (Jaén) (61), La Pijotilla (Badajoz) (63), Pilos (Grecia) (64), Porcuna (Jaén) (61), Pozas, Las (Zamora) (66), Pozo Moro (Albacete) (12), Puente Tablas (Jaén) (35), Remedello (Italia) (67), Rinaldone (Italia) (68), Rudna Glava (Serbia) (69), Sagunto (Valencia) (70), Salamó (Tarragona) (71), San Román de la Hornija (Valladolid) (66), Santa Elena (Jaén) (24), Santa Tecla (Pontevedra) (72), El Sec (Calviá, Mallorca) (73), Setefilla (Sevilla) (74), Sidón (Líbano) (75), Simris (Suecia) (76), Soto de Medinilla (Valladolid) (77), Tarxien (Malta) (78), Tebas (Grecia) (37), La Tène (Suiza) (79), Tiro (Líbano) (75), Tirinto (Grecia) (7), Tolmos de Caracena (Soria) (80), Tripolje (Ucrania) (81), Troya (Turquía) (82), Ulaca (Ávila) (34), Ullastret (Gerona) (1), Únetice (Polonia) (83), Valcamonica (Italia) (84), Valencina de la Concepción (Sevilla) (74), Varna (Bulgaria) (85), Venat (Francia) (86), Vila Nova de Sao Pedro (Portugal) (87), Los Villares (Andújar, Jaén) (24), Villaricos (Almería) (88), Vinča (Serbia) (89), Zagora (Grecia) (90), Zambujal (Portugal) (91)

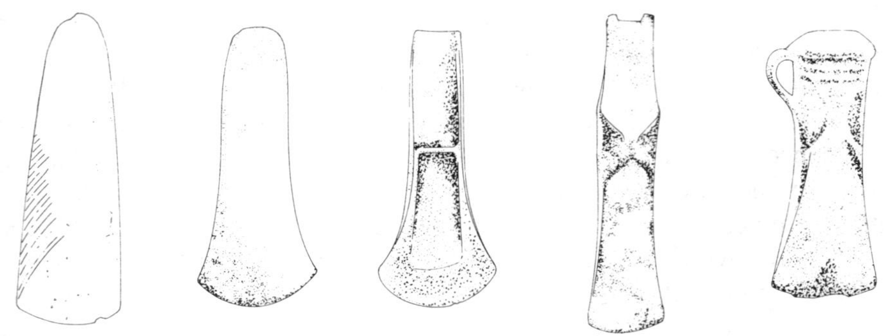

Figura 50
Evolución de las formas de hacha desde las pulimentadas en piedra del Neolítico, a la izquierda, a las de cobre y bronce con formas cada vez más complejas: hacha plana, de talón, de alerones y de cubo (los nombres de las tres últimas hacen referencia al sistema de enmangue). Según Renfrew y Bahn, *Arqueología. Teorías, Métodos y Práctica,* Madrid, 1993.

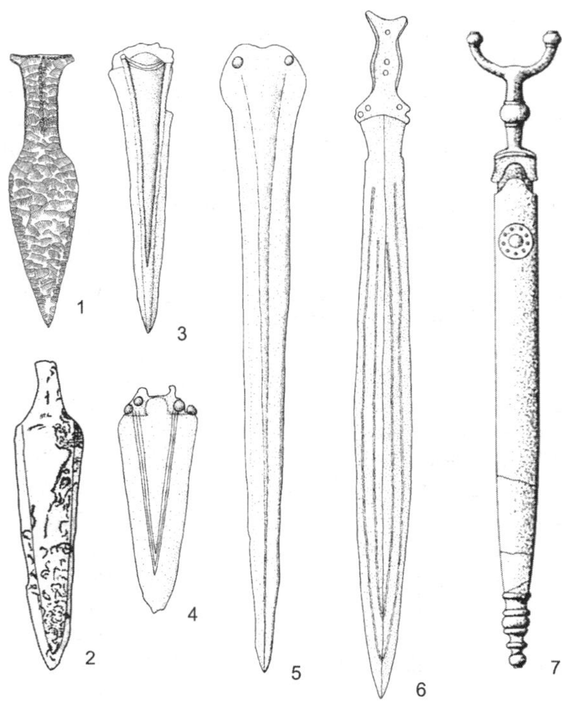

Figura 51
Armas del Neolítico y Edades del Bronce y del Hierro: 1 de piedra, 2-6 de bronce, 7 de hierro. 1) Puñal de sílex del Neolítico Final de Dinamarca, cuya forma imita los del Bronce de las regiones más al sur; 2-5) puñal de lengüeta, dos puñales de remaches y una espada de remaches del Bronce Antiguo del sur de Inglaterra; 6) espada pistiliforme del Bronce Final (Campos de Urnas) del SO de Alemania; 7) espada de antenas de la I Edad del Hierro de Francia. Según Lomborg, Burgess, Müller-Karpe y otros en Champion y otros, 1996 y Chapa y Delibes, 1983; diferentes escalas.

na Glava (Serbia) y Ai Bunar (Rumanía). En las variadas culturas calcolíticas del SE europeo (Gumelnitsa-Salcutsa en Bulgaria, Vinča en Serbia, Cucuteni-Tripolje en Moldavia y Ucrania, Bodrogkeresztur en Hungría, Cernavoda en los Balcanes, Baden en Hungría y Austria, etc.) la gente continuó viviendo en poblados de casas rectangulares tipo *tell* como los del Neolítico, ocupando a veces elevaciones naturales y protegidos por una muralla. La presencia cada vez mayor de productos de origen lejano indica que los asentamientos se relacionaban unos con otros en sistemas más amplios de comercio. La diversidad cultural, por ejemplo con cerámicas muy diferentes, contrasta con la uniformidad que teníamos durante la expansión neolítica de las culturas danubianas, y es tal vez explicable por el final de un sistema de parentesco difuso, con amplios grupos relacionados pero dispersos, y el paso a grupos más pequeños y ligados ya definitivamente al territorio mediante una exogamia más restringida y sólo regional, lo que se expresaría culturalmente a través de rasgos decorativos diferenciados. Esta tendencia se refuerza aún más a finales del Calcolítico de la región hacia 3500 a.C., con poblados más pequeños y cementerios más grandes que fueron usados por varios asentamientos a la vez. Por su lado, la intensificación productiva que supusieron los cambios técnicos antes citados provocó la aparición cada vez más clara de élites, como se ha podido apreciar sobre todo en la impresionante necrópolis del V milenio de Varna en la costa búlgara del mar Negro, con ricos objetos de metal y sobre todo abundantes adornos hechos en oro (cuentas, pectorales, estuches fálicos, figuras zoomorfas que iban cosidas a la ropa, etc.), que en su mayoría aparecieron en tumbas que no contenían cadáver alguno (cenotafios), por lo que tal vez se dedicaron a individuos enterrados en otro lugar.

Durante el IV milenio surgieron los primeros grupos calcolíticos en la península itálica (Rinaldone, Remedello), cuyas necrópolis con ajuares de puñales de cobre (similares a los pintados en el arte rupestre alpino que luego veremos) eran como centros que agrupaban en lo funerario a los pequeños poblados de alrededor. El reciente hallazgo en los Alpes del cuerpo congelado de un hombre que murió entre 3300 y 3200 a.C. y estaba excepcionalmente bien conservado, ha ofrecido datos muy valiosos sobre la vida diaria de entonces. Este «hombre del hielo» (también llamado «Ötzi» por el lugar donde apareció, cerca del valle de Ötzal) iba provisto de unas ropas muy adecuadas para el frío (camisa, pantalones, zapatos y gorro de piel, una capa hecha con hierbas entrelazadas, de un tipo que todavía se usaba en los Alpes italianos hasta la Edad Moderna), y llevaba encima un armamento considerable: puñal de sílex, arco y flechas con punta de sílex (curiosamente, sin terminar de hacer por lo que no le debieron de servir para mucho) y un hacha plana de cobre con un mango de madera de tejo. Según se descubrió en el exhaustivo análisis efectuado al cuerpo, la salud de aquel hombre de edad madura no había sido muy buena y ello no sólo por razones naturales (artritis, infección intestinal, etc.) sino también «culturales»: tenía restos de varias heridas y finalmente había muerto de un flechazo que alguien le lanzó a la espalda, posiblemente mientras él huía del peligro. Con todo, antes de intentar escapar luchó denodadamente, porque tenía restos de sangre de otras cuatro personas en la ropa y las flechas. Este testimonio de muerte violenta se une a otros conocidos, como la terrible fosa común de Talheim que vimos en el capítulo anterior, unos 2.000 años más antigua, para perturbar en cierto sentido la idílica imagen que a veces tenemos de la prehistoria, aunque no sabemos si hallazgos aislados como éstos pueden contrarrestar los miles de cadáveres de aquella época que se han exhumado hasta ahora sin que se les haya apreciado huellas de violencia. La presencia del hacha de cobre sorprendió a los investigadores, pues no se esperaban encontrarla en una zona tan interior, que se suponía para entonces todavía en el Neolítico, pero constituye una prueba de cómo el metal debió de introducirse de forma paulatina antes de que su presencia llegara a dejar restos apreciables arqueológicamente. Es posible incluso que estas piezas tuviesen al principio un significado más simbólico que práctico: aunque se ha dicho que el «hombre del hielo» era probablemente un pastor trashumante que tuvo problemas con otros grupos de la zona, tal vez por alguna disputa sobre los pastos, otra posibilidad es que fuera un «especialista ritual» (chamán) que subió a una zona montañosa aislada buscando visiones mágicas, por cuanto no había terminado de fabricar su arco, llevaba una cuenta de mármol brillante (a menudo asociada a los chamanes) y en su cuerpo tenía varios tatuajes geométricos (aunque justo en las zonas donde debió de padecer los dolores artríticos, por lo que pudieron tener fines curativos como ocurría en algunas sociedades tradicionales).

Si nos desplazamos hacia el oeste, norte y noreste fuera del área suroriental, encontramos que allí la primera difusión del metal coincidió, a fines del IV y comienzos del III milenio a.C., con otro período de llamativa uniformidad cultural, definido por dos grandes tipos cerámicos, primero la cerámica con decoración de cuerdas impresas (cordada) al norte y noreste, y más tarde otra de abundante decoración impresa e incisa, cuyos vasos tenían una forma que recuerda la de una campana (campaniforme), al oeste y suroeste (figuras 52 y 53). Los vasos cordados aparecen enteros en tumbas masculinas bajo un pequeño túmulo desde Holanda hasta las estepas rusas, acompañados por unas hachas de piedra pulida con formas elaboradas y un agujero central para enmangue, llamadas hachas-martillo o «hachas de combate». Se aprecia que las hachas imitan otras metálicas del Calcolítico balcánico (al norte no aparecen los primeros objetos de cobre hasta mediados del III milenio), y los vasos seguramente sirvieron para beber algún tipo de bebida alcohólica como hidromiel, en reuniones de guerreros que parecen haber imitado las fiestas donde se bebía vino con vasos metálicos en el Egeo y Anatolia, ya por entonces en la Edad del Bronce. Nos encontramos con una situación parecida a otras muchas de épocas más recientes: las élites de los pueblos «bárbaros» de la periferia asientan su prestigio mediante la imitación de las conductas de sociedades más ricas y sofisticadas, aunque sea con objetos que sólo remedan la forma de los originales. Aquí también vemos que los asentamientos disminuyen de tamaño respecto a los anteriores, y ahora se forman pequeñas aldeas dispersas que apenas nos han dejado huellas; lo que más destaca son los cementerios de pequeños túmulos. Estos últimos entroncan con los que poco antes se habían empezado a construir en las llanuras del sur de Rusia, llamados «kurganes» y ligados a pueblos de origen asiático que habían domesticado el caballo y parecen haberse extendido después hacia el oeste. Hasta hace un par de décadas era habitual identificar a estas gentes como las introductoras de los idiomas indoeuropeos en Europa, según la idea de Marija Gimbutas, y atribuirles asimismo la cultura de la cerámica cordada más al norte de su zona original. Los desplazamientos de paradigma ocurridos últimamente, hacia posiciones de tipo evolucionista, hacen que cualquier explicación migracionista e incluso difusionista sea mirada con recelo y se prefiera ver los cambios culturales como resultado de la adaptación de antiguas poblaciones a nuevos tiempos. Pero, según es sabido, los cambios de paradigma no resuelven los viejos problemas sino que simplemente plantean otros nuevos, y por eso vemos que hoy nadie niega ni afirma la «invasión indoeuropea de los kurganes», simplemente, ante las primeras dudas y críticas, se ha dejado de hablar de la cuestión.

Desde antes de mediados del III milenio a.C. comenzó a manifestarse en Europa occidental, desde el norte de Marruecos y sur de Italia hasta el norte de las islas británicas, un fenómeno también llamado por una sola de sus partes, la cerámica, el «complejo» del vaso campaniforme. Con este nombre se ha querido agrupar a muchas culturas distintas, pero que tuvieron todas la costumbre de enterrar a algunos individuos en una fosa individual, a veces bajo túmulo y otras no, con una o varias vasijas sin asa y con forma de campana invertida, además de algunos otros objetos distintivos, como puñales y equipos de arquero (puntas de flecha de sílex, brazal protector de piedra fina). Como ocurría con la cerámica cordada, al principio estos pueblos no conocían todavía el metal pero enseguida aparecen puñales de cobre y al final ya de bronce, pues en algunas zonas como la península Ibérica, el complejo duró hasta mediados del II milenio ya en plena Edad del Bronce. Que el metal de muchas de estas piezas haya venido desde zonas muy lejanas hizo pensar que las tumbas correspondían a un «pueblo» viajero de buhoneros, comerciantes de cobre y otras materias prestigiosas. Hoy la idea está abandonada, pero el descubrimiento reciente de una tumba en Amesbury, al sur de Inglaterra, de un hombre adulto con las típicas vasijas y todo el equipo de arquero, en piedra y metal, además de un pequeño yunque de piedra para trabajar el metal, y cuyo análisis de isótopos de oxígeno en los dientes reveló que había pasado su niñez en el continente, podría volver a ponerla de moda. Algunos han pensado que se trató de un metalúrgico, tal vez también especialista en ritual (chamán), admirado por ello mismo y por su condición de viajero poseedor de conocimientos exóticos. No obstante, el análisis de pastas de las vasijas campaniformes en muchas regiones ha mostrado que se fabricaban localmente y no venían de lejos: fue

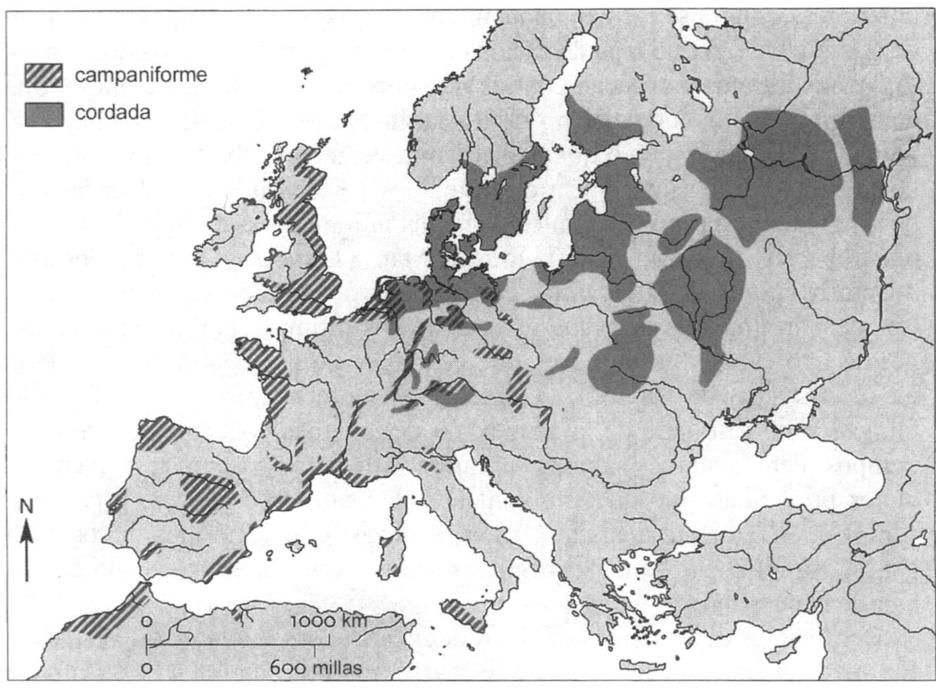

Figura 52
Distribución de los grupos con cerámica cordada y campaniforme en Europa durante el III milenio a.C. Según C. Scarre, «Holocene Europe» en Scarre 2006, fig. 11.37.

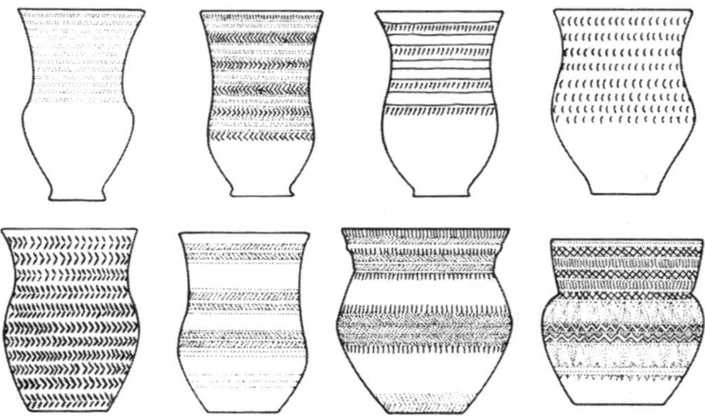

Figura 53
Evolución de los vasos cordados (arriba) a los campaniformes (abajo) en Holanda. Adaptado de J. N. Lanting y J. D. van der Waals en *Glockenbecher Symposium,* Haarlem, 1976.

la idea y el conocimiento de la técnica, por tanto, más que las piezas mismas, las que se movieron de unas zonas a otras.

Se ha discutido mucho sobre el origen del vaso campaniforme, y durante un tiempo se pensó que provenía de la península Ibérica, aunque hoy parece más probable que surgiese en la frontera occidental de las cerámicas cordadas, en los Países Bajos donde hay una mezcla de ambos estilos (figura 53), y que luego se expandiese por la costa atlántica hacia el sur alcanzando el Mediterráneo central y penetrando más tarde al interior. Es curioso que su expansión sea casi calcada de la megalítica ocurrida apenas dos milenios antes, tal vez utilizando las mismas vías costeras, y de hecho muchas tumbas campaniformes se hicieron, de forma individual y no ya colectiva como antes, en los mismos megalitos que ya tenían siglos o incluso milenios de antigüedad en esos momentos. Al igual que los vasos cordados, también éstos debieron de estar asociados con rituales masculinos para consumir alguna bebida alcohólica (los residuos de algunas cerámicas apuntan a la presencia de hidromiel sazonada con algunas hierbas y frutos silvestres, y la combinación de vasijas grandes y vasos pequeños sugiere que era bebida por varias personas), tal vez en fiestas de hospitalidad dentro de un sistema ideológico llegado del norte y relacionado con la monta de caballos y también muy pronto con la metalurgia: existe una clara asociación entre la presencia de las cerámicas y los centros productores y mineros en muchas regiones. Por otro lado, recientes hallazgos en la República Checa muestran que bastantes enterramientos eran femeninos, lo que podría ayudar a explicar la difusión del estilo mediante intercambio exogámico de mujeres, que serían a su vez las encargadas de fabricar los vasos y por ello mismo éstos tendrían estilos tan parecidos (al tener todas las mujeres de un poblado el mismo origen, el grupo con el que se establecieran los acuerdos familiares). Algo importante es el cambio de mentalidad social que este nuevo ritual insinúa: las tumbas eran muy ricas para la época, pues el enterrado iba provisto de todas sus riquezas, incluidos los nuevos vestidos de lana teñida y los adornos de oro en ocasiones (tal vez para que todo ello fuera bien visible durante los rituales fúnebres, se empezó a enterrar en ocasiones al cadáver extendido y no siempre flexionado como antes), y todo ello sugiere una ideología individualista muy diferente de la anterior colectiva de los megalitos. También es cierto que esos materiales no aparecen en todas las zonas, porque en muchas no llegaron las nuevas ideas o incluso es posible que fueran rechazadas. Es significativo que en Inglaterra la cerámica campaniforme casi nunca aparezca en las zonas de monumentos circulares (*henges*), que seguramente representaban la antigua religión comunitaria, y puede ser que las últimas reconstrucciones de esos círculos como ocurrió en Stonehenge, ahora con piedras en vez de madera, al igual que también algunas de las alineaciones tardías de menhires en Bretaña, hayan sido el intento final de mantenerla, pero ya en un momento de la Edad del Bronce en que el prestigio individual asociado a la posesión de metales hacía vana cualquier tentativa.

En la península Ibérica se conocen varias culturas campaniformes específicas, cada una de ellas distinguida por ciertas diferencias en las formas y decoración de los vasos: Ciempozuelos en la Meseta central, Palmela en el estuario del Tajo en Portugal, Carmona en el Guadalquivir, Salamó en Cataluña, etc. En toda la Península, fuera de los focos del sureste y suroeste que veremos luego, la metalurgia aparece o se generaliza justo en este momento y ligada a los yacimientos campaniformes, aunque algunos datos apuntan a que la llegada fue algo anterior (Las Pozas, en Zamora); las primeras armas de cobre son puñales planos y puntas de flecha del tipo llamado Palmela, de origen portugués (figura 54). Las fechas más antiguas del campaniforme peninsular están en torno a 2700 a.C., para las vasijas decoradas con cuerdas e impresiones de puntos independientes (los estilos cordado y puntillado) que parecen haber arribado un poco antes, tal vez por una vía marítima más directa, aunque enseguida llegan y se generalizan los otros estilos, con decoraciones combinando la impresión y la incisión. Un yacimiento importante para entender esos comienzos es el túmulo de La Atalayuela, en Agoncillo (Logroño), donde hacia 2700-2600 a.C. fueron enterrados unos 70-80 individuos con materiales campaniformes (cerámicas de los estilos puntillado e inciso, puntas de flecha en piedra y punzones de cobre), en una curiosa mezcla de lo antiguo (tumba colectiva) y lo reciente (símbolos materiales de la nueva ideología). En general, da la impresión de que estos artefactos distintivos no llegaron a penetrar en todas las regiones peninsulares y que más bien suponían una producción minoritaria y extraña, lo que concuerda con el significado ideológico que antes vimos. En algunas regiones, con todo, acabaron incorporados a la práctica diaria de mucha gente tal como muestran las abundantes cerámicas registradas en poblados, por ejemplo, del área central española, donde en ambas mesetas el campaniforme continuó durante la Edad del Bronce Antiguo hasta ya bien entrado el II milenio a.C., entroncando con las culturas del Bronce Medio y Final de la zona (Cogeces-Cogotas), y cuando ya otras regiones habían desarrollado nuevas formas materiales y sociales.

Desde antes de la llegada del Campaniforme a la Península, había existido una importante cultura calcolítica y megalítica española de la que aún no hemos hablado, centrada en torno al yacimiento de Los Millares en Almería. En el contexto del megalitismo incipiente de la «Cultura de Almería» que vimos en el capítulo anterior, se produjo la aparición de la metalurgia del cobre hacia 3000-2800 a.C., junto con una intensificación productiva agrícola que provocó un incremento de la complejidad social, aunque sin abandonar la vieja ideología del enterramiento colectivo. Todo un sistema político gravitó en torno al poblado de Los Millares, asentamiento que duró casi todo el III milenio, con unas cinco hectáreas ocupadas por viviendas circulares sin divisiones internas ni grandes diferencias entre ellas, en una elevación formada por la confluencia de dos ríos y toda su parte más vulnerable protegida por un triple sistema de murallas concéntricas en pie-

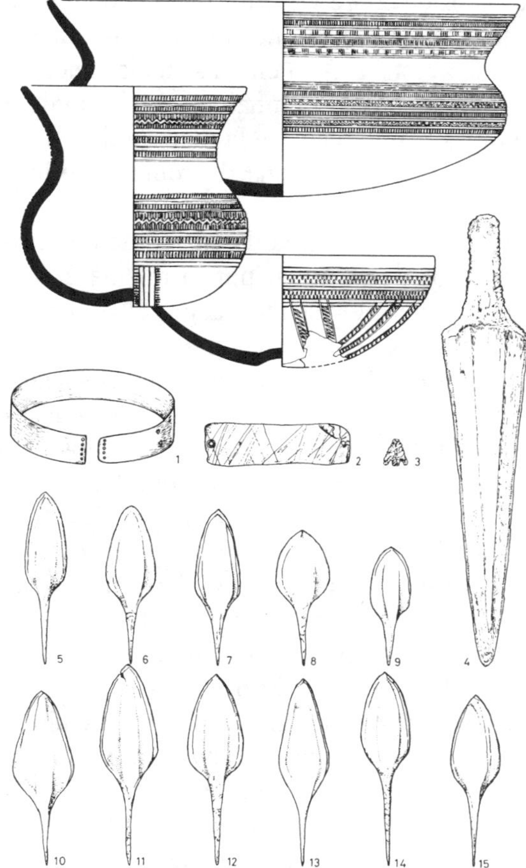

Figura 54

Ajuar de la tumba campaniforme de Fuente Olmedo (Valladolid): arriba, el trío cerámico característico (cazuela, vaso y cuenco), 1) diadema de oro, 2) brazal de arquero en piedra, 3) punta de flecha de sílex, 4) puñal de cobre, 5-15) puntas de flecha tipo Palmela de cobre y bronce. Según R. Martín y G. Delibes, *La cultura del Vaso Campaniforme en las campiñas meridionales del Duero,* Valladolid, 1975.

dra seca, con bastiones semicirculares cada cierta longitud. Alrededor del poblado se han registrado unos 15 fortines también con defensas concéntricas y torres sobre cerros elevados con visibilidad entre ellos y con el poblado principal. Frente a la muralla exterior de este último se extendía la necrópolis megalítica, con un centenar de tumbas colectivas, en su mayoría sepulcros de corredor con cámara de falsa cúpula y una o varias estancias laterales. Los cadáveres fueron enterrados con un rico ajuar de cerámicas incisas con motivos de «ojos» como los que vimos en el arte esquemático y otros megalitos peninsulares, «ídolos» de hueso con imágenes parecidas, hachas y puñales lisos de cobre y ciertos objetos de problemática procedencia, algunos de los cuales estaban hechos de materiales africanos como el marfil o el huevo de avestruz. Aún en un sistema funerario de tipo comunitario como éste se aprecian, sin embargo, ciertos indicios de desigualdad por cuanto las tumbas más cercanas a la muralla tienen mejores ajuares que las más lejanas, quizás marcando una jerarquía entre las familias o linajes de la población.

Es curioso que el mismo sistema defensivo de muralla-bastión aparezca en otros asentamientos de Portugal por la misma época (Zambujal, Vila Nova de Sao Pedro) y del SO español, como el Cabezo de los Vientos, en Huelva. Esos cerramientos, cuya función algunos creen no tanto defensiva sino más bien una especie de marcador del estatus social, recuerdan a otros de la Edad del Bronce del Egeo (p. ej. Kastri en la isla de Syros), lo que provocó que durante mucho tiempo se creyera que los asentamientos peninsulares eran más recientes y representaban puestos coloniales de gente venida del Mediterráneo oriental en busca de metales. Cuando las primeras dataciones radiocarbónicas peninsulares resultaron ser varios siglos más antiguas que las del Egeo, la hipótesis se derrumbó, dejando a los investigadores el problema de explicar el surgimiento de una sociedad tan compleja en un momento tan antiguo, sin recurrir a ninguna causa exterior fácilmente identificable. Pero lo cierto es que análisis más recientes han mostrado que Los Millares no fue un fenómeno aislado en Andalucía, sino que existieron otros grandes asentamientos tan importantes o incluso más por la misma época, marcando el comienzo del control del territorio por unidades políticas cada vez más amplias y centralizadas. Así, tenemos los centros de Valencina de la Concepción (Sevilla) con 300 ha, La Pijotilla (Badajoz) con 80 ha o el recientemente descubierto de Marroquíes Bajos en la ciudad de Jaén, con 100 ha que sin llegar a tener murallas defensivas sí presentan fosos a todo su alrededor, herencia tal vez del viejo sistema de cierre neolítico que ya vimos; su cronología se sitúa desde mediados del III milenio llegando muchos de ellos luego hasta la Edad del Bronce.

Al igual que otras zonas mediterráneas, Andalucía y el SE de la costa levantina presentan unos rasgos geográficos que recuerdan a los vistos cuando antes examinamos el origen del Estado: clima cálido con suelos ricos y agua suficiente para permitir una agricultura muy productiva. Por eso quizás no fue casualidad que también aquí, como en el levante, Grecia, el Egeo y Egipto, surgieran formas políticas complejas antes que en otras regiones europeas. Aunque todavía no hemos mencionado las culturas inmediatamente posteriores de la Edad del Bronce en la zona, en especial la del Argar, ya sobre el Calcolítico recién visto se plantean arduas polémicas teóricas sobre su organización social prehistórica, en las que han participado buen número de investigadores españoles y extranjeros. La discusión ha girado en torno a dos cuestiones, la situación de esas sociedades dentro de una tipología de complejidad creciente (tribu-jefatura-estado) y la actividad económica principal cuya intensificación sirvió para soportar el poder de las élites (metalurgia-agricultura). El problema de la primera cuestión es que no existen criterios universales para distinguir claramente entre un tipo u otro de organización social, y así, las sociedades del SE fueron un sistema tribal con líderes incipientes («grandes hombres», *big men*) para Antonio Ramos, una incipiente jefatura para Robert Chapman o Antonio Gilman, o un Estado inicial para Vicente Lull o Francisco Contreras. La aplicación de un criterio estricto de separación y opresión de clase, visible en la jerarquía de asentamientos (unos orientados a la agricultura, y otros fortificados y de vigilancia militar), llevó a Francisco Nocete a defender un pleno Estado en las campiñas de Jaén durante el III milenio calcolítico. Pero según un criterio muy extendido, para que exista un Estado la clase superior debe ser capaz de movilizar los excedentes en su favor mediante algún tipo de tributo, y por eso los primeros Estados han sido a veces encuadrados en un «modo de producción tributario». La carencia de datos sobre esas contribuciones, en forma de grandes edificios o templos que pudieran servir de almacenes, como sucedía en los Estados de Próximo Oriente, ha llevado a hablar, para el caso que veremos luego de El Argar, de un Estado «tributario débil» que sería incapaz de definir la naturaleza y cuantía de esos tributos (Leonardo García Sanjuán).

La posición intermedia que se decanta por las jefaturas resulta atractiva en cuanto describe una unidad política en la fase intermedia de un proceso y analiza las causas que la empujan en una dirección de mayor desigualdad. Al final del capítulo anterior vimos algunos mecanismos de resistencia para mantener el sistema doméstico de producción, típico del Neolítico y generalmente descrito como «tribu». En este modelo el poder no es todavía hereditario sino adquirido gracias a la capacidad de individuos, familias o linajes para establecer más alianzas matrimoniales que aumenten su capacidad productiva, y las cambiantes circunstancias pueden hacer que el sistema se nivele y la supremacía pase a otras manos. En el modelo de las jefaturas se refuerza el sistema de parentesco jerárquico en manos de los varones y ancianos, con redes más extensas en las que los excedentes se mueven hacia arriba de una manera que algunos ya consideran un «tributo». Por ello a veces se clasifica a las jefaturas (al menos las «complejas», más desiguales) dentro del «modo de producción tributario». Sea mediante la formación de unidades familiares cada vez mayores como dijimos, o estableciendo jerarquías entre las diferentes familias con tributos que suben desde los hermanos menores a los mayores y de las familias más pequeñas a las más numerosas («clan cónico»), el poder se va concentrando en las manos de uno o unos pocos varones, que cuentan con el soporte ideológico de estar situados más cerca de un antepasado real o mítico, supuesto fundador del linaje. De esta manera se consigue un poder hereditario en muchas ocasiones, lo que en el registro arqueológico se ha tendido a identificar con la existencia de tumbas ricas de niños, miembros por nacimiento del linaje dominante y por ello con un prestigio adscrito y no adquirido a lo largo de la vida. Ahora bien, ese poder todavía no se ejerce mediante la violencia, sino que se justifica exclusivamente en el plano ideológico (p. ej. siendo los varones mayores los únicos capaces de comunicarse con los antepasados, o los garantes de la fertilidad reproductora de las familias). Con una tecnología simple como la hortícola y el espacio geográfico limitado que es capaz de abarcar una jefatura, a menudo el sistema es incapaz de mantener un crecimiento de la producción acorde con el demográfico, lo que obliga a pasar a la organización estatal coercitiva o, con mucha mayor frecuencia, a retornar al estadio tribal, perdiendo los jefes una parte o todo su poder. En el registro arqueológico se conocen muchos ejemplos de culturas «florecientes» que no tuvieron continuidad en el tiempo, con interrupciones bruscas que pudieron deberse en muchos casos a la resistencia del cuerpo social frente a la centralización del poder, resultando en una «devolución» política.

Volvamos ahora al Mediterráneo oriental para ver los cambios que condujeron allí a las ricas sociedades de la Edad del Bronce. La innovación respecto a la época anterior consistió en fundir el cobre añadiendo una pequeña cantidad de estaño o, en menos ocasiones, arsénico para obtener una aleación que no sólo es más fácil de conseguir por tener una temperatura de fusión más baja sino que constituye un metal más duro y resistente. Aunque la presencia de éste u otros metales no parece una condición necesaria para el desarrollo de las civilizaciones, como demuestra el caso de las americanas que lo desconocían, sí resulta cierto que todas las desarrolladas en el Viejo Mundo, desde Grecia a China, poseían esa tecnología y basaban parte de su poder en el control y comercio de sus productos. También es indudable que si bien la metalurgia del bronce se difundió rápidamente por toda Europa y el Mediterráneo, sólo en el extremo oriental de éste se crearon formas desarrolladas de Estado, entre otras causas por situarse geográficamente muy cerca de los grandes centros de Mesopotamia y Egipto, cuyos orígenes hemos revisado al comienzo de este capítulo. Al menos así pensaban, en pura lógica, quienes primero analizaron modernamente las culturas de Creta y Micenas, Arthur Evans o Gordon Childe, cuyas ideas predominaron hasta la ya citada reacción antidifusionista de las décadas de 1960 y 1970, que llevó a Colin Renfrew a defender un origen autóctono, basado en los mecanismos generales de complejidad social que estamos viendo en este capítulo, para las altas culturas del Egeo y Grecia continental.

En Grecia, Creta y las islas del Egeo hasta la costa de Turquía (donde se situaba la ciudad de Troya), existen pocos signos de complejidad social durante el Bronce Antiguo (ca. 3500-2000 a.C.), sugiriendo que la influencia estatal de la que acabamos de hablar se tomó su tiempo, nada menos que mil años, en llegar propiamente hasta allí. Tal vez los influjos no causaron efecto debido a la débil demografía que parece haber caracterizado el IV y III milenios, con yacimientos y necrópolis de muy pequeño tamaño. Debió de existir, con todo, un intenso comercio entre esas regiones, pues la cerámica de todas ellas está presente en las demás, a las que seguramente llegó en barcos a remo con la proa levantada como los que aparecen dibujados en cerámicas de las islas Cícladas a mediados del III milenio. Otros rasgos interesantes son los sellos de piedra que se usaban, como en Mesopotamia, como símbolos de propiedad, y sobre todo las esculturas humanas hechas con mármol blanco en las Cícladas durante el período. Estas enigmáticas figuras, en su gran mayoría mujeres con los brazos cruzados sobre el estómago aunque hay algunas masculinas y de otros tipos, son hoy muy apreciadas por tener una estética afín a los gustos actuales (recuerdan las figuras del estilo cubista), lo que ha provocado el saqueo de muchos yacimientos de las islas en su búsqueda y también las falsificaciones, hasta el extremo de que hoy mismo de muchas de ellas no se sabe con seguridad si son auténticas. Aunque algunas se encontraron rotas en sitios de hábitat, la mayoría provienen de contextos funerarios por lo que podrían estar en relación con el más allá o los antepasados. Otras huellas de actividad simbólica son las tumbas de Creta, con cámara de falsa cúpula (*tholos*) y enterramiento colectivo, que fueron usadas durante muchos siglos por los habitantes de pequeñas aldeas. Los ajuares de puñales de cobre arsenicado y los sellos marcan una cierta distinción, al igual que las diferencias entre unos *tholoi* y otros, que tal vez indicaban rangos económicos distintos de unas familias y otras, como ya vimos que podría haber ocurrido en Los Millares. También apuntan en la misma dirección las primeras fortificaciones de Kastri en la isla de Syros, ya citadas por sus paralelos con el yacimiento almeriense, en cuyas cerámicas se grabaron los barcos antes mencionados y cuyo cementerio de más de 650 tumbas indica una tendencia al incremento demográfico desde mediados del III milenio.

Hacia 2000 a.C. comenzó el llamado período palacial en la gran isla de Creta, con la construcción de los «centros regionales» (nombre quizás más exacto que el antes utilizado de «palacios») de Cnossos, Malia (figura 55) y Festos que, tras ser destruidos por varios terremotos hacia 1700 a.C., se volvieron a levantar junto con otros nuevos hasta controlar desde ellos toda la isla. Poco después de 1500 a.C. todos los palacios fueron destruidos salvo Cnossos, y la isla pasó a formar parte del ámbito cultural y político de Micenas en la Grecia continental.

Los centros consistían en grandes edificios, sin ningún muro defensivo exterior, con habitaciones residenciales y otras de tipo almacén con grandes vasijas cerámicas y pozos subterráneos, todo ello alrededor de un gran patio central abierto. Como en otros casos parecidos, la gran cantidad de alimento que se pudo acumular en ellos ha movido a pensar que se tratase de focos de redistribución para los habitantes de los alrededores, quienes tal vez donaron sus excedentes agrícolas en forma de tributo voluntario, a juzgar por la ausencia de protección de los edificios. Claro que la labor de salvaguardia de las riquezas acopiadas pudo estar a cargo de estructuras ideológicas más que militares, pues las paredes de esos edificios estaban

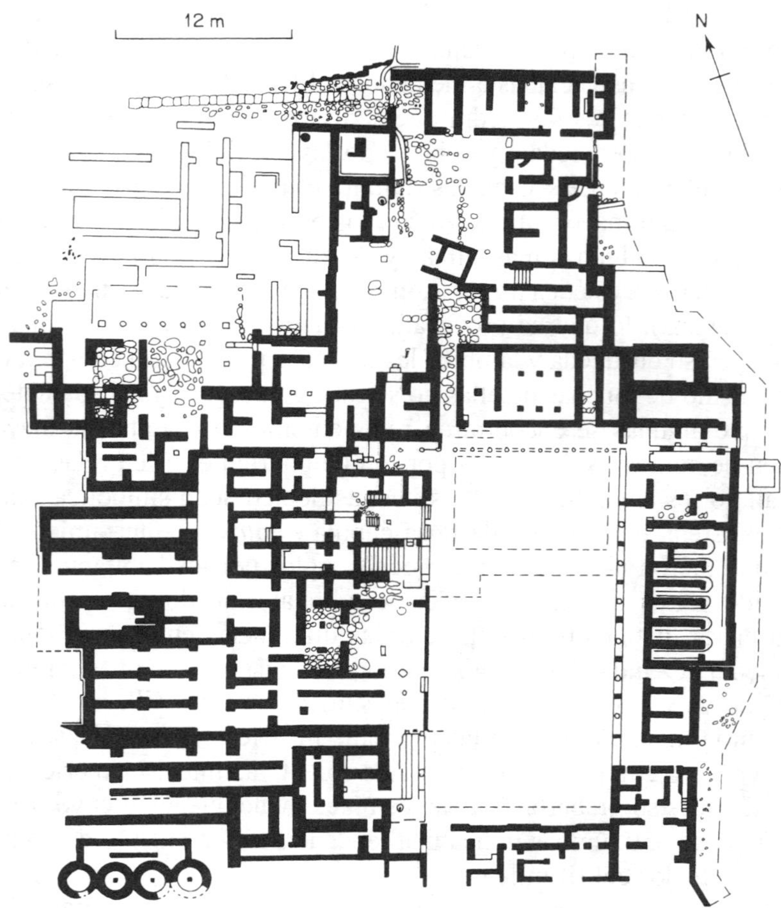

Figura 55
Planta del palacio cretense de Malia durante la Edad del Bronce Medio. Según C. Renfrew, *The Emergence of Civilisation. The Cyclades and the Aegean in the third millennium B. C.,* Methuen, Londres, 1972.

pintadas con bellos frescos que revelan una especie de religión que sigue siendo todavía un misterio: mujeres de largos cabellos rizados y con los pechos desnudos que agarran una serpiente en cada mano, grandes toros e individuos que saltan por encima de ellos, hachas dobles y representaciones esquemáticas de cuernos de bóvidos. De nuevo la abundancia de figuras femeninas hizo que se hablara también aquí del culto a una «diosa-madre». Otro factor ideológico que pudo influir en la funcionalidad aceptada de esa especie de «bancos de depósitos» primitivos que parecen haber sido los centros, se advierte en que los patios centrales están en varios casos alineados con las cimas de las montañas más altas de la isla, en las que se conocen varios santuarios en cuevas usadas desde el inicio del período: es probable que los oficiantes de la nueva religión hayan buscado conscientemente la continuidad con los anteriores ritos de la isla que, al igual que en otras muchas zonas, pudieron estar centrados en los puntos geográficos prominentes.

Si en estos «palacios» vivieron reyes o jefes importantes, no quedó de ellos ninguna gran tumba ni prueba iconográfica como las que tenemos para Egipto y Mesopotamia, lo que no impidió al excavador de Cnossos, Arthur Evans, pensar que se trataba del rey Minos de la mitología griega y usar el apelativo de minoica para toda la cultura. En el control de las posesiones palaciales se utilizó también aquí la escritura sobre tablillas de arcilla, primero con un sistema de jeroglifos que recuerdan a los egipcios (con quienes hubo muchas relaciones de comercio, según muestran las cerámicas y otros objetos de cada zona hallados en la otra), y luego de pictogramas algo más simples en las escrituras llamadas Lineal A (usada hasta el final de los palacios) y Lineal B (usada en Micenas y luego en Creta tras el período palacial). La primera pudo servir para escribir la antigua lengua cretense, hoy desaparecida, y por ello no ha podido descifrarse, pero la Lineal B se pudo traducir desde que se descubrió que el idioma escrito era el antiguo griego, lo que permitió a Michael Ventris traducir las listas de los materiales poseídos (animales, ropa, tierras, etc.), que pertenecían a una clase de aristócratas y funcionarios organizados jerárquicamente y que en algunos aspectos recuerdan a la cúspide de una sociedad feudal.

En la Grecia continental (Hélade) surgieron pequeños Estados unos siglos después que en Creta, hacia mediados del II milenio, formándose el más famoso de ellos, Micenas, poco después de 1600 a.C. (figura 56). Al contrario que en Creta, las ciudadelas que controlaron esas unidades políticas —además de Micenas se conocen también en la acrópolis de Atenas, Tirinto, Pilos, Menelaion cerca de Esparta, Tebas, Gla, etc.—, se hallaban fuertemente protegidas por impresionantes murallas que a veces se hicieron con grandes bloques de piedra (mampostería «ciclópea»: en Tirinto tenían cinco metros de grosor por siete u ocho de altura), revelando la fuerte competencia que debió de existir entre ellas o la necesidad de controlar a los propios súbditos. Micenas fue excavada por Heinrich Schliemann a finales del siglo XIX, creyendo que era el lugar, descrito en la *Ilíada* de Homero, de donde habían partido las tropas de Agamenón a la conquista de Troya, ciudad que él también excavó en el oeste de Turquía. Varias tumbas de pozo muy ricas halladas en el interior de Micenas (con las conocidas máscaras de oro que representan las caras de los allí enterrados) y un impresionante *tholos* fuera de la ciudadela se denominaron con nombres de héroes micénicos (tumba de Agamenón, Tesoro de Atreo), pero estudios posteriores nos dicen que al menos las primeras pertenecen al comienzo de la ciudadela y no a su momento de máximo potencial en el siglo XIII a.C. que es cuando pudo haber tenido lugar la famosa guerra. Por su parte, Troya fue reconstruida muchas veces y presenta múltiples niveles superpuestos, y

Schliemann creyó que la fase de mayor esplendor, Troya II, fechada a fines del III milenio y en cuyos estratos hizo numerosos hallazgos de bronce y metales preciosos (aunque hoy se piensa que el arqueólogo los juntó de varios sitios para así ensalzar su ciudad soñada), había sido la atacada por las tropas heládicas para liberar a Elena. Hoy sin embargo se cree que la fase más probable de la guerra fue Troya VI, una ciudadela relativamente pequeña que fue completamente destruida hacia 1250 a.C., justo en el momento de mayor esplendor de Micenas, y sólo unos cuatro siglos antes de que Homero usara las leyendas populares que circulaban sobre esas batallas para escribir su obra maestra.

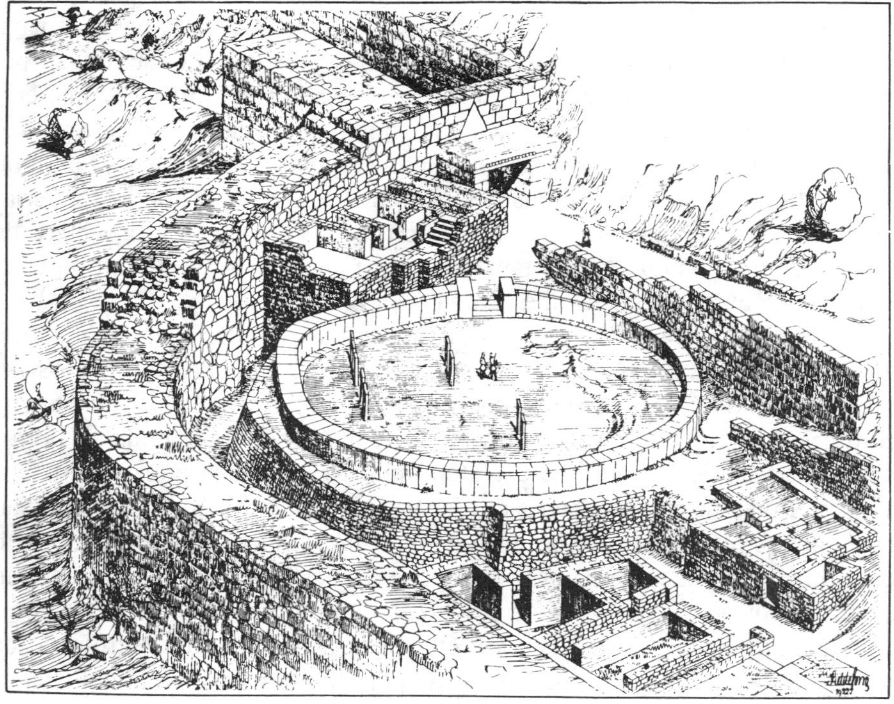

Figura 56

Reconstrucción del área del Círculo A de tumbas de pozo, muralla y puerta de los leones de Micenas. Según F. H. Stubbings, *Prehistoric Greece,* Hart Davis MacGibbon, Londres, 1972.

Aunque de mucho menor tamaño, los centros de las ciudadelas micénicas cumplieron un papel similar al de los «palacios» cretenses, con abundantes pruebas de almacenamiento de alimentos, destacando casi siempre un pequeño edificio, rectangular con tres habitaciones consecutivas, la central con columnas alrededor y un hogar en medio, llamado *megaron*, un modelo que luego será muy imitado en todo el Mediterráneo. A veces se le ha identificado con la residencia real porque, a diferencia de Creta, aquí tenemos más indicios de la existencia de tal figura: se han encontrado más tronos que en la isla, y ciertas tumbas grandes, como el Tesoro de Atreo, aunque robadas y vacías desde hace mucho tiempo, parecen haber sido individuales y correspondido a personas importantes. Un fuerte poder centralizado aparece también como causa más probable de las grandes obras de ingeniería presentes, como las grandes murallas, tumbas, caminos, canales, presas, puentes e incluso puertos marítimos. Estos últimos vinieron a culminar aquel comercio que ya existía durante el III milenio, y que ahora se incrementó en gran medida: las cerámicas micénicas son abundantes en todo el Mediterráneo oriental y central (algunos fragmentos se han registrado también en España), y las armas y otros objetos de bronce se importan hacia Centroeuropa (figura 57).

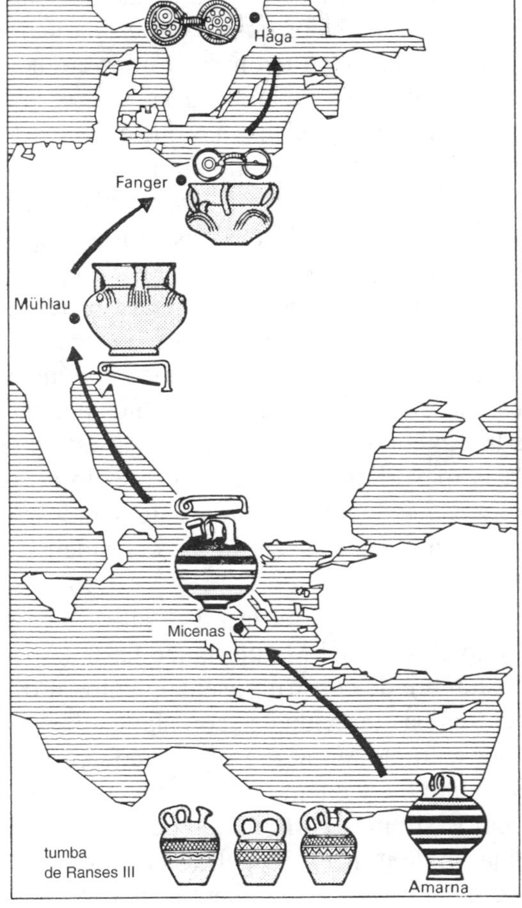

Figura 57
El comercio entre el Mediterráneo y Europa durante la Edad del Bronce fue hasta el método del carbono 14 la única forma de saber la cronología de muchas culturas europeas. En el ejemplo de la figura, la presencia de objetos de una cultura en otra próxima, y la posibilidad de formar cadenas de «cronología comparada», en este caso entre Egipto-Micenas-sur de Alemania-norte de Alemania-Escandinavia, permitió fechar el último objeto de la cadena, la fíbula de doble disco nórdica, con la misma fecha aproximada que la tumba egipcia de Tell-el-Amarna, donde apareció la jarra «de estribo» micénica, datada históricamente entre 1350 y 1150 a.C. Tomado de H. J. Eggers, *Einführung in die Vorgeschichte*, Piper, Múnich, 1959.

El mayor número de armas, con el hallazgo incluso de una armadura completa de bronce, también muestra el carácter más militar de Micenas con respecto a Creta, asimismo visible en determinadas representaciones artísticas (frescos, mangos de puñal, sellos, etc.) donde se muestran escenas de lucha con un estilo que en cierta manera ya apunta al que será un milenio después el típico de la Grecia clásica. La coincidencia de muchos de esos motivos artísticos con los cretenses (toros, mujeres, serpientes), en los frescos de unos edificios parecidos a los insulares, los cuales son varios siglos más antiguos, indica claramente que la ideología, y tal vez las mismas razones del origen de la civilización micénica, procedían de Creta. Es probable que una religión influyente cuyos apartados funcionales justificasen una concentración del poder político ligado al control de los excedentes alimentarios del policultivo (cereal, vid y olivo) y tal vez también de las armas de bronce, se haya propagado por toda la región, y lo que al principio fue en Creta un sistema redistributivo y aceptado derivase en el continente en una organización más impositiva y basada en la violencia bajo el mando de reyes hereditarios. En cualquier caso, se ha visto que las fortificaciones se reforzaron al final del período e incluso se excavaron pasadizos para acceder a fuentes de agua en caso de asedios; trabajos que no tuvieron mucho éxito por cuanto todos los palacios y ciudadelas fueron destruidos en unas pocas décadas antes de 1200 a.C. y aunque no se abandonaron por completo, hacia 1050 a.C. de todo su esplendor ya no quedaba más que el recuerdo cuando empezó la «Época Oscura» de Grecia. También para este desastre, que coincidió aproximadamente en el tiempo con otros graves disturbios por todo el Mediterráneo oriental, se han planteado muchas causas, desde las invasiones de los dorios (propuesta por los mismos griegos de épocas posteriores, como Heródoto, pero invisible arqueológicamente) o de los «Pueblos del Mar» hasta el empeoramiento climático, pasando por los problemas económicos, la guerra entre ciudades —un fenómeno repetido y bien conocido más tarde en época histórica— o los levantamientos populares contra la autoridad centralizada. En contra de la última opción está que la destrucción alcanzó también a la mayoría de las aldeas y no sólo a los grandes centros, pero a favor tenemos que durante los siglos siguientes tardaron en volver los indicios de diferencias sociales, en forma de residencias o tumbas importantes.

Al igual que había ocurrido en Grecia al empezar la Edad del Bronce y también por la misma época, en todo el resto del Mediterráneo hasta la península Ibérica se generalizó la costumbre de construir asentamientos fortificados y enterrar los cadáveres en tumbas individuales con claras diferencias de ajuar entre unas y otras. Por ejemplo, en Malta se abandonaron las grandes sepulturas colectivas y los templos, y encima del de Tarxien se inhumaron una serie de enterramientos simples con ajuares de bronce. En Córcega y Cerdeña también se dejaron de usar los megalitos, y la tecnología que había servido hasta entonces para elevar monumentos de reafirmación colectiva se usó a partir de ahora para levantar fortificaciones que permitieran la defensa, como las torres y las nuragas, pequeñas fortalezas sobre lugares elevados que parecen haber controlado los territorios de los distintos grupos, aunque a veces están tan cerca unas de otras que se les puede atribuir funciones de otro tipo, como simbolizar el prestigio de la familia o grupo de familias que las construyeron. En las Baleares se levantaron poblados y viviendas aisladas de mampostería «ciclópea» (navetas, también usadas como tumbas) para luego desde mediados del II milenio derivar en las construcciones fortificadas de los talayots, formadas, como las nuragas, por varios cerramientos alrededor de una torre central troncocónica hecha con grandes piedras, y seguramente como en Cerdeña destinadas a controlar el territorio. En todas estas islas la arquitectura megalítica del Bronce duró hasta la llegada primero de los colonizadores fenicios y griegos, y la posterior anexión romana.

En la península Ibérica la unidad social más importante durante la Edad del Bronce fue la Cultura de El Argar, así llamada por el primer yacimiento estudiado en la provincia de Almería, y fechada aproximadamente entre 2200 y 1500 a.C. Aunque se pensó que la citada cultura se había extendido por gran parte de España (el «Bronce Argárico», caracterizado por cerámicas lisas de formas carenadas y superficie bruñida), hoy se cree que únicamente se extendió por Almería, Murcia y parte de Granada y Jaén, aunque su influencia afectó a otras áreas culturales contemporáneas: horizontes de Ferradeira y Atalaia en el SO peninsular, la Cultura de las Motillas en La Mancha y el llamado «Bronce Valenciano». Los poblados argáricos se situaban en lugares elevados con fortificaciones defensivas, acentuando un sistema que ya existía en la zona desde la época de Los Millares, y tenían casas rectangulares separadas en varias estancias, sin grandes diferencias entre ellas aunque en Fuente Álamo (Almería) se excavaron varias viviendas especiales de funcionalidad incierta, y en Peñalosa (Jaén) (figura 58) había algunas casas mejor situadas en el poblado y con mayor abundancia de restos de fauna (vaca y caballo) en su interior. La división social se aprecia más en el registro funerario, siempre con tumbas individuales que al principio se hacían en pequeñas cistas de lajas de piedra y luego en grandes tinajas cerámicas (figura 59), normalmente debajo o cerca de las propias casas (en Peñalosa una de las tumbas se hizo bajo una estancia especial). Según los análisis de Lull y Estévez, los distintos ajuares se usaron para marcar los grupos dentro de la sociedad, con una clase dominante (con armas de bronce, diadema, oro, etc., para las tumbas masculinas, y plata y adornos en las femeninas; también los tipos cerámicos eran distintos para ambos géneros), una clase inferior pero todavía importante (hacha para los hombres y punzón para las mujeres), los servidores (sólo cerámica) y finalmente los posibles esclavos sin ningún ajuar. Es curioso que las diferentes clases de ajuar se hayan registrado a veces bajo la misma casa, quizás porque sirvientes y esclavos habitasen también en ella o se enterraran junto

Figura 58
Reconstrucción del poblado argárico de Peñalosa (Jaén). Según F. Contreras, ed., *Hace 4.000 años. Vida y muerte en dos poblados de la Alta Andalucía.,* Catálogo de la exposición. Consejería de Cultura, Junta de Andalucía, 2000

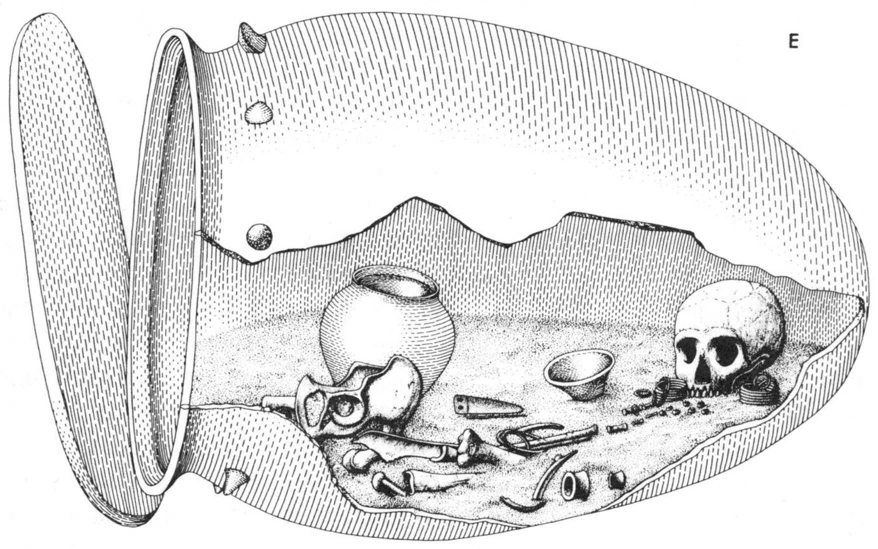

Figura 59
Tumba argárica en el interior de una gran vasija *(pithos)* (sepultura n.º 9 de El Argar). Según H. y L. Siret, *Las Primeras Edades del Metal en el Sudeste de España,* Barcelona, 1890.

con sus amos. La presencia de tumbas infantiles con ajuares significativos indica un estatus adscrito ya desde el nacimiento (heredado), típico de las jefaturas y los Estados.

La economía argárica era agrícola con abundante ganadería, en la que destaca la abundancia del caballo, que tal vez fue un símbolo de riqueza. En el tema de la agricultura ha existido bastante polémica sobre si se usó irrigación o no: aunque el clima no parece haber sido tan árido como actualmente, un sistema de canales sí pudo aumentar claramente la productividad en la zona. En el registro arqueológico no existen restos claros de acequias, pero un análisis de isótopos de carbono (^{13}C) en semillas de la época sugiere que algunas leguminosas como las habas sí pudieron recibir un aporte extra de agua, lo que por el contrario no parece probable en el caso de los cereales; éstos se cultivarían en secano mientras otras plantas más necesitadas de humedad (legumbres, lino, etc.) pudieron tener algún tipo de irrigación artificial. Este tema es importante por cuanto la antigua idea que ponía en la metalurgia del bronce la base económica de El Argar ha sufrido un duro revés tras los recientes análisis de Ignacio Montero. Aunque se fabricaron muchos tipos de objetos distintos (herramientas, armas, adornos), la tecnología en sí no alcanzó un gran desarrollo en comparación con otras zonas europeas, no sólo por lo escaso de su producción sino también por su calidad: en su mayor parte no se trataba de verdadero bronce de cobre y estaño, sino cobre arsenicado de inferior calidad. Por ello parece más probable que los objetos metálicos sirvieran para almacenar y exteriorizar la riqueza (sobre todo en la ostentación funeraria), y quizás también para imponerla por la fuerza, pero no para producirla. Tampoco otras artesanías, como la cerámica o el tejido, mostraron signos de una producción normalizada y abundante como para haber tenido una importancia económica por encima de la esfera local.

Luego sólo nos queda la agricultura y el pastoreo como origen de la potencia económica de esta región que algunos, incluso desde la fase anterior calcolítica como vimos, consideran ya un verdadero Estado. Pero incluso la matización de El Argar como un «Estado tributario débil» (García Sanjuán) resulta discutible si lo comparamos con los Estados del Mediterráneo oriental que acabamos de describir. Por un lado, el policultivo con vid y olivo, una de las bases de la riqueza micénica y minoica, no ha podido hasta ahora atestiguarse con seguridad en El Argar. Por otro, no sólo se trata de que los poblados argáricos fueran pequeños (los mayores únicamente pudieron albergar a unas 1.500 personas), pues también lo eran las ciudadelas micénicas, sino que faltan además muchos elementos de tipo ideológico que deberían estar ahí: arte, arquitectura defensiva, templos, santuarios, palacios, etc. Las diferencias sociales visibles en los ajuares de las tumbas (también apreciables en la alimentación, según los análisis de paleodieta en los huesos humanos de Peñalosa), y la existencia de armas ofensivas de metal sólo parecen suficientes para caracterizar a esta sociedad como una jefatura desarrollada, tal vez ya con algún tipo de control centralizado sobre territorios grandes, en la que los miembros de las familias dominantes accedieron a ciertos privilegios, quizás en cierta manera relacionados con la irrigación, respecto a los componentes inferiores de la sociedad. Al final del período argárico, según un esquema que empieza a resultarnos familiar, se produjeron cambios en los lugares de asentamiento y los tipos cerámicos, empezando también aquí una época oscura (el Bronce Final del sureste) cuyo escaso conocimiento actual tal vez se explique por una reducción demográfica ocurrida entonces en la región.

Volvamos ahora hacia el norte de Europa, en la penúltima vuelta que daremos al continente en este apartado. Tras el final de las cerámicas cordadas (que siguieron todavía un tiempo en zonas marginales como el centro-norte de Rusia), todas las llanuras centrales de Alemania, Polonia y Checoslovaquia fueron escenario entre *ca.* 2300 y 1800 a.C. de una impresionante cultura metalúrgica, conocida por el nombre de un yacimiento checo: Únetice. De ella se conocen al principio muy pocos asentamientos (pequeños agrupamientos de viviendas de madera, semienterradas), pero sí se han descubierto numerosas necrópolis y ricos túmulos. Éstos sirvieron para enterrar a varones de gran prestigio, en ocasiones acompañados por su mujer o familia, y algunos, como los alemanes de Leubingen y Helmsdorf, tenían grandes cámaras funerarias con armazón de madera en las que se había introducido una rica colección de objetos de bronce. La metalurgia de este producto alcanzó entonces una calidad desconocida, no sólo por la aleación conseguida con el estaño sino también por el amplio elenco de productos fabricados: puñales, hachas, alabardas, hoces, torques, anillos, collares y otros elementos de adorno, etc. Su uso no se limitó al norte de Centroeuropa, sino que aparecen también en zonas relativamente lejanas como en Bretaña, Suiza, norte de Italia y la cultura de Wessex al sur de Inglaterra, en una prueba del intenso comercio existente, que también incluía oro, estaño, ámbar y otros materiales. Es posible que ya existiese una cierta unidad cultural por todas esas tierras, preludiando la que hubo más tarde durante los períodos de los Campos de Urnas y la Edad del Hierro. Aunque hayan desaparecido muchos de sus probables elementos (religión, sagas y mitos heroicos, etc.), algo de su ideología ha perdurado, reflejada en el aprecio que aquellas gentes tenían por los objetos metálicos. Se conocen numerosos «depósitos» enterrados de ellos, algunos con más de 500 objetos manufacturados y lingotes del metal ya fundido. Al principio se creyó que se trataba de ocultaciones de objetos de valor hechas en momentos de peligro (como ha ocurrido históricamente con los tesoros escondidos de monedas), pero hoy se piensa más bien en depósitos votivos al modo de ofrendas de algún tipo, en las que se amortizaba la propia riqueza. El sistema pudo ser parecido a los *potlach* de los indios del oeste de Canadá, ceremonias en las que se destruían gran cantidad de objetos en una extraña exhibición de riqueza por parte de los grandes hombres de cada tribu. Esta paradójica forma de «ser más rico cuando se deja de serlo» pudo servir también en la Edad del Bronce como un mecanismo nivelador de las diferencias sociales que restablecía una cierta igualdad, aunque otros piensan (muy en la línea de la mentalidad capitalista) que fue una forma de aumentar el prestigio y valor de los propios objetos al retirar periódicamente de la circulación un buen número de ellos. Por otra parte, en el ajuar de muchos túmulos importantes se introdujeron, además de los objetos terminados, una parte de las herramientas usadas en la propia fundición y forja, lo que sugiere que los enterrados pudieron ser los propios broncistas, y que éste pudo ser un oficio esotérico que otorgaba prestigio religioso a la par que riqueza. Tal vez entonces, como hasta hace poco en muchas zonas de África, la metalurgia estaba rodeada de magia y tabú, y los mitos de origen de aquellos pueblos otorgaban también un papel decisivo al primer «civilizador», el metalúrgico que dominó los secretos de la naturaleza.

Otro fenómeno sugestivo de la Europa del Bronce fue la ocupación y cultivo de terrenos de mala calidad, que de hecho no han vuelto a ser explotados agrícolamente desde entonces (y por eso se han conservado intactos hasta hoy tantos túmulos funerarios erigidos en ellos). Éste pudo ser otro sistema de arreglar los problemas sociales de entonces, la división de los grupos antes de alcanzar una dimensión que podría ser crítica mediante la marcha de una parte del mismo para ocupar zonas previamente vacías. Es revelador que desde mediados del II milenio se haya producido un movimiento de retorno a los suelos mejores, y que esto coincida en general con la aparición de los poblados fortificados que van a caracterizar el Bronce Final, muchos de los cuales, desde su origen en la primera mitad del milenio, aparecen claramente relacionados con el control de la metalurgia y significativamente provistos de una zona más fortificada («acrópolis») en el interior de los mismos, como si una parte del grupo quisiera defenderse del resto. Por otro lado, la concentración de la gente otra vez en torno a las tierras buenas provocó un fenómeno que como el anterior revela la progresiva división social: los derechos de propiedad agrícola por parte de determinados grupos o familias se indican con la primera evidencia de cercado de los terrenos, detectada a partir de 1800-1500 a.C., y que en Gran Bretaña, donde la cultura de Wessex presentaba entonces también muchos centros fortificados y tumbas de alto rango, se denominaron más tarde «campos célticos» (figura 60).

De alguna manera parece que una ola de difusión de la desigualdad social fue avanzando desde el SE del continente hasta alcanzar finalmente todo él, aunque no se crearan Estados más que en el área mediterránea oriental. Casi todos están de acuerdo en que durante la Edad del Bronce se formaron por toda Europa jefaturas que en lo esencial duraron luego hasta el final de la prehistoria. El mecanismo que explica sus inicios no parece muy diferente del que ya hemos visto para otras zonas: individuos o familias ideológicamente favorecidas consiguen acumular excedentes alimenticios que sirven para redistribuir o intercambiar con otros grupos, siendo

Figura 60
Plano de un sistema de campos vallados («campos célticos») de la Primera Edad del Bronce en el sur de Inglaterra. Según R. Bradley y J. Richards, «Prehistoric fields and boundaries on the Berkshire Downs», en H. C. Brown, ed., *Early Land Allotment in the British Isles,* Oxford, 1978.

ahora la novedad la presencia masiva del metal como señal del poder y tal vez también del mismo intercambio, de forma que muchas veces se ha dicho que la arqueología de la Edad del Bronce es una arqueología de los artefactos de prestigio.

La circunstancia anterior llega a su máxima expresión durante el llamado «Bronce Atlántico», desarrollado en las costas y países atlánticos europeos durante los últimos siglos del II milenio y primeros del I milenio a.C., al mismo tiempo que en Centroeuropa comenzaban los llamados «Campos de Urnas» que veremos luego. A través de contactos que, al igual que pasó con el megalitismo y el campaniforme, se apoyaron en el tráfico marítimo a lo largo de las costas europeas durante esos siglos, se produjo una unidad tecnológica en toda la región, de forma que los mismos tipos de útil de bronce, en general armas y sobre todo espadas (la «época de los espadachines») (figura 61), aparecen repetidos desde Portugal hasta las islas británicas y los Países Bajos. Por esta época se empieza a advertir una tendencia hacia la distinción simbólica de los dos géneros, tanto iconográfica en el arte rupestre o las estelas (hombres con sexo bien marcado, cazando, con armas, etc.), como en los ajuares de las tumbas, con una asociación recurrente de varones con armas y de mujeres con ornamentos. A lo largo de la Edad del Bronce se fue creando un *ethos* del guerrero, relacionado con la belleza masculina y que, además del armamento, incluía los jarros y vasos para las bebidas alcohólicas, la monta de caballos y conducción de carros guerreros y el adorno personal, con elementos de aseo (peine, espejo, cuchilla de afeitar, pinzas, etc.) y cabellos largos asociados a la potencia sexual. El Bronce Final fue cuando la metalurgia del bronce alcanzó su mejor expresión con un dominio total de sus aspectos técnicos, lo que a la vez permitió que muy pronto se difundiera la fundición y forja de un nuevo metal, cuyas mejores herramientas acabarían pronto reemplazando a las del anterior: el hierro. Pero lo más curioso del Bronce Atlántico es que prácticamente lo único que se conoce del mismo son los depósitos de metal (figura 62), pues faltan en el registro arqueológico tanto los asentamientos como las necrópolis. Aunque investigaciones de los últimos años han descubierto un mayor número de los primeros, y también que cementerios que se creían de épocas anteriores pudieron seguir usándose ahora (por ejemplo, los túmulos de Wessex en Inglaterra y los «armoricanos» de Bretaña), sigue sorprendiendo la dualidad entre la eclosión metalúrgica y el aparente eclipse de otras facetas de la vida.

Se ha propuesto una ideología similar para todos estos pueblos, que incluso pudieron tener unas lenguas parecidas de tipo indoeuropeo precéltico, y unos ritos de enterramiento que no dejasen huellas, como exposición del cadáver al aire o incineración y dispersión de las cenizas, aunque más probable parece que los cuerpos se arrojasen al agua, tal como sugiere el frecuente hallazgo de objetos de metal, que pudieron formar el ajuar, en ríos, lagos e incluso en el mar. Para este último contexto tenemos el famoso «tesoro de la ría de Huelva» en España, donde más de 400 piezas se interpretaron durante mucho tiempo como procedentes de un barco hundido en el siglo X a.C. y hoy se las cree más bien resultado de un depósito votivo o funerario, una costumbre ritual que, por otro lado, duró hasta la Edad Media en algunas zonas del norte europeo. Los depósitos terrestres pudieron ser amortizaciones niveladoras como antes vimos para el Bronce Antiguo centroeuropeo, aunque también se ha propuesto que en algunos casos fueran dotes de la novia en un sistema más exogámico que los de épocas anteriores: se han encontrado tumbas de mujeres importantes, en el norte de Europa y también en España (Carpio de Tajo, en Toledo, ya de la Edad del Hierro), acompañadas por un ajuar metálico valioso y procedente de su lugar de origen, a veces muy alejado de donde fueron enterradas, y tal vez ello pudiera explicar la presencia general de objetos similares a lo largo de toda la costa atlántica. Según muestran los trabajos de Boserup y Goody, mien-

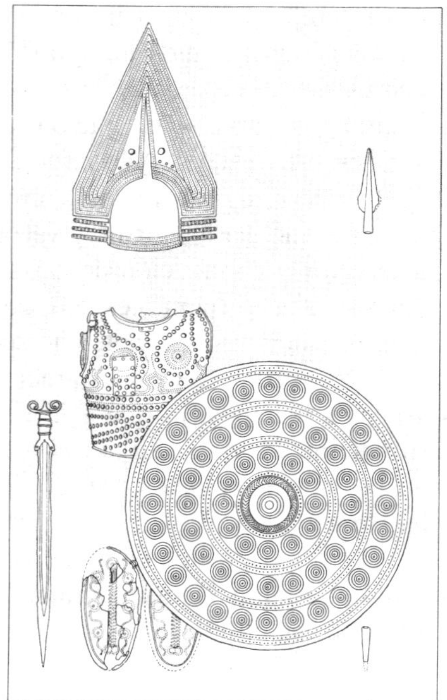

Figura 61
Armas, armadura y casco de un guerrero del Bronce Final en Europa occidental, ca. 1000-700 a.C., asociados posiblemente al primer ideal de la fuerza y belleza masculinas. Según P. Schauer, en *Ausgrabungen in Deutschland,* 3, Mainz, 1975.

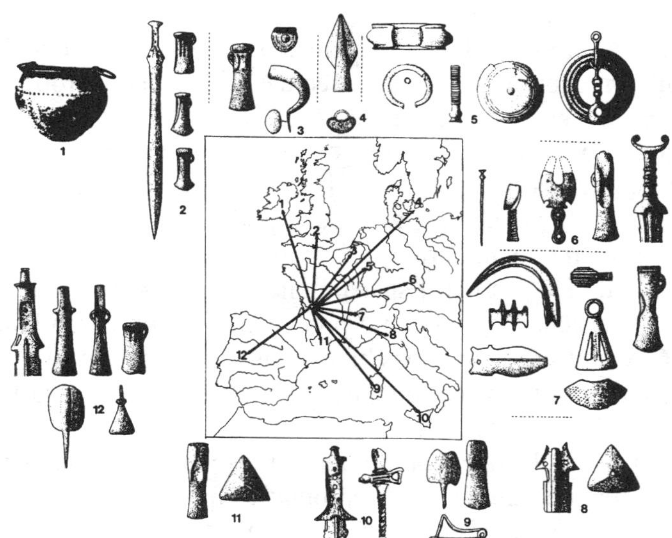

Figura 62
Mapa de distribución del origen de algunas de las 2.720 piezas de bronce del depósito de Venat, en el suroeste de Francia, fechado al final de la Edad del Bronce hacia 700 a.C. En la figura se aprecia el origen de los bronces en Escandinavia, Centroeuropa, islas británicas, Italia y península Ibérica, marcando la amplitud de las relaciones internacionales de la Europa atlántica de aquella época. Según Kristiansen 2001, fig. 77.

tras que los trabajos en las agriculturas de azada (horticultura) suelen ser realizados por mujeres, lo que lleva a las familias a buscar un máximo de esposas, por las que se paga un precio, en las de arado el trabajo lo realizan los hombres acudiendo las mujeres al matrimonio provistas de dote, que es la única parte de la herencia no destinada a los varones y que les asegura una cierta independencia respecto de sus maridos agricultores.

La península Ibérica, en especial sus áreas costeras, fueron entonces el cruce de dos amplios sistemas comerciales, del Atlántico y el Mediterráneo, hallándose en nuestros depósitos (como el de Baiões en Portugal, o el citado de la ría de Huelva) elementos de ambas tradiciones. El valor simbólico del metal y las armas durante el Bronce Final tiene en la región del suroeste (Extremadura y el Alentejo portugués) una original expresión en las estelas de piedra decoradas con grabados figurativos que representan guerreros con cascos (a veces de cuernos), carros, lanzas, espadas y otros elementos metálicos de prestigio como peines, fíbulas o instrumentos musicales (figura 63). Los carros son interesantes porque nos hablan de cómo debió de efectuarse el transporte terrestre en aquella época, igual que los numerosos barcos que se grabaron en el arte rupestre del sur de Escandinavia nos informan por su lado sobre el tráfico marítimo. Las primeras interpretaciones de las estelas las veían como marcadores de tumbas, seguramente de los mismos guerreros representados, pero el que ninguna aparezca asociada a restos humanos (aunque éstos pudieron disponerse sin

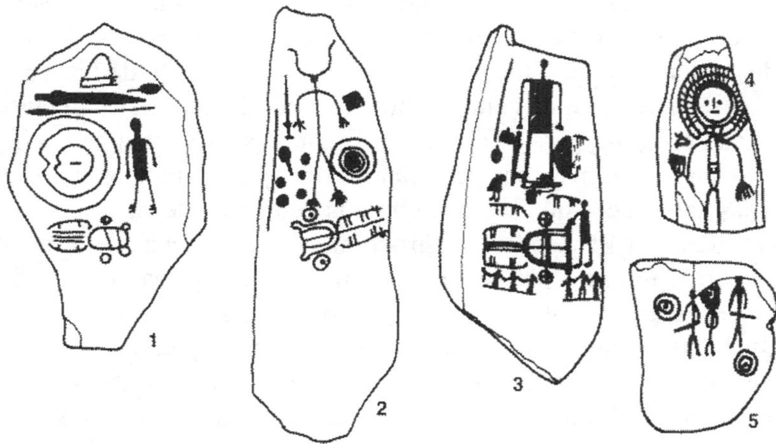

Figura 63

Estelas decoradas del SO peninsular: 1) Zarza de Montánchez (Cáceres), 2) Fuente de Cantos (Badajoz), 3) Ategua (Córdoba), 4) Torrejón el Rubio (Cáceres), 5) El Viso (Córdoba). En las tres primeras se ve a un guerrero (en la n.º 2 con casco de cuernos) junto con el carro, escudo, espada, lanza, espejo, fíbula, animales y otros personajes; la n.º 4 es una figura «diademada», supuestamente femenina, y la n.º 5 parece representar a una de estas últimas figuras entre dos guerreros, tal vez en una ceremonia de intercambio de mujeres. Según Galán Domingo, 1993, *passim*.

dejar huella, como vimos) ha llevado a proponer que fueran marcadores territoriales, pues muchas de ellas aparecen cerca de límites comarcales, vados y lugares de paso que pudieron haber sido las fronteras entre los espacios de unas y otras jefaturas. Estelas de tipo especial son las «diademadas» que representan a mujeres con algo que parece un tocado prominente en la cabeza (figura 63: 4), y que tal vez representaran las alianzas conseguidas entre los grupos mediante intercambios de mujeres, aunque también podrían ser imágenes rituales femeninas (de nuevo las «diosas») que continuaban la tradición de figuras similares desde el arte esquemático y megalítico.

Porque, como ya dijimos, se supone que el arte esquemático continuó pintándose y grabándose en las rocas de las sierras peninsulares durante la Edad del Bronce. De hecho algunas de las figuras representan armas hechas con este metal, aunque en su gran mayoría resultan más difíciles de identificar. En muchas otras zonas europeas se conoce arte rupestre fechado aproximadamente en el Calcolítico o la Edad del Bronce, con los círculos concéntricos o espirales como motivos más abundantes, por ejemplo en los petroglifos gallegos y portugueses. Dos zonas sobresalientes con arte rupestre de esta época, en concreto grabados, son la zona norte de Italia y sureste de Francia, y Escandinavia. Cerca de los Alpes italianos está el valle de Valcamonica (figura 64, A) y en la costa mediterránea francesa Mont Bego, con una gran cantidad de grabados, relativamente esquemáticos, que muestran animales (alces, ciervos, cabras salvajes), seres humanos y armas (puñales); es posible que los grabados hayan sido coloreados encima originalmente. Aunque existen imágenes que parecen de la vida diaria, por ejemplo bueyes tirando de arados, hay muchas representaciones abstractas y signos de pies humanos sueltos, así como figuras humanas con los brazos levantados delante de una imagen solar u otra con cuernos de ciervo en la cabeza que recuerda al dios celta Cernunnos, todo lo cual lleva a pensar en una finalidad religiosa para este arte. En Escandinavia hay un grupo de paneles en el norte con imágenes de animales salvajes y humanos, tal vez hechos por las sociedades que seguían con una economía de caza-recolección durante la Edad del Bronce, y otro grupo al sur con escenas de agricultura (arados y carros llevados por caballos), humanos con hachas y lanzas, pies humanos («suelas de zapatos») y numerosas figuras de barcos (figura 64, B). Estas últimas han llevado a pensar que se quería representar el mar sobre unas colinas que hasta poco antes habían sido islas (retroceso marino causado por el levantamiento continental al fundirse los glaciares), en relación con itinerarios rituales propiciatorios de la caza y la cosecha donde las estaciones rupestres jugaban un papel de guía para los procesionantes.

A finales del II milenio a.C. se produjeron en Centroeuropa una serie de cambios que fueron cruciales para dar origen un poco más tarde a la Edad del Hierro en el siglo VIII a.C.: nuevas formas de rito funerario, nuevas tecnologías metalúrgicas que llevaron a fabricar mejores armas, una mayor intensificación agraria para sustentar el poder creciente de las élites, provistas

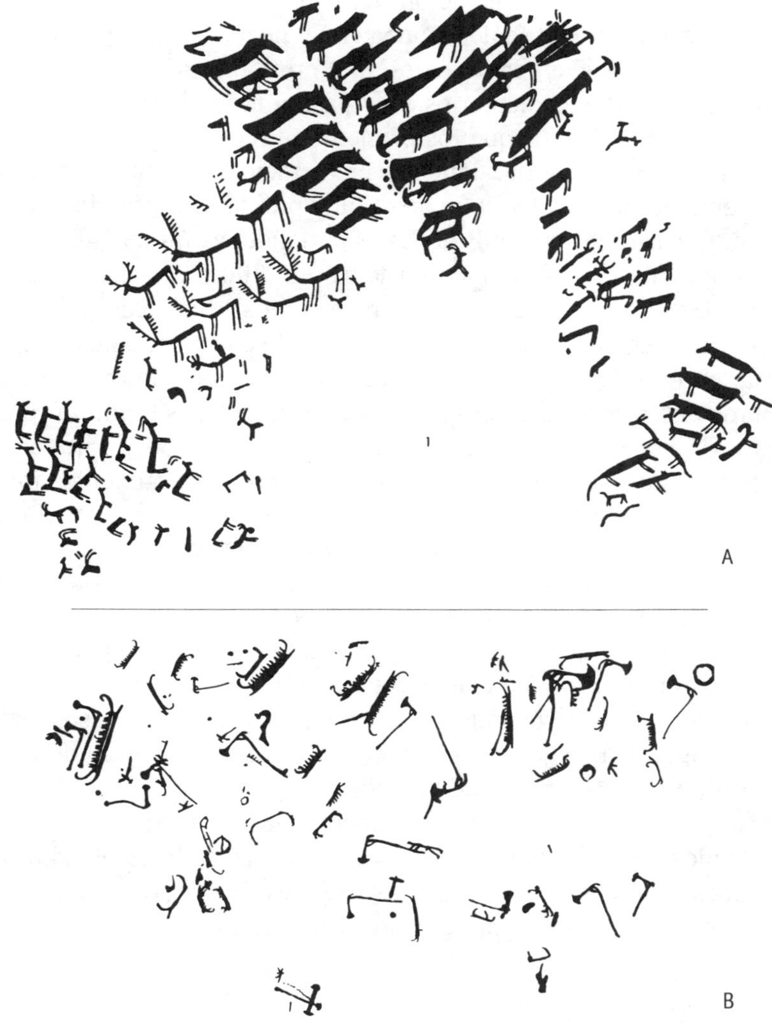

Figura 64

Arte rupestre europeo de la Edad del Bronce. A) Grabados de la Roca 1 de Massi di Cemmo, Valcamonica, Italia, con figuras de ciervos, alces y puñales. B) Grabados sobre roca de Simris, Suecia, con figuras humanas, barcos, ruedas, y grandes hachas enmangadas. Según E. Anati, *I Massi di Cemmo,* Capo di Monte, 1972, y C. A. Althin, *Studien zu den Bronzezeitlichen. Felszeichnungen von Skane,* Lund, 1945.

de una ideología de estatus personal basado en la destreza militar y la generosidad para con sus seguidores, y expresada en elementos de prestigio que se extendieron por zonas cada vez más amplias, y todo ello reflejado en la proliferación de asentamientos cada vez más fortificados. Desde un poco antes de 1300 a.C. la gente empezó a enterrarse de una forma muy poco usual hasta entonces, la cremación del cadáver y su introducción en una urna cerámica que luego se depositaba en un pequeño hoyo junto a otras fosas con urnas parecidas (casi siempre de forma bitroncocónica), de aquí el nombre dado a estos cementerios y de paso a todo el período: Campos de Urnas (figura 65). Parece que los primeros se hicieron en el centro-este de Europa, tal vez en Hungría, donde la incineración se había practicado ocasionalmente desde el Calcolítico, pero muy pronto se expandió la moda hacia el oeste hasta llegar al NE de España, donde las últimas fechas obtenidas dan una cronología también en torno al 1300 a.C., una muestra de la gran rapidez con que se extendió el nuevo ritual. Las necrópolis de urnas eran enormes, en ocasiones con varios miles de enterramientos, lo que lleva a pensar en un gran aumento demográfico o que por primera vez todos los miembros del grupo merecieron ser enterrados. Si a esto unimos que junto a las urnas se colocaron ajuares escasos, y que existen pocas diferencias entre el tratamiento de unas y otras con muy pocos enterramientos importantes, tenemos la imagen de un mundo funerario más bien democrático que contrasta con la época anterior de los enterramientos tumulares con tumbas generalmente individuales, y que de alguna manera enlaza con los enterramientos colectivos de tiempos más antiguos. Es probable que se tratase de una nueva religión, que además de igualar a la mayoría de la población después de la muerte debió de contar con una mitología de la que nos han llegado algunos enigmáticos indicios en la iconografía de los vasos metálicos, como las figuras de pájaros en contextos inusuales, por ejemplo asociados a círculos (¿soles?) o arrastrando barcos o carretas.

Por encima de esa sociedad básicamente igualitaria, que vivió en pequeños poblados, existió una élite guerrera que utilizaba las espléndidas armas de la época, y que vivió en las aldeas mayores fortificadas (de nuevo a veces con acrópolis aún más protegidas en su interior) que debieron acoger a

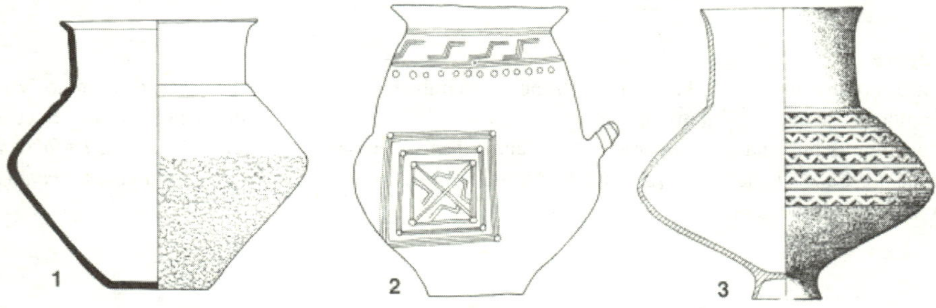

Figura 65

Urnas cinerarias del período de los Campos de Urnas. 1) SO de Alemania, Bronce Final, 2) período vilanoviano, Italia, Bronce Final, 3) urna con decoración excisa, Francia, I Edad del Hierro. Según Müller-Karpe, Hencken y otros, en Champion y otros, 1996 y Chapa y Delibes, 1983; escalas diferentes.

unas 500-1.000 personas, enterrándose en túmulos con ajuares mucho más ricos que la mayoría y acompañados en ocasiones por un vehículo de ruedas. Una interpretación aceptable es que se trataba de sociedades de tipo «germánico» o «democracias militares», en la denominación clásica de F. Engels, con una organización piramidal de guerreros que vivían del saqueo y la conquista territorial obteniendo un tributo por la fuerza de los granjeros de los poblados y aldeas dispersas, quienes por lo demás llevaban una vida económica igualitaria y descentralizada. Es posible que con esas guerras, en un momento en que la disponibilidad de buenas tierras agrícolas había disminuido gravemente en Europa, se consolidase la propiedad privada de los campos, un elemento que será básico después en el afianzamiento de los Estados, como veremos en el siguiente apartado. En algunos yacimientos se han encontrado pruebas de que, socialmente, por debajo de los campesinos pudo existir una clase aún más baja, tal vez los esclavos obtenidos en las guerras, cuyos huesos han aparecido revueltos en fosas de basura dentro del mismo poblado, en ocasiones con sus cráneos aplastados por lapidación. El poder guerrero y la prosperidad de muchas aldeas grandes estuvieron de nuevo ligados al control de la producción y comercio de metales, en especial las famosas espadas (con empuñadura de antenas), hachas (de alerones y de cubo) (véanse figuras 50-51) y calderos de bronce batido con decoraciones repujadas. La misma técnica de bronce batido para obtener finas láminas del metal se utilizó en cascos, escudos y armaduras, de escasa eficacia militar pero de segura vistosidad y novedad por entonces. Los asentamientos fortificados mejor conocidos son los de la Cultura de Lausacia entre Alemania oriental y Polonia, destacando entre ellos Biskupin, una aldea de 1,5 ha situada en la península de un lago, cuyas complejas murallas de madera tenían casi 500 metros de longitud y unos seis metros de altura. Dentro estaban las viviendas alargadas hechas con troncos siguiendo una disposición compacta de calles paralelas, cuyos pavimentos se habían cubierto con maderos de pino y roble. En total se cortaron unos 80.000 árboles para construir el poblado, que se han podido fechar con increíble exactitud analizando sus anillos de crecimiento anual (dendrocronología): en su mayoría fueron talados en el invierno de 738/737 a.C., es decir, en los momentos finales de la Edad del Bronce.

Hacia 1300 a.C. aparecen, como dijimos, los primeros influjos de los Campos de Urnas en la península Ibérica, que se aprecian en la utilización por una parte de la población de la región catalana del nuevo ritual funerario en vasijas bitroncocónicas con decoración acanalada (p. ej. necrópolis de Can Missert en Tarrasa, y más tarde Agullana en Gerona), aunque perduran muchos rasgos culturales anteriores como el antiguo hábitat en cuevas y la inhumación en muchos enterramientos. Asimismo se crean nuevos poblados al aire libre con un sistema de varias filas de casas alargadas divididas por paredes medianeras y con el muro del fondo en común, separadas por calles que pudieron servir de paso y para guardar el ganado; algunos se erigieron en lugares elevados y pudieron tener torres de vigilancia. Todos estos cambios surgen asociados a una agricultura cerealista intensificada con nuevas técnicas de cultivo, una ganadería diversificada (bóvidos, ovicaprinos y cerdos), y nuevos desarrollos metalúrgicos en bronce y muy pronto en hierro. Hace tiempo se pensaba que en general la difusión de los Campos de Urnas por Europa se correspondía con la expansión de los idiomas indoeuropeos (ya vimos como otras teorías los asocian con las migraciones neolíticas o con los kurganes y cerámica de cuerdas del este europeo), y dado que las lenguas de ese tronco más importantes en el occidente europeo antes de la conquista romana eran las celtas, durante mucho tiempo se denominó a la aparición de estos nuevos tipos culturales en la Península como «invasiones celtas». Aunque hoy ya no se usa tal etiqueta, aún no se ha resuelto del todo la cuestión de si hubo migraciones o no las hubo, si bien la mayoría de los investigadores admiten que la población local se vio sometida a grandes influencias exteriores, llegaran éstas a manos de nuevas gentes o fueran adquiridas simplemente por imitación de los grupos vecinos del Mediodía francés.

Mientras tanto, las tierras de la meseta interior peninsular permanecieron más bien aisladas, tanto de los Campos de Urnas del NE como del Bronce Atlántico que vimos antes. Aquí parece haber existido una evolución local de la base anterior campaniforme, cuyos influjos son todavía visibles en las cerámicas de la cultura de Cogotas I (así llamada por el nivel inferior del yacimiento abulense del mismo nombre; el superior corresponde a la Edad del Hierro), con decoraciones incisas, excisas (arrancando una parte de la pasta para dejar un hueco en la pared de la vasija) y el curioso estilo de Boquique (una cueva de Cáceres), realizado mediante incisiones con un punzón ancho que cada poco se hunde en la pasta para formar un agujero más profundo («punto y raya»). La aparición de estas cerámicas por toda la meseta y fuera de ella ha llevado a sugerir que pertenecían a un pueblo de pastores trashumantes, de ahí su movilidad, y aunque hoy se sabe que también eran agricultores, su técnica hortícola de rozas pudo haber tenido el mismo efecto de cambio frecuente de los asentamientos. La verdad es que los poblados de Cogotas I son de difícil detección, apenas unas pocas cabañas realizadas con materiales vegetales, y lo que ha quedado más visible hasta hoy son unos hoyos practicados entre las viviendas, rellenos de diversos materiales, que han sido interpretados de diversas formas: «fondos de cabaña» (su nombre más conocido, aunque la función de suelo de casas semienterradas ha sido desechada), silos, basureros, etc. Es significativo que, en una época en la que hemos visto una eclosión del ritual funerario y los símbolos de poder metálicos por toda Europa, nuestra región castellana haya permanecido aislada de esas influencias, manteniendo con toda probabilidad un sistema social muy igualitario, tal como se desprende de no haberse encontrado prácticamente tumbas de la época. Apenas un par de enterramientos pueden servir de excepción, una pareja con un niño en Los Tolmos de Caracena (Soria) y tres individuos en San Román de la Hornija (Valladolid), cuyo interés procede además de la presencia en la segunda tumba de una fíbula (broche) de bronce de origen mediterráneo fechada en el siglo IX a.C., que nos indica el comienzo de los contactos con el lejano mundo marítimo de donde llegarán las influencias coloniales orientales unos pocos siglos después.

4. La Edad del Hierro en Europa y el Mediterráneo

A medida que iba avanzando el último milenio antes de nuestra era, se fue produciendo un nuevo brote de intensificación económica y cultural, cuyo resultado fue el surgimiento de los primeros Estados europeos y un poco más tarde la Historia escrita. Lo que da nombre al período, aunque fuera menos importante que otras cosas, es la introducción de un nuevo metal para sustituir al bronce, el hierro, usado en armas ahora más duras y flexibles (los objetos de adorno y recipientes de lujo continuaron siendo de bronce), y en nuevas y más útiles herramientas, en especial las agrícolas para las que el bronce era demasiado blando. Otra ventaja del hierro era que los minerales necesarios para su fundición son mucho más abundantes que los de cobre, lo que permitió el acceso a los metales a muchas sociedades donde hasta entonces eran poco más que un lujo. Resulta interesante que el metal se conociese desde mucho antes —a partir del V milenio a.C. se registran objetos de hierro en Próximo Oriente—, pero que no se empezase a usar en cantidades apreciables hasta finales del II milenio en el Levante, Chipre y Grecia, primero para los objetos de ajuar funerario y depósitos en templos, y a partir de los siglos IX y VIII a.C. ya como metal dominante. Ello prueba una vez más que los adelantos técnicos «surgen» sólo cuando existe una demanda social para ellos, lo que parece haber ocurrido entonces al comenzar una gran expansión demográfica tras los siglos de estancamiento que siguieron al colapso micénico y minoico. Más que una caída en el suministro de bronce como algunos han alegado, lo que debió de incitar al cambio fue, con los mismos efectos, un fuerte incremento de la demanda de herramientas que sólo se podía satisfacer con el nuevo y más abundante metal. Para trabajarlo eran necesarios algunos cambios en la tecnología, como una elevación en la temperatura de fusión, el control del contenido de carbono que se alea con el hierro (procedente del combustible vegetal usado en el horno) para obtener algo parecido a lo que hoy llamamos acero, y el enfriado rápido con agua de las piezas después de haberles dado forma al rojo vivo (forja). Aunque existen pocos datos y algunas dudas sobre las fechas precisas, los primeros objetos de hierro aparecen en Italia y la península Ibérica entre los siglos X-IX a.C., incluso antes del contacto con los colonos griegos y fenicios a partir del siglo VIII que es cuando su uso empieza a generalizarse.

Comenzaremos nuestra revisión europea por el Mediterráneo oriental, región donde antes se produjeron los cambios más importantes. En Grecia la actividad funeraria fue creciendo durante los primeros siglos del I milenio a.C., con tumbas de ajuares cerámicos decorados con motivos geométricos pintados (período «geométrico») que a partir de fines del siglo VIII y durante el VII cambiaron a temas figurativos de origen egipcio y mesopotámico (período «orientalizante»), un estilo que luego se difundió por todo el resto del Mediterráneo. Según se desprende del número de tumbas y yacimientos, durante el siglo VIII se produjo un gran aumento de la población en varias zonas de Grecia, sobre todo en torno a Atenas (Ática), que curiosamente coincidió en el tiempo con crecimientos parecidos en otras regiones mediterráneas más alejadas como la Italia central y el sur y este de España. Esta expansión parece estar en el origen de dos fenómenos nuevos y decisivos: por un lado, la concentración de la gente en asentamientos importantes, que pronto llegarán a tener la categoría de ciudades, tanto en Grecia (Atenas y Tebas en la parte central, Argos y Esparta en el Peloponeso) como en las islas del Egeo y costa turca (Zagora, Esmirna) o la costa fenicia del Líbano (Sidón y Tiro). Seguramente fue la prolongación de ese crecimiento demográfico, en tierras escarpadas cuyos valles no podían alimentar a tanta población, así como la necesidad de materias primas (metales, maderas para la construcción de barcos, etc.), la causa del segundo acontecimiento crucial de la época: en muchas de esas ciudades se fletaron barcos que llevaron a colonos griegos y fenicios hacia el occidente mediterráneo para fundar nuevos establecimientos e influir poderosamente en todas las poblaciones ribereñas. Desde el siglo VIII al VI a.C. se produjo esta expansión, ocupando los griegos las costas del mar Negro, norte del mar Egeo, este de Libia, Italia (cuya zona sur peninsular y Sicilia se llegó a llamar «Magna Grecia»), y las costas de Francia y del noreste y este de España, y los fenicios el norte de África desde Libia hasta Marruecos, oeste de Sicilia, Cerdeña, Baleares y este y sur mediterráneo español.

Muchas de las colonias funcionaron como «puertos de comercio», un tipo de estación definido por Karl Polanyi y que también existió en la época colonizadora moderna: agregaciones de población, normalmente muy mezclada, que servían fundamentalmente para el intercambio y estaban situadas en zonas de frontera entre dos sociedades muy diferentes. En estos casos, como ocurrió hace pocos siglos entre europeos y africanos o europeos y asiáticos durante la expansión colonial de nuestro continente, los representantes de una sociedad venían de ultramar y comerciaban con la población local, perteneciente a grupos con un nivel tecnológico más simple. Puertos de comercio griegos fueron entonces Al Mina en Siria, Naukratis en el delta del Nilo, Massalia (Marsella) en el sur de Francia, Emporion (Ampurias) en Cataluña, etc.; por su parte, los fenicios fundaron puertos que luego devinieron en ciudades tan importantes como Gadir (Cádiz) en el sur de España, para comerciar con el reino indígena de Tartessos, o Cartago en Túnez. En esta última ciudad los púnicos o cartagineses, sucesores en occidente de los fenicios, formaron un gran imperio que incluyó una parte del norte de África y de la península Ibérica hasta su destrucción y anexión por Roma a mediados del siglo II a.C.

La base económica principal del período, por encima del comercio aunque haya dejado menos huellas arqueológicas, fue la agricultura, pues es ahora cuando se piensa que se implantó definitivamente el policultivo mediterráneo del que hemos hablado ya en este capítulo. Que una gran parte de esa producción, en especial el aceite y el vino, entró en las redes de comercio se puede ver por la aparición de un tipo especial de vasija cerámica, el ánfora, que sirvió desde el siglo VI para transportar aquéllos a largas distancias, como demuestran los barcos hundidos (pecios) que se han hallado en el Mediterráneo. También relacionado está el surgimiento en todas las ciudades de un espacio abierto y accesible a todos, el mercado, donde se compra y vende todo tipo de productos y excedentes: fue también en el siglo VI cuando se crearon los que luego llegarían a ser tan famosos en época histórica: el ágora de Atenas y el foro de Roma. No hay que olvidar que ese tipo de comercio libre suponía el comienzo del fin de los sistemas de intercambio corrientes en época prehistórica como hemos visto, hechos mediante regalos recíprocos por obligaciones familiares en sociedades de bandas y tribus (reciprocidad) o por la redistribución más o menos obligatoria en tribus y jefaturas; el comienzo de los Estados supuso también la «liberación» de muchas de esas antiguas obligaciones para las nuevas élites. Ligada al comercio y a estos nuevos tipos de relación social estuvo la rápida difusión de la cerámica a torno, cocida en hornos cerrados y fabricada en serie para un mercado amplio. Hasta entonces había sido de escala doméstica, modelada a mano y cocida en fuego abierto para un consumo generalmente local; el cambio también supuso pasar de ser una artesanía más bien femenina a convertirse en una industria hecha fundamentalmente por especialistas varones. La nueva técnica comenzó a fines del II milenio en Grecia y se introdujo en el resto del Mediterráneo entre los siglos IX y VI a.C. La alta calidad alcanzada por las vasijas griegas, que llegó a su cenit en la época clásica de los siglos V y IV a.C., ha llevado a dudar sobre si las piezas se fabricaron como contenedores (p. ej. de perfumes), igual que las ánforas más toscas antes mencionadas, o por el valor que tuvieron en sí mismas como sugiere el que muchas de ellas cumplieran una función funeraria para simbolizar el estatus de la persona enterrada.

Según los antiguos historiadores griegos, en la época de las colonizaciones mediterráneas muchas veces la gente no iba de buen grado sino que era obligada a embarcarse en un viaje de resultado azaroso. Esto nos lleva a pensar en el tipo de organización social que funcionó en aquellas ciudades, las cuales muy pronto derivaron en lo que hoy llamamos «ciudad-estado». Estas *polis* griegas se componían de un asentamiento urbano central rodeado por un territorio agrícola dependiente, estando todos sus habitantes ligados por vínculos políticos (más que de parentesco), además de por relaciones económicas y una religión común: los miembros de pleno derecho (en su mayoría, varones nacidos libres) gozaban del estatus de «ciudadano». Su tamaño era muy variable, desde las grandes como Atenas o Esparta con más de 300.000 habitantes, hasta las más pequeñas en algunas islas del Egeo que apenas llegaban a los 5.000. El modelo fue adoptado no sólo en las colonias costeras griegas y fenicias, sino también por algunas poblaciones nativas del interior, y así tenemos ya ciudades-estado en Etruria y el Lacio en Italia central a partir del siglo VI, y poco después se formaron algunas en el levante español, como Ullastret y Sagunto que luego veremos (figura 66). La vida en las ciudades también implicaba inaugurar un nuevo sistema de organización social, que dejó de depender de costumbres tradicionales para hacerlo de códigos legales que obligaban por igual a todos sus miembros. Una forma de implementar esas leyes era escribirlas en lugares públicos, y así fue como los griegos volvieron a utilizar la escritura, esta vez con un alfabeto tomado de los fenicios al que añadieron las vocales, mucho más versátil que la anterior escritura micénica y que muy pronto pasó a los etruscos y romanos para acabar siendo nuestro actual alfabeto latino. Otra novedad fue la introducción de las monedas, que los lidios de Asia Menor habían inventado en el siglo VII y los griegos copiaron en el VI, sustituyendo a los sistemas anteriores de acumular riqueza (ganado, piezas metálicas de diversos tipos). Al principio las monedas eran de gran valor y representaban la riqueza del Estado usándose para sus encargos y pagos de gran volumen, pero más tarde se redujo su valoración y empezaron a emplearse en las transacciones ultramarinas, de forma que en el siglo III ya se habían imitado en los pequeños Estados de Italia, Francia y España. Con las primeras monedas los Estados pagaron la construcción de barcos y de grandes edificios de carácter público, como los templos que harían después famosos a los arquitectos y escultores griegos. Cada ciudad tenía su propia divinidad, que funcionaba como un poderoso elemento de cohesión entre los ciudadanos, y luego existían centros importantes cuyo simbolismo era reconocido por distintas ciudades, como los santuarios de Delfos y Olimpia, en Grecia, que más tarde jugaron un importante papel en la unificación política de grandes regiones, señalando de nuevo el gran cometido desempeñado por la ideología en el origen del Estado.

Los historiadores clásicos griegos también dijeron que poco antes de la formación de las ciudades, tal vez hacia el siglo VIII, la institución que ellos llamaban monarquía (¿jefaturas?), hasta entonces común, desapareció y fue sustituida por aristocracias, es decir, el poder pasó a un grupo de familias de élite como las que luego existieron en época histórica, entre cuyos miembros se elegía a jefes rotatorios que debían rendir cuentas ante una asamblea o senado. Es posible que el aumento de las tumbas, que suele interpretarse como resultado de la mayor población en aquel siglo, provenga más bien de que mucha más gente, quizás todos, adquirieron entonces el derecho a ser enterrados, lo que unido al citado fin de las monarquías llevó a Ian Morris a colocar en ese momento el inicio del «ideal ciudadano» que

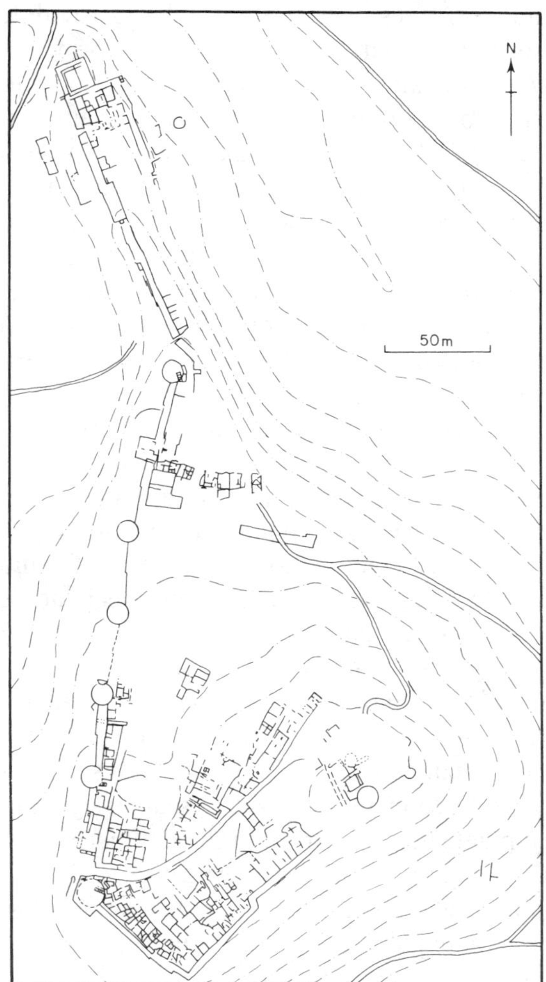

Figura 66
Planta del poblado ibérico de Ullastret (Gerona), con las murallas y torres defensivas, construidas hacia 500 a.C., y las estructuras de habitación interiores. Según M. A. Martín Ortega, *Ullastret, Poblat Ibèric,* Barcelona, 1985.

luego llevaría a las primeras democracias políticas de algunas ciudades griegas. También parece probable que el surgimiento de esas aristocracias oligárquicas se explique por un importante cambio en la forma en que se accedía y mantenía el estatus en aquellas sociedades, paralelo al que antes vimos en las sociedades guerreras de los Campos de Urnas centroeuropeos, que pasó de estar basado en la posesión de bienes de prestigio, como los objetos metálicos, a apoyarse en la explotación particular de los recursos alimenticios, es decir en la propiedad privada de la tierra y de los productos de ella obtenidos. Una consecuencia de esta transformación fue que el despliegue del estatus dejó de estar centrado en los ajuares de las tumbas (es decir, en un ámbito exterior y posterior a lo social y por ello más fácilmente aceptable), tal como venía funcionando desde hacía milenios, para pasar a ejercerse en la esfera de la vida diaria en forma de monumentos que representaban el poder del Estado, las leyes y en definitiva el poder real de las élites sobre el resto de la sociedad. Aquí tenemos uno de los primeros ejemplos históricos claros de *clases* sociales, la de los terratenientes por encima de todas las demás (ciudadanos no propietarios, artesanos, campesinos sin tierra, etc.) y un caso bastante claro de la teoría que vimos sobre el origen del Estado como institución dedicada a mantener por la fuerza esa división en clases y la concentración de la propiedad que llevaba aparejada. Otra de las causas propuestas para ese cambio, la guerra, también aparece aquí claramente: todos los ciudadanos podían ser llamados a filas, con lo que se consiguió reunir ejércitos casi permanentes que además adoptaron nuevas tácticas de lucha, basadas en la infantería acorazada con lanza y escudo, que los convirtieron en terribles enemigos a batir. Es quizás también la guerra la que explica la extendida conformidad de los desposeídos con el nuevo sistema: las continuas alianzas y luchas de unas ciudades contra otras proporcionaban ricos botines que se usaban para reforzar la cohesión ideológica con nuevos edificios y templos, y la económica mediante su reparto entre los ciudadanos que tenían derecho a ello. A lo anterior se unió el nuevo ideal de la ciudadanía y la delegación en un número creciente de individuos de pequeñas parcelas de decisión, todo ello para justificar y mantener una división social que a partir de entonces ya sería definitiva.

Aunque según los textos histórico-mitológicos posteriores, los fenicios fundaron Gadir (Cádiz) en torno a 1100 a.C., no se han encontrado restos arqueológicos seguros de su colonización en la Península antes del siglo VIII a.C. Ellos fueron los introductores en las costas españolas de importantes novedades como la implantación de la metalurgia del hierro y de nuevas técnicas para la obtención de la plata, la cerámica a torno, algunas especies domésticas nuevas (gallina, asno), la urbanización de los poblados, la escritura (con la que se expresó la lengua local del SO peninsular, aún no traducida) y finalmente la propia organización estatal que luego desembocaría en los pequeños Estados ibéricos poco antes de la romanización peninsular. Los primeros colonos llegaron desde Tiro, a la que enviaban un diezmo de todas sus ganancias, y en muchos de sus asentamientos edificaron santuarios a los dos dioses protectores de aquella ciudad, el masculino Melkart (luego asimilado por los griegos a Hércules) y la femenina Astarté (luego llamada Tanit en Cartago). Como Gadir en la desembocadura del Guadalete y muy cerca de la del Guadalquivir, muchas de las colonias, a menudo fortificadas, que como un rosario se extendían por toda la costa andaluza, se fundaron junto a un río que les sirviera de vía de comunicación comercial hacia el interior: Castillo de Doña Blanca (Cádiz) en el Guadalete, Cabezo de San Pedro (Huelva) en el Tinto y Odiel, El Carambolo (Sevilla) en el Guadalquivir, Cerro del Villar (Málaga) en el Guadalhorce, La Fonteta en el Segura, Villaricos (Almería) más tarde en el Almanzora, etc. Algunos de estos asentamientos tuvieron un tamaño apreciable y, por ejemplo, tras las murallas del Castillo de Doña Blanca pudieron vivir entre 1.500 y 2.000 personas (6-7 ha), por lo que se piensa que la población no debió ser totalmente foránea sino más bien mezclada entre fenicios e indígenas locales, lo que hace difícil distinguir entre los restos dejados por una u otra comunidad. Lo mismo ocurre con ciertas necrópolis, como la de Setefilla (Lora del Río, Sevilla), con rituales mezclados de incineración (los enterramientos más simples) e inhumación (los más ricos en la parte central de los túmulos), sobre la que existe división de opiniones respecto a quiénes eran los personajes importantes (casi siempre varones), si comerciantes fenicios asentados en comunidades locales o los cabecillas de estas últimas que habían aprendido de los recién llegados.

Las construcciones fenicias son hoy, con todo, relativamente fáciles de detectar al ser grandes y rectangulares, estar construidas a menudo con basamentos de piedra con las paredes revestidas de cal, y haber sido usadas como almacenes en muchos casos, con ánforas para guardar vino, pescados o frutos secos. Las cerámicas de barniz rojo y las piezas con decoraciones egipcias orientalizantes son otra marca de la presencia extranjera, aunque a menudo fueron intercambiados e imitados por las gentes locales. En uno de los asentamientos (Mazarrón, Murcia) se han encontrado un par de embarcaciones con las que debieron de llegar desde Oriente, en navegación de cabotaje sin perder de vista la orilla: una de ellas medía unos ocho metros y cuando se hundió llevaba más de dos toneladas de mineral de plomo con alto contenido en plata (litargirio). Porque uno de los motivos de venir hasta tan lejos era conseguir plata, la cual no sólo enriquecía a los comerciantes sino que también servía para pagar los tributos que las metrópolis fenicias debían al cercano imperio asirio. La zona de Huelva era especialmente rica en mineral, al que los fenicios aplicaron sistemas nuevos de reducción por copelado, una mezcla de cal y huesos que al calentarse con el mineral se combina con el plomo y deja un producto mucho más rico en los metales preciosos de plata y oro. Parte del plomo pasaba a la atmósfera en forma de óxidos, y es significativo de la intensidad con que se practicó el sistema y de la contaminación resultante, que en los sondeos efectuados en el hielo de Groenlandia los niveles correspondientes a aquellos siglos presenten un alto contenido de isótopos de plomo. Los colonizadores también enseñaron métodos novedosos para trabajar el oro, consiguiendo piezas de gran belleza, decoradas con filigrana y granulado, y ello usando menos cantidad de metal que los orfebres locales durante el período anterior del Bronce Final.

Pronto la influencia colonial se dejó sentir en el interior, y la zona del suroeste donde antes vivían unos pueblos seguramente pastores, de los que apenas conocemos algo más que las estelas que representan a sus guerreros acompañados de un ajuar que recuerda el funerario, como vimos en el apartado anterior, ve producirse ahora un gran cambio: la economía se desplaza a la agricultura intensiva con el policultivo mediterráneo como base, se crean poblados de tipo estable con arquitecturas de mampostería, y de la «democracia» funeraria anterior (en apariencia, nadie se enterraba) se pasa a las necrópolis en las que sólo una parte de la población tiene derecho a descansar. En estas últimas aparecen enseguida tumbas muy ricas con ajuares de origen oriental (piezas egipcias, otras en marfil y huevo de avestruz africanos), además de jarras y palanganas para abluciones y piezas idénticas a las que antes se veían grabadas en las estelas (armas, fíbulas), lo que sugiere que se trata de los descendientes de aquella misma casta dominante.

De acuerdo con datos de escritores romanos muy posteriores, entonces existió en el suroeste peninsular un reino que se llamó Tartessos, con reyes cuyos nombres ya entonces pertenecían al acervo mitológico y de los que no nos ha llegado ninguna noticia arqueológica o histórica directa: Gargoris, Habidis, Argantonio, Gerión, etc. Sobre la complejidad social de esa sociedad se ha discutido mucho (aunque no tanto como de la localización exacta de la ciudad de Tartessos, si es que existió algún asentamiento con ese nombre), y las opiniones van desde una jefatura «avanzada» (es decir, más desigual que otras) hasta una serie de «monarquías sacras orientalizantes» que imitarían a las originales del Próximo Oriente, para lo cual se aduce la presencia de algunos tesoros que demuestran la gran riqueza de las élites (como el áureo hallado en El Carambolo), los motivos iconográficos que testimonian la propagación de las religiones foráneas en la región, etc. Es interesante observar cómo estos jefes o reyes del SO empezaron a establecer alianzas con zonas más al interior, a veces apoyadas en intercambio de mujeres, como muestra la tumba ya citada de El Carpio de Tajo (Toledo), donde una «princesa tartéssica» fue enterrada con varias jarras fenicias y un recipiente de libaciones en plata, además de cerámicas locales decoradas. Fuera de la estricta esfera ideológica, las élites de entonces intentaron imitar los comportamientos más prestigiosos llegados desde fuera, entre los que estaba el consumo de vino en fiestas, algo típico de todas las sociedades orientalizantes del Mediterráneo que en ningún sitio se representó mejor que en los gozosos frescos de banquetes que adornan las tumbas etruscas. Una prueba palpable de la fabricación de vino la tenemos en el poblado fortificado del Alt de Benimaquia (Denia, Alicante), en cuyas estancias se hallaron miles de pepitas de uva en cubetas destinadas a su prensado; la producción se envasaba en ánforas de tipología fenicia, algunas de ellas procedentes de la costa andaluza.

Mientras tanto, los influjos mediterráneos también iban llegando al centro y oeste de Europa, aunque no de forma tan directa como en el sur del continente. A partir del siglo VII a.C. la metalurgia del hierro comenzó a extenderse por la región central al tiempo que se interrumpía la homogeneidad cultural de los Campos de Urnas del Bronce Final que vimos antes, volviendo el rito de inhumación, en ocasiones bajo túmulo, y aumentando la presencia de carros, primero de cuatro ruedas y más tarde con dos, dentro de cámaras de madera en las tumbas más ricas, no sólo en Centroeuropa sino también en algunas del Mediterráneo (figura 67). Durante esta Primera Edad del Hierro de los siglos VII y VI a.C. (también llamada Hallstatt C y D;

las fases A-B son de los Campos de Urnas del Bronce Final), y luego en la Segunda Edad del Hierro (cultura de La Tène) a partir del siglo V, se generalizan los asentamientos fortificados, asociados a necrópolis tumulares, en toda la Europa Templada (p. ej. Heuneburg y Hohenasperg en el sur de Alemania o Mont Lassois en el noreste de Francia). En algunos casos, como los primeros castros ingleses, parecen haber servido sobre todo para almacenar grano (el clima más frío de la época debió de perjudicar a la agricultura en el norte, que se concentró en un cereal mejor adaptado, el centeno), mientras otros se especializaban en la metalurgia del hierro o la minería, entre otros materiales, de la sal, que por entonces comenzó a ser muy valorada para la conservación de alimentos. En el comercio, que incluía estos productos además del coral del Mediterráneo o el ámbar que seguía viniendo del Báltico, destacaban sobre todo los objetos manufacturados de lujo que llegaban desde las ciudades y colonias griegas antes citadas a través del Ródano en Francia o cruzando los Alpes desde Italia, y cuya presencia en las tumbas más importantes revela el papel que debieron de jugar para asentar el prestigio y mantener el poder de los jefes, como había ocurrido hasta entonces con los productos metálicos locales, entre otros. Del largo alcance de esas redes da testimonio el hallazgo en algunas tumbas hallstátticas de seda china, llegada hasta Centroeuropa a través de las estepas rusas.

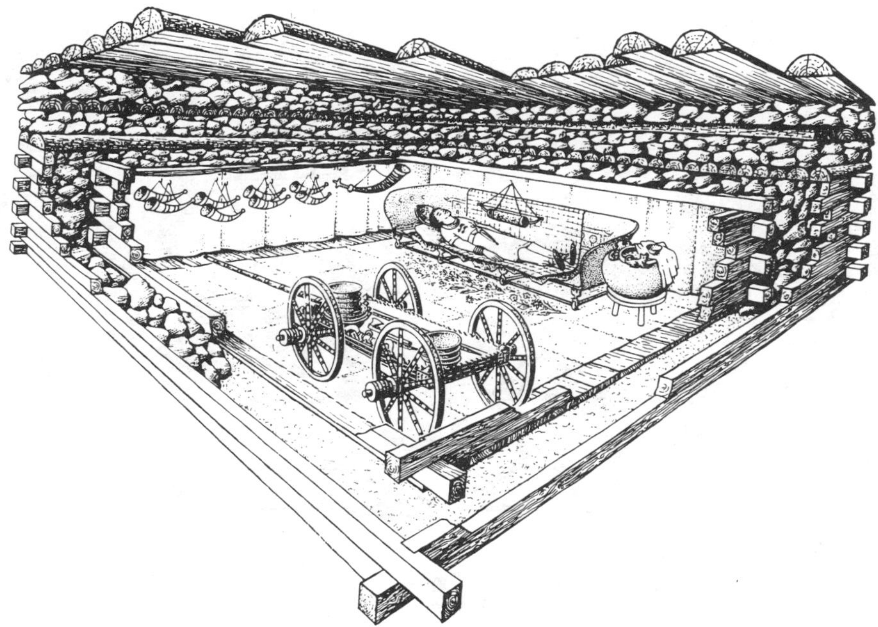

Figura 67
Reconstrucción de la tumba «principesca» con carro bajo túmulo de Eberdingen-Hochdorf (Baden-Württemberg, Alemania). Según O. H. Frey en S. Moscati, ed., *I Celti,* Milán, 1991.

Figura 68
Decoraciones célticas de guarniciones de armas y vasos metálicos de Renania, siglo V a.C. Adaptado de O. H. Frey en S. Moscati, ed., *I Celti,* Milán, 1991.

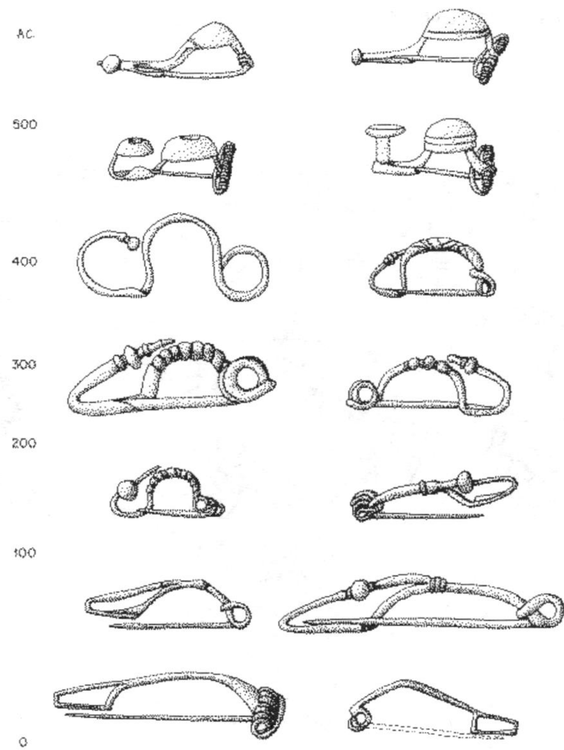

Figura 69
Evolución de las fíbulas de La Tène entre 500 a.C. y el cambio de era. Tomado de Champion y otros, 1996, fig. 10.6.

Por motivos todavía poco claros, en el siglo V ese flujo meridional se interrumpió, justo cuando empezó la expansión por toda Europa central de un estilo artístico propio, visible sobre todo en las piezas metálicas de bronce (adornos) y hierro (armas) que aparecen una y otra vez en las tumbas, femeninas y masculinas respectivamente, cuyos rituales funerarios eran bastante variados con más inhumación al principio e incineración al final. Este arte de La Tène se caracteriza por diseños grabados de espirales y entrelazos intrincados (figura 68), junto con formas animales y vegetales estilizadas y curvilíneas que aparecen en multitud de objetos, generalmente de bronce: recipientes, cascos, escudos, arreos de caballo, gargantillas (torques) y broches para el vestido (fíbulas, figura 69), etc. El estilo se acabó copiando en las islas británicas antes de la conquista romana, y su influencia llegó a los países mediterráneos, entre ellos España.

Para denominar a la cultura de La Tène se suele emplear la denominación de «celta», que también se usa, con menos propiedad, para sus antecesoras Hallstatt A-D desde el Bronce Final. La palabra (*Keltoi*) fue empleada por Heródoto en el siglo V a.C. para denominar, de forma algo confusa, a los pueblos que vivían en las fuentes del Danubio y más allá de las Columnas de Hércules (Gibraltar), refiriéndose tal vez al sur de Alemania y Francia, en cuya parte meridional los griegos de Massalia (Marsella) los habían conocido directamente desde el siglo anterior. Más tarde se registraron invasiones de celtas en Italia y Grecia, con la destrucción de Roma en 390 a.C. y del santuario de Delfos en 279 a.C., pero cuando los romanos conquistaron la Galia (Francia) en el siglo I a.C. distinguieron claramente entre sus habitantes, celtas o galos, y los otros «bárbaros» al este del Rin, donde se había desarrollado una gran parte de la cultura de La Tène, llamados germanos. Parece que los habitantes de la Edad del Hierro al norte del área mediterránea no tenían una denominación común para llamarse a sí mismos, utilizando cada tribu su propio nombre (algo lógico, puesto que formaban unidades independientes), y seguramente fue por la necesidad que tuvieron griegos y romanos de llamar de forma colectiva a una serie de pueblos, que desde su punto de vista eran muy parecidos, de donde surgió la palabra. Mucho más tarde, en el siglo XVIII los lingüistas escogieron la misma denominación de «céltico» para agrupar a varias lenguas que se hablan hoy en las islas británicas (irlandés, escocés, gaélico, etc.) y la Bretaña francesa (bretón), que por datos toponímicos y de otro tipo parecen ser las últimas de un grupo mucho mayor de idiomas hablados en gran parte de Europa occidental y central hasta su reemplazo por las lenguas germánicas (inglés, alemán, etc.), latinas (español, francés, etc.) y eslavas (polaco, checo, etc.) durante las Edades Antigua y Media. De lo anterior surgió la costumbre de llamar celtas a irlandeses, bretones, escoceses, etc., y la extensión hoy día del nombre a algunos rasgos culturales recientes de muchas regiones atlánticas europeas, incluyendo el noroeste de España y Portugal, tales como la música celta, los rituales neopaganos célticos, los monumentos célticos (cajón donde se meten tanto castros de la Edad del Hierro como megalitos mucho más antiguos), etc. Aunque parece claro que el famoso término no fue empleado antiguamente, ni siquiera conocido, en las regiones que hoy son nombradas con él, y que tienen bastante razón quienes con rigor critican su aplicación en ámbitos y períodos tan diferentes, ha sido el uso prolongado, como pasa siempre con las palabras, lo que hoy otorga a lo celta, al igual que antes lo hizo para los griegos y los lingüistas ilustrados, un significado que no por nuevo es menos atractivo: aquello que tuvieron en común las culturas prehistóricas de la Europa atlántica y templada, tal vez ya desde el Megalitismo o el Campaniforme, antes de su asimilación por los Estados mediterráneos, aquello cuya nostalgia procede más de nuestros sueños actuales que de las realidades del pasado.

Cuando Julio César conquistó la Galia a mediados del siglo I a.C. calificó los asentamientos fortificados de los galos como *oppidum*, es decir, ciudades, porque, aunque no poseían todos los rasgos de las mediterráneas (por ejemplo, no había un urbanismo planificado), sí se parecían en muchas cosas: abundante población concentrada, murallas protectoras, producción artesana, comercio exterior y control sobre los asentamientos más pequeños de las cercanías. De hecho, muchas de ellas han continuado siendo ciudades hasta nuestros días. En ocasiones estos centros también contaron con un sistema de pesos normalizados y acuñaron monedas propias, que en el siglo III imitaban las de Filipo de Macedonia y Alejandro Magno y eran de gran valor para luego volverse de uso más común con formas propias. Como ocurrió en el Mediterráneo, también en la Europa templada la riqueza dejó de estar concentrada en las tumbas y sus signos materiales se encuentran más bien en las viviendas de las élites, cuyo poder fue entonces mucho más efectivo y terrenal que antes. En relación con lo anterior está que en los siglos II y I a.C., justo antes de la gran expansión romana, se formaran algunos pequeños Estados en varias zonas de Europa, de los que tenemos más información escrita por los romanos que pruebas arqueológicas de su realidad material (figura 70).

Los pueblos «celtas» de la región central y occidental se basaban en una triple división de la sociedad, en guerreros, druidas y gente común. Quienes mandaban eran lógicamente los primeros, herederos que aquellos que ya vimos en la Edad del Bronce, y que seguían entonces asentando el poder en su fuerza personal y valor en la guerra, junto a su elocuencia y generosidad para con sus seguidores, a los que ofrecían su protección militar y comida en tiempos de hambre, a cambio de parte del producto agrícola y participación en su séquito militar en momentos de lucha abierta. Los druidas formaban un grupo de personas instruidas, que conocían tanto las leyes y costumbres tradicionales como las poesías épicas que guardaban la historia oral de cada pueblo; al estar libres de obligación militar y poder viajar sin traba contribuyeron a unificar considerablemente la Europa prerromana. Este modelo aristocrático clientelar se extendió por amplias regiones, in-

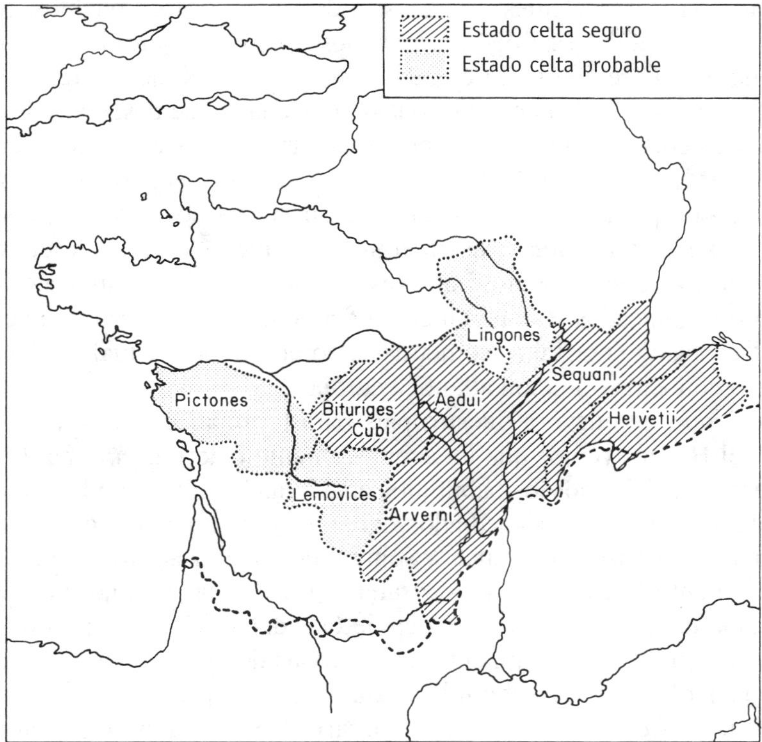

Figura 70

Más allá de las fronteras del Imperio romano que entonces ocupaba ya el sur de Francia, se formaron a finales del siglo II varios Estados independientes, cuyos límites aproximados se indican en el mapa, y que fueron conquistados por Julio César en 58-51 a.C. Según D. Nash en D. Green, C. Haselgrove y M. Spriggs, eds., *Social Organisation and Settlement,* Oxford, 1978.

cluida Iberia como luego veremos, y dio origen en algunas al Estado cuando un guerrero destacado se convertía en «rey» con autoridad sobre los demás, aunque generalmente el sistema no solía sobrevivir a la muerte del reinante y entonces se volvía al sistema anterior. Hacia finales del siglo II a.C., en algunos de estos reinos iniciales la autoridad se ejerció de un modo diferente, no de acuerdo con una voluntad personal o colectiva de tipo arbitrario sino siguiendo un sistema de leyes, con un consejo de magistrados que elegía un jefe superior por un período limitado de un año, un modelo que imitaba a las ciudades-estado griegas de varios siglos atrás, aunque no estaba centrado alrededor de una sola ciudad ni existía el concepto de ciudadanía como en éstas. Otros dos rasgos típicos de los Estados iniciales, ideología religiosa y escritura, también se dieron en estas regiones como demuestran los templos descubiertos en varios asentamientos, edificios rectangulares con fosos y depósitos votivos enterrados, seguramente dirigidos por los druidas o sus equivalentes, y las listas documentales de pueblos, producción y tributos que César descubrió en posesión de los jefes helvecios cuando conquistó la región suiza en 59 a.C. Los aspectos menos agradables de esos poderes se pueden apreciar todavía hoy cuando se descubren los restos de cráneos cortados, una costumbre celta para con los enemigos, según sabemos por las fuentes escritas, o los cuerpos arrojados a los pantanos en el norte de Europa. Estos últimos son de gran interés por haberse conservado bien todas las partes orgánicas en el medio húmedo hasta su descubrimiento, y muestran cómo algunos hombres y mujeres de Escandinavia e Inglaterra fueron golpeados, estrangulados o degollados antes de ser sumergidos, tal vez en castigo por faltas cometidas o como ofrendas rituales a las aguas, según la conocida tradición atlántica europea.

Volviendo de nuevo a nuestro país para terminar con la revisión de la Edad del Hierro, vemos que un acontecimiento exterior, la toma de la ciudad fenicia de Tiro por los babilonios en 573 a.C., tal vez unido a otras causas interiores, provocó a mediados del siglo VI la crisis de todo el sistema colonial en las costas levantinas y sobre todo andaluzas, cayendo las primeras bajo control griego desde Massalia y pasando las segundas a depender enseguida de la gran colonia púnica de Occidente, Cartago. La misma circunstancia, unida al agotamiento de las minas de plata de Huelva y del sistema agrícola intensivo seguido hasta entonces, provocaron el final del mundo tartéssico tal como se había desarrollado hasta entonces en todo el SO y Baja Andalucía. Parece que también hubo revueltas populares en la región, pues las fuentes escritas hablan de un intento indígena de asaltar Cádiz, que tuvo que ser asistida por tropas cartaginesas, y en muchos yacimientos abundan las puntas de flechas de bronce con el extremo doblado por el impacto. Durante este siglo y el siguiente abundan en el Mediterráneo las huellas de destrucciones de símbolos del poder aristocrático (por ejemplo, en España de conjuntos de escultura ibérica como Obulco o El Pajarillo, etc.) que probablemente se originaron en revueltas contra la clase dominante, aunque su efecto parece haber sido pasajero y no haber conseguido una vuelta a los tradicionales sistemas igualitarios.

En el paso a la II Edad del Hierro peninsular también se observa una concentración de la población en grandes asentamientos, ya verdaderas ciudades (*oppida*), como Málaga en la zona occidental o Los Villares (Andújar, Jaén) en la oriental, mientras otros sitios entran en declive, como Huelva. A partir de entonces el dinamismo cultural se desplazó hacia áreas que antes eran la periferia de Tartessos, en concreto la zona extremeña, la meseta sur y el sureste. En la primera continuaron y se reforzaron los asentamientos protegidos en altura, y se conoce algún santuario que continúa la tradición tartéssica como Cancho Roano (Badajoz), un complejo edificio rectangular que pudo ser al mismo tiempo residencia de algún jefe o rey. Más al este, en la meseta sur existió un sistema de asentamientos agrícolas dispersos, pequeños poblados o residencias de familias terratenientes que duraron hasta finales del siglo v a.C., que fue cuando se produjo un abandono repentino y a veces violento de muchos de ellos para pasar la población a concentrarse en grandes *oppida* fortificados igual que había ocurrido un siglo antes en Andalucía. Tanto en los pequeños yacimientos como en los grandes más recientes (p. ej. Cerro de las Cabezas y Alarcos, en Ciudad Real), aparecen abundantes cerámicas griegas importadas, que seguramente llegaban desde el SE para ser utilizadas en los ritos de bebida característicos como ya vimos de todas las culturas mediterráneas. Ese comercio era dirigido desde los grandes centros griegos de Massalia y Emporion (Gerona), aunque los cartagineses realizaron nuevas fundaciones en Ebussus (Ibiza) o Villaricos (Almería). Pronto la ideología de corte oriental traída por estos últimos fue utilizada por las élites locales para asentar su poder, según se aprecia en el notable monumento funerario de Pozo Moro, en Albacete, donde hacia 500 a.C. una persona notable se incineró bajo una torre de grandes sillares adornada por leones y frisos esculpidos con las hazañas de un héroe mítico, todo ello de influencia fenicia aunque el ajuar contenía también elementos de origen griego.

Todos esos movimientos e influencias contribuyeron a la formación de lo que hoy conocemos como cultura ibérica, desarrollada desde los siglos VI/V a.C. hasta el inicio de la conquista romana a fines del siglo III, en toda la región situada aproximadamente al este de la línea diagonal imaginaria que une Cataluña con Huelva. Aunque formada por multitud de diferentes jefaturas y algunos pequeños Estados, la compleja sociedad ibérica aparece desde el principio definida por una serie de elementos culturales comunes, como fueron la cerámica clara a torno (figura 71), decorada con motivos geométricos (salvo excepciones de bellas decoraciones figuradas, como la escuela de Liria, figura 72) de lejana influencia fenicia, las importaciones cerámicas griegas, instrumentos de hierro y armas como la característica espada falcata, broches circulares, etc. Por lo que sabemos, la sociedad ibérica se organizó jerárquicamente según un modelo clientelar como el que ya hemos visto para otros lugares en esta misma época, con la población concentrada en grandes asentamientos fortificados, donde vivían los jefes o pequeños reyes, y desde donde se controlaba una gran extensión de territorio de producción agrícola además de la red de comunicaciones comerciales. Algunos de estos centros tuvieron una estructura urbanística muy avanzada, por ejemplo Cástulo y Puente Tablas en Jaén, o Illici (La Alcudia, Elche) y Sagunto en la comunidad valenciana, ambas con una extensión en torno a las 10 ha y dominando puertos de gran actividad comercial, o la extensa red jerarquizada, con asentamientos de diversos tamaños, que se advierte en Cataluña, muy influidos todos ellos por la proximidad de la activa colonia griega de Ampurias, como por ejemplo Ullastret (figura 66). El hallazgo de un barco hundido en El Sec (Calviá, Mallorca) nos informa de cómo era el comercio marítimo que entonces alcanzaba la Península: más de 500 ánforas procedentes de Sicilia, Grecia y el Egeo, vasos

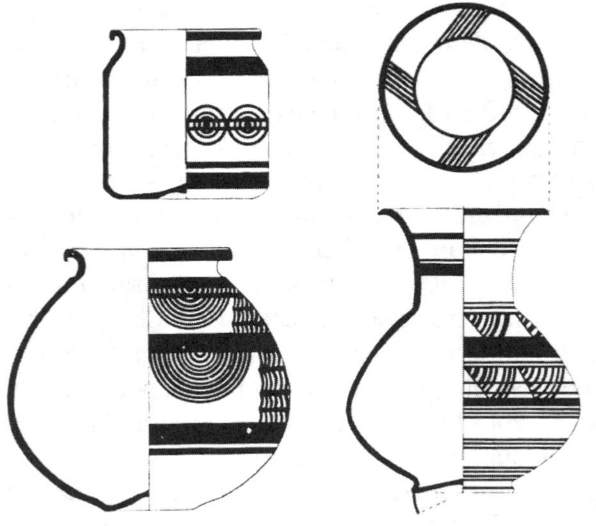

Figura 71
Cerámicas ibéricas con decoración pintada geométrica. Según J. Pereira, «La cerámica ibérica procedente de Toya (Peal del Becerro, Jaén) en el Museo Arqueológico Nacional», *Trabajos de Prehistoria,* 36, 1979.

Figura 72
Jinete con una espada falcata rodeado de un texto en ibérico, en una cerámica pintada de la escuela de Liria, Valencia. Tomado de Almagro-Gorbea, M. y Fernández Miranda, M., eds., *Los Íberos,* Ministerio de Cultura, Madrid, 1983.

áticos de barniz rojo y de figuras rojas (un tipo cerámico que aún hoy se considera una de las cumbres artísticas de todos los tiempos), etc. En Ampurias y Pech Maho, otro centro comercial en el sur de Francia, se han encontrado varias cartas escritas en griego sobre rollos de plomo, a través de las cuales tenemos acceso a los nombres personales de algunos de aquellos comerciantes: *Basped* de Sagunto, que esperaba un cargamento marítimo desde Ampurias, y *Basigerros*, *Bleruas* y *Segedon*, testigos de una venta en Pech Maho. Otro nombre que sale de la oscuridad del pasado es *Imilce*, hija del «rey» de Cástulo, cuya belleza hizo que el general cartaginés Aníbal se casara con ella, hacia 220 a.C., en un descanso de las guerras púnicas contra Roma.

Podemos acceder a la esfera ideológica ibérica a través de las necrópolis, donde parece haberse enterrado una gran parte de la población con sus huesos incinerados dentro de urnas, las cuales se colocaban de acuerdo con los sistemas de parentesco, y también a través de los santuarios. Ente estos últimos destacan algunos, como el Collado de los Jardines o Santa Elena en Jaén, donde la gente común acudía a solicitar beneficios personales a los dioses en parajes de una belleza especial (desfiladero de Despeñaperros), depositando miles de exvotos en bronce y otros materiales, pequeñas estatuas que representan al donante con los brazos separados del cuerpo y manos abiertas. Un sitio aún más especial es el monumento de El Pajarillo (Huelma, Jaén), con esculturas de un personaje masculino y un niño frente a dos leones y un lobo, posible adaptación de un relato mítico frecuente en el Mediterráneo y que cuenta cómo un héroe, identificado con los rasgos de la clase aristocrática dominante, se enfrenta a las alimañas para hacer posible el control de la naturaleza por parte de toda la sociedad. Ante las figuras se hicieron ofrendas, de las que han quedado cenizas sobre un pavimento pétreo, por parte de la población local en la primera mitad del siglo IV. La gran calidad de las estatuas citadas no sorprende, con todo, si se conocen otros productos de los escultores ibéricos, como los guerreros de Porcuna (Jaén), los toros de Sagunto (Valencia) y Osuna (Sevilla), la «bicha» (animal con cabeza humana) de Balazote (Albacete), las «damas», impresionantes figuras femeninas de tradición más griega que fenicia, del Cerro de los Santos (Albacete), Baza (Granada) o la más famosa de todas, la Dama de Elche, como la anterior un depósito de cenizas funerarias, en la gran necrópolis de La Alcudia (Alicante). Otra fuente de información sobre la vida ibérica podría ser la escritura utilizada entonces, si fuéramos capaces de ir más allá de su mera lectura y traducir su significado. Desde el siglo VIII a.C. se utilizaron signos fenicios para la escritura tartéssica, asimismo no traducida, que luego se dejó de usar hasta la aparición de la ibérica, también basada en letras fenicias y púnicas, hacia el siglo IV (figura 72). Los análisis lingüísticos indican que la lengua escrita no es indoeuropea, por lo que se cree que, con sus variantes locales, se hablaba desde tiempos muy remotos en la región ibérica (entre el sur de Francia y el de Portugal). Los intentos de traducirla por comparación con otros idiomas no indoeuropeos de Europa, como el vasco, y del norte de África (bereber) no han dado resultado, aunque se han advertido sus relaciones con el primero, más por tratarse de lenguas muy antiguas del occidente europeo que porque exista algún tipo de relación genética o parecido entre ellas.

En la meseta norte española también se detectan algunos cambios desde inicios del I milenio: la sociedad ganadera y hortícola móvil de Cogotas I cambió hacia una agricultura más fijada al terreno, tal como sugieren los asentamientos estables, con viviendas circulares de adobe, de la cultura del Soto de Medinilla, yacimiento cercano a Valladolid. Esa intensificación económica pudo empezar por influjos de los Campos de Urnas del NE, puesto que las cerámicas de Soto tienen elementos comunes con ellos, y provocó a su vez la aparición poco después de murallas defensivas, tanto en los poblados de las zonas llanas como sobre todo en los castros de las sierras orientales, aunque la división social sigue siendo invisible, como ocurría en la fase anterior, al no haberse encontrado todavía ningún cementerio; únicamente los niños pequeños parecen haber merecido enterramiento, bajo los suelos de las cabañas como ocurre en otras muchas culturas de la época. La tendencia a la fortificación del hábitat se consolida en el siguiente período Celtibérico, que va desde el siglo VI a.C. hasta la conquista romana a finales del II. Las influencias exteriores se acentúan, tanto en la cultura material (cerámicas a torno de inspiración ibérica) como en el terreno ideológico, con el comienzo de la incineración para una gran parte, sino toda la población, en campos de urnas que constituyen las famosas necrópolis celtibéricas (con túmulos de piedras), de ricos ajuares cerámicos y metálicos, que fueron excavadas en su mayoría a comienzos del siglo XX. Por otro lado, vemos que la homogeneidad cultural que existía durante el Bronce Final y primer Hierro dejó de existir dando paso a grupos culturales diferenciados que, al igual que en otras zonas peninsulares, se pueden equiparar ya con las etnias prerromanas citadas por las fuentes clásicas: celtíberos, vacceos, vetones, lusitanos.

La economía meseteña se concentró en la agricultura, ahora con arados de hierro que potencian la producción y apareciendo las primeras parcelaciones de las tierras ligadas a la propiedad privada, aunque la ganadería seguía siendo importante: los conocidos «verracos», esculturas en piedra de bóvidos hechas por los vetones, se interpretan hoy como indicadores territoriales del derecho a usar los pastos por parte de determinados grupos. El incremento demográfico y la gran concentración poblacional se observa en los grandes castros que se ocupan o amplían en este momento, como Las Cogotas, La Mesa de Miranda y Ulaca en Ávila con 15, 30 y 60 ha, respectivamente, de extensión, en cuyo interior hubo no sólo áreas de habitación sino otras funcionales como barrios artesanos de herreros y alfareros, centros religiosos, recintos de ganado, etc. En las sierras orientales los castros son más pequeños pero existieron también grandes «lugares centrales» como la ciudad de Numancia, famosa por su larga resistencia ante los ejércitos romanos entre 153 y 133 a.C. Tanto la distribución de viviendas como las diferencias de ajuar en las necrópolis muestran que las sociedades de la meseta tenían una organización social basada en el parentesco de linajes regidos por un jefe respectivo (sistema gentilicio), más igualitario que los conocidos en el área ibérica y que duró hasta la incorporación al Imperio romano. Tampoco hay muchas huellas de desigualdad social, salvo la presencia de torques de oro que debieron de distinguir a sus poseedores, entre los pueblos del NO peninsular (galaicos, astures), cuyos castros muestran una organización interna equilibrada, aunque la progresiva influencia romana se irá notando en la especialización de algunos de ellos en la minería para la exportación, el surgimiento de grandes centros con áreas especiales (p. ej. el castro de Santa Tecla en Pontevedra) y en las primeras necrópolis con tumbas diferenciadas, todo ello anunciando una mayor complejidad social antes de la entrada de esta última zona de la Península en la órbita romana a finales del siglo I a.C.

Para una gran parte de Europa, no sólo la mediterránea sino también el norte de Francia, la mayoría de Gran Bretaña o los Balcanes, la conquista por Roma significó el final de la prehistoria y la introducción de sus sociedades en un mundo administrado desde las ciudades por medio de la escritura y en beneficio de los grandes propietarios, terratenientes y comerciantes que dirigían una economía que para su tiempo ya podríamos llamar global. Merece la pena observar que en el éxito de la conquista no intervino únicamente la mejor organización militar de los ejércitos romanos, herederos de aquellos que vimos en las primeras ciudades-estado griegas, sino las alianzas muchas veces establecidas con las élites locales que, al igual que ocurrió después en muchas otras situaciones coloniales, vieron en esa coalición la mejor manera de conservar sus privilegios. De hecho, en muchos casos los objetos de lujo romanos habían antecedido y preparado el camino de las legiones romanas. La conquista de la Galia por César, por ejemplo, fue una tarea relativamente fácil no sólo porque la población vivía concentrada en grandes asentamientos, cuya toma facilitaba luego el control de todo el territorio, sino también porque los galos se estaban adaptando por entonces a un gobierno de tipo centralizado, no muy diferente al que vino después. Los sucesivos intentos de dominar la Germania, por el contrario, no llegaron a dar resultado por vivir los germanos en tribus más dispersas y difíciles de vencer en pocas batallas, además de estar lejos todavía de conocer un poder unificado. A una escala geográfica menor tenemos que lo mismo ocurrió con la incorporación de Hispania al imperio, que fue fácil y rápida en todo el Mediterráneo pero mucho más ardua, hasta necesitar casi dos siglos y muchas guerras y escaramuzas, en la zona meseteña y las montañas del norte. Como se ha señalado, también ocurrió algo parecido mucho después durante la conquista de América por los españoles, donde las regiones más fácilmente sometidas fueron aquéllas en las que existían imperios centrales, México y Perú. En el mismo sentido, es significativo que en las zonas al norte del Imperio romano casi no se conozcan signos de diferenciación social durante la Edad del Hierro, al contrario de lo que había ocurrido al final de la Edad del Bronce, y hasta prácticamente el cambio de era una inmensa mayoría de las tumbas fueron allí de incineración, iguales y casi sin ajuar, mostrando la imagen de una sociedad igualitaria y tal vez por ello más preparada para resistir la anexión e imposición de cualquier autoridad. Una vez establecido el imperio, toda esa gran región entró por primera vez en contacto directo con el rico mundo mediterráneo, y en consecuencia empezaron de nuevo a aparecer los enterramientos provistos de objetos llegados desde el sur. Hacia el siglo III d.C. esas diferencias habían cristalizado en la aparición de grandes asentamientos y jefes importantes, los mismos que acabarán dirigiendo a esos «bárbaros» del norte, que ya desde mediados del milenio anterior venían sufriendo una dura combinación de escasez de recursos y presión demográfica, en las grandes invasiones que terminarán con la dominación central de Roma, incorporando al mismo tiempo el centro y norte del continente a la historia.

Bibliografía

Algaze, G. (2004): *El sistema-mundo de Uruk: la expansión de la primera civilización mesopotámica.* Bellaterra, Barcelona.

Almagro-Gorbea, M. (1977): *El Bronce Final y el período orientalizante en Extremadura.* Bibliotheca Praehistorica Hispana, CSIC, Madrid.

— y Ruiz Zapatero, G. (eds.) (1992): *Paleoetnología de la Península Ibérica.* Complutum 2-3, Editorial Complutense.

Álvarez Sanchís, J. (2003): *Los señores del ganado. Arqueología de los pueblos prerromanos en el occidente de Iberia.* Akal, Madrid.

Aranegui Gascó, C. (ed.) (1998): *Los Iberos, príncipes de Occidente. Congreso Internacional.* Universidad de Valencia, Valencia.

Arnold, B. y Gibson, D. B. (eds.) (1998): *Celtic Chiefdom, Celtic State: The Evolution of Complex Social Systems in Prehistoric Europe.* Cambridge University Press, Cambridge.

Blake, E. y Knapp, A. B. (eds.) (2005): *The Archaeology of Mediterranean Prehistory.* Blackwell, Oxford.

Boardman, J. (1975): *Los griegos en ultramar: comercio y expansión colonial antes de la era clásica.* Alianza, Madrid.

Burillo Mozota, F. (1998): *Los celtíberos. Etnias y estados.* Crítica, Barcelona.

Chadwick, J. (1977): *El mundo micénico.* Alianza Editorial, Madrid.

Champion, T.; Gamble, C.; Shennan, S. y Whittle, A. (1996): *Prehistoria de Europa.* Crítica, Barcelona.

Chapa Brunet, T. y Delibes de Castro, G. (1983): «La Edad del Bronce: El Calcolítico. El Bronce Antiguo. El Bronce Medio. El Bronce Final. La Edad del Hierro». *Manual de Historia Universal, vol 1. Prehistoria.* Nájera, Madrid, pp. 346-618.

Chapman, R. (1991): *La formación de las sociedades complejas: el sureste de la Península Ibérica en el marco del Mediterráneo Occidental.* Crítica, Barcelona.

Coles, J. M. y Harding, A. F. (1979): *The Bronze Age in Europe*. Methuen, Londres.
Collis, J. (1989): *La Edad del Hierro en Europa*. Labor, Barcelona.
Claessen, H. J. M. y Skalník, P. (eds.) (1978): *The Early State*. Mouton, La Haya.
Cunliffe, B. (ed.) (1998): *Prehistoria de Europa Oxford*. Crítica, Barcelona.
Delibes de Castro, G. y Montero Ruiz, I. (eds.) (1999): *Las primeras etapas metalúrgicas en la Península Ibérica*. Instituto Universitario Ortega y Gasset, Madrid.
Engels, F. (1970 [1884]): *El origen de la familia, la propiedad privada y el estado*. Fundamentos, Madrid.
Filip, J. (1977): *Celtic Civilization and its Heritage*. Collets, Wellingborough.
Galán Domingo, E. (1993): *Estelas, paisaje y territorio en el Bronce Final del Suroeste de la Península Ibérica*. Complutum Extra 3, Universidad Complutense, Madrid.
González Ruibal, A. (2007): *Galaicos. Poder y comunidad en el noroeste de la Península Ibérica (1200 a.C.-50 d.C.)*. Brigantium, 18, A Coruña.
Harding, A. F. (2003): *Sociedades europeas en la Edad del Bronce*. Ariel, Barcelona.
Harrison, R. J. (1980): *The Beaker Folk. Copper Age Archaeology in Western Europe*. Thames & Hudson, Londres.
— (1989): *España en los albores de la Historia: Íberos, fenicios y griegos*. Nerea, Madrid.
— (2004): *Symbols and Warriors: Images of the European Bronze Age*. Western Academic & Specialist Press, Bristol.
James, S. (2005): *El mundo de los celtas*. Blume, Barcelona.
Jimeno Martínez, A. (ed.) (2005): *Celtíberos. Tras la estela de Numancia*. Junta de Castilla, León, Soria.
Kristiansen, K. (2001): *Europa antes de la Historia. Los fundamentos prehistóricos de la Europa de la Edad del Bronce y la Primera Edad del Hierro*. Península, Barcelona.
— y Larsson, T. B. (2005): *La emergencia de la sociedad del Bronce: Viajes, transmisiones y transformaciones*. Bellaterra, Barcelona.
Liverani, M. (1995): *El Antiguo Oriente: historia, sociedad y economía*. Crítica, Barcelona.
Midant-Reynes, B. (2000): *The Prehistory of Egypt: From the First Egyptians to the First Pharaohs*. Blackwell, Oxford.
Milisauskas, S. (ed.) (2002): *European Prehistory: A Survey*. Kluwer-Plenum, Nueva York.
Montero, I. (1994): *El origen de la metalurgia en el sudeste de la Península Ibérica*. Instituto de Estudios Almerienses, Almería.
Morris, I. (1987): *Burial and Ancient Society: The Rise of the Greek City-State*. Cambridge University Press, Cambridge.
Müller-Karpe. J. (1974): *Handbuch der Vorgeschichte, III Band, Kupferzeit*. C. H. Beck, Múnich.
— (1980): *Handbuch der Vorgeschichte, IV Band, Bronzezeit*. C. H. Beck, Múnich.
Nocete, F. (2001): *Tercer milenio antes de nuestra era. Relaciones y contradicciones centro/periferia en el Valle del Guadalquivir*. Bellaterra, Barcelona.
Olmo Lete, G.; Aubet M.E. (eds.) (1986): *Los fenicios en la Península Ibérica* (2 vols.). Ausa, Sabadell.

Rojo Guerra, M.; Garrido Pena, R. y García-Martínez de Lagrán, I. (eds.) (2005): *El campaniforme en la Península Ibérica y su contexto europeo (Bell beakers in the Iberian Peninsula and their European context)*. Universidad de Valladolid, Valladolid.

Ruiz, A. y Molinos, M. (eds.) (1987): *Íberos. Actas de las I Jornadas sobre el mundo ibérico, Jaén 1985.* Ayuntamiento de Jaén, Junta de Andalucía.

— y — (1993): *Los Íberos. Análisis arqueológico de un proceso histórico.* Crítica, Barcelona.

Ruiz-Gálvez Priego, M. (1998): *La Europa atlántica de la Edad del Bronce. Un viaje a las raíces de la Europa occidental.* Crítica, Barcelona.

Scarre, C. (ed.) (2005): *The Human Past. World Prehistory and the Development of Human Societies.* Thames and Hudson, Londres.

Torres Ortiz, M. (1999): *Sociedad y mundo funerario en Tartessos.* Real Academia de la Historia, Madrid.

Trigger, B. G. (2003): *Understanding Early Civilizations. A Comparative Study.* Cambridge University Press, Cambridge.

Wells, P. S. (1998): *Granjas, aldeas y ciudades: comercio y orígenes del urbanismo en la protohistoria europea.* Labor, Barcelona.

6. La prehistoria hoy

1. Una historia de retiradas

La mayoría de los libros europeos de prehistoria suelen terminar en el punto en que lo hizo el capítulo anterior, es decir, cuando empieza la historia escrita en el sur y oeste del continente. Ello es debido, naturalmente, al sesgo etnocéntrico de una mayoría de los autores, defecto del que tampoco está libre este volumen y su autor. Con todo, y no tanto para contrarrestar esa falta como para explorar brevemente la permanencia de una parte de la prehistoria hasta hoy mismo, se presenta en este pequeño capítulo un conciso recorrido por las vicisitudes padecidas por esa franja de la humanidad durante los últimos dos mil años, desde su aislamiento inicial hasta su integración en la globalidad de nuestros días. También veremos lo que los últimos descendientes de la humanidad prehistórica, los «pueblos indígenas», introducidos a la fuerza en la (nuestra) historia, junto con algunos hechos clave del largo camino que hemos resumido en este libro, y lo que nos pueden enseñar todavía a todos nosotros.

Los primeros en irse fueron los cazadores-recolectores. Ya vimos como su mutis empezó hace unos 10.000 años, momento hasta el cual ellos representaban la única forma económica humana sobre el planeta. En la figura 73 vemos cómo por esa época los grupos humanos habían ocupado casi toda la Tierra, incluidas algunas de las selvas más difíciles como las africanas y surasiáticas, con la excepción de las latitudes árticas de Eurasia y América que no lo serían hasta las migraciones de los esquimales durante los cuatro últimos milenios, y las islas del Pacífico que se poblaron durante los dos últimos (figura 73: arriba). Cuando mucho tiempo después, habiendo ya trascurrido el Holoceno con el gran desarrollo de culturas productivas que vimos en los dos anteriores capítulos, los españoles y portugueses se lanzaron en avanzadilla europea a colonizar América y las costas de África y del sur de Asia, los cazadores sólo ocupaban regiones aisladas, algunas amplias pero económicamente poco relevantes, en las esquinas norte y sur de todos los continentes incluyendo la gran isla semidesértica de Australia. Como ya vimos, el modo de producción campesino no sólo obtiene mayores cantidades de alimento por área explotada sino que permite agregaciones sociales más numerosas, ante las cuales las pequeñas bandas de cazadores, con su necesidad de territorios amplios para obtener rendimientos menores, poco podían hacer. No resulta extraño, pues, que al comienzo de la Edad Moderna los cazadores-recolectores ocuparan regiones con escaso interés para la agricultura, como desiertos, selvas o zonas muy frías. En este libro hemos revisado algunos datos sobre los encuentros de ambas formas económicas, pocas veces violentos si nos atenemos a lo que nos ha quedado y a cómo se relacionan hoy los últimos cazadores con campesinos y pastores, a menudo de forma simbiótica y de beneficio mutuo. Como ha revisado A. B. Smith para los contactos entre pastores y cazadores recientes en África, solía ocurrir que los primeros proporcionasen cerámicas y los segundos mujeres, y resulta curioso que ideológicamente los cazadores hayan mantenido un prestigio poco acorde con su aparente inferioridad y seguro fatal destino. En el último mapa mundi de la figura 73 se aprecian algunos pequeños puntos donde todavía existían grupos de cazadores en algún momento del siglo XX. En la actualidad no hay datos precisos sobre cuánta gente practica la caza, la pesca y/o la recolección como forma *exclusiva* de subsistencia, aunque se sospecha que son muy pocos, tal vez sólo algunos grupos aislados de bosquimanos (san) en Suráfrica, Hadza de África oriental, aborígenes australianos, esquimales (inuit) del extremo norte americano y Groenlandia o amazónicos brasileños. Merece la pena recordar aquí que se conocen algunos casos de «retroceso» a formas de vida depredadoras por parte de productores campesinos, en momentos de escasez o como forma de resistencia ante la agresión de comunidades más poderosas. Ciertos ejemplos del sur y SE asiático parecen pertenecer a este tipo, y al respecto se puede recordar a los Tasaday de Filipinas, que cuando fueron descubiertos hace unos treinta años se presentaron al mundo como los últimos prehistóricos, para luego comprobar que antes habían sido agricultores de tipo austronesio, como la mayoría de los filipinos, que dejaron la agricultura y se refugiaron en la selva durante la conquista de las islas por los españoles.

Cuando comenzó la expansión europea ya existían Estados centralizados en todos los continentes. Algunos eran mucho más antiguos que los europeos, como por ejemplo los de China, India o los Estados islámicos que podían

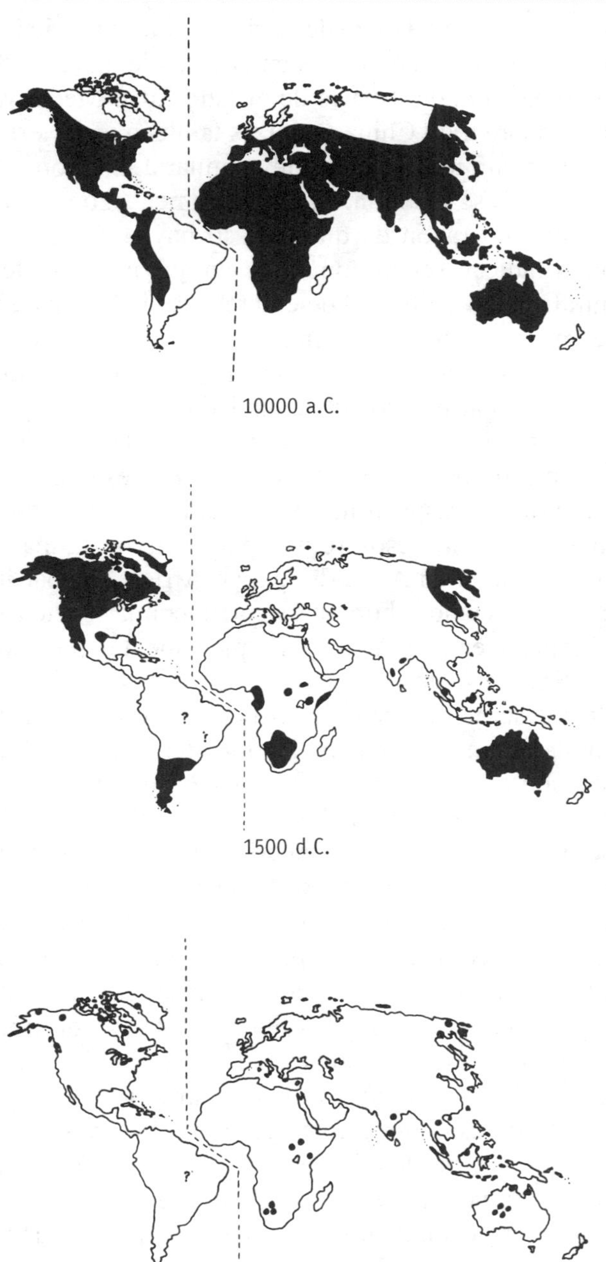

Figura 73
La retirada de los cazadores: Al finalizar la última glaciación hace 10.000 años eran el 100% de la población mundial, estimada en unos 10 millones de personas (las áreas en blanco estaban despobladas); al comenzar la expansión europea hacia 1500 d.C. los cazadores apenas suponían ya un 1% del total de población, estimado en 350 millones, y ocupaban las regiones más remotas y desfavorecidas; en 1970 su porcentaje sólo alcanzaba el 0,001% de una población total de 3.000 millones. Tomado de Lee y de Vore, 1968.

considerarse en cierta medida herederos de los primitivos Estados egipcio y mesopotámico, cuyos orígenes vimos en el capítulo anterior. Algunos estudios recientes señalan que a finales de nuestra Edad Media varios Estados de Asia, India y sobre todo China, y quizás también ciertos reinos subsaharianos, se hallaban en una situación muy similar a la europea, es decir preparados para expandirse y dominar económicamente zonas mucho más amplias que la suya. La razón de que sólo lo hayan hecho algunos reinos europeos podría radicar, según opiniones, en que únicamente Europa tuvo cierta descentralización y libertad de empresa capitalista para poder lanzarse a algo que entonces parecía casi imposible, o bien en que únicamente en Europa dejaron de funcionar los mecanismos igualitarios que mantenían controlados en otras partes a los «emprendedores» y no se pudo evitar que su ideología acabara imponiéndose al conjunto de la sociedad, como argumenta por ejemplo Immanuel Wallerstein. El caso es que la expansión colonial europea, primero hispano-lusa y más tarde sobre todo inglesa y francesa, colisionó con todos esos reinos para, salvo algunas excepciones (Turquía, China y Japón en Asia, Etiopía en África), acabar incorporándolos a sus dominios. Veamos ahora qué ocurrió con las sociedades de menor nivel de complejidad, en su gran mayoría plenamente «prehistóricas» cuando se produjo la colonización.

Algunos han descrito el efecto de la conquista española y portuguesa de América como la «gran mortandad». Para la zona mesoamericana se calcula que la población prehispánica era de unos 25 millones de personas, y de sólo millón y medio un siglo y medio después, hacia 1650, momento a partir del cual se fue recuperando lentamente. Aunque la causa directa de esas muertes fue casi siempre el conjunto de nuevas enfermedades traídas por los colonizadores desde Europa, muchas veces influyó también el trabajo de los indios como esclavos, que llevó por ejemplo a movimientos de resistencia como la *Santidade* de Bahía, donde a fines del siglo XVI los nativos dejaron de cultivar para que Dios los librara de la explotación portuguesa. Más tarde se prohibió la esclavitud de los indios, cuando ya estaban llegando esclavos africanos en gran número para sustituirlos en las plantaciones y minas. Los historiadores más recientes de orientación poscolonial han señalado que el choque que produjo la conquista española no fue tanto racial o cultural, según se ha venido señalando desde los primeros estudios, como *social*, es decir, el enfrentamiento entre una concepción autóctona igualitaria de los indígenas frente a otra que venía de fuera con los mecanismos comerciales del capitalismo aunque su ideología fuera todavía en gran parte feudal. En apoyo de esta idea tenemos el hecho de que fue en las regiones donde existían sociedades tribales más comunitarias, como el Caribe y otras zonas de Suramérica, como por ejemplo el sur de Chile (figura 74), donde la resistencia a la asimilación fue más larga, llevando en muchos casos al exterminio de los indígenas. Por el contrario, aquellas zonas donde existían sociedades clasistas, como toda la zona de jefaturas y Estados en-

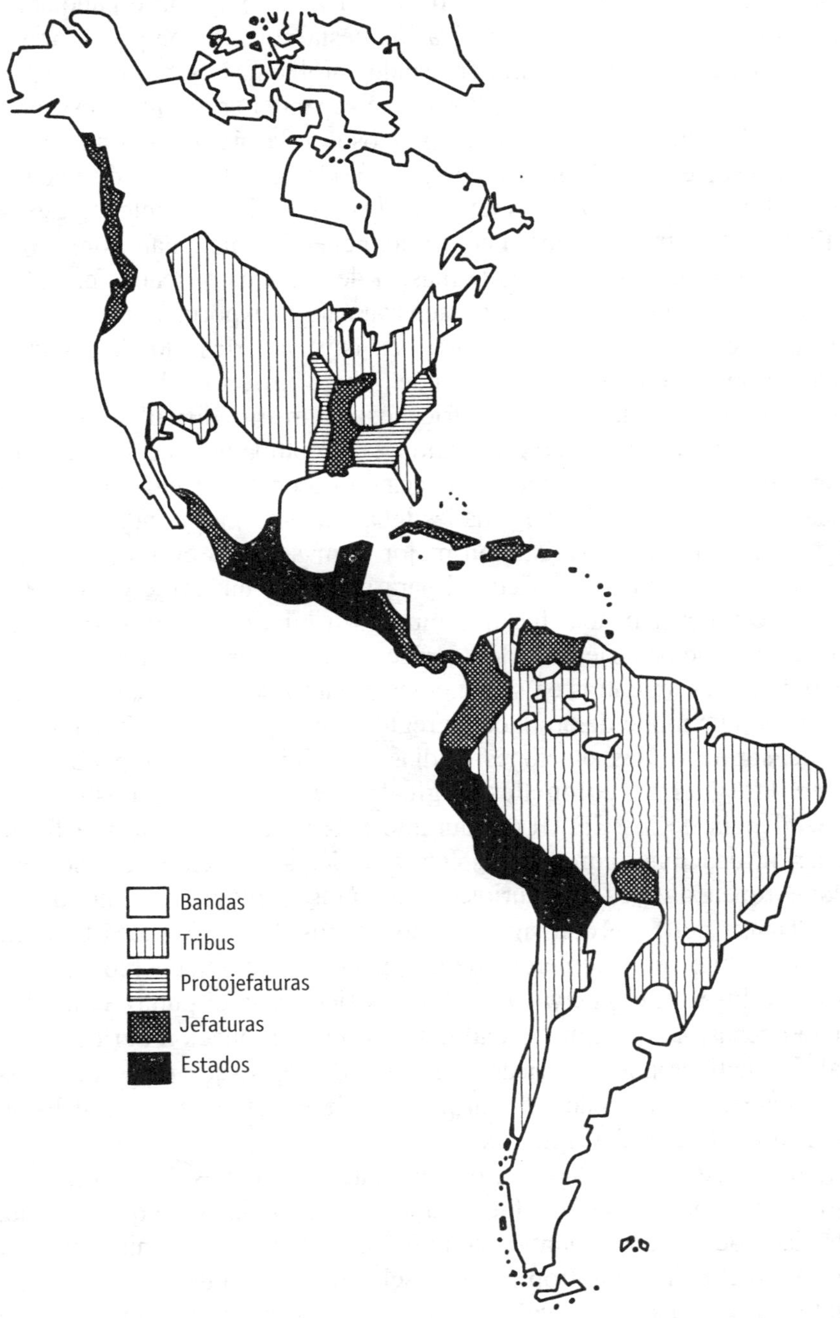

Figura 74
Formas de organización social presentes en América en el momento del descubrimiento y conquista a comienzos del siglo XVI, según la clasificación evolucionista de E. R. Service. Tomado de W. T. Sanders y B. J. Price, *Mesoamerica: the Evolution of a Civilization,* Schrödinger-Erwin, Nueva York, 1968.

tre Mesoamérica y Perú, se adaptaron mejor a la conquista española y de hecho la organización administrativa impuesta por los conquistadores siguió los modelos anteriores sin demasiados problemas. Sobre las ruinas de los antiguos Estados tributarios, la Corona española erigió un nuevo orden basado en la extracción de metales preciosos y la producción alimenticia orientada a sostener esa minería, con un método de gobierno indirecto donde los indios tenían sus propios jefes que los representaban ante los españoles. En las zonas tribales, por el contrario, generalmente en áreas más bajas y litorales, no fue hasta la llegada masiva de esclavos africanos cuando se pudo llevar a cabo una agricultura intensiva para la exportación.

Algo parecido a lo anterior ocurrió en Norteamérica, donde los indios nunca fueron explotados como fuerza de trabajo agrícola, labor desempeñada aquí también por los esclavos africanos. La misma dificultad y lentitud de la penetración europea en esta región, si la comparamos con la casi instantánea conquista de los imperios azteca e inca por los españoles, refuerza la idea expuesta de que las sociedades igualitarias (zonas donde había bandas y tribus, figura 74) resistieron mejor la invasión, y ello a pesar de su dispersión y consiguiente dificultad para presentar un frente común. Otra razón de esa permanencia fue que muchas tribus indias norteamericanas participaron y se beneficiaron de las redes creadas por los europeos para el tráfico de pieles, mientras en su funcionamiento interno permanecían básicamente con un modo de producción regido por el parentesco. Todavía a finales del siglo XVIII las «naciones» indias intervinieron casi en pie de igualdad en las guerras coloniales anglo-francesas y en la posterior de independencia de los EE UU, y durante el XIX se comenzaron a formar grandes agrupaciones con mandos centralizados a imitación de la sociedad estatal europea, a veces bajo curiosas coberturas ideológicas, como los ritos de la «Danza del Sol» que siguieron los indios de las Grandes Llanuras. Cuando la explotación comercial de las pieles y otros objetos (como la carne seca de bisonte, el *pemmican*) se intensificó hasta el punto de no dejar espacio apenas para la continuidad del modo de producción agrícola y parental, los nativos norteamericanos dejaron de ser socios para convertirse en productores subordinados, a un paso ya de la sumisión final al Estado colonizador a finales del siglo XIX.

Si en América se buscaron el oro, la plata y las pieles de castor, lo que atrajo a los europeos a África fue el «marfil negro», la gente que se vendía al otro lado del océano Atlántico con un sistema cuya ignominia aún resuena por todo el continente tropical. La esclavitud existía desde mucho tiempo antes, pero a pequeña escala y con un trato en general condescendiente para con el cautivo. Fue naturalmente con el comienzo de las grandes explotaciones intensivas, mineras y sobre todo agrícolas (entonces azúcar y algodón), en los albores del capitalismo, cuando hizo falta una enorme cantidad de mano de obra y se transportó por la fuerza a millones de individuos en largos viajes a través del mar. Según algunos autores, la esclavitud proporcionó el capital necesario para el comienzo de la Revolución Industrial inglesa, lo que equivale a decir que el bienestar actual de Occidente tuvo un origen tan indigno como ése. Es seguro que cuando Fernando, entonces rey regente de Castilla, decidió en 1505 enviar un barco desde Sevilla al Caribe con 17 esclavos africanos a bordo, más algunos materiales de minería que también se consideraban necesarios, no sabía que estaba iniciando la trata, que más tarde estuvo principalmente dirigida por portugueses y holandeses. Como causas de la elección de África, cuando antes se había comerciado sobre todo con musulmanes o eslavos, aparte de las explicaciones tradicionales que elogiaban la buena disposición moral y física de los africanos, se han aducido el cierre del Mediterráneo por el auge del Imperio otomano y también la razón más práctica de la ausencia de compatriotas que los pudieran liberar, haciéndolos por eso preferibles a los indios, mucho más accesibles. Se sabe que una parte importante del tráfico corría a cargo de entidades políticas locales, y que por su causa surgieron algunos Estados, como los de Ashanti, Oyo y Dahomey, y se reforzaron otros como el de Benín, todos ellos en la costa del golfo de Guinea (antes llamada «costa del oro» y «de los esclavos»), o los de Lunda y Congo al sur y este de la República Democrática del mismo nombre. Los esclavos se apresaban entre sociedades acéfalas, grupos igualitarios que aquí se llevaron la peor parte; unas veces eran personas que incumplían deudas o no respetaban las reglas de parentesco, y pagaban con su libertad por ello, y otras, la mayoría, eran cautivos de guerras o de ataques deliberados para obtener mercancía humana, lo que no sólo acabó con una parte de las sociedades tradicionales africanas sino que creó muchos de los agravios que están todavía hoy en la base de los males del continente.

Análisis actuales de esas sociedades, como el editado por Susan McIntosh, nos enseñan que en África las organizaciones políticas por encima de la simple aldea tuvieron con frecuencia una autoridad de tipo ritual con pocas ventajas económicas, estando además casi siempre fiscalizadas por la fuerte resistencia a la pérdida de autonomía que presentaban las entidades más simples. Es posible que la gran abundancia de tierra cultivable retrasara la aparición de la competencia y que la tecnología rudimentaria (antes de la modernización, el arado era desconocido en el África subsahariana con la excepción de Etiopía) no favoreciera precisamente la acumulación de excedentes que atrajeran a los «emprendedores» de turno. Más que en productos materiales, la riqueza de algunos jefes se basaba en las personas que controlaban (era una «riqueza-en-personas»), sobre todo las esposas que producían hijos como mano de obra, y por ello los abundantes pagos por las novias también tendían a redistribuir y dispersar la riqueza material más que a concentrarla. Este proceso fue más acusado en el caso de los pastores, muy abundantes en África oriental y el Sahel, por la dificultad de acumular grandes rebaños —que necesitan un movimiento continuo entre regiones y por tanto entre las distintas tribus para un desarrollo físico idóneo—, lo que a su vez impedía la explotación y la formación de jerarquías resultando en unos grupos organizados únicamente por niveles de edad (jóvenes guerreros, adultos, ancianos), sin una autoridad central permanente. En grandes zonas del continente, tanto la ganadería como la agricultura se mantuvieron en unos niveles de producción lo suficientemente bajos como para conservar una organización igualitaria en lo fundamental, en lo que se ha llamado el «modo de producción africano». Incluso algunos de los Estados precoloniales africanos (figura 75) han sido denominados «Estados segmentarios», por estar el poder de los reyes contrapesado por amplias re-

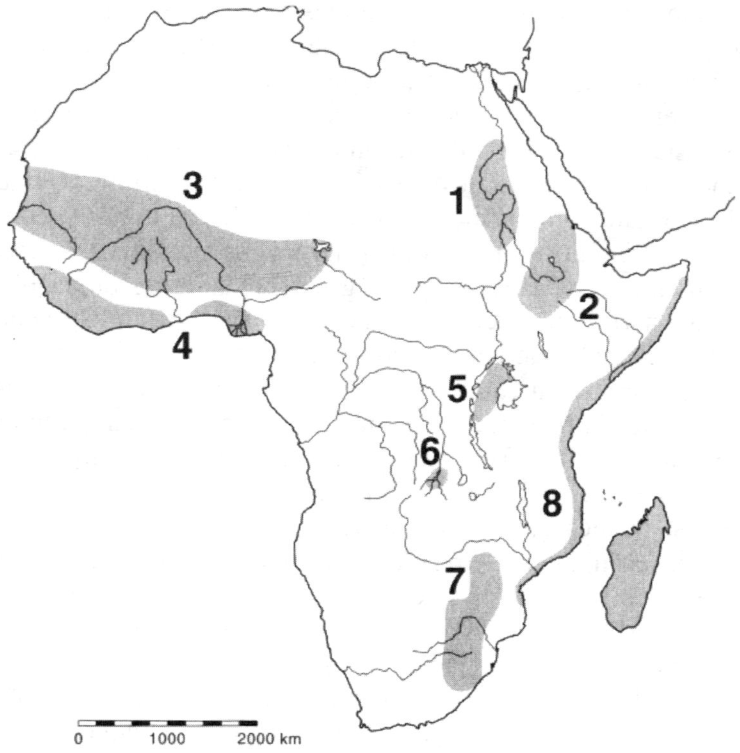

Figura 75

Zonas del África subsahariana donde existieron Estados antes de la llegada de los colonizadores europeos a partir del siglo XVI. 1) Reinos de Nubia (Kerma, 2000-2500 a.C.) y Sudán central (Nápata-Meroe, siglos VII a.C.-IV d.C.); 2) reinos de Etiopía (Aksum s. VI a.C.-VIII d.C., reinos cristianos, s. X d.C.-actualidad); 3) reinos del sahel y la sabana (Ghana, Mali, Songhai, Kanem-Bornu, etc. s. VI d.C.- colonización); 4) reinos de la selva en el Golfo de Guinea (Akan, Ashanti, Ife, Yoruba, Benín, etc. s. XI d.C.-colonización); 5) reinos de los Grandes Lagos (Burundi, Ruanda, Ankole, etc., s. XV d.C.-colonización); 6) reinos de África central (Kisaliense, Bigo, s. X d.C.-colonización); 7) reinos de Zimbabue y Suráfrica (Mwene Mutapa, Khami, etc., s. XIV d.C.-colonización); 8) ciudades-estado de la costa del océano Índico (Shanga, Kilwa, Zanzíbar, etc., s. VIII-XVI d.C.). Tomado de G. Connah, *African Civilizations. An archaeological perspective,* Cambridge University Press, 2001.

des de cabezas de familia, sociedades secretas, ancianos prestigiosos, etc. También existen datos arqueológicos que sugieren que se dieron casos de «devolución» política, es decir, vuelta a situaciones igualitarias después de épocas de poder concentrado: uno de los yacimientos más impresionantes del África subsahariana, la gran tumba de Igbo Ukwu en el este de Nigeria (siglo X d.C.), con un ajuar de piezas de bronce trabajado de calidad única, debió de corresponder a un gran jefe o rey de entonces, pero después no se conocen ejemplos parecidos hasta la actualidad, en que tenemos la región ocupada por un grupo con una organización muy democrática, los ibos.

Fueron los portugueses quienes en el siglo XV abrieron la ruta marina alrededor de África hacia Asia, en cuyo camino contribuyeron al final de la mayoría de las ciudades-estado musulmanas de la costa oriental que conformaban el complejo cultural Swahili (figura 75: 8). Al igual que en África, también en Asia su dominio se limitó a la costa, pero el intenso comercio que durante siglos transcurrió en la misma terminó afectando a muchos pueblos del interior. El dominio portugués fue luego sustituido por el holandés y finalmente por el inglés, todos ellos transportando sustancias variadas entre las que destacó un producto muy apreciado en Europa, el té chino. Hacia China fluyeron multitud de mercancías para obtenerlo, desde opio y algodón de la India hasta pieles de Norteamérica. Aprovechando la debilidad del Imperio mogol en la India, la Compañía Inglesa de las Indias Orientales se fue haciendo con el control de la península hasta llegar a dominar todo el Indostán y convertirlo en una colonia inglesa a comienzos del siglo XIX. Resulta interesante comprobar cómo la colonización cambió el sistema de propiedad de la tierra: los antiguos jefes y reyes tributarios fueron convertidos en dueños de la tierra, hasta entonces sin propietario legal, pero utilizada libremente por los campesinos tributantes, y tuvieron muy pronto que explotarla intensivamente, cultivando productos comerciales para poder a su vez pagar los impuestos que les exigía el poder británico. De golpe, un sistema feudal con siglos de existencia fue transformado en otro capitalista que cambiaba radicalmente las relaciones entre las clases superiores e inferiores de la sociedad. Los flujos tributarios acabaron engordando a la rica clase dominante británica, que también se benefició de la obligación de comprar telas inglesas impuesta a la población local, así como de la construcción de ferrocarriles a lo largo del inmenso país. Es curioso que la resistencia indígena, que culminó con el Gran Motín de 1857, no explotara hasta que se activó un potente resorte ideológico: el rumor de que los cartuchos de los rifles ingleses se engrasaban con sebo de vaca y cerdo, los animales sagrados de hindúes y musulmanes.

De forma paralela y complementaria con lo anterior, entre los siglos XVIII y XIX se produjo un cambio en la mentalidad europea que sirvió para justificar la extensión universal de la rapiña organizada. La historia nos muestra cómo hasta entonces las relaciones entre europeos y otros pueblos eran aceptablemente equilibradas: por ejemplo, los negros africanos se consideraban diferentes pero no inferiores, y existía un santo en la iglesia cristiana, el nubio Mauricio, que aparece representado como africano en esculturas medievales y pinturas renacentistas; tanto en Norteamérica como en la India, los primeros colonos y comerciantes respetaban a los nativos, en el primer caso llegando incluso a elogiar su vida libre ligada a la naturaleza y en el segundo admirando la religión hindú y la antigua tradición literaria y artística del subcontinente. Todo esto cambió radicalmente por la necesidad que experimentó entonces el capitalismo de intensificar aceleradamente la producción, y en el caso de Norteamérica, vemos que cuando se decidió expulsar a los indios de sus tierras en la gran expansión de los colonos a mediados del siglo XIX, aquéllos ya se habían convertido en peligrosos «salvajes» que había que civilizar o exterminar sin remedio. No puede extrañar que fuera justo por entonces, tras la publicación por Darwin de su libro sobre la evolución de las especies en 1859, cuando un grupo grande de pensadores aplicaran esos principios a la historia humana, siguiendo un esquema que luego se llamó evolucionismo cultural. Según éste, existían sociedades avanzadas y atrasadas en la evolución humana, y las primeras tenían derecho a dirigir y dominar a las segundas, igual que los animales más adaptados sobreviven y su especie se perpetúa en el tiempo mientras que los menos adecuados acaban extinguiéndose. El gran éxito de la teoría, que llega hasta nuestros días, no está en absoluto exento de relaciones con

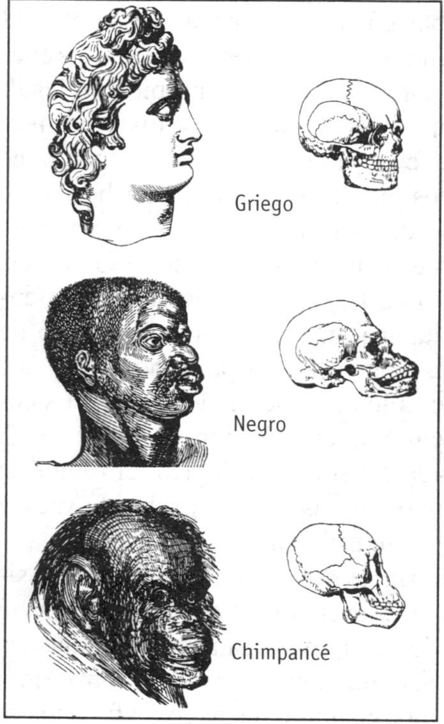

Figura 76
Evolucionismo racista: en este libro de mediados del siglo XIX se afirmaba que los negros estaban más cerca de los chimpancés que de los europeos; para ello no sólo se deformaban los rasgos faciales africanos sino que se presentaba como suyo un cráneo de primate. Tomado de J. C. Nott y G. R. Gliddon, *Indigenous Races of the Earth,* Filadelfia, 1868.

lo que estaba ocurriendo y ocurre aún en la esfera económica mundial, lo que provocó la desaparición de innumerables sociedades indígenas con sus respectivas culturas y adaptaciones probadas durante siglos e incluso milenios. El prestigio del evolucionismo procede de su presentación discursiva como ciencia comprobada empíricamente y de resultados inapelables, que pueden ser indiscutibles en el campo biológico, cuyos procesos duran cientos de miles de años, pero que aparecen mucho menos claros en la esfera social, donde las cosas ocurren en plazos bastante más cortos. El éxito e influencia social del evolucionismo provocó además una derivación bastante desagradable del paradigma: el racismo. Hasta el siglo XIX siempre había habido conflictos y odios entre pueblos y razas, pero la consideración *científica* de la superioridad de unas sobre otras, y en especial de la blanca por encima de las demás, era un fenómeno totalmente nuevo (figura 76). Aunque la base científica del racismo fue descartada universalmente tras la Segunda Guerra Mundial, por desgracia su influencia está todavía muy lejos de desaparecer de la mentalidad popular.

2. Los pueblos indígenas

¿Qué ocurre hoy en día? ¿Han desaparecido por completo las formas anteriores al capitalismo, muchas de las cuales hundían sus raíces en la prehistoria? Hace dos o tres decenios la respuesta seguramente sería positiva, pero no parece serlo del todo en la actualidad. Cada vez se oye hablar con más fuerza del resurgir de las culturas indígenas, de la «indigenidad» como una serie de movimientos que toman su fuerza del pasado para construir el propio futuro. Aunque ha existido bastante polémica sobre el significado de lo indígena y qué grupos se pueden proclamar como tales (pueblos indígenas, tribales, nativos, minorías, etc.), una definición muy citada es la propuesta por el relator de la ONU J. Martínez-Cobo en 1986: los pueblos, comunidades o naciones que han mantenido una continuidad histórica desde antes de la invasión o colonización de sus territorios, se consideran diferentes de otros grupos de su nación, en la que no forman un sector dominante, y están decididos a preservar, desarrollar y trasmitir a las generaciones futuras sus territorios ancestrales e identidad étnica de acuerdo con sus propias costumbres e instituciones legales. Los problemas vienen a la hora de delimitar la identidad de cada uno de estos grupos, puesto que es bien sabido que la mayoría de ellos se han mezclado con otros, tanto biológica como culturalmente, y que practican una economía más o menos integrada en los sistemas mundiales. Por parte de muchos occidentales existe hoy una demanda de «autenticidad», una especie de nostalgia del «buen salvaje» que está produciendo mucho daño a la causa indígena (la «autenticidad opresiva» de J. Sissons). Cada vez tiene más adeptos el llamado «ecoturismo», que busca pueblos tradicionales lo más alejados de las prácticas occidentales, y las agencias de viajes ya ofrecen paquetes para visitar pastores africanos, horticultores amazónicos o minorías birmano-tailandesas. Muchos de esos turistas ignoran que los maasai que saltan ante ellos se acaban de cambiar el traje y han dejado los pantalones vaqueros colgados en algún sitio cercano y poco visible. En el sur de Etiopía, donde la presencia de extranjeros está aún lejos de alcanzar los niveles de Kenia o Tanzania, grupos de nilóticos atacan y roban de vez en cuando a los turistas, no tanto por avidez de nuestros productos como por hartazgo de ser observados y fotografiados una y otra vez por gentes que se van tan rápidamente como llegan.

Pero tampoco hay que despreciar del todo al «ecoindigenismo», y un ejemplo de su utilidad lo tuvimos cuando el cantante Sting visitó un poblado de los brasileños Kayapó en 1988. La publicidad conseguida por aquellos individuos desnudos, pintados y con penachos de plumas en la cabeza, con Sting de la misma guisa y viviendo con ellos durante unos pocos días, les permitió parar los proyectos de construcción de una enorme presa y un depósito de residuos radiactivos en su territorio, así como controlar directamente las operaciones mineras y madereras mediante la posesión legal de un territorio algo menor que Andalucía. Claro que pronto algún antropólogo recordó que los Kayapó ya iban vestidos casi a la occidental unos veinte años antes de su aparición en la televisión, lo que enseguida aprovecharon los medios conservadores (¡curioso nombre!) para denunciar esa revitalización como una falsificación destinada a retrasar lo que ellos llaman el progreso de la región. Esto demuestra los peligros de exigir una pretendida autenticidad, que por otro lado puede resultar en divisiones en el interior de los mismos movimientos, por ejemplo entre la gente que vive en el campo y los desplazados a las ciudades. Estos últimos han debido sufrir últimamente la acusación de «híbridos» o contaminados por la modernidad, como si esta condición no fuera común a todos los grupos, y no fuera lo humano algo por esencia siempre mezclado y cambiante. Más que por el vestido o el color de la piel, los grupos indígenas buscan hoy estar unidos por un antiguo principio que sigue marcando en muchos casos la distancia respecto de la sociedad occidental: el parentesco. A diferencia del sistema capitalista, que tras sus disfraces ideológicos persigue un modelo de sociedad donde todos compitamos contra todos, pues sólo así se alcanzará el ideal del máximo rendimiento económico, las entidades tradicionales conservan todavía redes extensas de parentesco, que abarcan mucho más que la familia nuclear y constituyen tramas de ayuda mutua para conseguir algo tan sencillo como unas relaciones basadas en la generosidad y un mínimo vital asegurado para todos sus miembros. A menudo nosotros interpretamos mal el funcionamiento de estos sistemas, y como señalaba Ryszard Kapuściński, algo tan rechazado como la corrupción de los regímenes políticos africanos no es muchas veces sino consecuencia de las extensas redes familiares que los gobernantes tienen que sostener si no quieren ser simplemente repudiados por sus grupos respectivos.

La vertiente política de estos movimientos no reside únicamente en la defensa de sus derechos legales y que se les permita conservar algunas de sus formas ancestrales, pues muchos de ellos también tienen una visión de futuro de la sociedad global que es profundamente contraria a la mentalidad occidental y capitalista. El movimiento político indigenista hoy más conocido, el zapatismo mexicano, que agrupa a 178 organizaciones de 36 grupos culturales diferentes, después de renunciar al uso de la violencia de sus momentos iniciales, aspira hoy a profundizar la democracia del país en su conjunto y no exclusivamente al bienestar de unas etnias o regiones determinadas. Una razón poderosa que asiste a los zapatistas como a otros grupos latinoamericanos es la simple supervivencia: los tratados comerciales con los EE UU, al favorecer arancelariamente los productos agrícolas del norte, simplemente están terminando con la vida campesina en amplias zonas del continente. Mucho menos conocidas pero quizás tan importantes son las resistencias desarrolladas en puntos apartados de la Tierra, donde pequeños grupos campesinos («rurales profundos») mantienen a toda costa sus patrones económicos, simbólicos y de parentesco, en contra de los esfuerzos y la violencia que para «modernizarlos» ejercen funcionarios, militares o misioneros. Dentro de las sociedades más industrializadas han surgido también movimientos que unen el rechazo de la globalización a una revisión intelectual positiva de los grupos tradicionales y de los tiempos prehistóricos, a veces igualando de forma algo simple estos dos ámbitos. Desde una perspectiva idealizada, tanto de los datos arqueológicos como de los antropológicos, el activista norteamericano John Zerzan coloca en la división del trabajo el origen de todos los males del presente y propone una forma de pensamiento («primitivismo») que rechaza de plano las formas actuales de organización social y se pregunta si no sería posible regresar a las antiguas, cuestionando incluso la pretendida irreversibilidad de la evolución tecnológica.

Otra forma de resistir es recuperar el propio pasado. Como se ha dicho con frecuencia, una de las formas de justificar la explotación colonial fue negar que lo tuvieran las sociedades no europeas, que se convirtieron así en «pueblos sin historia». En el caso de África, su calificación como continente oscuro sin profundidad temporal (cuando allí se produjo el origen de la humanidad, como sabemos hoy) fue propuesta por G. W. Hegel hace un par de siglos, y repetida de forma más culpable a mediados del XX por el historiador británico H. Trevor-Roper. Claro que negar la historia de alguien no es creer que no tenga antepasados, lo que sería absurdo, sino pensar que lo que hicieron éstos no fue importante ni tampoco diferente de lo que hacen hoy sus descendientes, que no existió cambio ni por lo tanto progreso alguno. Son bien conocidos los casos de negación de autoría por parte de los grupos indígenas de cualquier monumento arqueológico importante hallado durante la colonización: túmulos del Mississippi o murallas y torres del Gran Zimbabue fueron atribuidas a razas blancas antiguas ya desaparecidas, porque se creía imposible que indios o bantúes hubieran sido capaces de tan perfecta construcción. Es significativo que en Zimbabue no se pudieran defender públicamente los datos arqueológicos reales hasta que se produjo la independencia y la pequeña minoría blanca aceptó la participación de la mayoría bantú en la vida pública, en 1980. Fue precisamente después de esa fecha, aunque en otro continente, cuando empezó la labor de recuperación de la memoria arqueológica de los pueblos nativos norteamericanos, la conocida historia del reenterramiento de las tumbas de sus antepasados.

Durante bastantes años, los profesores de mi departamento recomendamos como lectura a los alumnos del curso general de prehistoria la biografía de un indio californiano, Ishi, escrita en 1961 por la viuda del antropólogo que cuidó de él hasta su muerte en 1916, Theodora Kroeber. Lo que no sabíamos entonces quienes disfrutamos de aquella increíble historia es que el cerebro de Ishi se había guardado en formol en la Institución Smithsoniana de Washington, aunque él mismo había expresado en varias ocasiones su deseo de ser inhumado entero conforme a la religión de su tribu, los yahí. Claro que si lo hubiéramos sabido no nos hubiera importado, porque el cerebro, al igual que sus cenizas, se conservó para obtener de él toda la información posible, es decir, «por el bien de la ciencia». Algo ha cambiado en los últimos años para que muchos ahora sintamos como una traición a Ishi, a quien apreciamos tanto como a un buen personaje de ficción, el que nadie se preocupara por su mundo espiritual y sus últimas voluntades (aunque parece que Arthur Kroeber lo intentó pero no pudo hacer nada al estar entonces lejos de California). Esta historia está en relación con la intensa polémica habida entre organizaciones nativas por un lado, y arqueólogos y antropólogos por otro, sobre el destino de miles de huesos excavados en tumbas nativas durante más de dos siglos de arqueología norteamericana. A pesar de la oposición de muchos, no todos, de los segundos, la influencia política de los indios (en este tema irrelevante desde un punto de vista económico) ha hecho que actualmente ya no quede prácticamente ningún resto humano antiguo en los museos de EE UU. Lo que perdió la ciencia (se concedió, con todo, un período para hacer todos los análisis y mediciones posibles) cuando los huesos fueron enterrados otra vez en solemnes ceremonias, algunas de ellas secretas como la de Ishi, lo ganó la dignidad de los pueblos indígenas, y ello no sólo en Norteamérica, puesto que la cadena de recuperaciones arqueológicas se extendió luego a otras zonas coloniales, como Australia o Nueva Zelanda, hasta que hoy mismo se está planteando que el Museo Británico devuelva, además de las famosas esculturas del Partenón, también sus muchas colecciones osteológicas. Como ciudadanos de países desarrollados que tenemos detrás una historia de milenios que se da muchas veces por supuesta, nosotros no solemos dar importancia al hecho de que para una mayoría de naciones la «historia» empezó cuando llegaron unos conquistadores o comerciantes sobre unos extraños barcos a sus costas. Pero la historia y el patrimonio son necesarios para que pueblos y naciones construyan su futuro, e incluso para que puedan existir en el presente porque, como dice David Lowenthal, «el pasado es una cosa que se puede comer».

3. Lecciones del pasado para el presente

Es evidente que hay varias formas de interpretar lo que ocurrió durante la prehistoria o en cualquier período del pasado, tantas como paradigmas teóricos existen y pueden llegar a existir en la disciplina de la historia. Hay algunos que prefieren ver el pasado como un camino provisto de significado, marcado por un progreso, ascenso o mejora en lo genético, demográfico, tecnológico, energético, informativo, democrático, etc. Esta visión es socialmente mayoritaria y concuerda con la idea dominante de que las sociedades occidentales representan el punto más avanzado de la evolución humana, desde el que podemos mirar a la naturaleza con una cierta condescendencia: por fin te hemos dominado, o estamos a punto de conseguirlo, por completo. El éxito de este paradigma, mayor fuera que dentro de la profesión de arqueólogos e historiadores, nos hace pensar que debe de tener algún elemento de verdad incontestable en su coherencia interna y con los datos mismos: que hayamos casi triplicado la vida media de la gente en algo más de un siglo no es evidentemente ninguna fruslería. Quienes rechazan este modelo, un tanto teleológico, es decir guiado por alguna fuerza superior hacia un punto que es posible imaginar de antemano, y prefieren ver la realidad como el resultado de un cúmulo de fuerzas aleatorias, que de momento parecen haber dado un resultado aceptable, no se fijan tanto en nuestro gran valor como especie sino en las tremendas pruebas que hemos tenido que superar durante milenios para llegar a donde estamos. A lo largo de este libro hemos recogido bastantes teorías que explican los cambios de las sociedades prehistóricas como respuestas a circunstancias desafortunadas o lo contrario, casi siempre climáticas; nuestro éxito presente se debería, pues, al valor demostrado afrontando sufrimientos inesperados, de los que extrajimos premios en forma de organizaciones cada vez más adaptadas y perfectas.

Existe una tercera versión de la película, más desesperanzada y a la vez más prometedora porque descubre elementos positivos que tal vez nunca sospechamos haber tenido, algo que todavía no hemos perdido del todo y que por lo tanto tuvo y tiene aún una parte de existencia real. Para los partidarios de esta postura, es importante averiguar cuál fue el precio que hemos pagado por llegar a donde estamos hoy, y si, como sospechamos, fue lo bastante grande como para no estar contentos con el resultado del negocio. Porque también es posible ver el desarrollo de la prehistoria como una sucesión de continuas pérdidas: empezando por el abandono de los árboles y la protección de las selvas cuando se secó la región oriental africana, siguiendo luego por nuestra salida de las cuevas donde habíamos dormido protegidos por sus fuertes paredes y abrigados al fuego de los hogares en las largas noches glaciales, por nuestra renuncia a la naturaleza y la preferencia por el mundo superior de la cultura, cuando pasamos a controlar animales y semillas en las primeras sociedades campesinas, y llegando a la que quizás ha sido la última abdicación y por eso la del dolor más reciente, la que nos llevó a admitir finalmente como algo normal que siendo todos los humanos idénticos en origen vivamos vidas y situaciones tan disparejas: la renuncia a la sociedad igualitaria.

Aunque han llegado hasta nosotros algunas huellas de violencia durante el Paleolítico (heridas en huesos de Shanidar, Saint-Césaire, Jebel Sahaba), éstas son tan escasas que de ningún modo sugieren que fuese aquella una sociedad agresiva, como no lo son ninguno de los grupos conocidos actualmente de cazadores-recolectores. Tampoco han quedado indicios de diferencias sociales, aunque ya vimos que en la época de expansión del *sapiens* durante el Paleolítico Superior, el arte rupestre pudo representar una ideología de dominio masculino y algunas tumbas excepcionales tenían ajuares abundantes para determinados individuos varones (Sungir). Tal situación parece lógica por tratarse de un modo económico de producción que prácticamente no permite acumular excedentes y donde las oportunidades de apropiación debieron de ser realmente mínimas. Aunque un cierto grado de almacenaje debió de empezar a finales del Paleolítico, fue en el Neolítico, con el modo de producción campesino que ya se basa en guardar parte de la comida (semillas y animales domésticos) para el futuro, cuando las posibilidades de acaparar de forma asimétrica comenzaron realmente. Los primeros indicios claros los tenemos en la formación de grandes poblados del período Neolítico Precerámico en el Próximo Oriente (Çatal Hüyük, 'Ain Ghazal, Abu Hureyra), donde vivieron juntas miles de personas que probablemente seguían un culto a los antepasados, quizás los fundadores y líderes de los linajes (cuyos cráneos se enterraban en lugares especiales). La gran producción agrícola de esos centros pudo haberse distribuido de forma desigual, con beneficio de los familiares más próximos a aquéllos. El abandono de esos sitios al final del Precerámico y comienzos del Cerámico, con todo el mundo volviendo a vivir en pequeñas aldeas dispersas, pudo ser el primer episodio de resistencia a la desigualdad registrado históricamente. Es significativo que a partir de ese momento haya comenzado la expansión de los campesinos por toda Europa y el Mediterráneo, ya que se ha señalado la fisión de los grupos y la formación de nuevos asentamientos como uno de los procedimientos tradicionales de solucionar los problemas sociales y mantener a las comunidades en un tamaño siempre pequeño y por tanto incapaz de alcanzar niveles de producción que fomenten los liderazgos fuertes. Otra pista en el mismo sentido proviene de la excavación detallada de un yacimiento danubiano alemán (Merzbach), donde el abandono del sitio se produjo después de un proceso interior de acentuación de la desigualdad y de la actividad ritual correspondiente.

A lo largo del Neolítico europeo se van observando muestras crecientes de agresión entre grupos, por ejemplo las masacres de Talheim o Schletz en Centroeuropa, o los individuos muertos por flechas de los sepulcros colectivos de Costa de Can Martorell o San Juan ante Portam Latinam, en España. Cuando las tierras vírgenes a las que desplazarse comenzaron a escasear, a mediados y finales del Neolítico, empiezan a aparecer por toda Europa occidental, desde Escandinavia hasta la península Ibérica, tumbas individuales bajo túmulo que pudieron corresponder a líderes, tal vez así convertidos en «antepasados». Pero pronto sucedió algo que cambió las cosas, y que podemos interpretar como el segundo episodio importante de resistencia a las diferencias sociales en nuestro continente, cuando surgió la moda-religión del enterramiento colectivo, tanto en megalitos como en otro tipo de recintos, que otorgaba el derecho a convertirse en ancestro a una gran parte de la comunidad, sino toda ella. A lo largo de la prehistoria europea subsiguiente, podemos observar una alternancia entre épocas de concentración de poder, visibles no sólo en las tumbas individuales ricas sino también a veces en la fortificación de los asentamientos, y períodos de relajamiento y vuelta de nuevo a la ideología comunitaria. En la primera línea tenemos las tumbas campaniformes, los túmulos de la Edad del Bronce centroeuropeo, las sepulturas de carro, la parcelación de los terrenos agrícolas o los grandes poblados amurallados del Bronce Final (muchos de ellos con acrópolis doblemente cerradas en su interior). Por el lado igualitario podemos colocar la costumbre de amortizar las posesiones metálicas en depósitos votivos terrestres o acuáticos, los desplazamientos demográficos para ocupar terrenos de peor calidad, la costumbre de enterrar a todo el mundo por igual en urnas cinerarias o por algún otro procedimiento que no ha dejado huellas durante el Bronce Final, etc. La gran variación y cambios que se dieron en los rituales de enterramiento durante los últimos cuatro milenios anteriores a nuestra era, seguramente apunta a que fue en el ámbito funerario donde más intensamente se proyectaban las realidades sociales de entonces. Ello ya supone en sí mismo una cierta forma de mantener la igualdad en la vida diaria, por cuanto las diferencias se trasladaban fuera del ámbito social, cuando la persona ya estaba muerta y por lo tanto sus diferentes atributos resultaban menos ofensivos. Aunque los rituales siguieron siendo variados tras la instauración de los Estados y la entrada en la historia, está claro que su función dejó de ser tan importante como antes, puesto que ahora la riqueza ya podía exhibirse socialmente, por ejemplo en forma de propiedad privada de la tierra por los terratenientes, sin tanto problema como antes.

No está de más decir, con un cierto orgullo, que nuestros antepasados prehistóricos europeos opusieron durante milenios una serie no pequeña de problemas a quienes querían instaurar sistemas de dominación, al contrario de lo que ocurrió en las regiones del Próximo y Lejano Oriente (Egipto,

Mesopotamia, India, China), donde los Estados se crearon de una vez por todas, y cuyas épocas «oscuras», que probablemente se debieron a episodios de revueltas con fines niveladores, duraron siempre mucho menos que los largos períodos de desigualdad mantenida por la fuerza estatal. También existen ejemplos de edades oscuras en la prehistoria europea, que siguieron a cortos episodios de destrucción, seguramente tan dañinos para los dominados como para los dominadores. En el mundo mediterráneo se observan al final del período micénico-minoico en Grecia, tal vez también al final de El Argar en la península Ibérica, y más tarde a mediados de la Edad del Hierro con una serie de disturbios y cambios de asentamiento a posiciones más fortificadas a lo largo de todo el sur europeo. Al final de esa época se impuso ya de forma definitiva el Estado romano en la región y otras partes de Europa central-occidental y del norte de África, aunque la resistencia no se extinguió en absoluto, según atestiguan las frecuentes rebeliones de esclavos y desertores, las incursiones de los bagaudas al final del imperio, etc. La cuestión no terminó por entonces, como todos sabemos, y una interpretación de la mayoría de los procesos y cambios más importantes habidos en los últimos siglos, como episodios de la larga contienda entre poseedores y desposeídos, es perfectamente posible y aceptada por un gran número de investigadores. ¿Qué son la globalización y todas las guerras poscoloniales que hoy sufren millones de personas, sino el último intento por dominar y explotar económicamente el planeta por un grupo muy reducido de individuos y empresas, en un momento en que la capacidad destructiva de nuestra tecnología nos pone a todos en el certero peligro de una gran catástrofe, incluso de la extinción como especie?

Aceptar que la metanarrativa que mejor explica la historia es el conflicto social creado cuando ciertos grupos quieren controlar a los demás, y creer, como Nietzsche, que el pasado no es orden sino lucha, implica también aspirar a entender el porqué de esos continuos movimientos en un sentido, seguidos de las consiguientes reacciones en contra. Aunque en mi opinión estamos todavía lejos de explicar esa permanente insatisfacción que nos aflige (alguien dijo que el ser humano es infeliz por no ser capaz de quedarse sentado en su casa), sobre la que quizás tengan más que decir los psicoanalistas (para Lacan la experiencia humana no es sino una carencia, un vacío fundamental) que los historiadores, quizás sea bueno de momento recordar tres cosas: por un lado, que muchos de los datos de la prehistoria, según se han resumido en este libro, muestran que hubo constantes intentos de sobresalir sobre los demás y de emular a quienes lo conseguían, casi diríamos que en todas las sociedades y momentos, aunque, no lo olvidemos, únicamente desde el final del Paleolítico hace «solamente» unos 10.000 años. También que muchos de los que hoy consideramos como los mejores productos de la humanidad, desde el arte hasta la escritura y la ciencia, fueron creados en origen para apoyar y satisfacer ese mismo poder que una parte considerable de nosotros rechazaba; únicamente en los últimos tiempos parecen esos avances haberse vuelto en su contra, sólo desde que se descubrió que su carácter universal se compadecía muy mal con el beneficio particularista de los poderosos. Por último, y no menos sino más importante, que igual que a mucha gente le interesó destacar, a mucha más parece haberle importado, también con una constancia igual de admirable durante todo el tiempo de la historia humana, mantener la igualdad y el que «nadie sea más que nadie».

No quiero poner el final a este texto, espero que no excesivamente pesado, sin una breve reflexión personal. Una vez vi publicada en el periódico una fotografía que me impresionó profundamente: un guardia civil abrazaba en el suelo a un africano que había llegado medio muerto de frío a una playa canaria. Es posible que en ese momento no hubiera mantas a mano, o éstas no fueran suficientes, pero sustituirlas por el calor humano me pareció toda una metáfora de lo que muchos pensamos que es cumplir con nuestro deber de seres humanos, normales y corrientes. Porque conozco un poco y amo mucho a África, a veces he intentado imaginarme lo que pasa por la cabeza de esas personas asustadas que vemos en todos los telediarios cuando llega el buen tiempo. Es posible que se extrañen de recibir gratis unas botellas de leche y de zumo que en sus países cuesta muchas horas de trabajo adquirir. También que piensen que todo va a ser igual de fácil a partir de ahora, y el maná de nuestra abundancia también va a llover sobre ellos. Pero de ninguna manera son todos tan ingenuos: saben muy bien el tremendo esfuerzo que deberán realizar sin remedio, y que acaban de entrar en un planeta que ninguno de ellos ha visitado antes, un mundo frío de relaciones dolorosas, donde no podrán mirar a nadie por la calle si no quieren sentirse heridos por alguna que otra inocente ojeada de desprecio. El punto de contacto entre ellos y nosotros me recuerda las diferencias entre el mundo postindustrial y las sociedades que vienen del pasado, y también es una imagen de la sima que hay entre el presente y la prehistoria. Pienso que en pocos momentos podemos vislumbrar mejor lo que dejamos atrás que cuando miramos a los ojos borrosos de esas personas y vemos que hay un mensaje que prevalece: yo soy lo que queda de ti.

Bibliografía

Bond, G. C. y Gilliam, A. (eds.) (1994a): *Social Construction of the Past. Representation as Power*. Routledge, Londres.

Crosby, A. (1987): *Ecological Imperialism. The Biological Expansion of Europe*. Cambridge University Press, Cambridge.

Fernández Martínez, V. M. (2006): *Una arqueología crítica. Ciencia, ética y política en la construcción del pasado*. Crítica, Barcelona.

Gathercole, P. y Lowenthal, D. (eds.) (1990): *The Politics of the Past*. Unwyn Hyman, Londres.

Gosden, C. (2004): *Archaeology and colonialism. Cultural contact from 5000 BC to the present*. Cambridge University Press, Cambridge.

Kapuscinski, R. (2000): *Ébano*. Anagrama, Barcelona.

Kroeber, T. (1984): *Ishi, el último de su tribu*. Antoni Bosch, Barcelona.

Lee, R. B.; de Vore, I. (1968): *Man the Hunter*. Aldine, Chicago.

Martínez-Cobo, J. R. (1986): *Estudio del problema de la discriminación contra las poblaciones indígenas*. Publicaciones de las Naciones Unidas.

McIntosh, S. K. (ed.) (1999): *Beyond Chiefdoms. Pathways to Complexity in África*. Cambridge University Press, Cambridge.

Sissons, J. (2005): *First Peoples. Indigenous Cultures and their Futures*. Reaktion Books, Londres.

Schmidt, P. R. y Patterson, T. C. (eds.) (1995): *Making Alternative Histories. The Practice of Archaeology and History in Non-Western Countries*. School of American Research Press, Santa Fe.

Smith, A. B. (1998): «Keeping People on the Periphery: The Ideology of Social Hierarchies between Hunters and Herders», *Journal of Anthropological Archaeology*, 17: 201-215.

Smith, C. y Wobst, H. M. (eds.) (2005): *Indigenous Archaeologies. Decolonizing Theory and Practice*. Routledge, Londres.

Vargas Arenas, I. (1995): «The Perception of History and Archaeology in Latin America». En Schmidt y Patterson 1995: 47-67.

Wallerstein, I. (2000): «El eurocentrismo y sus avatares: los dilemas de las ciencias sociales». *New Left Review* (edición en castellano), 0: 97-113.

Watkins, J. (2000): *Indigenous Archaeology. American Indian Values and Scientific Practice*. Altamira Press, Walnut Creek.

Wolf, E. R. (1987): *Europa y la gente sin historia*. Fondo de Cultura Económica, México.

Zerzan, J. (2001): *Futuro primitivo y otros ensayos*. Numa, Valencia.

Índice analítico

Índice onomástico